Michael Th. Greven
Die politische Gesellschaft

Reihe: Studien zur politischen Gesellschaft

Herausgegeben von

Michael Th. Greven

Band 2

Michael Th. Greven

Die politische Gesellschaft

Kontingenz und Dezision als Probleme
des Regierens und der Demokratie

Leske + Budrich, Opladen 1999

Dr. phil. Michael Th. Greven, Professor für Politikwissenschaft, insbesondere Regierungslehre und Staatstheorie im Institut für Politische Wissenschaft, Universität Hamburg

Die Deutsche Bibliothek – CIP-Einheitsaufnahme

Greven, Michael Th.:
Die politische Gesellschaft: Kontingenz und Dezision als Probleme
des Regierens und der Demokratie/Michael Th. Greven. – Opladen:
Leske und Budrich, 1999
(Reihe: Studien zur politischen Gesellschaft; 2)

ISBN 3-8100-2258-6

Gedruckt auf säurefreiem und altersbeständigem Papier.

© 1999 Leske + Budrich, Opladen

Das Werk einschließlich aller seiner Teile ist urheberrechtlich geschützt. Jede Verwertung außerhalb der engen Grenzen des Urheberrechtsgesetzes ist ohne Zustimmung des Verlages unzulässig und strafbar. Das gilt insbesondere für Vervielfältigungen, Übersetzungen, Mikroverfilmungen und die Einspeicherung und Verarbeitung in elektronischen Systemen.

Satz: Leske + Budrich
Druck: Druck Partner Rübelmann, Hemsbach
Printed in Germany

So weit wir daran mitwirken, eine Welt einzurichten,
in der alle Menschen menschenwürdig leben können,
geschieht es auf Grund des bloßen Glaubens
an unsere Verantwortung dafür, und in keinem
Sternenreiche der Ideen vermögen wir zu lesen,
daß unser Handeln einen ewigen Wert besitze
oder einer ewigen Wirklichkeit gerecht sei.

Max Horkheimer (1926)

Für Helga

Inhaltsverzeichnis

Vorwort 9

I. Aspekte der historischen Entwicklung der politischen Gesellschaft 19

Vorbemerkung 19
1.1 Säkularisation und Pluralisierung 19
1.2 Interessenreduktionismus als Rationalität 28
1.3 Wohlfahrtsstaatliche Inklusion 40
1.4 Fundamentalpolitisierung 54

II. Grundlagen der politischen Gesellschaft 61

Vorbemerkung 61
2.1 Entscheidung und Gewalt 61
2.2 Politischer Raum 72
2.3 Ausdifferenzierung und Politisierung 93
2.4 Herrschaft 110

III. Die totalitäre und die freiheitliche politische Gesellschaft 131

IV. Probleme des Regierens in der Demokratie 143

Vorbemerkung 143
4.1 Macht ohne Verantwortung 147
4.2 Paradoxien politischer Freiheiten 164

4.3	Gerechtigkeit und Leistung	179
4.4	Politisierte Nichtbürger	195
4.5	Mediatisierung	209
4.6	Politische Bildung	221

Schluss 233

Nachwort 237

Literatur 241

Vorwort

Die politischen Gesellschaften der Gegenwart sind durch ihre Kontingenz und den Zwang zur Dezision geprägt.

Mehr als jemals zuvor in der uns bekannten Geschichte und weiter zunehmend hängt heute das Leben der Menschen und die Existenz ihrer sozialen, natürlichen und materiellen Lebensgrundlagen von der Politik ab. Längst hat sie die Lebenswelten der verschiedenen Gruppen und Individuen durchdrungen und strukturiert und formt deren Handlungsmöglichkeiten, ohne daß diese sich dessen immer bewußt wären. Was als natürliche oder kulturelle Möglichkeit oder Grenze der individuellen Entfaltung objektiv vorgegeben erscheint, ist in Wahrheit das Ergebnis früherer Entscheidungen. Wo alles zur Entscheidung stand oder steht – wenn auch niemals alles gleichzeitig –, wächst die Verantwortung, müßten und könnten auch die Folgen von unterbliebenen Entscheidungen verantwortet werden. Wo alles disponibel wird, gerät Verantwortung zur zentralen Kategorie und ihre Zurechenbarkeit zu einem Problem, das neue Lösungen verlangt.

Denn die Wirkung der Politik, ihrer Entscheidungen wie Unterlassungen, reicht heute in qualitativ neuartigem Maße über das gesellschaftliche Leben, kategorial über das Soziale hinaus und beeinflußt Bedingungen des Lebens und Überlebens, die vor kurzem noch als schicksalhaft erschienen: das Wetter, die Lebensdauer, die Reproduktion der Gattung – schließlich das Überleben in der bisherigen sozialen wie biologischen Form überhaupt.

Das heißt aber nicht, daß die historisch erworbenen Standards und Normen für die Qualität des Politischen hinfällig geworden seien oder es auch nur verdienten, in einer Art ökologischem Fundamentalismus in die zweite Reihe gestellt zu werden. So richtig es ist, daß das bloße Überleben die Voraussetzung für die Lösung aller gesellschaftlichen Fragen wäre, so falsch ist der Schluß, es könne zuerst allein um die Sicherung des Überlebens und danach im zweiten Schritt um die Frage der politischen Qualität dieses Lebens gehen. Was logisch und analytisch aufgespalten werden kann, läßt sich in der Wirklichkeit nicht trennen. Wo Menschen leben oder überleben, tun sie es in bestimmten gesellschaftlichen Formen und mit besonderen politischen Ansprüchen. Politik ist nicht reduzierbar auf gesamtgesellschaftliches Problemlösungsverhalten, sie ist keine Sozialtechnologie, sondern immer in ihrer konkreten historischen Gestalt auch Ausdruck einer normativ gestalteten Lebensweise der Gemeinschaft wie der einzelnen. Es geht also niemals nur um das Weiter- oder Überleben, sondern immer auch um die normative Dimension bei der Wahl der Mittel und Strategien, dieses zu sichern; es geht um die Vision einer Gesellschaft, in der das Überleben sich aus der Sicht der Individuen gelohnt haben würde.

Politik ist deshalb nicht ausschließlich als ein besonderer Typus des Problemlösungsverhaltens zu erfassen, weil sie nicht die in einer solchen Formulierung unterstellte Rationalität besitzt. Das heißt nicht, daß Politik und politisches Handeln im Gegenzug einfach als irrational betrachtet werden sollten, wohl aber, daß der gemeinhin unterstellte Rationalitätstypus interessengeleiteten Handelns viel zu selektiv gegenüber der enormen Vielfalt und Dimensionalität des Politischen ansetzt. In der Politik gibt es eben – anders als in der historisch herrschenden Form der Ökonomie – keine eindeutige Nutzenfunktion. Ziele, Werte und Wahrnehmungen sind in ihr ebenso unterschiedlich wie askriptive Merkmale von Akteuren, wie Konstellationen, Kontexte und vieles andere mehr. So positiv die heuristische Funktion von handlungstheoretischen Modellen auf der Grundlage eines homo oeconomicus auch eingeschätzt werden mag, um prinzipielle Handlungsmöglichkeiten im modelleigenen Kontext analytisch zu bestimmen und dabei auch zu Bewertungen der involvierten Rationalität zu gelangen, so wenig würde der Versuch, den homo oeconomicus analogisierend in einen homo politicus zu überführen, für eine wirklichkeitswissenschaftlich gehaltvolle Politiktheorie erbringen. Der Hauptgrund dafür liegt in der unterschiedlichen Präformation der kollektiven und individuellen Handlungsmöglichkeiten, ob man sie nun zunächst Institutionalisierungen, Systeme oder Strukturen nennen wollte, die sich historisch in Ökonomie und Politik herausgebildet haben. Bei dem scholastisch abstrakten Streit, ob denn „System" oder „Handlung" die geeignete Grundkategorie zum Aufbau einer ganzheitlichen Theorieperspektive für die Sozialwissenschaften abgeben sollte, wird häufig übersehen, daß die Validität der Konzepte an ihrem *fundamentum in re*[1] hängt – und nicht an der Eleganz und Plausibilität der Theoriekonstruktion selbst. Die Durchsetzung der kapitalistischen Marktgesellschaft auf Makro- und Mikroebene in Verbindung mit einer sozialisatorischen Verinnerlichung einer darauf bezogenen Handlungsrationalität hat in der Tat ein „System" entstehen lassen, das die darauf bezogene Anwendung entsprechender Denkmodelle zunächst valider macht als in anderen gesellschaftlichen Zusammenhängen. Das wissenschaftliche Systemdenken entspricht hier nur dem alltäglichen Eindruck, daß alles individuelle Handeln vorgeformt, daß jede echte Wahl unmöglich sei. Gerade für das Politische gibt es aber solche historisch präfigurierten Handlungsstrukturen nicht oder doch so viel weniger, daß seine Analyse ständig mit Relativismen und Kontingenzen rechnen muß, die lediglich von einem hypostasierten Rationalitätsmodell aus als irrational erscheinen. Es ist ja umgekehrt gerade auch der politische Raum einer Gesellschaft, in dem sich der Pluralismus interessenbedingter und moralischer Rationalitätsmaßstäbe zur Darstellung bringt und die Frage – oder besser: das Grundproblem der politischen Gesellschaft – aufwirft, wie jenes funktional notwendige Maß an anerkannter Regelung des ge-

---

1 „Was bedeutet ›objektiv‹? Wird es nicht ›menschlich objektiv‹ bedeuten und wird es daher nicht auch *menschlich* ›subjektiv‹ sein?" (Gramsci 1993, 1042)

sellschaftlichen Zusammenlebens zustandekommt, das historischen Gesellschaften ihre spezifische Identität verleiht.

Dieses Problem hat sich in der modernen Gesellschaft massiv verschärft und spitzt sich weiter zu, weil die außer- und vorpolitischen Konsense und Institutionen der Integration zunehmend erodieren. Gemeinschaftliche Integration wird dadurch immer mehr von einem bisherigen sozialen Fundament der Politik zu einem von Politik erst anzustrebenden und zu realisierenden Ergebnis. Die traditionelle Politik der bisherigen Moderne ist darauf aber nicht vorbereitet, sondern gerät in dem Maße in die Krise, in dem sich ihre gesellschaftlichen und kulturellen Voraussetzungen auflösen. Dieser „Freisetzungsprozeß" der Moderne ist seit den frühesten Anfängen der modernen Sozialwissenschaften stets zentrales Thema des modernisierungstheoretischen Diskurses gewesen, wobei er on der einen Seite mehr als Subjektivität und Individualität stiftender, von der anderen Seite mehr als Gemeinschaften und institutionelle Ordnung gefährdender Entwicklungsweg akzentuiert wurde und wird.

So unumstritten ungeachtet der konservativen oder liberalen Deutung insgesamt das gesellschaftliche Ergebnis im Selbstbild der „Modernität" gefaßt ist – was besonders im alle relevanten Positionen einigenden Eurozentrismus der gemeinsamen Positionen und Verhaltensweisen gegenüber der „unmodernen" außereuropäischen Welt zum Ausdruck kommt –, so sehr differieren die Konsequenzen hinsichtlich des Politischen. Genaugenommen und auf die wesentliche Spaltungslinie seit Beginn des nunmehr zu Ende gehenden Jahrhunderts zugespitzt, stehen sich in der Behandlung der Moderne im politischen Denken aber immer nur zwei Positionen mit ihren Varianten gegenüber: Einerseits ein Konservatismus, dem es in der politischen Theorie um den funktionalen Ersatz der traditional einheitsstiftenden Institutionen und Mächte geht und der sich dabei in Europa und besonders in Deutschland an der Frage ausdifferenziert hat, wieweit die verschiedenen Varianten totalitärer Diktatur und wieweit in Deutschland die nationalsozialistische Zwangshomogenisierung akzeptables Mittel zum Zweck gewesen seien oder nicht; andererseits die schließlich in eine konstitutionelle Theorie des normativen Pluralismus einmündenden Varianten des Liberalismus und demokratischen Sozialismus, die, explizit oder mindestens implizit von der Endgültigkeit der modernen Pluralisierung ausgehend, das Konzept eines institutionellen Regelwerks der Willensbildung und Konfliktaustragung akzeptierten, das sie mehr oder weniger deutlich mit den historisch entwickelten Varianten des repräsentativ-parlamentarischen Verfassungsstaates in eins setzten. Das Problem schien damit lange Zeit in der Alternative zwischen konservativ materialer und liberal prozessuraler Rationalität, zwischen wertefundierten Tugenden und legitimitätsstiftenden Verfahren zu liegen – so als seien die jeweils damit verbundenen Institutionen und Prozesse funktional äquivalent für die nötige Gemeinschaftskomponente der Vergesellschaftung.

Das war aber, wie sich heute mehr und mehr zeigt, eine falsche oder zumindest unvollständige Alternative, die nur aufgrund des politischen Grundkonflikts, der mit dieser Alternative verbunden war, so wenig als solche erkannt wurde. Wirkte in dieser Jahrhundertpolarisierung auf der einen Seite nachhaltig Carl Schmitts Gleichsetzung von Liberalismus mit Nihilismus, so nicht minder konventionalisierend auf der anderen Seite ein stereotyper Konservatismusvorwurf an alle jene, die nach den normativen Voraussetzungen des Funktionierens pluralistischer Willensbildung über den institutionellen Bestand des repräsentativ-parlamentarischen Verfassungsstaates hinaus fragten. Aus verschiedenen Gründen ist heute normativ und funktional allein noch die liberale Variante anschlußfähig; normativ ist eine homogenitätsorientierte Ordnungsstiftung nicht mehr begründbar, und funktional sind Homogenität erpressende politische Regime nicht nur hoffnungslos leistungsschwach in der Lösung bestimmter langfristiger Problemtypen, sondern auch nicht dauerhaft gegen ihre internen Entwicklungspotentiale stabilisierbar. Entgegen den Behauptungen einer nach dem Zusammenbruch der Gesellschaften sowjetischen Typs öffentlich vorgenommenen Wissenschaftsschelte sind dies keine Erkenntnisse jüngeren Datums, sondern Gemeinplätze einer kritischen Analyse der Sowjetunion seit dem Ende der zwanziger Jahre.

Allerdings zeigt sich im Zuge der wachsenden Thematisierung unerwünschter Modernisierungsfolgen auch für die Politik zunehmend, daß die pluralistische Variante undiskutiert auf vorpolitischen normativen Standards aufruht, die sichtbar mehr und mehr fraglich werden. Ein Grundproblem für sie liegt darin, daß die von ihr als bloß formales Regelwerk der Willensbildung und Konfliktaustragung unterstellten demokratischen Verfahren in ihrer historisch gewachsenen Form problematisiert werden, weil sie nach dem Urteil bedeutsamer Gruppen trotz ihres formalen Charakters materiale Politikfolgen zeitigen oder stets eine Richtung begünstigen: so etwa die historisch übliche Operationalisierung des menschenrechtlichen Gleichheitsanspruchs in der Form rechtsstaatlicher Gleichbehandlung durch Frauenbewegung und feministische Politiktheorie, so etwa das Mehrheitsprinzip angesichts der in wichtigen Politikbereichen problematisierten Prämisse der Revidierbarkeit politischer Entscheidungen oder ihrer Folgen. Sichtbar wird in dieser Kritik eine bisher verschwiegene Wertebasis, deren Rechtfertigung in Zeiten des Relativismus und Pluralismus schwer fällt.

Ins Blickfeld kommen mit bestimmten Problemen der politischen Entscheidung auch völlig neue räumliche und zeitliche Dimensionen. Wenn in diesem Zusammenhang von einigen eine grundsätzliche Überforderung der Politik konstatiert wird und dies keineswegs nur in Verbindung mit eher konservativen Konzepten einer regressiven Zurückführung der Politik auf ihre angeblich „reinen" Funktionen der Herrschaftssicherung, dann fällt auf, daß dabei das historisch einmal entwickelte institutionelle und prozessuale Repertoire des repräsentativ-parlamentarischen Verfassungsstaates gedanklich unangetastet bleibt. Überraschenderweise gibt es aber in diesem Jahrhundert keine einzige institutionelle Innovation von Gewicht. Die Formen des Politischen erscheinen als ausgereizt und eingefroren im Diskurs des 19. Jahrhunderts, und die heutigen Kontroversen – etwa über eine Verstärkung plebiszitärer Komponenten des Repräsentativsystems – variieren die alten Argumente immer aufs neue. So kommt es zu einer eigenartigen Diskrepanz zwischen institutionellem Konservatismus auch auf seiten der Modernisierer und Liberalen einerseits und der fortlaufenden Probleminnovation bei der politischen Entscheidungsmaterie andererseits. Daß die konstatierte Überforderung auch damit zusammenhängen könnte, daß die Problembearbeitungskapazität der Institutionen des 19. Jahrhunderts nicht mehr den Problemen des 20. und 21. gerecht wird, gerät nicht ins Blickfeld. Die meisten Bürger wie Wissenschaftler scheinen zu glauben, daß die konstitutionellen Formen der heutigen Politik einen historischen End- und Reifestand repräsentieren, um den die zukünftige Geschichte einen respektvollen Bogen zu machen hätte. Diese Blockade versperrt jeder politischen Theorie die Sicht auf subkutane langfristige Prozesse des Wandels, die auf Dauer nicht ohne Wirkung auf die politischen Institutionen bleiben können. Dabei lehrt die Geschichte doch nur eins: wer auch immer irgendwann glaubte, langfristig bliebe alles beim Alten, hatte langfristig doch immer unrecht. Die Frage nach fundamentalem Wandel steht nicht in der kurzatmigen Perspektive des Ob oder Ob nicht, sondern verfehlt zumeist nur den angemessenen Zeithorizont. Das politische Denken der Moderne pendelt aber zwischen kurzfristigen Machbarkeitsphantasien und langfristigen Stabilitätserwartungen hin und her, weil ihm eine angemessene Theorie der gesellschaftlichen Grundlagen des Politischen fehlt, die für diese Fragen Kriterien ermitteln könnte.

Gerade der heute sich in den avanciertesten Bereichen der Welt ausbildende Typus der politischen Gesellschaft ist in allen seinen Varianten aber für radikale Wechsel und Änderungen besonders offen, weil er nicht mehr auf einem stabilisierenden sozialen und kulturellen Fundament aufruht, das wie ein ausgleichendes Trägheitspendel gegen politische Entscheidungen wirkt. Wo alles von der Politik abhängig wird, sie selbst aber durch keine stabilen Wertsysteme eingebunden und begrenzt ist, da wird der Charakter der Politik zunehmend willkürlich und die durch sie erreichte jeweilige Ordnung prekär, weil sie eben von nichts anderem abhängt als von politischen Entscheidungen – die unter solchen Bedingungen jederzeit auch anders ausfallen könnten.

Zu den Merkwürdigkeiten des Zeitgeistes und der an ihm orientierten Politikwissenschaft gehört das verbreitete Gefühl, Politik vermöchte immer weniger auszurichten. Derartige Stellungnahmen bemerken gar nicht, wie sehr sie in ihrer Wahrnehmung einer gouvernementalen und sozialtechnologischen Einschränkung des Politischen aufsitzen. In einer Perspektive, die „Politik" von vorneherein rationalistisch auf Problemlösungsverhalten, vorwiegend durch Regierungen und Verwaltungen, reduziert, wird empirisch scheinbar immer aufs neue bestätigt, wie sehr die Implementation politischer Entscheidungen unter der Einwirkung von vielerlei Variablen die ursprünglich der Entscheidung zugrundeliegende Intention verändert. Daraus wird geschlossen, wie wenig „Politik" geeignet sei, gezielt Veränderungen hervorzurufen. Diese eingeschränkte Perspektive wird entgegen der Selbststilisierung eines Teiles der Zunft auch nicht dadurch „kritisch", daß sie auf andere Akteure, zum Beispiel „neue soziale Bewegungen", angewendet wird. Das immer wieder bestätigte „Resultat", neuerdings auch noch normativ mit einer Forderung nach „Selbstbeschränkung" der Politik verknüpft, liegt aber schon in den rationalistischen Prämissen und der durch sie bedingten selektiven Thematisierung des Politischen begründet. Vor allem: auch Veränderungen, die „die Politik" nicht intendiert hatte, können schließlich zu jenen gehören, die „sie" herbeigeführt oder verursacht hat.

Akteur, Interesse, Intention, Zweckrationalität und Kausalität strukturieren als implikationsreiche Begriffe diese verkürzende Wirklichkeitsverarbeitung, die die politische Selbststeuerung einer modernen Gesellschaft untersucht, als handle es sich um die Effektivität eines Planungsbüros. Aus dieser Perspektive ergeben sich nur scheinbar klare Maßstäbe für Rationalität und Irrationalität, und die meisten Anwendungen dieses Ansatzes verwechseln noch zusätzlich die rationalistischen Prämissen des eigenen Modells mit Eigenschaften der modellierten Wirklichkeit.

Eine solche Perspektive steht denn auch mehr oder weniger ratlos vor den „großen" Umwälzungen und langfristigen Folgen von „Politik". Als stets um seine Professionalität bemühtes Fach tendiert die Politikwissenschaft dazu, diese Fragen den Historikern und Philosophen zu überlassen, als handle es sich dabei nicht um „Politik". Ins Normative verwandeln sich die rationalistischen Prämissen dieser inhärenten Politiktheorie bei der Behandlung solcher Phänomene wie Fundamentalismus, Populismus, Extremismus oder auch Korruption und politischer Kriminalität. Wie auch in anderen thematischen Zusammenhängen lädt sich hier das zwischen Rationalität und Irrationalität strukturierende Vorurteil noch zusätzlich mit Vorstellungen des Pathologischen auf und verspricht somit mindestens implizit Heilung durch Rückkehr zum rationalen Modell. In einer Gesellschaft, in der jeder legitimerweise seine Interessen verfolgt und die sich sonst über kaum etwas noch zu einigen vermag, sind aber vielleicht bestimmte, als Ressentiments eingestufte Positionen, weniger irrational, als das auf den ersten Blick erscheinen mag, und vielleicht auch bei genauerem Hinsehen geeignet, den interessenbasierten Partikularismus der gegegenüber solchen „Pathologien" empfohlenen Normen aufzudecken. Wo die proklamierte Universalität anempfohlener Normen der westlichen Demokratie sich im Innern wie in ihrem Verhältnis zu den weniger wohlhabenden Gesellschaften dieser Erde faktisch permanent als quantitativ und qualitativ ungleiche oder gar ungerechte Zuteilung von Ressourcen erweist, da gerinnt sie in den Augen der Nichtbegünstigten leicht zur bloß ideologisch begründeten Herrschaftspraxis.

Die historische und wirklichkeitswissenschaftliche Diagnose, wir lebten heute in einer politischen Gesellschaft, in der virtuell alles von politischen Entscheidungen abhängig geworden ist, kann natürlich nicht auf einer solchen analytisch eingeschränkten Perspektive des Politischen beruhen, und sie kann die Frage nach Rationalität oder Irrationalität in der Politik nicht einfach abstrakt vor die Klammer setzen. Sie muß ihren Begriff des Politischen unabhängig von szientistischen Mißverständnissen aber ebenso gegen die alltagstheoretische Erfahrung fassen, indem sie historisch zu rekonstruieren versucht, wie sich die Selbststeuerung der modernen Gesellschaften durch Entscheidungen entwickelt hat und wie sie funktioniert. Die einzige Prämisse ist dabei, daß die Moderne in der Politik sich gerade im Begriff der „Entscheidung" bündeln und darstellen läßt. Mehr und mehr voraussetzungslose Entscheidbarkeit und damit Entscheidungszwänge zugleich, beides, subjektiv und objektiv-situativ, charakterisieren politisch, auf allen Ebenen vom Individuum und seinen Präferenzbildungen bis zum Regieren im engeren Sinne, die Moderne. Möglichkeit und Zwang zur Entscheidung stellen einzelne wie ganze Gesellschaften heute in vielen Situationen vor die „Wahl" zwischen Alternativen und erhöhen damit ihre Freiheit wie aber zugleich auch die Reichweite ihrer Verantwortung. Traditionelle politische Ethik war auf solche Dimensionen des Politischen nicht gefaßt und zeigt sich gerade in ihrer erneuten Konjunktur überfordert, mit den gegenwärtigen Problemen fertig zu werden. Insbesondere kann sie den gesellschaftlichen Pluralismus nicht überwinden, sondern tendiert dazu, ihn widerzuspiegeln und damit die normative Verbindlichkeit zu verlieren. Gerade weil in der gegenwärtigen Ethikdiskussion deutlich geworden ist, wie sehr alle Varianten der Ethik auf spezifischen kulturell-sozialisatorischen Voraussetzungen und kontroversen Prämissen beruhen, kann Ethik insbesondere die inter-kulturellen Konflikte im Alltag kaum überwinden.

Die Kontingenz der politischen Gesellschaft, in der virtuell alles zur Entscheidung steht, läßt sich heute durch eine Ethik mit allgemeinen Geltungsansprüchen nicht mehr reduzieren, weil die Pluralisierung die Grundlagen des Ethikdiskurses selbst erfaßt hat. Politische Entscheidungen müssen heute unter den Bedingungen eines irreduziblen ethischen Pluralismus gefällt werden. Ob es dabei andere Wege gibt, als die institutionelle oder strukturelle Entkoppelung in zwei Sphären der Politik und der Moral, eine Trennung, die in der Theorie zur Konsistenz verhelfen mag, die aber in der Praxis dazu beiträgt, die Willkür oder gar den Zynismus der jeweiligen Machtausübung zu verstärken –, ist eine offene Frage.

Ich habe lange gezögert, dieses Buch so zu schreiben, wie ich es jetzt versuche: fast ohne direkten Bezug auf den professionellen Diskussionsstand der Politikwissenschaft und doch immer direkt auf das Fach und seine Mängel gezielt. Die erforderliche theoretische und thematische Reichweite, die sich aus der Nowendigkeit ergibt, den Begriff der politischen Gesellschaft historisch zu fundieren, kann ich im Sinne des heutigen Professionalitätsverständnisses der Geschichtswissenschaft nicht bewältigen und muß sie doch irgendwie zur Darstellung bringen. Vor allem in den ‚historischen' Partien des ersten Kapitels sind deshalb nur Skizzen in theoretischer Absicht möglich. Es geht mir darum, die Genese der heute existierenden oder sich noch entwickelnden politischen Gesellschaften im Sinne eines historisch besonderen Typus von Gesellschaft ex post begreifbar zu machen, vor allem dadurch, daß ich sie deskriptiv und begrifflich gegen ihren Vorläufertypus und gewisse gängige Vorurteile absetze. Wir können die Besonderheit unserer Gegenwart immer noch nur im Kontrast zur vorausgegangenen Geschichte verständlich machen, und um das Verständnis des historischen Charakters der Gegenwart geht es mir auch bei der Frage nach Tendenzen der langfristigen Veränderung.

Ich bin mir dabei unsicher, wo wir heute stehen: eher am Beginn der vollen Ausbildung einer Gesellschaft von diesem Typus, eher in der scheinbaren Stagnationsphase ihres „Mittelalters", in der die Veränderungen so langsam ablaufen, daß sie von zeitgenössischen Beobachtern als Stabilität gedeutet werden, oder bereits vor der Heraufkunft von etwas Neuem. Auch wenn das für meine und anderer Hoffnungen auf grundsätzliche Veränderungen eine herbe Enttäuschung bedeutet, glaube ich eher, daß wir in der Phase der vollen Etablierung und weltweiten Durchsetzung dieses Gesellschaftstypus stehen und daß viele Fehler der politischen Theorie des späten 19. und ausgehenden 20. Jahrhunderts daher rührten, daß bewußt oder unbewußt von der Reife- oder Spätzeit einer Epoche her gedacht wurde, sei es seit Sombart (spät-)kapitalismustheoretisch oder im Sinne eines Begriffs der bereits irgendwie erfüllten Moderne. Kapitalismus – ganz im Einklang mit Marx gedacht – wie Moderne tendieren aber dazu, sich erst weltweit auszubreiten und zumindest der erstere besitzt vor seiner vollen Durchsetzung keine internen Entwicklungsgrenzen. Ob sie danach bestehen, das heißt, ob Kapitalismus als stabile Ökonomie ohne weitere externe oder interne Möglichkeiten der ursprünglichen Akkumulation weiter existieren kann oder nicht, ist eine seit langem, spätestens seit Rosa Luxemburg theoretisch wie spekulativ umstrittene Frage. Für die Moderne gilt *cum grano salis* dasselbe – auch wenn sich einige Theoretiker der sogenannten „Post-Moderne" schon heute mit der Zeit nach ihrem vermeintlichen Ende so beschäftigen, als sei dies unsere Gegenwart.

Ich weiß, daß solche Fragen heute als unprofessionelle Spekulation gelten, aber auch, daß unser Fach durch den Verzicht auf sie in Teilen so langweilig geworden ist. Der intellektuelle zeitdiagnostische Diskurs, ja das Nachdenken über Politik findet weitgehend in anderen Disziplinen statt.

Wenn an den Überlegungen und Beobachtungen zur politischen Gesellschaft etwas dran ist, dann geht es hier nicht um ihre definitive Theorie, die vielleicht auch solche Fragen beantworten könnte, sondern um einen Entwurf, der auch andere anregen möchte, unter diesen oder ähnlichen Prämissen zu denken und zu forschen.

Ich verwende den Begriff der politischen Gesellschaft hier und im weiteren in wirklichkeitswissenschaftlicher Absicht, um eine politische Zeitdiagnose mit angemessenem theoretischen wie historischen Horizont verbinden zu können und um eine Fülle von Einzelbeobachtungen plausibler zu integrieren und zu interpretieren, als das in der Politikwissenschaft des *mainstreams* geschieht – ohne Hoffnung, deren Geschäfte nachhaltig zu beeinflussen, aber in der Erwartung von Kritik außerhalb der Routinen.

Ein Mißverständnis, das sich freilich nur für den ganz flüchtigen und seine angestammten Perzeptionsgewohnheiten verteidigenden Leser ergeben kann, das aber gleichwohl im Zusammenhang mit der Rezeption meiner früheren Aufsätze gelegentlich auftrat, soll schon vorab möglichst ausgeschlossen werden: Mir ist natürlich bewußt, daß es eine ganze Tradition des politischen Denkens gibt, die den Begriff *politische Gesellschaft* anders verwandt hat, als es hier geschieht. Zur Abgrenzung nenne ich diese Tradition des Begriffsgebrauchs topographisch, weil bei allen Unterschieden von Machiavelli bis Gramsci der Begriff doch stets dazu diente, einen bestimmten Bereich menschlichen Handelns und die in diesem Bereich ausgeführten Funktionen abzugrenzen gegen andere Bereiche, insbesondere in der deutschen Tradition dann gegen den Staat und das Private. In diesem Sinne einer topographischen Differenzierung – die natürlich ihrerseits analytisch konstituiert ist – hat z.B. Tocqueville die „société politique" im ersten Teil seines Werkes „Über die Demokratie in Amerika" vor allem als die Beziehungen zwischen dem Bundesstaat und den Einzelstaaten und zwischen den Bürgern und der Union beschrieben und sie von der „société civile" und der „société religieuse" unterschieden, mit denen er sich schwerpunktmäßig im zweiten, später geschriebenen und für die Rezeption bedeutsamer gewordenen Teil seines Werkes beschäftigt (1987). Ob räumlich gedacht oder funktional ausdifferenziert, in jedem Fall steht der Begriff in der Tradition dieses Gebrauchs nur für einen Teil des gesellschaftlichen Zusammenhangs.

Demgegenüber gebrauche ich den Begriff der politischen Gesellschaft so, wie andere, wenn sie zum Beispiel von „Risiko-" oder „Freizeitgesellschaft" sprechen, um damit die *neuartige Qualität* der sich heute ausbildenden Gesellschaften insgesamt, früher hätte man gesagt, um damit ihr „Wesen" zu charakterisieren. Natürlich haben Gesellschaften dieses Typus auch andere Eigenschaften, die man zu ihrer Charakterisierung heranziehen könnte. Sie sind in der Tat auch „Risiko-", auch „Erlebnis-", auch „postindustrielle Informationsgesellschaften" und einiges mehr. Ich glaube aber, daß die fundamentalste Herausforderung in praktischer und ethischer Hinsicht heute darin besteht, daß man sich ihrer als politischer Gesellschaften bewußt wird. Dieser Ansatz steht ganz im Gegensatz zu dem vorschnell und oberflächlich – zum wievielten Male eigentlich? – jüngst erneut ausgerufenen „Ende der

Geschichte" und ebenso im starken Kontrast zu dem von einer gewissen Systemtheorie und dem ideologisch herrschenden „Neo-Liberalismus" der ökonomischen Theorie behaupteten prinzipiellen Unvermögen der Menschen zur praktischen Gestaltung ihrer gesellschaftlichen Lebensverhältnisse. In politischen Gesellschaften könnten politisch aktive Menschen nicht nur ihre gegenwärtigen und zukünftigen Lebensverhältnisse beeinflussen, sondern sie tun es unentwegt und sowieso. Fragt sich nur, wie bewußt sie sich dessen sind oder werden und welche Vorstellungen und Ziele dabei vorherrschen. Ist die Zeitdiagnose freilich richtig, dann tragen sie gemeinsam für die Ergebnisse allemal die Verantwortung.

I. Aspekte der historischen Entwicklung der politischen Gesellschaft

Vorbemerkung

Bei den nachfolgenden vier Abschnitten handelt es sich trotz des historischen Ansatzes *nicht* um Geschichtsschreibung, sondern um die Illustration und Fundierung des geschichtlichen Begriffes „politische Gesellschaft", der idealtypisch verstanden werden muß. Alles, was ich hier schreibe, zielt auf eine angemessene Gegenwartsdiagnose, und damit letztlich auf die Voraussetzung für eine wirksame Bestimmung politischer Handlungsmöglichkeiten.

Trotz gelegentlich eingestreuter Bemerkungen über die tiefgreifenden Differenzen der Entwicklung in den Vereinigten Staaten von Amerika oder Hinweisen auf die Differenzen zwischen der englischen und der kontinentalen politischen Geschichte handelt es sich stets nur um Beispiele, die der selbstverständlich unendlich variationsreichen Realgeschichte, in der sich der Trend zur politischen Gesellschaft ungleichzeitig und auf dem Hintergrund je eigener Ausgangsbedingungen zeigen läßt, nicht im entferntesten gerecht werden können.

Obwohl ich der *ex post factum* gestellten Frage nach Alternativen des realen Geschichtsverlaufs wenig Gewicht beimesse, darf doch keinen Moment angenommen werden, daß ich den hier dargestellten Entwicklungstrend als eine historische Notwendigkeit begreife. Wie groß auch immer der Anteil der Kontingenz in der früheren Geschichte gewesen sein mag, das ganze Buch handelt davon, wie sie im Zuge der Verwirklichung der politischen Gesellschaft seit der frühen Neuzeit dramatisch zugenommen hat und offenkundig noch weiter zunimmt.

1.1 Säkularisation und Pluralisierung

Für das moderne politische Selbstbewußtsein ist es im Nachhinein nicht einfach, sich der Bedeutung der Trennung von Religion und Politik und damit seiner eigenen revolutionären Neuartigkeit zu vergewissern. Ex post scheint die Frage nach dem Verhältnis von Religion und Politik allenfalls noch von historischem Interesse zu sein – und sie interessiert manche natürlich weiter von einem subjektivreligiösen Standpunkt aus. Aber die moderne politische Theorie, selbst unter anderem ein Produkt dieser Trennung, berücksichtigt als theoretische Reflexion heutiger politischer Wirklichkeit diese Prämisse kaum noch. Ihr entgeht damit eine wesentliche Dimension ihrer eigenen Qualität, ebenso wie der Beschaffenheit ihres historischen und gesellschaftlichen Gegenstandes. Denn die Trennung von Politik und Religion, nicht nur die realgesellschaftliche Ausdifferenzierung von Staat und Kirche, sondern auch die der Begriffe und des Wirklichkeitsverständnisses im gesellschaftlichen Alltag ebenso wie der Theorie läßt in der Politik und ihrer gedanklichen Reflexion jene Fragen, die einmal religiös oder theologisch beantwortet wurden, nicht einfach spurlos verschwinden. Wo dies wie in weiten Bereichen der Politikwissenschaft doch geschieht, da um den Preis einer Verengung ihres gedanklichen Horizonts, die ihr als politische Theorie schlecht bekommt.

Das traditionelle vorsäkulare Denken über menschliches Zusammenleben besaß in seinem religiösen Fundament eine vergemeinschaftete Gewißheitsbasis, die von der individuellen Glaubenssicherheit bis hin zur traditionalen Legitimität politischer Ordnungen und Institutionen reichte und die darüber hinaus auch kognitiv die geschichtliche Aktualität politischer Verhältnisse in einen Natur und Kosmos umfassenden Kontext stellte, in dem Fragen nach Herkunft und letzten Gründen ebenso selbstverständlich beantwortet schienen wie die nach dem Sinn und Zweck des eigenen gesellschaftlichen Handelns. Normative Integration und die Legitimation politischer Ordnungen waren durch die religiöse Sozialisation der einzelnen Gesellschaftsmitglieder und ihre kulturelle und institutionelle Repräsentation gewährleistet und bedurften keines zusätzlichen politischen Prozesses zu ihrem Erfolg. Das Problem der „gesellschaftlichen Integration", selbst von Lorenz von Stein bis Emile Durkheim im Zentrum der entstehenden Soziologie des 19. Jahrhunderts stehend, läßt sich erst nachträglich mit den neuzeitlichen Begriffen so formulieren. Die Soziologie wie ihr zentraler Gegenstand reflektieren im gesellschaftlichen Modernisierungsprozeß des 19. Jahrhunderts genau jenes Prekärwerden einer vorreflexiven Vergemeinschaftung im Sinne Ferdinand Tönnies'.

Der in vielen Farben schillernde Begriff der Säkularisierung (Zabel 1984) wird hier im Sinne der jüngeren Religionssoziologie (Matthes 1967, S. 74ff) als deskriptive Prozeßkategorie gebraucht, wie sie sich erst gegen Ende des 19. Jahrhunderts auf dem Hintergrund der Arbeiten von Max Weber und vor allem Ernst Troeltsch herausgebildet hat und in dem die philosophisch-theologischen Konnotationen, die der Begriff mit Hegels Vorstellung der „Verweltlichung" des ehemals „christlichen Geistes" prominent angenommen hatte, analytisch ausgeblendet bleiben. Es geht um den empirisch unbestreitbaren Tatbestand der abnehmenden politischen Verbindlichkeit institutionalisierter religiöser Normen im gesellschaftlichen Zusammenleben und auf individueller Ebene (Lübbe 1975) – und die seit dem Kulturprotestantismus der zweiten Hälfte des 19. Jahrhunderts wiederholt aufgeworfene Frage, ob sich darin trotz der empirisch beobachtbaren Entkirchlichung nicht doch gerade eine Realisierung des Christentums in der Welt zeige, kann die Sozialwissenschaft getrost der andauernden theologischen Deutung und Diskussion überlassen (Petzoldt 1994).

Die Säkularisation mit ihrer gleichzeitigen Intensivierung wie Privatisierung der individuellen Glaubensproblematik entläßt das Problem der gesellschaftlich wirksamen Begründung gemeinsamer Wertüberzeugungen nach und nach aus dem theologischen Traktat und macht es zunächst zu einem sozialen und schließlich spätestens heute zu einem politischen Problem. Problem insofern, als mit der Trennung der Sphären die Frage nach der Begründung gemeinsamer Normen in der Öffentlichkeit nicht mehr selbstverständlich aus den individuellen Glaubensüberzeugungen und deren verbreiteter Übereinstimmung resultiert. Dies natürlich um so mehr, als mit der Aufspaltung der Bekenntnisse und ihrer Anerkennung als je privaten, jedenfalls nicht mit dem Staat unmittelbar verknüpften, Kirchen und Glaubensgemeinschaften eine relative Pluralisierung auch jener Wertüberzeugungen eintritt, die funktional für das Zusammenleben in einer Gesellschaft bedeutsam sind. Die Säkularisierung entzieht damit gewissermaßen einem traditional vermittelten christlich-abendländisch Universalismus[2] nach und nach erst den institutionellen, dann auch den individuell-sozialisatorischen Boden.

Der Zusammenhang zwischen Religionsfreiheit und der Entstehung politischer Freiheit – und das heißt auch Toleranz – ist in der Geschichte politischer Ideen oft dargestellt worden.(z.B. Saage 1981). Die Perspektive dieser Darstellungen behandelt die religiöse Herkunft der zentralen politischen Konzepte der frühen Neuzeit oft vordringlich aus genetischer und quellenkundlicher Sicht. Die Frage nach dem funktionalen Beitrag der in den religiösen Begriffen reflektierten Alltagsreligiosität bleibt außen vor oder, was bei der relativen wechselseitigen Abschottung der Disziplinen fast dasselbe ist, der Religionssoziologie überlassen. Das entspricht einem Verständnis von politischer Theorie, das nicht mehr nach dem realgesellschaftlichen Beitrag oder politischen Zusammenhang für die jeweilige Herrschaftslage fragt, oder wenn doch, dann in rein ideologiekritischer Beschränkung. Die Aufgabe, die der politischen Theorie gestellt ist, schließt aber das Verständnis oder die Erklärung jenes Beitrages ein, den die Inhalte der Theorien und des in ihnen reflektierten gesellschaftlichen Bewußtseins für die gesellschaftliche Reproduktion und manchmal auch Innovation besitzen. Das heißt, „politische Theorie" muß sich als Teil des wissenschaftlichen Bemühens der Erklärung realer Vergesellschaftung begreifen; ihr Gegenstand ist nicht allein geistesgeschichtlich, sondern auch realgesellschaftlich konstituiert. Politische Theorien wirken selbst auf die Art und Weise der gesellschaftlichen Integration und Herrschaftsausübung ein, zum Beispiel über die Bereitstellung von aneignungsfähigen Legitimationsargumentationen oder auch herrschaftskritischen Motiven. Politische Theorien handeln nicht nur von Gesellschaften, sondern sie wirken auch in ihnen. Politikwissenschaftliche Gesellschaftsanalyse verlangt deshalb Antworten auf die Frage nach der praktischen Bedeutung von politischen Theorien in Vergangenheit und Gegenwart.

Diese spezifische Fragestellung der politischen Theorie macht die bereits erwähnte religionssoziologische Bearbeitung nicht obsolet, unterscheidet sich aber

---

2 Universalismus natürlich nur in einem relativen Sinne sowohl im Binnenbereich des „christlichen Abendlandes" wie erst recht nach außen. Einerseits enthält die „christliche Botschaft" - im Gegensatz zu manchen anderen religiösen Bekenntnissen – nach ihrer Eigenlogik einen nicht an territoriale oder kulturelle Grenzen gebundenen Universalitätsanspruch, an den gerade aufklärerische Säkularisationsbemühungen argumentativ anknüpfen konnten, wie Karl Löwith (1953), Hegels Interpretation folgend, gezeigt hat. Andererseits wird heute gerade der universalistische Anspruch des „christlichen Westens" als nachwirkende „imperialistische" Haltung oder sogar als Bereitschaft zum „Ethnozid" interpretiert (Latouche 1996, S. 55).

von ihr grundsätzlich in Fragestellung und Interesse. Das kann man sehr gut an dem im übrigen die Folgen der Säkularisierung für die moderne Gesellschaft und ihre Reflexion luzide zusammenfassenden und analysierenden Buch von Franz-Xaver Kaufmann, „Religion und Modernität" (1989) veranschaulichen. Dort wird wie hier die Erosion der ehemals durch gemeinsame Alltagsreligiosität bereitgestellten Integrationskraft der christlichen Überlieferung in der Folge von Aufklärung und Säkularisierung konstatiert und der Frage nachgegangen, welche Folgen sich daraus für die gesellschaftliche Integration ergeben. Die „normative Integration" wird jedoch ganz in der Traditionslinie Durkheim-Parsons als ein Problem der kulturellen und sozialisatorischen Anschlußfähigkeit individueller Präferenzmuster analysiert und die sich dabei ergebenden Probleme auf dem Hintergrund der Theorie funktionaler Ausdifferenzierung im Sinne des „modernen" Kontingenz- und Pluralisierungspostulates als theoretisch befriedigend gedeutet und praktisch lösbar angesehen. Das politische Kernproblem verbindlicher Entscheidungen mit Geltungsanspruch von beträchtlicher Reichweite taucht dabei überhaupt nicht auf. Politische Entscheidungen, wie Entscheidungen überhaupt, reduzieren aber zumindest für einen begrenzten Zeitraum Kontingenz und sind mit fortbestehenden pluralistischen Ansprüchen nicht vereinbar.

Politische Entscheidungen schaffen oder beanspruchen zumindest Verbindlichkeit gegenüber Kontingenz und eindeutige Geltung gegenüber divergierenden pluralistischen Ansprüchen. Sie tun dies unter den heutigen Bedingungen zum Teil in unabsehbaren Wirkungsketten, mit das normale Verständnis von geschichtlichen Zeiträumen übersteigenden Langzeiteffekten und mit einer Tiefenpenetration subjektiver Innerlichkeit, die, wenn überhaupt noch, dann nur in nostalgischer Attitüde als „machtgeschützt" (Thomas Mann) bezeichnet werden könnte. Die soziologische Ausdifferenzierungsthese erkennt zwar den kontingenzreduzierenden Charakter der Politik an, konstatiert aber kontrafaktisch aus theoretischen Gründen ihre begrenzte Reichweite, indem sie die „autopoietische Selbstreferentialität der verschiedenen Subsysteme" unterstellt. Diese vermeintliche Konsequenz der Ausdifferenzierungstheorie wird im weiteren noch im Detail bestritten. Hier reicht der Hinweis, daß der verbindliche Anspruch politischer Entscheidungen sich praktisch aufgrund spezifischer Durchsetzungspotentiale, nicht zuletzt aufgrund der Verfügung über überlegene Gewaltpotentiale, gegen die „Systemlogik" aller „ausdifferenzierten Subsysteme" zu behaupten weiß, daß somit potentiell deren Autonomie zur Disposition steht – und zwar nicht erst im Krieg und nicht erst unter totalitären Verhältnissen.

Die soziologische Thematisierung der Modernisierungsfolgen in der heute üblichen Form vernachlässigt also regelmäßig nicht nur die spezifischen Effekte für die Politik als ausdifferenziertes System, sondern vielmehr umgekehrt vor allem den Ausbruch der Politik aus dem funktionalen Ghetto subsystemischer Autologik. Darum staunen die meisten Soziologen[3] auch nicht schlecht, wenn „Politik" als historischer Faktor in Erscheinung tritt und vermeintlich in Eigenlogik ausdifferenzierte Subsysteme umkrempelt. Ob staatsmonopolistische Planwirtschaft oder marktgesteuerte ökonomische Reproduktion, ob letztere mit viel oder wenig Staatsinter-

---

3   Die, die angesichts ihrer vorwiegend konzeptionellen Soziologie den Blick auf die Realitäten noch nicht ganz vergessen haben....

ventionismus und ob dieser wiederum eher regulierend oder deregulierend sich auswirkt, das sind heute kontingente politische Bedingungen der gesellschaftlichen Reproduktion, die kraft faktisch geltender, jedenfalls kraft wirkungsvoll durchgesetzter politischer Entscheidung Realität werden. Eine soziologische Gesellschaftstheorie, die das vernachlässigt, spart nicht einfach die Politik für ein anderes Fach aus, sondern versagt auch als soziologische Gesellschaftstheorie vor der Wirklichkeit.

Politische Theorie muß also die Folgen der Säkularisierung eigenständig und mit anderer Konsequenz thematisieren, vor allem natürlich mit dem Ziel, den spezifischen Stellenwert, den Politik heute bekommen hat, wirklichkeitswissenschaftlich angemessen zu reflektieren.

Für die Erklärung der modernen politischen Gesellschaft ist in der Perspektive politischer Theorie wiederum die Tatsache häufig nicht ausreichend genug berücksichtigt worden, daß die „Gründung der Freiheit" (Arendt 1963), ob in der Folge der englischen, der amerikanischen oder der französischen Revolution, zwar von der Trennung von Religion und Politik und von der religiösen Toleranz ausging, gleichwohl aber auf einem gemeinsamen religiösen Fundament individueller christlicher Sozialisation aufruhte. Tocqueville hat das für die amerikanische Entwicklung beobachtet, und, was wichtiger ist und wirksamer wurde, in seinem zweiten Band von 1840 über die Zukunftsperspektiven der Demokratie theoretisch verallgemeinert (1987).

Die in der Frühmoderne nach und nach vollzogene Trennung von Politik und Religion, von Staat und Kirche, war nur der eine erste Schritt in der Entwicklung der Moderne, die Erosion des Christentums als individuelles Sozialisationsparadigma, die wir im 20. Jahrhundert in ihren Konsequenzen mehr und mehr erleben, vollendet als zweiter Schritt die Säkularisierung erst allmählich.[4] Aufgrund dieses zweiten Entwicklungsschrittes treten heute für die Politik mit aller Konsequenz die bereits von Tocqueville vorhergesagten Folgen des Fehlens religiöser Vergemeinschaftung auf den Plan, und zwar in der Form eines grundlegenden Pluralismus und Relativismus, der die Grundlagen und funktionalen Erfordernisse der politischen Gesellschaft, besonders aber ihrer demokratischen Variante berührt. Trotz Aufklärung und Säkularisierung zehrte die Politik der modernen politischen Gesellschaft vom Christentum als einer individuell ansozialisierten Gemeinschaftskultur der Gesellschaftsmitglieder; von hier speiste sich funktional wesentlich ihr eigenes geistiges Fundament in Form von Menschenbild, Solidaritäts- oder Gemeinsinn und anderen Wertvorstellungen der einzelnen, auf die sie rechnen konnte – wohlgemerkt, hier ist nicht von der Geschichte der politischen Philosophie, sondern von den durchschnittlichen sozialisatorischen Grundlagen der politischen Kultur dieser Gesellschaften die Rede.

---

4   Diese These könnte mit dem Hinweis auf die gerade in den achtziger und neunziger Jahren äußerst wirkungsmächtig betriebene Re-Evangelisierung breiter Massen in den USA sowie die unterschiedlichen Prozentsätze für Kirchenbindung in europäischen Gesellschaften bestritten werden. Ich glaube demgegenüber, daß diese zum Teil fundamentalistischen Bewegungen sowie der in ihnen und im Zuge neureligiösen Engagements zu beobachtende Synkretismus und Eklektizismus mittelfristig eher zur weiteren Pluralisierung und Säkularisierung, vor allem aber zur abnehmenden Kirchenbindung beiträgt. Letztere ist für die Säkularisationsthese aber entscheidend.

Seit den französischen Frühmaterialisten mit ihrer konsequent zu Ende gedachten Religionskritik war der Prozeß der Säkularisation im Reich des theoretischen Diskurses bereits einmal abgeschlossen – allen späteren „Rückfällen" zum Trotz –, aber auch dem realgesellschaftlichen Säkularisierungsprozeß antizipierend weit vorausgeeilt. Auch wenn politische Denker – wirklichkeitsfremd wie so häufig – immer wieder bereits vom Ergebnis vollendeter Säkularisierung, das heißt, von einer auch auf das durchschnittliche Individuum durchschlagenden religionskritischen Aufklärung ausgegangen sind, zeigt erst das 20. Jahrhundert mancherorts empirisch erste Anzeichen einer Gesellschaft, in der Wertüberzeugungen und Einstellungen der durchschnittlichen Gesellschaftsmitglieder nicht mehr religiös fundiert sind.

Die Säkularisierung ist also kein historisch weitgehend abgeschlossener Prozeß, der mit der Trennung von Staat und Kirche und der Verweltlichung politischer Herrschaft an sein Ende gekommen wäre, sondern erst mit der modernisierungsbedingten Erosion der individuellen Sozialisationseffekte einer im ganzen christlich geprägten Kultur entsteht gesellschaftlich und politisch eine vollständig „moderne" Situation. Sie ist dadurch gekennzeichnet, daß eine integrative Wertekultur als bisher für selbstverständlich gehaltene Funktionsvoraussetzung einer nach liberaler Tradition vor allem prozedural konstituierten politischen Selbststeuerung der Gesellschaft zunehmend problematisch wird und die Frage aufwirft, woher, wenn nicht wie bisher aus diesem kulturellen Fundament, die funktional notwendigen Gemeinschaftswerte und Grundkonsense kommen sollen, auf die diese Art von moderner Politik zu ihrem Gedeihen angewiesen war.

Das ist eine Grundfrage, auf die Gesellschaften vom Typus der politischen Gesellschaft die spezifische Antwort finden, daß es heute allein die Politik mit ihrem prinzipiell vorhandenen Potential zur autoritativen Wertsetzung selbst sein könne, die jenes funktional notwendige Maß an Wertegemeinschaft zu erzeugen hätte, dessen die gesellschaftliche Reproduktion und die Politik selbst bedarf. Erst in dem Maße, in dem Politik diese Leistung selbst vollbringt, wird sie endgültig modern[5]. Wenn der in der Systemtheorie heute verwandte Begriff der „Autoreferentialität" einen Sinn hat, dann hier; oder wie es die Tragwerkkonstrukteure alter Prägung genannt hätten: moderne Politik muß „selbsttragend" beschaffen sein, denn sie hat kein anderes Fundament.

Nationalismus war und ist ein solches modernes funktionales Äquivalent ehemals religiös fundierter normativer Integration, das als vermeintlich den rationalisierenden Ansprüchen der Aufklärung besser genügendes Surrogat an die Stelle des religiösen Glaubens tritt. Erstaunlich freilich, daß die „Vernunft" der meisten, die sich kritisch gegen die Zumutungen des religiösen Glaubens wendete, dem Nationalismus unkritisch verfiel. Hier interessiert bei aller Verschiedenheit nur die Äquivalenz der gesellschaftlichen Funktion. Nationalität vermittelt seit dem 18. Jahr-

---

5 Vielleicht ist dies die richtige Stelle, um festzustellen, daß die Begriffe „Moderne", „Modernität" und „modern" hier nicht in einem normativen Sinne verwendet werden. „Modern" ist nicht per se besser als „traditional" – nur anders, wie ich in den vier Aspekten dieses ersten Kapitels, eingeschränkt auf die Erklärung und das Verständnis von Politik, zu zeigen versuche. Darüber hinausgehende Ansprüche im Sinne eines Beitrages zu einer „Theorie der Moderne", die viel mehr und andere Dimensionen integrieren müßte, werden nicht erhoben.

hundert parallel mit der Verweltlichung der politischen Herrschaft und zunehmend dann im 19. Jahrhundert als gemeinschaftsstiftende politische Kultur zwischen dem individuellen Identitätsbedarf und der territorial integrierten und homogenisierten Gemeinschaftsvorstellung des „Volkes". Jede Identitätsbestimmung, ob individuell oder auf kollektiv-gesellschaftlicher Ebene, enthält notwendig das Element der Ausgrenzung und Negation: was ich bin, bin ich nur in Differenz zu anderen; Zusammengehörigkeitsgefühl und kollektive Identitätsstiftung entstehen über die Abgrenzung von anderen. Legt man Universalität als Maßstab an, so ist das modernere Gemeinschaftskonzept Nationalität eindeutig selektiver und begrenzter als seine unmittelbaren religiösen Vorläufer. Die „Gemeinschaft der Christenheit" war selbstverständlich umfassender als der Nationalismus und das aus ihm resultierende „Wir-Gefühl" gleich welcher Provenienz. Im Gegensatz zum Nationalismus enthielt das Christentum sogar, ungeachtet seines historisch-kulturell auf Europa und seine Kolonien beschränkten Charakters, mit dem Erlösungsversprechen für jede arme Seele – gleich welcher Herkunft und welchen Standes – einen menschheitlichen Universalitätsanspruch, mit dem es zu einer der Quellen von Menschenrechten werden konnte. Eine „Welt-Nationalität" wäre demgegenüber ein Widerspruch in sich.

Wichtig in unserem Zusammenhang aber ist, daß das eine wie das andere Konzept eine „gesellschaftliche Konstruktion" ist; (Berger/Luckmann 1970) und zwar eine gesellschaftliche Konstruktion durch intellektuelle wie politische Eliten, die äußerst anfällig für die Begründung von Herrschaftsansprüchen ist. Was in alten Tagen der „Priesterbetrug" war, nämlich noch bis in unser Jahrhundert die Perversion eines auf Befreiung und Emanzipation ausgerichteten Evangeliums zur Rechtfertigung noch der übelsten Herrschaft(en), erschien im Zusammenhang des modernen Nationalismus im 19. und 20. Jahrhundert als der sprichwörtlich gewordene „Verrat der Intellektuellen". Wie sehr auch immer im Zuge der Rationalisierungsbewegung moderner Politik askriptive Merkmale zur Bestimmung der deutschen wie jeder anderen modernen Nationalität herangezogen wurden, am Ende war die Wirklichkeit der jeweiligen Nation im Lichte solcher „rationalen" Kriterien doch immer voller Willkürlichkeiten. Die Transformation des Vorliegens solcher Merkmale wie zum Beispiel gemeinsame Sprache, Religion, oder die Erfahrung antikolonialer Freiheitskriege in nationale Identität war, realpolitisch gedacht und genutzt, stets ziemlich kontingent. Ernest Gellner zählt bei „grober Rechnung...nur einen effektiven Nationalismus auf zehn potentielle" (1991, S. 71). Die Willkür solcher gesellschaftlichen Konstruktionsprozesse, ihre Kontingenz ebenso wie das Zusammenwirken von In- und Exklusion, kann seit einiger Zeit schon und wohl noch für eine Weile am Versuch studiert werden, „Europa" als transnationale politische und kulturelle Zusammengehörigkeit zu definieren, institutionell zu konstituieren und im gesellschaftlichen Bewußtsein ausreichend zu verankern. Dabei wird ziemlich beliebig auf eine vermeintlich identitätsstiftende „historische" Idee von „Europa" Bezug genommen, über die ein versierter Ideenhistoriker nur lakonisch feststellen kann: „In fact since classical antiquity, definitions of *Europe* have varied almost as much as those of *Asia* and *Africa*" (Richter 1997, S. 26). Politisch muß die Einheit und Identität Europas heute aus der Vielheit seiner nationalen Elemente, darunter als besonders widerspenstigen vor allem Sprachen, (National-)Geschichten, politische Institutionen und unterschiedliche Rechtstraditionen, ganz neu geschaffen und konstruiert werden. Ob dafür ein gemeinsamer Markt für Kapital, Waren und Dienstleistungen und eine gemeinsame Währung sowie ein ausschließlich dafür funktionales, aber kulturell und demokratisch nicht verankertes transnationales *policy-regime* ausreichen, muß sich mittelfristig erst noch erweisen.

Die Geschichte Jugoslawiens und seines schmerzhaften Zerfalls liefert mitten in Europa (?) ernüchterndes Anschauungsmaterial dafür, daß die historische Willkür nationaler Identitätsstiftungen nicht ihrer kriegerisch-existenziellen Durchsetzung widerspricht und daß Menschen nach wie vor bereit sind, für Religion, Sprache, Nationalität, Ethnie und nicht zuletzt natürlich damit verbundene materielle Anreize in den Krieg zu ziehen.

Politisch und funktional geht es in den politischen Gesellschaften unserer Tage in doppelter Frontstellung gegen partikulare Gemeinschaftsüberzeugungen vom Typus „Nationalismus" und der neuerlich wieder bedeutsam gewordenen „Ethnizität" einerseits und gegen den soziokulturellen Zerfall jeglicher normativer Gemeinschaftsbildung im Zuge der Säkularisierung andererseits, um die „künstliche" Erzeugung einer Gemeinschaft, die über die abstrakte Vernetzung des internationalen Warenverkehrs hinaus auf der Sinn- und Identitätsebene des kollektiven wie individuellen Bewußtseins anknüpft. Überspitzt gesagt: so lange „Europa" nicht in einer ausreichenden Zahl von Köpfen als relevante „gesellschaftliche Konstruktion" kognitiv und normativ mit hoher Priorität verankert ist, kann es eigenständig die politische Verbindlichkeit seiner Entscheidungen nicht beanspruchen und durchsetzen; bisher ist der politische Charakter des „EU-Europas" lediglich ein Derivat nationaler Souveränitäten und internationaler Vereinbarungen. Als gesellschaftliches System kann „Europa" aber nicht nur auf der Basis ökonomischer Integration des Waren- und Geldverkehrs existent werden, die „Basis" schafft sich ihren „Überbau" eben nicht automatisch, und ohne normative Integration kann „Europa" wiederum nicht zum Raum und Träger der Verbindlichkeit politischer Entscheidungen werden.

Nationalismus fungiert hier nur als Beispiel, und die Liste der vermeintlich erfolgversprechenden Kandidaten für Konzepte der vorpolitischen Integration wird in letzter Zeit länger. „Civil religion", „Verfassungspatriotismus" – der sich schließlich auch europäisch fassen ließe – und „europäische Identität" sind ebenso auf dem Markt wie „multikulturelle Gesellschaft" und „Europa der Regionen". Aber diese und ähnliche Konzepte gehen alle mehr oder weniger deutlich von der Prämisse aus, daß sich über kulturelle Prozesse vorpolitische Rahmenbedingungen der Politik würden absichern lassen. In der politischen Gesellschaft ist aber auch die Kultur weitgehend von politischen Prozessen abhängig und geprägt. Alle Argumente dieser Art werden letztlich in dem Maße zirkulär, in dem spätestens das 20. Jahrhundert vorgeführt hat, daß und wie „Kultur" nicht nur von Politik geprägt, sondern auch fast gänzlich in ihren Dienst gestellt und instrumentalisiert werden kann.

Auf Kultur im Allgemeinen als Basis für Politik und zugleich als Barriere gegen ihre Ein- und Übergriffe ist in der politischen Gesellschaft ebensowenig noch länger Verlaß wie auf die Religion im Besonderen.

Standards und Normen der Politik bilden sich heute eben politisch in ihr selbst aus. Nur über Prozesse und Institutionalisierungen von „Selbstbeschränkung" (Offe

Säkularisation und Pluralisierung

1989) wird Politik nicht übermächtig. Viele solcher Selbstbegrenzungen erscheinen heute normativ so selbstverständlich, daß ihr historischer Entscheidungscharakter unbewußt bleibt. Wo politisch in der Vergangenheit entschieden wurde, zukünftig politisch nicht zu entscheiden oder nur Rahmenbedingungen zu erzeugen, da entstehen gesellschaftliche und individuelle Sphären mit andere Regelungen, deren „autonomer" Charakter nicht hypostasiert werden darf, weil er nur abgeleitet und geduldet ist. Daß Politik unter den modernen Bedingungen dies ändern könnte, daß heute alle vermeintliche Autonomie „politisierbar" ist, beschreibt den Grundtatbestand der Epoche. Ob und wie und wie umfassend es gegebenenfalls geschieht, kann aus der Sicht einer normativen Vorstellung von Mündigkeit und Selbstentfaltung auf individueller und kollektiver Ebene durchaus nicht einfach beurteilt werden und hängt, wie am Ende zu zeigen sein wird, weniger von dem Grad der politischen Inklusion und mehr von der Qualität der Politik selbst ab.

Das bedeutet auf die konventionellen Konzepte bezogen, daß das Problem von Mündigkeit und Selbstentfaltung heute jenseits der Dichotomie von totalitärer Politisierung und liberaler Politikbegrenzung angesiedelt ist. Politische Selbstbegrenzung schützt nicht nur vor Politik, sondern kann umgekehrt auch jene Verhältnisse unangetastet lassen, die der Mündigkeit und Emanzipation als Hindernisse im Wege stehen, während deren Politisierung – nicht nur im Sprachgebrauch einer studentischen Opposition der sechziger Jahre oder der Frauenbewegung – immer auch heißt, sie der öffentlich verantwortbaren Entscheidung zu allererst einmal zugänglich zu machen. Daß etwas zur Entscheidung steht, ist die Voraussetzung von Freiheit und Verantwortung und im Politischen die Bedingung von Demokratie; wo es nichts Bedeutsames zu entscheiden gäbe, verlören diese Begriffe ihren Sinn und ihre ethische Bedeutung. Auch die bloße Entscheidung zwischen konkurrierenden politischen Eliten, die im übrigen sich darüber einig sind, den status quo zu verwalten, unterfordert konzeptionell und normativ den Möglichkeitshorizont einer modernen politischen Gesellschaft. Ob aber deren Ansprüche nicht verfehlt werden, hängt von der Art und Weise des Entscheidens und dem Grad und der Qualität der Beteiligung ab.

Säkularisierte Politik entläßt solchermaßen die Individuen – und im übertragenen Sinne auch die Gesellschaft als Ganze – keineswegs aus dem vormals über Religion sozialisierten und repräsentierten Zwang, sich vor einer symbolisch vermittelten und historisch konstruierten Gemeinschaft zu verantworten und Rechenschaft abzulegen. Auch das individuelle Gewissen bedarf zu seiner Ausbildung der Korrespondenz mit einer intersubjektiv geteilten, realsoziologisch also vergemeinschafteten normativen Allgemeinheit. Ob sich dafür die heute angebotenen universalistischen Konzepte eines „Weltethos" eignen, wage ich zumindest für den Bereich der politisch wirksamen Normsetzung und Integration zu bezweifeln. Der politische Raum, der damit intellektuell anspruchsvoll, aber im Elfenbeinturm, bloß konstruiert wird, überschreitet mit seinen im Alltag nicht mehr wahrnehmbaren Horizonten und Grenzen das Inklusionsvermögen der meisten Individuen. Wie ich später noch zu zeigen versuche, lassen sich politische Räume, insbesondere unter demokratischen Prämissen, nicht beliebig weit ausdehnen.

Die objektive Reichweite und subjektive Eingriffstiefe der Politik läßt heute die Konsequenzen und Folgen politischer Entscheidungen für jeden Menschen unentrinnbar werden. Dem unaufgeklärt schicksalhaften Zwangscharakter dieses für die politische Gesellschaft charakteristischen Zustandes kann nur die aktive Wahrnehmung von Mündigkeit über selbstbestimmte individuelle Beteiligung entgegenwirken – ganz aufheben kann sie ihn aber nicht. Der aus dem 19. Jahrhundert stammende Traum von der vollständigen Aufhebung menschlicher Entfremdung durch Politik, selbst noch eine bloß unvollkommen säkularisierte Variante ehemals christlich-jüdischer Heilsprophetie, ist in der politischen Gesellschaft ausgeträumt. Realistisch betrachtet läßt sich die gesellschaftliche Entwicklung zwar im ganzen politisch stärker beeinflussen, als es der heute so populäre Quietismus gegen alle historische Erfahrung glauben machen will, aber eine vollständige Kontrolle über alle ihre Handlungsfolgen können Menschen weder individuell noch erst recht kollektiv jemals erwarten. Immer wird weit mehr als ein unbedeutender „Rest" bleiben, der den Rationalisierungsbemühungen Hohn spricht. Insofern verdient die politische Gesellschaft auch unter ganz modernen Bedingungen das etwas antiquiert wirkende, gleichwohl angemessene Prädikat „schicksalhaft".

1.2 Interessenreduktionismus als Rationalität

Rationalität und Rationalisierung sind spätestens seit Karl Marx' paradigmatischer Analyse der zunehmenden Dominanz warenförmiger Verkehrsformen und der daraus resultierenden Entfremdung und seit Max Webers durchaus als Ergänzung zu lesenden Untersuchungen über den „Geist" des und die Lebensweise im Kapitalismus Schlüsselbegriffe jeder gesellschaftstheoretischen Theorie der Moderne. Den bloßen „Charaktermasken" des sich universell ausbreitenden Warenprinzips hier entspricht das „Gehäuse der Hörigkeit" dort, und beides fügt sich zu einer damaligen Zukunftsdeutung, deren Relevanz sich heute und in Zukunft in erfahrungswissenschaftlicher Zeitdiagnose erweisen müßte. Nach André Jardins kundiger Einschätzung lautete die Schlüsselfrage von Tocquevilles großem politikwissenschaftlichen Buch schon in der Mitte des letzten Jahrhunderts: „Wird der *homo democraticus* ein Mensch sein, der in seinem Innern und im gesellschaftlichen Leben frei ist, und wird er die Verantwortung für den geistigen und sittlichen Fortschritt, der die christliche Zivilisation auszeichnet, übernehmen können?" (Jardin 1991, S. 227).

Lassen wir den „Fortschritt" als das große problematische Thema des 19. Jahrhunderts nach den Erfahrungen des 20. im Moment außen vor, dann bleiben Freiheit im Innern wie in der Gesellschaft und Verantwortung als die großen offenen Fragen der Zukunft der Demokratie bei der jeweiligen Bewältigung der Kontingenz durch Dezision an die Voraussetzung eines bestimmten Menschentyps im gesellschaftlichen Durchschnitt gebunden. Tocquevilles Perspektive bleibt eher auf die Folgen der neuartigen demokratischen „société politique" für den sittlichen Menschen der Zukunft, den mit Skepsis betrachteten „homo democraticus", gewissermaßen die abhängige Variable der neuartigen institutionellen Bedingungen, abgestellt. Aber unter den inzwischen weiterentwickelten Verhältnissen der politischen Gesellschaft, in denen vom sittlichen Fortschritt der christlichen Zivilisation her jedenfalls kaum noch menschenprägende Kraft ausstrahlt, stellt sich unter dem Gesichtspunkt der Zukunftschancen der Demokratie in der politischen Gesellschaft die Frage auch andersherum: ein bestimmter Menschentypus, der „Freiheit im Innern" und „Verantwortung" für das geistige und sittliche Niveau der Gesellschaft angemessen verbindet, wird zur prekären, weil möglicherweise knappen Bestandsvoraussetzung der Demokratie. Zu rechnen wäre also mit einem viel komplexeren Rationalitätsverständnis.

Das setzte allerdings voraus, daß sich die Politikwissenschaft überhaupt noch ihres Teils der Fragen annähme, die ihr einmal von Tocqueville, Marx und Weber gestellt wurden. Um so mehr müßte es eigentlich auffallen, wie wenig das mit ihnen angesprochene Problem zur Frage für die politische Theorie geworden ist. Ich kenne kein zeitgenössisches politikwissenschaftliches Werk im engeren Sinne, das sich den gegenwärtigen Stand und die Zukunft der Freiheit, die Möglichkeiten der vernunftgemäßen Gestaltung gesellschaftlicher Entwicklungen und den Zusammenhang zwischen politisch-gesellschaftlicher Ordnung und dadurch zur Dominanz gebrachtem Menschenbild zum Problem gestellt hätte. Tocqueville, Marx und Weber haben ein Jahrhundert später auf ihrer Problemhöhe keine Nachfolger oder gar Nachfolgerinnen gefunden. Der Szientismus erfahrungswissenschaftlicher Methodik einerseits, die unreflektierte Übernahme der gesellschaftlich dominierenden Rationalitätsmaßstäbe andererseits scheinen dies zu verhindern und sorgen dafür, daß die „großen Fragen" in die außerakademische Sachbuchbelletristik abwandern. Die großen Umsatzzahlen, die dort mit Veröffentlichungen zu manchen verwandten Themen erzielt werden, sprechen aber eben nicht nur für erfolgreiches Marketing in Bahnhofsbuchhandlungen, sondern auch für eine entsprechende Nachfrage der Menschen nach Selbstvergewisserung und Orientierung.

Im Sinne der mehr impliziten als expliziten Theorie der Politik bei Max Weber mag der Verlust der großen Fragen wenig überraschen. Im Gegenteil finden wir in seiner Theorie zum Teil schon die Erklärung für die reduktionistische Perspektive vor, die heute Öffentlichkeit wie akademische Wissenschaft dominiert. Sie klammert das Politische im eigentlichen Sinne aus dem Prozeß der Rationalisierung aus, indem sie dessen historisch entwickelte Gestalt gewissermaßen in eine rationalisierte – oder besser der Rationalisierung zugängliche – und in eine irrationale Dimension aufspaltet: auf der einen Seite die spezifisch moderne Form des politischen Verbandes, der bürokratische Anstaltsstaat, für den Kriterien und Prozesse der Rationalisierung gelten, wie sie im kapitalistischen Unternehmertum sich entwickelten, auf der anderen Seite der irrationale Machtkampf von Führungseliten und die wertorientierte Dezision charismatischer Führer. In der sich aufspreizenden Schere zielloser Verwaltungsrationalität und persönlicher Wertsetzung charismatischer Führer verschwindet auch der letzte Rest eines Vertrauens in die Möglichkeit objektiver gesellschaftlicher Vernunft. Angesichts der auf externe Wertsetzung angewiesenen Zweck-Rationalität der politischen Verwaltung und des Staatsapparates lastet in diesem Modell alle überhaupt noch vorhandene Erwartung an die Erfüllung der Verheißungen und Forderungen der Aufklärung letztlich auf den kulturellen und sozialisatorischen Ausstattungen der politischen Eliten. Ihre „Haltung", ihre persönliche „Lebensführung" und ihr Verständnis von Vernunft werden die einzigen Wertbezugpunkte des politischen Betriebes. Wo sich ihr Wertekonzept nicht mehr an Kriterien der Vernunft und ihrer gesellschaftlichen Umsetzung orientiert, wo der Machtkampf zwischen ihnen zur reinen Beutemacherei gerät, da zeigt sich, daß die rein instrumentell konzipierte Staatsverwaltung, daß am Ende auch das vollständig positivierte Recht kein Widerlager zu bilden im Stande sind. Es war Carl Schmitt, der diese Konsequenzen am deutlichsten aus der Weber'schen Analyse der Moderne gezogen und darauf mit einem Konzept der antiaufklärerischen Remythologisierung von „konkreten" Ordnungskonzepten geantwortet hat, das kaum verborgen sehr viel der synkretistischen Mythostheorie Sorels verdankte.[6] Den zur herrschenden Lehre gewordenen Schluß aus den Weber'schen Prämissen zieht, politikwissenschaftlich gewendet, aber eher J.A. Schumpeters „realistische Theorie der Demokratie" als bloße „Methode" der rechtlich geregelten Elitenkonkurrenz und Auswahl des Führungspersonals in einer modernen Massengesellschaft (1950, S. 427ff). Bei Schumpeter und allen, die ihm darin nachfolgen, findet sich nicht mal mehr auch nur ein letzter Rest jenes Problems wieder, das Weber – und auf seine Weise natürlich auch Schmitt – umtrieb, nämlich, wie die dominant gewordene instrumentelle Vernunft kapitalistischer und bürokratischer Rationalität politisch in eine Richtung gelenkt werden könnte, die normativ ungeachtet oder gerade wegen des modernen Werterelativismus über bloße Effizienz hinaus noch einen gesellschaftlichen und individuellen Sinn stiften könnte. Daß die ökonomische Vergesellschaftung bei allen ihren Vorteilen einer solchen wertebezogenen Lenkung bedürfte, stand für Weber außer Frage – ihm ging es letztlich um die Qualität von „Lebensordnungen" und ihrer jeweils spezifisch ausgeprägten Personalität (Hennis 1987). Somit stand er noch in einer Tradition politischer Theorie, die Wilhelm Hennis „klassisch" nennt, die aber ebensowenig ihre aufklärerischen Impulse verleugnet. Das mit Schumpeter in die politische Theorie eingezogene „realistische" Konzept von Politik beschränkt sich demgegenüber auf reine Affirmation, es ist „positivistisch" im Sinne des deutschen Positivismusstreits der sechziger Jahre. Die Irrationalität, oder vorsichtiger, die potentielle Irrationalität der Politik im Gefolge einer bloß noch formal und prozessural bestimmten „Methode" der Rekrutierung von Herrschaftspersonal auf Zeit wird hier gar nicht mehr zum Thema. Allenfalls in der zeitlichen Begrenzung der verliehenen Herrschaftsmandate sowie in der vagen Idee eines wechselseitigen Ausgleichs zwischen den polaren Zielvorstellungen alternierender Parteieliten finden sich residuale Anklänge aufklärerischer Vernunftpostulate – sie sind in dem Ziel der Verhinderung der extremen Kursbestimmung durch bloß eine Partei und auf unbegrenzte Zeit nur noch negative Elemente eines einmal optimistischen Gestaltungsanspruchs bürgerlicher Provenienz. Ein auf die vernünftige Gestaltung der Zukunft orientiertes Konzept findet sich darin nicht mehr, ebensowenig die bloße Frage, wie die vom Profitmotiv unter Konkurrenzbedingungen in einer privatkapitalistischen Ökonomie ständig erzeugte Produktivitätssteigerung sich an einem gesellschaftlichen, geschweige denn an einem vernünftigen allgemeinen Ziel noch orientieren könnte. Und: Wo schon die Fragen fehlen, da kann man eine Auseinandersetzung über die besten Antworten erst recht nicht erwarten.

---

6   Ich habe an anderer Stelle (1989) der falschen, aber spätestens seit Karl Löwith gängigen und durch von Krockow und Jürgen Fijalkowski früh auch in der Politikwissenschaft stereotypisierten Einschätzung von Carl Schmitt widersprochen, seiner Politiktheorie läge ein „inhaltsloser Nihilismus" zugrunde.

Aber selbst die oben kurz angedeuteten bescheidenen und rein defensiv bestimmten Residuen des ehemals bürgerlichen Vernunftanspruchs werden in der ausschließlich prozessural konzipierten Legitimationsbestimmung „durch Verfahren" bei Niklas Luhmann (1975) noch getilgt; und in dem Maße, in dem dessen Analyse als angemessene Beobachtung der Selbstbeschreibung des politischen Systems zunehmend auch in die Politikwissenschaft Eingang gefunden hat, gilt die Einhaltung der formalen „Spielregeln" im politischen Prozeß dort als eine Art Rationalitätsersatz, mit dem sich die bemüht szientistische Politikanalyse zufrieden gibt.

Diese neopositivistische Sichtweise ist für den *mainstream* der politischen Theorie paradigmatisch geworden und noch in jüngster Zeit geblieben, in der das Fach in *policy-studies* sich zunehmend für die Resultate von Politik und jene Variablen interessiert, die darauf maßgeblich Einfluß nehmen. Aber auch die für das Selbstwertgefühl der jungen Disziplin verständlicherweise wichtige Frage „Does politics matter?" sucht nur nach dem Gewicht der Wirkung von Politik als einer unabhängigen Variablen neben anderen, ohne sich ihres möglichen weiteren Horizontes bewußt zu werden. Denn nicht die Frage, ob Politik überhaupt eine Rolle spielt, und wenn ja, mit welchem Gewicht, sondern wofür und um welcher Ziele willen sie bedeutsam wäre oder gemacht werden könnte, brächte ihren unvermeidlichen Wertbezug und das Problem der Rationalität über bloße Effizienz hinaus erst wieder zum Vorschein.

Diese Fragen werden aber von der Politikwissenschaft in schlechter wissenschaftlicher Arbeitsteilung der politischen Philosophie – und zum Teil auch der soziologischen Gesellschaftstheorie – überlassen, die wiederum mit ihren eigenen disziplinären Scheuklappen ausgestattet, von den Fragestellungen und dem inzwischen kumulierten Wissen einer empirisch fundierten Politikforschung keinen erkennbaren Gebrauch machen.

Zur umfassenden Analyse der Rationalitätsproblematik der modernen Politik reichte die Weber'sche Theorie des Rationalisierungsprozesses aber von Anfang an nicht – und zwar nicht nur wegen einiger inzwischen weithin problematisierter Stilisierungen und deren vermeintlichen Konsequenzen. Ob die Verwaltungs- und Organisationsforschung zunehmend das Weber'sche Modell einer „rationalen Bürokratie" oder ob die empirische Politikforschung deren angeblich rein ausführenden oder instrumentellen Charakter in Frage stellt – es ist am Ende das ganze „Bild" von Politik und Verwaltung in der Entwicklung seit der frühen Neuzeit, das bei aller Prägnanz der Einzelanalysen des großen Historikers Max Weber, nicht stimmt. Entscheidende Dimensionen des Rationalisierungsprozesses bleiben darin vollständig ausgespart. Das liegt an der Weber'schen und nachweberschen Fokussierung auf die gouvernementalen Aspekte von Politik, also auf die Entwicklung des modernen Staatsapparates und auf die politischen Führungseliten. Beide ruhen aber auf der in Stufen erfolgenden Zersetzung einer ehemals gegliederten ständischen Gesellschaft zu einer individualisierten Massengesellschaft auf, die sich ebenfalls und im Einklang mit den anderen Seiten der Modernisierung als Rationalisierung beschreiben läßt. Die Rationalisierungseffekte der individuellen Lebensführung, die durch die Kapitalisierung der gesellschaftlichen Beziehungen, insbesondere der Arbeit, bei den Gesellschaftsmitgliedern eintretenden Umsozialisierungen sind häufig beschrieben worden, ohne daß der Zusammenhang zur Veränderung der Politik auf der Ebene des Staatsapparates hergestellt worden wäre.

Die große und erwähnenswerte Ausnahme bildet sicherlich das bedeutende, aber in der Politikwissenschaft als politische Theorie kaum rezipierte Werk von Norbert Elias „Über den Prozeß der Zivilisation" (1976), das bereits in den dreißiger Jahren dieses Jahrhunderts geschrieben wurde und – in der Emigration publiziert – wenig Beachtung fand. Norbert Elias verbindet in seiner Monopolisierungstheorie die subjektive, psychologische Seite der inneren Konstituierung des modernen Individuums mit einer Theorie des modernen Staatsapparates, die erkennbar viel Max Weber verdankt.

Allerdings leidet Elias' „Entwurf zu einer Theorie der Zivilisation" unter dem hier interessierenden Aspekt der Entstehung der politischen Gesellschaft ebenfalls unter ihrem dem zeitgenössischem Denken ganz verhaftet bleibenden Etatismus, also einer unreflektierten Gleichsetzung von Politik und Staat. Faszinierend wird die wechselseitige Bedingtheit der psychoanalytisch interpretierten Trieb- und Gewaltkontrollen und der „Soziogenese des Staates" als dem neuen Gewaltmonopol rekonstruiert, aber letzteres wird, ganz nach dem Modell absolutistischer Staatsmacht und Souveränitätsvorstellungen, als staatliche Politik im Innern wie nach Außen mit Politik und dem Politischen in der Gesellschaft insgesamt gleichgesetzt. Andere als „staatliche" Politik kann dabei gar nicht in den Bick geraten. Mag damit für die kontinentaleuropäische Entwicklung bis zum 18. Jahrhundert auch eine empirisch angemessene Sicht auf die zunächst dominierende Politik in das Modell des „Monopolmechanismus" eingegangen sein, so ergibt sich daraus doch keine angemessene und erfahrungswissenschaftlich basierte Sicht der weiteren Entwicklungen. Wie so häufig in den Sozialwissenschaften und der entstehenden Politikwissenschaft bis in die siebziger Jahre unseres Jahrhunderts, orientiert sich Elias' Modell und der in ihm verwandte Staatsbegriff an der im neunzehnten Jahrhundert zur Ideologie, oder mit Luhmann gesagt, zur Theorie *in* der Gesellschaft werdenden „Allgemeinen Staatslehre" deutscher Provenienz, während die „Soziallehre" (Jellinek 1976) sowohl des Staates als vor allem auch der weiteren Entwicklungen der politischen Gesellschaft, wie sie etwa Tocqueville beschrieben hat, ganz ausgeblendet bleiben. Politik findet aber schon lange nicht nur als staatliches Handeln, oder genauer gesagt, als Regieren statt, sondern hat auch eine gesellschaftliche Dimension.

Der Zusammenhang, aber nicht unbedingt der gemeinschaftliche Zusammenhalt zwischen der Ebene der Individuen und der politischen Gesellschaft, erschließt sich auf den neuen Grundlagen der modernen Gesellschaft am besten über die Bedeutung und Funktion von „Interesse" als Zentralkategorie der gesellschaftlichen und politischen Vermittlung moderner Gesellschaften. Natürlich haben Menschen zu allen Zeiten auch vor der Moderne ihre „Interessen" verfolgt, sich in ihren sozialen Beziehungen vom Eigennutzen leiten lassen und waren auf ihren Vorteil bedacht. Allerdings gehörte die Verfolgung des Eigennutzens vor der Moderne nicht zu den öffentlich anerkannten Tugenden, war als nicht auf die jeweilige Gemeinschaft bezogene „Habgier" eher verpönt oder bestenfalls geduldet und konsequenterweise mußte sich privater Reichtum in den meisten vormodernen Gesellschaften durch seinen häufig rituell erzwungenen Einsatz zum gemeinschaftlichen Vorteil rechtfertigen. Paradigmatisch wurden die athenischen und später römischen Pflichten zur Ausrichtung und Finanzierung öffentlicher Feste und Kulte, denen gegenüber die christliche Mildtätigkeit schon immer eher einen auf das individuelle Seelenheil bezogenen, insofern „egoistischen" Charakter besaß.

Schon die semantische Differenzierung und moralische Neutralisierung, die in der Einführung und Durchsetzung des Interessenbegriffs gegenüber den älteren gebräuchlichen Worten des Bedeutungsumfeldes – wie Habgier, Egoismus etc. – liegt, signalisiert seit dem Einsetzen der Modernisierung eine nachhaltige gesellschaftliche Umwertung. Der „wohlverstandene Eigennutzen", die Vertretung „berechtigter Interessen", ja die Steigerung und Überhöhung des Interesses zum „Naturrecht" sind nicht nur ideologischer Reflex, sondern selbst konstitutive Elemente moderner Individualität sowie auf dieser aufbauender Gesellschafts- und Politiktheorien.

Die moderne Gesellschaft ist vor allem eine Gesellschaft von, oder besser aus Individuen, für die sich das Problem ihrer nachträglichen Vergemeinschaftung erstmals bewußt stellt.

Modernität heißt in diesem Zusammenhang Selbstreflexivität anstelle von Tradition, Legitimitätserfordernisse gegenüber rituellem Herrschaftsvollzug. Die normative Rechtfertigung und Selbstbegründung der sich durchsetzenden bürgerlich-kapitalistischen Gesellschaft löst sich von den älteren gemeinschaftsbezogenen Legitimitätstheorien des Allgemeinwohls ab und wird umgestellt auf das Interesse jedes einzelnen Gesellschaftsmitgliedes, vor dem sich Herrschaft und die damit verbundene Einschränkung seiner plötzlich „natürlichen" Freiheiten fortan prinzipiell rechtfertigen müssen. Damit wird eine Aporie in die bürgerliche Gesellschaftstheorie eingebaut, die vor allem Marx im 19. Jahrhundert auf die radikalste Weise zu Ende gedacht hatte: genetisch läßt sich die Umpolung des normativen Gesellschaftsdiskurses vom älteren „salus publicus" auf „Interesse" – vor allem in seiner naturrechtlichen Fundierung – als Strategie der Emanzipationsbewegung des Bürgertums gegenüber den spätfeudalistischen und absolutistischen Herrschaftsansprüchen vorbürgerlicher Adelsherrschaft interpretieren. Mit ihr sollte die Legitimität herrschaftlicher Verfügung eingeschränkt und zurückgedrängt, sollten, wenn schon nicht „Freiheit" im umfassenden Sinne positiver Selbstbestimmung etabliert, so doch „liberties" dem Zugriff von Herrschaft entzogen werden. Mit der Konstituierung des bürgerlichen Verfassungsstaates nach dem Fall der Adelsherrschaft blieb der unbeschränkte Anspruch der Rechtfertigung staatlicher Herrschaftsausübung vor dem unverfügbaren Interesse des einzelnen ein Stachel im Fleisch des Rechts- und Verfassungsstaates. Von ihm zeugen heute am ehesten noch die Menschenrechte als vor- und transkonstitutionelle Berufungsinstanzen individueller Freiheit, die in den verfassungsmäßigen Grundrechtsgarantien zum Ärger positivistischer Verfassungsjuristen niemals gänzlich aufgeht. Hier schließt „ziviler Ungehorsam" an, also Gesetzwidrigkeit mit transpositivem Legitimationsanspruch, und hier hätte auch ein „Widerstandsrecht" im frühmodernen Sinne seinen Ansatzpunkt. Schon Kant hat auf die Aporie aufmerksam gemacht, die im Fortgelten vorkonstitutioneller naturrechtlicher Widerstandsrechte im republikanischen Verfassungsstaat zu sehen wäre – und sich eindeutig für den Vorrang von dessen positivem Recht entschieden; so auch die herrschende Lehre heute.

Dieses „Widerstandsrecht" ist im Zuge der Modernisierung natürlich ebenfalls von seinem traditionellen Gemeinschaftsbezug abgelöst und „individualisiert" worden. Galt es ursprünglich, zum Beispiel bei den Monarchomachen, zur Wiederherstellung einer traditional legitimen Ordnung gegen jene Herrschaftspraxis, die sie normativ gefährdete, als gerechtfertigt, so stellt der neuere Diskussionszusammenhang von „zivilem Ungehorsam", „Widerstandsrecht" und „neuen sozialen Bewegungen" eher einen normativen Bezug her, der sich an individuellen Naturrechten orientiert (Rödel u.a., 1989). Der in dem traditionellen Ansatz steckende rekonstruierende Gemeinschaftsbezug, eine positive Begründung neuen „Gemeinsinns" kommt durch die neuerdings im Zuge der Rezeption der vom US-amerikanischen Kommunitarismus erhobenen Postulate nach Erneuerung alter Tugenden als individuellen Verhaltensmaximen allein noch nicht zustande. Wie schon die ältere Diskussion über „Zivilreligion" seit Comte, argumentiert auch der Kommunitarismus letztlich funktionalistisch: angesichts der „Atomisierung" von allen traditionalen Vergemeinschaftungsagenturen und -instanzen, angesichts des Wegfalls gemeinschaftlichen „Kitts" oder gemeinwohlbezogener „Ligaturen", angesichts der beobachteten oder unterstellten „Mitnahmementalität", postuliert die Diskussion wechselnde „funktionale Äquivalente", von denen sie sich jeweils eine posttraditionale normative Integration verspricht. Aber gerade die publizistische Konjunktur dieser Ansätze, die mit einiger Verspätung erst in der Nach-Reagan-Ära auch die deutsche Diskussion erreicht hat, ist eher ein Krisenreflex im intellektuellen Diskurs als schon die Lösung des Problems. Alle klugen Analysen derjenigen Bedingungen, die für eine moderne Fassung von „Gemeinsinn" oder „Verfassungspatriotismus" oder neuerdings „zivile Solidarität" sorgen könnten, tragen zu deren Entstehung in den tatsächlichen Verhältnissen kaum bei. Tugenden entstehen aber nicht als Ergebnis noch so erfolgreicher Public Relations und lassen sich mit Bestsellern nicht herbeischreiben, deren Erfolg beim Massenpublikum allerdings ein gewisses Bedürfnis anzeigt.

Letztlich zählen politisch aber nur wirkliche soziale Bewegungen und deren bewußte Aktionen und unintendierte Folgen – und intellektuelles Wunschdenken redet die erwünschten Tugenden nicht herbei. In dem Maße aber, in dem die versuchte Gründung solcher realen Bewegungen angesichts der fortlaufenden objektiven Bedingungen der Pluralisierung und Individualisierung ohne ausreichende Wirkung und Resonanz bleibt, liegt bei vielen Kommunitaristen am Ende der Ruf nach dem autoritativen Gebrauch der Staatsgewalt zur Durchsetzung und Sicherung der angeblich der Politik vorgelagerten Werte und Normen nahe – den Konsequenzen der politischen Gesellschaft können auch sie nicht entgehen.

Die „wirkliche Bewegung" ist aber nach wie vor in den inzwischen gewohnten Begriffen der Moderne als Dominanz partieller Interessen angemessen zu beschreiben. Die Dominanz von Interessen als grundlegendem Material des Politischen wirkt sich auf zwei, historisch und funktional natürlich vermittelten Ebenen, aus: einerseits in der Prägung des epochenspezifischen politischen Individualsubjekts und andererseits bei der Art der Konstitution der heute maßgeblichen kollektiven Akteure.

Die Entstehung des modernen Individuums als dem vorherrschenden Sozialtypus seit der frühen Neuzeit ist eng verknüpft mit der Durchsetzung der diese Moderne zunächst tragenden kapitalistischen Wirtschaftsweise. Zunehmend herausgelöst aus gemeinschaftlichen Produktions- und Reproduktionszusammenhängen der agrarisch geprägten Vormoderne und hinsichtlich seiner materiellen Reproduktion mehr und mehr auf sich gestellt, verbinden sich in der entstehenden neuzeitlichen Konzeption des Individuums von Anfang an subjektives materielles Interesse und die psychologische und soziale Selbst- und Fremdwahrnehmung als Individuum. Der erwerbsorientierte Existenzkampf des Alltags wird mit seinem etwaigen Erfolg für immer mehr Menschen identisch mit der Frage eines in ihren eigenen Augen gelungenen Lebensvollzugs. Zumal die Durchsetzung „bürgerlicher" Sozialstandards auf dem Hintergrund der sich verallgemeinernden Geldwirtschaft fügt der Möglichkeit selbstverantworteter materieller Reproduktion gesellschaftliche Anerkennung hinzu. Die Tatsache, daß hier von „bürgerlichen" Standards die Rede ist, verkennt keineswegs, daß die Mehrheit derer, die sich diesem Modell unterwerfen müssen, im Sinne einer soziologischen Klassentheorie zunächst keineswegs aus „Bürgern", sondern vielmehr zunehmend aus lohnabhängig Beschäftigten gebildet wird. Denkt man umgekehrt an die frühe Umstellung von der Natural- zur Geldrente im englischen Feudalsystem und die sich daraus ergebenden neuen wirtschaftlichen Möglichkeiten des grundbesitzenden Adels, so kann man auch unabhängig von der soziologischen Basis die Entwicklung der entsprechenden Sozialstandards beobachten.

„Bürgerlich" werden die normativen und sich in starken Elementen der sozialen Kontrolle eines spezifischen Berufsmodells ausprägenden Anforderungen trotzdem zurecht genannt, weil die entstehende Gesellschaft mit kapitalistischer Produktionsweise trotz ihrer mehrheitlich „unbürgerlichen" Bevölkerung sehr eindeutig von einer Sozialideologie der Leistungs- und Selbstverantwortung geprägt wird, die dem Idealbild des wegen seines Einkommens unabhängigen Individuums bürgerlicher Provenienz entspricht. „Unabhängig" in diesem Sinne ist zwar auch der Adel, sofern er noch über Vermögen verfügt, aber gerechtfertigt ist diese ökonomische Unabhängigkeit bei ihm angesichts der neuen Leistungsideologie eben nicht. Von Anfang an tut sich die bürgerliche Theorie deshalb auch mit dem bloß geerbten Vermögen argumentativ schwer, dessen Illegitimität als „unverdient" John Stuart Mill schließlich – als Reaktion auf die kommunistische Herausforderung – offen vertritt.

Der Prozeß der Durchsetzung dieser Standards verläuft keineswegs repressionsfrei, wie die parallel sich entwickelnde Geschichte des Umgangs mit jenen Gesellschaftsmitgliedern zeigt, die verschuldet oder unverschuldet mit den Anforderungen der neuen individuellen Leistungsethik und -gesellschaft nicht zurecht kommen oder sogar wie die Frauen aufgrund spezifischer Normen regelmäßig ausgeschlossen bleiben: einerseits sieht man am relevantesten Beispiel der Frauen die zunehmend auch verrechtlichte Abdrängung in die bürgerliche und damit auch politische Unmündigkeit, ungeachtet und im Widerspruch zu der sich durchsetzenden geschlechtsunspezifischen Auffassung des Individiums als Träger unveräußerlicher Rechte; andererseits ist dafür besonders signifikant das lange Zeit und in gewissem Sinne heute noch repressive Armenwesen mit seiner institutionellen Ausprägung in der Geschichte des Zucht- und Arbeitshauses. Fast immer läßt sich die Unterstützung für die Armen auch als staatliche Veranstaltung repressiver Zwangssozialisierung und als „Ausdruck des staatlichen Anspruchs auf umfassende Gestaltung sämtlicher gesellschaftlicher Beziehungen" (Sachße/Tennstedt 1983, S. 101) interpretieren – wie er für die sich entwickelnde politische Gesellschaft kennzeichnend wurde.

Nur wer reich genug war, um unangetastet aus den Erträgen eines Vermögens zu leben oder aber in spezielle marginalisierte und zeitweise nachhaltig ideologisierte Sonderrollen, wie beispielsweise die des „Künstlers" oder „Kriminellen", am Rande der Gesellschaft flüchtete, für den gab es Möglichkeiten, sich den Anforderungen spezifisch bürgerlicher Individualisierung zu entziehen und andere Lebensmotive, wie „Leidenschaft", „Tugend" aber auch den *spleen* zu pflegen.

Worauf es hier allein ankommt, ist die Durchsetzung eines Modells des Individuums im Rahmen von gesellschaftlicher Praxis wie politischer Theorie, das vordringlich durch seine vermeintliche Autonomie charakterisiert wird, seinen individuellen Nutzen permanent rational zu bestimmen und legitimiert zu verfolgen. Das vorbürgerliche Motiv der „Freiheit", ehemals ein Privileg von wenigen, wird als weitverbreitetes Recht des „kleinen Mannes" – von Frauen ist ja in frühbürgerlicher Zeit in diesem Zusammenhang noch keine Rede – ideologisch dem nun allgemein zugestandenen Recht, seine Nutzenpräferenzen selbst zu bestimmen, immer ähnlicher. Ehemals mit diesem Begriff verbundene politische Konnotationen verkehren sich allmählich in ökonomische der angeblichen Konsumentensouveränität am Markt. Als solche gewissermaßen neu codiert tauchen sie dann im 20. Jahrhundert in Schumpeters (1950) und Downs' (1968) am Marktmodell orientierter politischer „Theorie demokratischer Elitenherrschaft" wieder auf. Wie oft erörtert, setzen die Theorien des bürgerlichen Zeitalters in politischer Ökonomie wie Philosophie in ihren institutionellen Entwürfen auf nichts anderes mehr als auf eben jenes Eigennutzen optimierende Individuum und versuchen dann, entweder analog zum Modell der *invisible hand* des Marktmodells oder über die Residualisierung des Gemeinwohls im radikalen Utilitarismus der traditionellen Frage der politischen Philosophie nach der gerechten Gesellschaft und dem Gemeinwohl zu entkommen. Aber wie später noch gezeigt wird, wird in diesen Ansätzen die Spezifik politischer Entscheidungen mit der aus der ökonomischen Theorie bekannten Präferenzbestimmung konfundiert. Die Präferenzbildung des Wählers mag noch der des Konsumenten am Markt analogisiert werden, aber das eigene zivile und politische Handeln und Zusammenwirken mit anderen in der gesellschaftlichen Selbstbestimmung, die aktive Bürgerrolle geht in solcher „politischen" Theorie ohne erkennbaren Rest und Nachhall verloren. Die Trennung in politische Eliten und die Mehrheit der Bürger und Bürgerinnen als bloße „Konsumenten" und Adressaten von Politik wird darin verewigt.

Wenn sich solche egoistischen Individuen zusammenschließen, dann entstehen als zweites entscheidendes und für die Moderne auf kapitalistischer Grundlage bestimmendes Moment des Politischen die Verbände und Vereinigungen, die spätestens seit dem 19. Jahrhundert die politische Willensbildung und gesellschaftliche Reproduktion weit über den ökonomischen Bereich im engeren hinaus strukturieren und zu seiner Gestaltung beitragen. Spätestens in der Massengesellschaft des territorialen Flächenstaates ist das egoistische Individuum zur Verfolgung mancher seiner speziellen Interessen in vielfältiger Weise auf kollektive Aktion, also auf die Organisation von Verbandsmacht angewiesen und muß sich deshalb mit anderen zusammentun. Den inzwischen zum Allgemeingut gewordenen Erkenntnissen der

„Logik kollektiven Handelns" (Olson 1965) entsprechend, sind die Erfolgsbedingungen für kollektive Interessenorganisation und erfolgreiche Durchsetzung aber höchst voraussetzungsreich und für alle prinzipiell organisierbaren Interessen zum Teil recht unterschiedlich. Ob nun von der Theorie in jedem Fall richtig erfaßt oder auch nicht – tatsächlich bildete sich geschichtlich eine nach Organisationstypen und -größen, Durchsetzungskraft, Inklusions- beziehungsweise Organisationsgrad und gesellschaftlicher Anerkennung und anderem mehr sehr variabel strukturierte Landschaft von Interessenorganisationen heraus, die einerseits das Individuum über seine unmittelbare Erwerbstätigkeit hinaus vor die Wahl seiner angemessenen Vertretung stellt und die andererseits die Instanzen und Akteure von Politik und Verwaltung bei dem Versuch des Regierens sektoral mit einem oder mehreren verhandlungsfähigen Kontrahenten oder Partnern ausstattet.

Beide Ebenen, die Interessen im Sinne individueller Präferenzen wie die Vielfalt der organisierten Interessen, geben der Politik Ressourcen und Handlungsrahmen vor. Soweit geht die Durchsetzung und Anerkennung des interessenbasierten Handlungsmodells, daß im Grunde schon alltagstheoretisch jede andere vorgegebene Motivation unter Verdacht gestellt wird. Hinter jeder „Idee" individueller oder kollektiver Akteure steht ein notfalls zu entlarvendes „Interesse". Anders können sich Alltagsverstand wie eine bestimmte herrschende Theorie Handeln und Entscheiden überhaupt nicht mehr erklären; jedenfalls ist das sich herausbildende kognitive und normative Modell bürgerlicher Politik vor allem darauf eingestellt. Was sich im Sinne dieses Interessenreduktionismus schließlich nicht erklären läßt, Motive wie Mitleid oder Solidarität ohne Gegenleistung oder das Engagement für die Geltung bestimmter Prinzipien, gilt buchstäblich als „verrückt". Auch Haß, Fanatismus und fundamentale Feindschaft fallen aus dem Rahmen des rationalistischen Politikverständnisses heraus und werden eher individualisiert und pathologisiert denn als genuine politische Wirklichkeit begriffen. Die moderne Rationalisierung von Politik will uns glauben machen, daß das ganze Spektrum menschlicher Leidenschaften, Gefühle und Motive, das angefangen von den antiken Tragödien bis hin noch zu Shakespeares Königsdramen immer wieder die Realgeschichte wie künstlerische Reflexion des Politischen begleitete, nun überwunden oder allenfalls in die noch nicht endgültig zivilisierten Randbereiche der gegenwärtigen Politik abgedrängt wurde. Da, vor allem außerhalb der „westlichen Kultur", fristet es noch sein vormodernes Dasein und trägt Namen wie Idi Amin, Saddam Hussein oder „islamischer Fundamentalismus". Und Hitler natürlich, den manche im Westen Europas ebenso gerne aus dem Zivilisationszusammenhang Deutschlands und Westeuropas eskamotieren möchten, wie andere Stalin aus der Geschichte des „realen Sozialismus" sowjetischer Prägung. Eine politische Gesellschaft, die sich vollständig auf Interessen als einzig anerkannte Motive politischen Handelns in der Realität eingelassen zu haben scheint und eine Politikwissenschaft, die diese ideologische Selbstdeutung als die ganze Wahrheit unkritisch in ihren Deutungen affirmiert, indem sie wiederum einzig Interessen als erklärendes Handlungsmotiv zuläßt, werden niemals in der Lage sein, die Genozide unseres Jahrhunderts als Teil der Politik zu interpretieren. Allerdings stehen sie ebenso staunend und analytisch ratlos vor der Bereitschaft von Menschen, zu spenden, sich selbstlos zu engagieren, Prinzipien um ihrer selbst willen zu verteidigen, ja sich zu opfern. Das persönliche Opfer, bis hin zum Einsatz des eigenen Lebens, gehörte seit der Erfindung des Politischen und gehört noch heute zum Repertoire politischen Handelns. Aber die Aufspaltung zwischen einer ethischen Betrachtung des politischen Handelns, um das sich – wenn überhaupt jemand – dann die Moraltheologie oder Philosophie kümmern, und dem dominierenden Interessenreduktionismus der Sozialwissenschaften ist fundamental.

In weit gespannter Analogie könnte man sagen, daß das, was die Existenz des Geldes im ökonomischen Zusammenhang bewirkt, in dieser historischen Gestalt des Politischen das „Interesse" scheinbar ohne Rest ermöglicht, nämlich eine grundsätzliche Konvertibilität, die der Politik im Alltag erlaubt, fast alles mit allem zu „verrechnen".

Das ist der eigentliche Grund, warum die Politik in dieser Gesellschaft mit den verschiedensten Interessen aus ihrer Sicht gestalterisch und produktiv umgehen kann. Interessen lassen sich verhandeln, aggregieren, teilen, im Kompromiß vorläufig teilweise befriedigen oder mißachten, wenn sie nicht mit genügendem Nachdruck vorgebracht werden können. Diese Konvertibilität erzeugt Kontingenz. Die Interessenbasiertheit der modernen Politik ermöglicht den für sie Verantwortlichen eine bis zur Gesinnungslosigkeit gehende Flexibilität und Gestaltungsfähigkeit ihrer politischen Programme, die zum Kennzeichen der politischen Gesellschaft heute geworden ist. Demgegenüber tendiert eine so ansetzende Auffassung von Politik dazu, Konflikte über Prinzipien für besonders konfliktträchtig zu halten oder ganz aus der Politik auszuklammern – was aber in der politischen Gesellschaft immer weniger gelingen kann.

Eine der ideologischen wie politiktheoretischen Grundannahmen der repräsentativen Demokratie besteht in der Trennung, die sich im Gefolge der französischen Revolution in dem Begriffspaar „*bourgeois – citoyen*" niederschlug und die weit über ein hegelianisierendes Staatsverständnis hinaus die deutsche Tradition bestimmt hat. Vor allem das allgemeine Wahlrecht in Verbindung mit dem ungebundenen Mandat des Abgeordneten sollte aufbauend auf dem wählenden *citoyen* jene „Sphäre des Allgemeinen und der Sittlichkeit" konstituieren, in der sich die politische Gemeinschaft – also die res publica – abspielen könne, die seit Ende des 19. Jahrhunderts als parlamentarisch-repräsentative Demokratie gedacht und der Privatgesellschaft gegenübergestellt wird. In letzterer toben Interesse und Eigensinn und gefährden in Form von Korruption, Lobbyismus und Verbandsmacht die Verfolgung gemeinschaftlicher Ziele durch Staat und politische Eliten. Aber in dem durch Repräsentation erzeugten, vor allem parlamentarischen Raum soll sich der oder die Abgeordnete „als Vertreter (oder Vertreterin) des ganzen Volkes" jenem Druck partieller Interessen von außen wie in seinem Innern entledigen und, orientiert an der Fiktion eines nicht länger in seine partiellen Interessen aufgespaltenen homogenen Volkes, allgemeingültige Gesetze mitformulieren helfen, die alle *citoyens* gleichermaßen treffen. Legitimatorisch konstitutiv für die Politik in dieser Gesellschaft ist also die doppelte Fiktion des von seiner Interessenlage abstrahierten und in seinen Rechten formal gleichgestellten Bürgers (*citoyen*) einerseits und der unspezifischen Allgemeingültigkeit der so zustandekommenden Gesetze andererseits. Fiktiv ist dieser Verfassungsaufbau von Anfang an, weil einerseits empirisch die Gesellschaftsmitglieder in ihrem politischen Organisationsverhalten bis hin zur Stimmabgabe bei den Wahlen eben nicht von ihrer Interessenlage abstrahieren und weil andererseits die formal gleichen Gesetze in der Welt praktischer Zwecke und materieller Probleme sehr unterschiedliche Wirkungen, insbesondere Verteilungswirkungen für einzelne Gruppen von Individuen erzeugen – je mehr die Politisierung „von oben" im Zuge der Entwicklung des interventionistischen Wohlfahrtsstaates die letzten Winkel gesellschaftlicher Reproduktion erreicht, desto stärker.

Den *citoyen*, sollte es ihn also in der Geschichte der bürgerlichen Gesellschaft jemals über die idealistische Fiktion hinaus in praktisch relevantem Ausmaß gegeben haben, gibt es in der heutigen politischen Gesellschaft nicht mehr. In dem Maße, in dem scheinbar nur noch partielle Interessen das Material des politischen Prozesses bilden können, ist dieser gänzlich „bourgeois" geworden – oder geblieben. Das gilt natürlich cum grano salis ebenso für die unbürgerlichen Sozialschichten und Lebenslagen; auch sie werden, früher eher die Arbeiterklasse und heute eher die Frauen, mit einer „zugeschriebenen Interessenposition" im politischen Alltag wie in der politischen Theorie repräsentiert. Damit entbehrt der politische Prozeß inzwischen jeglicher sowohl immanenter, als auch metaphysischer Transzendenz, die über die Vereinbarkeit oder Unvereinbarkeit partieller Interessen noch hinausreichte.

Auch wenn immer wieder bestimmte Gruppen eines zumeist neu artikulierten Interesses – wie heutzutage etwa in Sachen Ökologie – für ihre Vorbringung einen höheren Status reklamieren, sei es in der Form der Behauptung eines „allgemeinen Interesses" oder einer „moralischen Forderung", so gibt es über den politischen Prozeß hinaus doch keine Instanz und kein Verfahren, das diesem Anspruch gesellschaftlich Rechnung tragen könnte. Auch die noch so selbstlos vorgebrachte moralische Forderung, etwa den Reichtum der eigenen Gesellschaft mit den Armen anderswo zu teilen, müßte zu ihrer praktischen Umsetzung zunächst wie ein partielles Interesse organisiert und im politischen Konkurrenzkampf durchgesetzt werden, ohne dabei aus dem moralischen Fundament unmittelbar Vorteile ziehen zu können. Auch die wissenschaftliche Begründung einer politischen Position, wie sie vor allem in ökologischen oder bevölkerungspolitischen Zusammenhängen auftritt, teilt in der politischen Gesellschaft das Schicksal der Moral, nähmlich als Standpunkt unter anderen oder als partielle Interessenposition behandelt zu werden. So hat sich der herrschende Interessenreduktionismus zur Falle für prinzipiengeleitete politische Zielsetzungen entwickelt.

Aus dem daraus resultierenden Relativismus der Politik in der politischen Gesellschaft gibt es kein unpolitisches Entkommen mehr; nur die politische Entscheidung selbst kann unter geeigneten Umständen wenigstens zeitweise einen verläßlichen prozessuralen Rahmen setzen, dessen Geltung freilich immer aufs neue politisch bestätigt und bekräftigt werden muß. Innerhalb dieses Rahmens kann der Ausgleich und Kompromiß konkurrierender Interessen mehr oder weniger gelingen und im Einzelfall die Entscheidung über die allgemeine Geltung bestimmter Prinzipien ausreichende Anerkennung finden. Im wesentlichen sind es diese drei Arten von Entscheidungen, in denen sich eine politische Gesellschaft permanent reproduzieren muß.

1.3 Wohlfahrtsstaatliche Inklusion

Die voranstehend geschilderten Prozesse der Säkularisierung, Pluralisierung und der Rationalisierung von Interessen machten die Entstehung der politischen Gesellschaft möglich. Wirklichkeit wurde sie durch die zunehmende wohlfahrtsstaatliche Politisierung der Gesellschaft „von oben" und die Fundamentalpolitisierung „von unten". Zunächst zu ersterem.

Die Geschichte des Interventionsstaates ist sehr viel älter als die entsprechende Diskussion glauben machen will, die auf dem Hintergrund des als herrschende Konstruktion der Wirklichkeit durchgesetzten Rechtsbegriffs im 19. Jahrhundert einsetzt – erst recht älter als die vor allem in Deutschland im letzten Drittel des 19. Jahrhundert als spezielle Variante des obrigkeitsorientierten Wohlfahrtsstaates eröffnete Diskussion über den „Sozialstaat".

Der moderne „Staat" entsteht als geschichtlich neuartige Struktur der herrschaftlichen Regulierung und Durchdringung einer Städte und Landschaften umgreifenden absoluten Herrschaft. „Absolut" geworden ist diese Herrschaft als Ergebnis ihrer siegreichen Ausschaltung konkurrierender Mächte in Gestalt des landbesitzenden Adels und der römischen Kirche sowie ihres erfolgreich gegenüber der Bevölkerung erhobenen Anspruchs, eine durch keine andere Macht begrenzte Souveränität in der Gesetzgebung und Herrschaftspraxis nach innen praktizieren zu können. Wesentliche Voraussetzung zu deren Erringung waren die lückenlose Schließung des Herrschaftsterritoriums, ein von der traditionellen Kooperationsverpflichtung des Adels unabhängiges Gewalt- und Verwaltungspotential sowie eine im ganzen Territorium erfolgreich durchgesetzte unmittelbare Abgabenverpflichtung an die zentrale Macht, aus der sich deren finanzielle Unabhängigkeit ergab – also zusammengenommen das, was Heide Gerstenberger als die „Fiskalisierung und Zentralisierung der Herrschaft" in ihrem wichtigen Buch zur Geschichte politischer Herrschaft herausgearbeitet hat (1990). Zurecht erkennt man in dieser Beschreibung ex post die Elemente der durch Max Weber berühmt gewordenen Definition des „Staates". Allerdings sollte man sich im Sinne einer realistischen Geschichtsbetrachtung und Gesellschaftsanalyse der genetischen Prioritäten vergewissern: ein solcher „Staat" entsteht, unter jeweils unterschiedlichen historischen und lokalen Bedingungen, zunächst und in aller Regel als in Konflikten durchgesetzte absolute Fürsten- oder Königsherrschaft eines Adelsgeschlechts.

Der „Staat" entsteht auch nicht zugleich mit der „bürgerlichen Gesellschaft" und ist schon gar nicht deren institutionalisierte „Wirklichkeit der sittlichen Idee", sondern dieses moderne Konzept bildet sich zunächst als Teil des Selbstverständnisses des *ancien régime* aus, das sich als eigenständige politische Regierungsform zwischen das traditionelle Feudalsystem und die sich später entwickelnden Formen konstitutioneller Herrschaft schiebt. Dieses *ancien régime* war durch die politische Entmachtung des Adels gekennzeichnet, die aber nicht mit dem Verlust seiner gesellschaftlichen Stellung und seines Reichtums einherging. Im Gegenteil wurden im Zuge der zunehmenden Verrechtlichung die im Rahmen der traditionellen Lehnsverhältnisse bestehenden – aber auch an diese gekoppelten und damit eingeschränkten – Verfügungsrechte über große Ländereien nunmehr in frei verfügbares und marktfähiges Eigentum nach und nach umgewandelt (Anderson 1979, S. 559), auf dem der angeblich rechtmäßig erworbene Reichtum mancher europäischen Adelshäuser noch im 20. Jahrhundert beruht. Daß es sich dabei aber in den meisten Fällen um das Resultat einer lange zurückliegenden „Kriegs-" beziehungsweise „Raubökonomie" handelt (Hoffmann 1996, S. 21), wagt heute kaum noch jemand zu erinnern und auszusprechen. Offenkundig gilt diese Art von Raub durch die Aura der Familiengeschichte als geheiligt.

Die erklärbare, hier vernachlässigte Ausnahme von diesem Entwicklungsweg des modernen politischen Regimes bilden die neuenglischen Territorien und später die Vereinigten Staaten von Amerika, weil dort der „Staat" als das bewußte Konstrukt einer auch von den Beteiligten als revolutionär empfundenen Institutionalisierung und Verfassungsgebung entsteht, bei der angesichts der Kontingenz der historisch offenen Situation geradezu eklektizistisch auf die Baukastenelemente der politischen Ideengeschichte zurückgegriffen wurde, und wo auf diese Weise „ein Amalgam aus antiker Geschichtsschreibung, klassischem Verfassungsrecht und moderner politischer Theorie" entstand (Zehnpfennig 1993, S. 1).

Der westeuropäische „Staat" aber resultiert umgekehrt aus der nachträglichen Abstraktion einer vormals konkret begründeten personalen Herrschaftsgewalt, bei der im Kern aus der faktisch und gewaltkonstituierten Absolutheit einer Fürsten- oder Königsherrschaft der schließlich rechtlich gefaßte Souveränitätsanspruch des „Staates" als einer personenunabhängigen Herrschaftsstruktur hervorgeht. Dabei kommt es vor allem in der kontinentaleuropäischen „state-tradition" (Dyson 1980) sehr schnell dazu, daß die symbolische Selbstbeschreibungsfigur des politischen Herrschaftssystems „Staat", in Wahrheit ein komplexer Zusammenhang von machtbegründenden Ressourcen, Ämtern, Kompetenzen, Behörden, Rechten und Routinen sowie damit verbundenen Legitimationsfiguren, zu einem Handlungssubjekt *sui generis* hypostasiert und mit eigenen Ansprüchen gegenüber den gesellschaftlichen Subjekten unter dem Titel „Staatsraison" (Münkler 1987) ausgestattet wird. Dieser zum Teil drei Jahrhunderte und mehr umfassende Transformationsprozeß ergibt sich auch aus dem Doppelaspekt des „bürgerlichen Emanzipationskampfes", der einerseits über die rechtliche Hegung willkürlicher Machtausübung des Königs oder Fürsten zunehmend den für die wirtschaftlichen und gesellschaftlichen Aktivitäten der sich rasch vermehrenden bürgerlichen Klasse notwendigen Freiraum anzielte, der aber andererseits das zunächst für ganz andere Zwecke geschaffene Interventionsinstrumentarium des entstehenden Staatsapparates für seine eigenen Zwecke zu instrumentalisieren trachtete. Dabei übersieht eine zur nachträglichen Stilisierung und Teleologisierung neigende bürgerliche Geschichtsschreibung häufig, daß der erste Aspekt, die rechtliche Begrenzung der politischen Zentralgewalt, zum Beispiel in den englischen Revolutionen des 17. Jahrhunderts, keineswegs Ergebnis einer auch im soziologischen Sinne „bürgerlichen" Revolution darstellte (Schröder 1986) – von der angeblich den Beginn der Konstitutionalisierung bürgerlicher Freiheiten dokumentierenden Magna Carta hier ganz zu schweigen.

Das erste Ziel dieses Kampfes konnte sich im Grunde schon mit den verschiedenen Formen konstitutioneller Herrschaft zufrieden geben, wie sie sich vor allem im 19. Jahrhundert ausbildeten, denn hier wären, folgt man etwa dem Konstitutionalismusbegriff Charles E. Lindbloms, mit der Sicherung und der „freien Verfügbarkeit des Eigentums", vor allem auch an Produktionsmitteln, der „Beschneidung unspezifizierter und umfassender Herrschaftsgewalt" sowie ersten Ansätzen von „Gewaltenteilung" und „Machtkontrolle" durch die Justiz bereits alle vier essentiellen Voraussetzungen der vom Bürgertum verfochtenen freien kapitalistischen Marktgesellschaft realisiert gewesen (1980, S. 208). Indirekt trug die mehr oder weniger lange Übergangsphase konstitutioneller Monarchien oder der Fürstenherrschaft allerdings dazu bei, daß sich die vordemokratischen und obrigkeitsstaatlichen Strukturen des Regierens auch noch den mit der Phase der massiven Industrialisierung und Verstädterung ergebenden neuartigen politischen Problemen und den zur ihrer Bewältigung erfundenen politischen Programmen im 19. Jahrhundert anpassen konnten.

Zusammen mit dem oben genannten zweiten Gesichtspunkt ergibt sich das für meine Argumentation fundamentale Faktum, daß die mit dem Emanzipationskampf des realen Bürgertums verbundene Stoßrichtung gegen die absolute königliche oder fürstliche Herrschaftsgewalt kaum jemals auch jenen Instrumenten, Institutionen und Strukturen galt, die diese sich zunächst historisch geschaffen hatte, um ihre Herrschaft auch gesellschaftsdurchdringend ausüben zu können. Im Gegenteil wurde dieses überkommene interventionistische Instrumentarium zunehmend in den Dienst bürgerlicher Interessen gestellt, um auf vielfältige Weise die öffentliche Infrastruktur – man denke nur an die öffentliche Förderung des Verkehrswesens im Zeitalter der Eisenbahn – und andere Formen der Förderung der privaten Wirtschaftstätigkeit obrigkeitsstaatlich zu entwickeln.

Nach und nach wurde die zunächst absolutistische, dann konstitutionelle Fürstenherrschaft überall durch die repräsentativ-demokratisch bestellte Regierung abgelöst, aber das zum Zwecke des Regierens entwickelte institutionelle Instrumentarium, großenteils in der Phase des Übergangs zur demokratischen Herrschaft sogar das administrative Personal, blieb im großen und ganzen erhalten.[7] Nicht die Eindringtiefe wohlfahrtsstaatlicher Regulierung selbst, sondern nur deren Willkürcharakter bildete das Angriffsziel der konstitutionellen Bewegungen des späten 18. und frühen 19. Jahrhunderts. Ihr Ziel wie überwiegendes Ergebnis war die rechtsstaatliche Ausstattung der vordemokratischen Interventionspolitik, wonach jegliche politische Maßnahme der Regierung oder ihrer nachgeordneten Behörden einer rechtlichen Ermächtigung auf der Basis eines Gesetzes bedurfte. Die damit erzeugte „Rechtssicherheit" des Regierungs- und Verwaltungshandelns wurde zwar innerhalb bestimmter liberaler Strömungen des 19. Jahrhunderts auch mit dem politischen Programm einer Zurückdrängung staatlicher Aktivitäten – einer Deregulierung, wie man heute sagen würde – verbunden und sogar die Vorstellung eines allein auf die Sicherung des Rechts und der äußerlichen Unversehrtheit reduzierten Minimalstaates („Nachtwächterstaat") entwickelt; realgeschichtlich wirksam wurden diese Ansätze aber kaum. Dominant blieb auch unter den nach und nach veränderten Herrschaftsverhältnissen seit dem 19. Jahrhundert der Entwicklungsweg einer „von oben" immer intensiver durchgreifenden und immer mehr Aspekte des gesellschaftlichen Lebens erfassenden Politisierung der Gesellschaft.

---

7   Mit besonders verhängnisvollen Folgen für den weiteren Verlauf der deutschen Geschichte zum Beispiel am Beginn der Weimarer Republik; für den allgemeinen wie für den personellen Aspekt siehe die eindrucksvollen Belege bei Thomas Ellwein (1994-97).

Der institutionelle Innovationsprozeß der „demokratischen Revolutionen" konzentrierte sich über die bereits vorab erfolgte konstitutionelle Sicherung der bürgerlichen Rechte hinaus dann nicht etwa auf eine Revision dieses Entwicklungstrends der Etatisierung, sondern auf die input-Seite des politischen Geschehens, auf die Durchsetzung freier, gleicher, geheimer und – sehr spät erst, wenn man an das Frauenwahlrecht denkt – allgemeiner Wahlen, auf Koalitions- und Organisationsfreiheit und die Etablierung der für das Funktionieren der repräsentativen Demokratie unabdingbaren Öffentlichkeit mit Meinungs- und Pressefreiheit. Aber die policy-Seite des politischen Prozesses, die eigentlichen Institutionen des Regierens und darauf bezogenen Verwaltens wurden mehr oder weniger vom absolutistischen Fürstenstaat übernommen – sieht man von der nicht unbedeutenden Tradition der gemeindlichen Selbstverwaltung einmal ab. Die vordemokratische Form des zentralen Regierungsapparates und der nachgeordneten Verwaltungen wurde den neuartigen Bedürfnissen also lediglich funktional adaptiert und angesichts der Zunahme der politisch zu bearbeitenden Probleme bis vor kurzem durch alle Systemwechsel und die Entwicklungsgeschichte der repräsentativen Demokratie im wesentlichen unangetastet, stetig ausgebaut. Gerade in den politischen Gesellschaften mit zum Teil radikalen Systemwechseln, wie zum Beispiel der deutschen, aber nicht weniger in den vergleichsweise kontinuierlich entwickelten Systemen Frankreichs und Englands ist die Stabilität und Kontinuität des herrschaftlich organisierten Regierungsapparates unübersehbar.

So kommen im Wohlfahrts- und Sozialstaat der Gegenwart gewissermaßen demokratisch verantwortete und zustandegekommene Regierung und vordemokratischer Staatsapparat in einer teils symbiotischen Beziehung zusammen, die heute viele Probleme aufwirft, von denen noch die Rede sein wird. Hier geht es erst einmal um das spezielle Faktum der Politisierung der Gesellschaft „von oben".

Um das Entstehen der politischen Gesellschaft seit der frühen Neuzeit und später dann den Charakter der ihr eigenen politischen Probleme besser zu verstehen, muß man sich das im Prinzip vorhandene Wissen über die politische Durchdringung der entstehenden bürgerlich-kapitalistischen Gesellschaft bereits durch den absolutistischen Wohlfahrtsstaat als eine ganz neuartige Entwicklung politischer Verhältnisse erst wieder bewußt und verständlich machen. „Neuartig" bezieht sich hier auf die vorangehenden politischen Strukturen, wie sie sich in großer Vielfalt und hier zu vernachlässigender Differenziertheit nach dem Zerfall der beiden römischen Reiche über mehr als ein Jahrtausend in West- und Kontinentaleuropa gebildet hatten und wie sie nur in aller gröbsten Annäherung verallgemeinernd als „feudalistische Lehnsordnungen" bezeichnet werden könnten. Abgesehen wird bei der Darstellung der neuartigen politischen Durchdringung einer Gesellschaft – ein Terminus, der sich ebenfalls nicht von selbst versteht und in unserem Kontext erst noch der Erläuterung bedarf – gerade wegen ihres lokal begrenzten Charakters auch von begrenzten Phänomenen wie städtischen Republiken oder den späteren Kantonsgemeinschaften .

Die zukunftsweisende Errichtung absolutistischer Fürstenherrschaft vollzieht sich in Verbindung mit der bereits angesprochenen herrschaftlichen Schließung großer Territorien, die weit über den dynastischen Grundbesitz einzelner Adelsgeschlechter hinausreichen und im Kern bereits in einigen Fällen die Territorien späterer europäischer Nationalstaaten umfassen. Damit entstehen aber auch erst die

„Gesellschaften" dieser Territorien, die bei – wie im Falle des Fernhandels etwa der oberitalienischen, burgundischen oder niederländischen Städte – aller translokalen Verflechtung doch aufgrund der politischen Inklusionsprozesse sowie den sich den Grenzen der neuen Territorien zunehmend einfügenden kulturellen, ökonomischen und kommunikativen Interaktionen eine eigene Identität gewinnen. Für sie bildet sich alsbald – mit der relevanten Ausnahme auf dem Territorium des „Heiligen Römischen Reiches deutscher Nation(en)" – „national" als spezifische Kennzeichnung europaweit heraus. Aber auch in den zahlreichen Territorialfürstenherrschaften dieses Gebietes entwickeln sich ansonsten dieselben Instrumentarien zentralisierter Herrschaftsausübung und Politikgestaltung, im Falle Brandenburg-Preußens sogar mit ausstrahlender Prägekraft.

Die Tatsache, daß der lange Zeit als theoretischer Grundbegriff der Soziologie behandelte Terminus „Gesellschaft" außer im theoretisch-praktischen Grenzfall insularer Abgeschlossenheit von sich aus keine „Abgrenzung" bilden kann und man deshalb, wie etwa in Karl W. Deutschs Modell der Nationenbildung (1972) zu einer rein stochastischen „Abgrenzung" im Sinne der „relativen aber quantitativ bedeutsamen Abnahme von Interaktionen" am „Rande" oder an der „Grenze" der Gesellschaft gelangte, kann schon historisch-genetisch als Folge davon verstanden werden, daß die moderne „Gesellschaft" von Anfang an nur politisch begrenzt und in diesem Sinne auch politisch im Unterschied zu anderen konstituiert war. Verschiedene Sprachen ergaben vor dieser politischen Schließung der Territorien zwar Grenzen der Kommunikation und Verständigung, aber sie konstituierten darüberhinaus kein Innen und Außen verschiedener „Gesellschaften" im heutigen Verständnis. Vor allem nahm die ältere vormoderne Form der Herrschaft auf sprachliche Grenzen und Identitäten kaum Rücksicht.

Aber nicht nur das – die neue „Gesellschaft" war auch im Innern vielfältig politisch durchdrungen und im eigentlichen Sinne politisch konstituiert. Das Verständnis dieses Umstandes wird durch die bekannte Geschichte bürgerlicher Sozialphilosophien von Hobbes bis Hegel eher erschwert denn erleichtert, weil – vor allem in politikwissenschaftlichen Zusammenhängen und natürlich nicht so sehr bei den die Realgeschichte erforschenden Historikern – häufig die Tendenz besteht, diese philosophischen oder theoretischen Texte als eine Art Geschichtsschreibung der bürgerlichen Gesellschaft mißzuverstehen, also ihren konstruktiven, präskriptiven und teilweise die politischen Forderungen der bürgerlichen Emanzipationsbewegung rechtfertigenden Charakter zu vernachlässigen. Hier erscheinen dann „Gesellschaft" und „Staat" als zwei gegeneinander abgeschottete Bereiche oder Sphären eines durch seine Außengrenzen gegenüber anderen „Gesellschaften" abgeteilten „Ganzen" – für das der Gesellschaftstheorie wiederum nur der Begriff „Gesellschaft" zur Verfügung steht. Spiegelbildlich verweist der Terminus „Staat" im späteren „Nationalstaat" einmal auf das „Ganze", bildet aber zugleich im Rahmen des topographischen Sphärenmodells mit der „Gesellschaft" zusammen wiederum jeweils nur einen Teil von ihm.

Ein Ziel der frühen sozialphilosophischen Konstruktionen, deren Probleme in der heutigen Gesellschaftstheorie, zum Teil noch nachhallen, war vor allem, im politischen Kampf mit der bestehenden Herrschaft den mißliebigen und vor jeder rechtsstaatlichen Hegung stets willkürlichen und unkalkulierbaren Eingriff der Obrigkeit abzuwehren, also, um es salopp zu sagen, „diese Politik draußen zu halten"; vor allem natürlich, wenn es um das Eigentum, die Geschäfte und die Steuern ging. Dafür mußte die „Gesellschaft" als ein selbständiges, sich im Idealfall ganz ohne politischen Eingriff entwickelndes Sozialsystem dargestellt und begründet werden, für das der „Staat" allenfalls gewisse rechtliche Rahmenbedingungen sowie die Instrumente zu ihrer Durchsetzung und Garantie und den Schutz gegen den gewaltsamen äußeren Angriff bereithielt.

Mit den realen Verhältnissen der sich unter den mehr oder weniger absolutistischen Herrschaftsverhältnissen entwickelnden Gesellschaft hatte diese sozialphilosophische Sicht der Dinge je länger desto weniger etwas zu tun. Diese realen Verhältnisse waren nämlich geprägt durch eine sich aus ganz unterschiedlichen Interessenlagen und jeweiligen lokalen Bedingungen zu verschiedenen Zeitpunkten, aber doch mehr oder weniger überall ergebende Tendenz, die spezifische Art der Entwicklung der modernen Gesellschaft und ihrer ökonomischen und sozialen Grundlagen durch eine zentralistische wohlfahrtsstaatliche Politik zu fördern, zu steuern und im Sinne bestimmter Ziele zu kontrollieren. Diese wohlfahrtsstaatliche Politik legte das Fundament für das noch heute geltende Verständnis von Staatsaufgaben und weitgehenden Zuständigkeiten der Politik. Ein System von Kameralwissenschaften versuchte ganz im Sinne der einsetzenden Aufklärung diese verschiedenen Staatsaufgaben je im einzelnen wissenschaftlich zu durchdringen, zu begründen und in ihrem Zusammenhang zu systematisieren sowie für das sich schnell vermehrende Personal des „öffentlichen Dienstes" geeignete Ausbildungs- und Prüfungswege zu institutionalisieren (Maier 1980). Prinzipiell gab es für die Tätigkeit der Regierungen und ihrer nachgeordneten Verwaltungen keine inhaltlichen Schranken, wenn es darum ging, den Kern früher, gewissermaßen traditioneller Zuständigkeiten für das Militär, das Münz- und Steuerwesen und schließlich die Justiz zu ergänzen und zu erweitern.

Das, was noch heute mit dem Begriff „Staatsapparat" gekennzeichnet wird, entstand im Zuge dieser Tendenz. Wesentlich für die Entwicklung bis heute waren unter anderem ein fachlich spezialisierter und zunehmend professionalisierter, auf das ganze Herrschaftsterritorium ausgreifender „öffentlicher Dienst", der die verschiedenen Funktionen dauerhaft, erst auf königlichen Befehl und später regel- beziehungsweise gesetzgeleitet und losgelöst von eigenen Erwerbsinteressen wahrnehmen konnte. Verbunden damit war die Organisation dieser Funktionen und des zugehörigen Personals, von der zentralstaatlichen bis zur kommunalen Ebene, in einem System von Ministerien, Behörden und Ämtern mit je eigenen Rechtsgrundlagen, Kompetenzen und Beziehungen zueinander. Die Eigendynamik dieser Entwicklung kann man gar nicht überschätzen und sie stellt einen traditionell in der politikwissenschaftlichen Analyse der demokratischen Regierungsform stark vernachlässigten Aspekt dar. In letzterer überwiegt die vergleichende Analyse und normative Betrachtung der demokratietheoretisch mehr faszinierenden input-Seite des politischen Prozesses, auf der sich ja auch die wesentlichen Schritte der Demokratisierung, vor allem die Entwicklung der Wahlen, des Parteiwesens und der politischen Öffentlichkeit abgespielt haben. Allerdings wird dabei zumeist übersehen, daß Bürger und Bürgerinnen ihre alltäglichen Erfahrungen mit der Politik viel entscheidender und nachhaltig auf der output-Seite des politischen Prozesses im Umgang mit den exekutierenden Behörden und einzelnen Bediensteten machen. Bleibt der unmittelbare Kontakt mit politischen Prozessen und Akteuren für die überwiegende Mehrheit der Bürger und Bürgerinnen auf ihre Rolle als Wähler und Wählerinnen beschränkt und findet höchst gelegentlich statt, so kann sich doch niemand dem direkten Umgang und nicht selten dem Eingriff des zum Zwecke des Regierens gebildeten Apparates entziehen, ob es sich nun um die Schulpflicht, das Steuern- und Abgabenwesen, die vielfältige rechtliche und administrative Regulierung gesellschaftlicher, insbesondere auch beruflicher oder allgemeiner ökonomischer Aktivitäten handelt, oder am unmittelbarsten um den nicht immer angenehmen Kontakt mit der die Regierungsgewalt notfalls auch ganz praktisch ausübenden Polizei. Eigentümlicherweise wird dieser Kontakt aber selten als Teil der eigenen politischen Erfahrung gedeutet, die Trennung zwischen Verwaltung und Politik herrscht auch in der Köpfen. Diese bewußtseinsmäßige Abspaltung dürfte mit dafür verantwortlich sein, daß dieser ursprünglich vordemokratische und obrigkeitsstaatliche Herrschaftsapparat auch heute noch in einem Spannungsverhältnis zum demokratisch verantworteten und legitimierten Regieren steht. Die nach wie vor im Deutschen wie in einigen anderen Sprachen gebräuchliche Bezeichnung des heute das mit Abstand größte Einzelsegment nationaler Arbeitsmärkte ausmachenden „öffentlichen Dienstes" verschleiert dabei mit zunehmend weniger öffentlichem Erfolg, daß sich in ihm partielle Status- und Einkommensinteressen bestimmter Berufsgruppen parallel mit dem Ausbau des interventionistischen Regierungstypus etablieren und materiell absichern konnten. Der Ausbau des Wohlfahrtsstaates frommt nicht nur den Klienten, sondern häufig mindestens ebenso dessen Agenten (de Swaan 1993).

Die Geschichte der Erweiterung regelmäßig wahrgenommener „öffentlicher" Aufgaben verläuft, durch die verschiedensten politisch-institutionellen, kulturellen und sozioökonomischen Variablen bedingt, europaweit in großer Vielfalt, und es bilden sich dabei vor allem institutionell differenzierte Entwicklungspfade heraus, die hier vernachlässigt werden müssen. Wichtig bleibt die allgemeine Tendenz, durch die im Zuge einer bis in unsere Zeit nicht endenden Aufgabeninklusion immer mehr Zuständigkeiten der „öffentlichen Hand" geschaffen und institutionell, finanziell wie funktional verankert werden. Damit wird die Gesellschaft vom politischen Entscheidungszentrum her durch ein Äderwerk von öffentlichen Kompetenzen durchzogen und in ihrer Reproduktion real geformt, das, und darauf kommt es hier allein an, letztlich auf politischen Entscheidungen darüber beruht, wofür die „öffentliche Hand" jeweils eine Verantwortung zu übernehmen hätte und wie diese im einzelnen wahrzunehmen wäre.

So wie die unabhängige Existenz der „Gesellschaft" eine Legende der Sozialphilosophie darstellt, so auch die zum Teil vertretene Auffassung, die kapitalistische Produktionsweise habe sich zunächst selbständig und weitgehend ohne politisch regulierenden Eingriff entwickelt und sei erst nachträglich, seit Mitte des 19. Jahrhunderts vor allem in arbeitsrechtlicher und sozialpolitischer Hinsicht durch Interventionen gestaltet und modifiziert worden. „Einer der großen Irrtümer der traditionellen Wirtschaftstheorie besteht in der Annahme, daß die Wirtschaft ihre Aufgaben deswegen erfülle, weil ihre Güter und Dienstleistungen gekauft werden, so als ob die riesigen Produktionsleistungen, die in einem marktwirtschaftlichen System erbracht werden, einzig und allein durch Austauschbeziehungen zwischen Käufern und Verkäufern motiviert werden könnten. Auf einer so dünnen Grundlage kann kein großes produktives System errichtet werden. Vielmehr sind zahlreiche Anreize seitens des Staates in Form von wirtschaftlichen und politischen Vergünstigungen erforderlich... In marktwirtschaftlichen Systemen waren die Regierungen immer schon damit beschäftigt, diese notwendigen Leistungen zu erbringen." (Lindblom, 1980, S. 274f) Die Erforschung der europäischen Wirtschaftsgeschichte seit der frühen Neuzeit und ihre zusammenfassende Darstellung (Cipolla 1972) macht es unverständlich, daß und wie immer wieder die oben angesprochene Legende von der „autonomen" Entwicklung der kapitalistischen Produktionsweise oder die „Theorie der reinen Marktwirtschaft" aufgewärmt werden können – es sei denn, man unterstellte von vorne herein tagespolitische Absichten und ideologische Scheuklappen.

Richtig ist also vielmehr, daß sich einerseits fast überall in Europa auf dem Hintergrund handelskapitalistischer Kapitalakkumulation in den Städten und die durch höfische Nachfrage nach Bau- und Einrichtungsmaterialien, Kutschen, Stoffen und anderem bedingte Entstehung von Ansätzen des Manufakturwesens im 16. Jahrhundert, und schließlich als direkte Folge politischer Verantwortung und Entscheidung durch die neuartigen Großaufträge zur Ausrüstung stehender Heere mit Waffen und Uniformen, durch systematischen Flottenbau der Küstenländer, durch den in staatlicher Regie betriebenen Bergbau und das sich in Verbindung damit entwickelnde Hüttenwesen, durch die Schaffung einer Verkehrsinfrastruktur aus Straßen und Brücken, aber auch Kanälen und Schleusen und vielem anderen mehr die berühmte take-off-Phase der kapitalistischen und zum Teil – wie im Hüttenwesen – frühindustriellen Produktionsweise ergibt.

In Analogie zur Situation in manchen sogenannten „Entwicklungsländern" unseres Jahrhunderts kann man am historischen Material ersehen, welche Bedeutung die politisch induzierte Nachfrage und Kapitalzufuhr für die entstehenden Märkte sowie die Initiative und Unterstützung der Machthaber während jener Entstehungsphase kapitalistischer Warenproduktion besaßen, in der noch kaum eine Stimulierung der Produktion durch massenhafte Nachfrage nach Konsumartikeln bestand.

Man muß auch an die für damalige Verhältnisse signifikante „Kapitalzufuhr" erinnern, die aus der politisch gesteuerten gewaltsamen Eroberung und Ausbeutung überseeischer Territorien, insbesondere frühzeitig der amerikanischen Gold- und Silbervorräte resultierte; und dann an den systematisch von europäischen Regierungen zum Teil direkt betriebenen, zum Teil geförderten – und besteuerten – Sklavenhandel, durch den für mindestens drei Jahrhunderte nicht nur unmittelbar Geld verdient wurde, sondern durch den auch der explodierenden Arbeitskräftenachfrage auf dem rapide wachsenden „Arbeitsmarkt" des Südens der Vereinigten Staaten zu relativ geringen Kosten „variables Kapital" gewaltsam zugeführt wurde. Von einer autonomen eigenständigen Entwicklung „freier Märkte" kann überhaupt gar keine Rede sein, die kapitalistische Wirtschaftsweise bedurfte der Geburtshilfe der Politik, die sich dabei nicht immer von ihrer besten Seite zeigte.

Die Regierungen und ihre verschiedenen nachgeordneten Behörden sind also nicht nur von Beginn der kapitalistischen Produktionsweise an wegen ihrer Rolle bedeutsam, die notwendigen rechtlichen und funktionalen Rahmenbedingungen der Marktordnungen zu konstituieren und zu garantieren, sondern sie treten als Initiatoren, Nachfrager und in erheblichem Maße auch als „öffentliche Unternehmen" unmittelbar in der sich entwickelnden Wirtschaftsweise in Erscheinung und beherrschen in ihr teilweise bis heute ganze Sektoren. Von Anfang an und von wenigen Ausnahmen abgesehen sind sie noch heute der größte Arbeitgeber des Landes und beeinflussen nicht nur als Gesetzgeber das Geschehen auf dem Arbeitsmarkt. Auf dem Hintergrund der bereits im 18. Jahrhundert quantitativ bedeutsamen Anteile der öffentlichen Budgets am wirtschaftichen Umlaufvermögen, entwickeln sich neben den immer differenzierteren rechtlichen Regulierungen wirtschaftlicher Austauschprozesse und Eigentumsrechte und dem für die öffentlichen Budgets existentiellen Steuer- und Abgabenwesen auch Vorstellungen einer systematischen Geld-, Finanz- und Wirtschaftspolitik unter dem Anspruch, die gesamtwirtschaftliche Entwicklung innerhalb des politisch kontrollierten Gebietes zu fördern. Systematisch betriebene Gewerbe- und Industrieansiedlung, teils aus militärischen, teils aus regionalen Förderungsabsichten heraus, sind normale Bestandteile einer zunächst merkantilistisch betriebenen und später kontinuierlich fortgesetzten Wirtschaftspolitik. Barry Supple stellt in seinem Abschnitt über die Rolle des Staates zu Beginn der europaweiten industriellen Revolution seit dem 17. Jahrhundert fest: „Indeed, in the context of modern world history, a laissez-faire economic policy seems less like an orthodoxy than a brief aberration from a norm of detailed government intervention in economic affairs" (1973, S. 302).

Aber auch das sich aus verschiedenen Anlässen und Anfängen heraus entwickelnde Bildungs- und Erziehungswesen als staatliche Aufgabe ist ein Beispiel dafür, wie sich die Politisierung von oben zunehmend regulierend und kontrollierend eines weiteren Segments gesellschaftlicher Reproduktion bemächtigt. Waren die höheren Schulen und Universitäten zunächst Stätten der Ausbildung für den relativ geringen Bedarf an akademisch gebildeten Funktionseliten, vor allem der Juristen für das landesherrliche und der Theologen für das geistliche Regiment, so entsteht mit dem bereits angesprochenen Ausbau der funktional differenzierten Behörden und Ministerien seit dem 16. Jahrhundert ein ganz neuartiger Bedarf an fachlich gebildeten und für einen speziellen Beruf im „öffentlichen Dienst" professionalisierten Mitarbeitern. Der schlägt sich in einem anfangs noch sehr langsam wachsenden, sich aber im 18. Jahrhundert rasch beschleunigenden quantitativen Ausbau des tertiären Bildungswesens nieder: in einer zunächst internen Differenzierung der klassischen Fakultäten an den Universitäten in neue Fächer und schließlich in der Entstehung spezieller Ausbildungseinrichtungen, die für den jeweiligen sozio-ökonomischen Bedarf der Zeit symptomatisch war. Die Entwicklung und Fortexistenz privater Universitäten und Colleges in England und Nordamerika ist ein bedeutsamer „Sonderweg", der aber nicht darüber hinwegtäuschen kann, daß auch dort zunehmend das allgemeine Bildungswesen in politische Regie genommen und auch die Ausbildung an privaten Einrichtungen gesetzlich reguliert und mitfinanziert wird. Die funktionalen Zusammenhänge mit der Entstehung der politischen Gesellschaft sind aber hier wie dort dieselben und gelten allgemein.

Einerseits gab es mit der Entwicklung der älteren „Polizey- und Kameralwissenschaft" seit dem 16. Jahrhundert den Versuch, ein dem wachsenden Umfang und der inhaltlichen Spezifizierung der Regierungsaktivitäten entsprechendes integriertes „Fachstudium" zu entwickeln (Maier 1980). Andererseits entstanden bereits im

18. Jahrhundert sich ausdifferenzierende Spezialhochschulen für Bergbau und Hüttenwesen, für Forst- und Landwirtschaft, aber auch für das nicht länger dem Adel allein vorbehaltene und sich zunehmend professionalisierende Offizierscorps des Militärs.

Einen qualitativen Entwicklungsschub für die Entstehung der politischen Gesellschaft brachte aber die seit dem 18. Jahrhundert sich immer mehr durchsetzende Idee einer allgemein verbindlichen Grundbildung und Schulpflicht mit sich. Es mußten nicht nur die Grundsätze, nach denen diese öffentlich verantwortete Erziehung erfolgen sollte, festgelegt und implementiert werden, sondern es mußte auch – jedenfalls überall in Kontinentaleuropa – eine das ganze Territorium überspannende personelle und verwaltungsmäßige Infrastruktur aufgebaut, unterhalten und ihrerseits kontrolliert werden. Gerade die Entstehung des allgemeinen Schulwesens hatte wiederum erhebliche Rückwirkungen auf die Universitäten, die spätestens seit dem neunzehnten Jahrhundert, zunächst mit der Ausbildung der Lehrer an weiterführenden Schulen und Gymnasien, später dann auch anderer Schulformen, in ihrem Funktionsbereich beträchtlich ausgeweitet wurden – eine Entwicklung, die indirekt zumindest erhebliche Mitverantwortung für das zeitweilige Aufblühen der philosophischen Fakultäten im 19. Jahrhundert trug.

Es war bereits von dem Mißverständnis die Rede, der Interventionsstaat sei eine späte Entwicklung der bürgerlich-kapitalistischen Gesellschaft, die seit etwa der Mitte des 19. Jahrhunderts immer rasanter zu einer Ausweitung der „Staatstätigkeit" geführt habe. Der wahre Kern dieser falschen Ansicht des heute ideologisch dominierenden „Neo-Liberalismus" liegt in der Gleichsetzung des sozialpolitischen Interventionismus mit politischer Intervention überhaupt und der Tatsache begründet, daß die bürgerlich-liberale Selbstbeschreibung seit dem 19. Jahrhundert aus durchsichtigen Gründen zwischen der Phase vor der „bürgerlichen Revolution", die im guten wie im schlechten fast immer mit 1789 gleichgesetzt wird, und der Zeit ihrer eigenen Herrschaftsausübung einen viel drastischeren Bruch inszeniert, als es ihn – trotz der vorübergehenden dramatischen Ereignisse vor allem in Paris – in der Frage des Verhältnisses von Politik und Gesellschaft jemals gegeben hatte. Die Politik der wechselnden Regierungen vor und nach der Revolution war, wie immer sie ihren „bürgerlichen" Charakter selbst verstand, im großen Maßstab im heutigen Sinne interventionistisch.

Spätestens in der Phase der konstitutionellen Regime und der wachsenden bürgerlichen Beteiligung an der Ausübung politischer Herrschaft geriet die bürgerliche Bewegung allerdings zunehmend und zugegebenermaßen etwas dramatisierend formuliert in einen Zwei-Fronten-Kampf: Während sie noch gegen die Reste feudaler Adelsherrschaft und entsprechender Privilegien engagiert war, meldet sich gewissermaßen im Rücken des gesellschaftlich dominant gewordenen Bürgertums die „soziale Frage", die sich aus der mit der Industrialisierung einhergehenden schnellen Proletarisierung großer ehemals ländlicher Bevölkerungskreise, aus der damit verbundenen Verstädterung von Lebensverhältnissen für immer mehr Menschen und nicht zuletzt aus der rapiden Bevölkerungszunahme des 19. Jahrhunderts überall in Westeuropa ergibt.

Wie – idealtypisch gesagt – das Bürgertum darauf mit Klassenkampf und Sozialpolitik „von oben", mit einer Mischung von Repression und sozialpolitischen

Sicherungen und Transfers zugleich reagiert, ist in der Geschichtsschreibung der Sozialpolitik bei unterschiedlicher Akzentuierung des einen oder anderen Aspekts häufig beschrieben worden (Alber 1982; Tennstedt 1981). Neu an der seit dem späten 19. Jahrhundert aufkommenden Sozialpolitik war aber, und darauf kommt es hier in erster Linie an, nicht etwa die gestaltende politische Intervention in ehemals autonome gesellschaftliche Funktionsbereiche, etwa in der Arbeitsschutzgesetzgebung seit Mitte des 19. Jahrhunderts, denn solche „Eingriffe" gab es schon vorher – wenn auch nicht unbedingt mit dieser Intention. Eine neue Qualität bekam vielmehr auf dem Hintergrund des erfolgreich geführten politischen Verteilungskampfes der Arbeiterbewegung und ihrer Organisationen im Laufe des 20. Jahrhunderts das Ausmaß der politisch entschiedenen und verteilten Sozial- und Einkommenstransfers.

Schon immer waren politische Entscheidungen, vor allem über die Festsetzung von direkten und indirekten Steuern sowie über Abgaben verschiedenster Art auch für die Bestimmung der Einkommensgröße aller am Erwerbsleben im weiteren Sinne teilnehmenden Bevölkerungsgruppen mit ursächlich gewesen, ganz zu schweigen davon, daß die ursprüngliche Eigentumsverteilung – vor allem an Grund und Boden – jeder Gesellschaft fast immer auf Gewalt und ihrer nachträglichen Sanktionierung durch politisch geschaffenes oder zumindest für sakrosant erklärtes Recht beruhte. Damit sind keinesfalls Verhältnisse der Vor- und Frühgeschichte gemeint, wie etwa Karl Polanyi am Beispiel der englischen Wirtschaftsgeschichte seit der frühen Neuzeit gezeigt hat (1977). Wenn man sich am Beispiel Deutschlands vergegenwärtigt, daß auch heute noch, nach der Revolution von 1918 und den zwei verlorenen Weltkriegen, ein maßgeblicher Anteil des Großgrundbesitzes in Westdeutschland oder anderer „alter" Vermögen eine direkte Folge vorbürgerlicher Adelsherrschaft darstellt, dann zeigt sich, daß und wie ehemalige Herrschaftsverhältnisse und darauf gegründeter, nach heutigem Verständnis illegitim erworbener Reichtum durch politische Wechsel hinweg Bestand haben. Das gilt für alle westeuropäischen Gesellschaften mehr oder weniger in gleichem Maße.

Historisch neuartig ist aber das im 20. Jahrhundert entwickelte System, über die nachträgliche Sanktionierung früheren Raubes sowie die Beeinflussung durch Steuern und Abgaben hinaus unmittelbar die Einkommenssituation der Bevölkerung durch ein kompliziertes und in den einzelnen Gesellschaften im Detail nach Umfang und Art der Abzüge und Zuwendungen unterschiedenes Transfereinkommen direkt zu gestalten. Bestimmte Bevölkerungsgruppen leben ganz, weitere zumindest zeitweise ausschließlich von politisch nach Art und Umfang festgesetztem Sozialeinkommen. Für jedes Gesellschaftsmitglied läßt sich prinzipiell eine individuelle zeitlich begrenzte oder auch lebenslange Transferbilanz aufstellen, in der Abzüge durch Steuern, Abgaben und Versicherungsleistungen und Zuwendungen aus öffentlichen Kassen gleich welcher Art gegeneinander verrechnet werden können, so daß sich ein individuelles Plus oder Minus ergibt. Dabei würde sich zeigen, daß ein nicht unerheblicher Teil der Bevölkerung zeitweise oder sogar immer einen Transfergewinn einfährt, das heißt, daß bei ihnen die Einnahmen aus öffentlichen Kassen jene aus eigener Erwerbstätigkeit übersteigen. Natürlich gibt es auch Transferverlierer – sie sind nicht immer unter den Reichsten einer Gesellschaft zu finden. Die massive Verringerung des Aufkommens der Einkommens- und Vermögens- im Verhältnis zur Lohnsteuer und zu den indirekten Steuern in Deutschland im Laufe der neunziger Jahre ist ein gutes Beispiel dafür, wie politische Entscheidungen die Einkommens- und Vermögensentwicklung nachhaltig beeinflussen. Ungeachtet der Verteilungsrichtung im Falle Deutschlands geht es hier aber um die generelle Macht politischer Entscheidungen, die sich prinzipiell auch zugunsten anderer Gruppen auswirken kann.

Zu einem ersten Verständnis dieses Aspekts der Theorie der politischen Gesellschaft sind die daraus resultierenden empirischen Verteilungs- und Gerechtigkeitsprobleme im Augenblick noch nicht so wichtig; ich komme später darauf zurück. Ich will hier nur schon feststellen, daß entgegen manch populärer Darstellungen und öffentlicher Kritiken diese Sozialtransfers an der ursprünglichen Vermögensverteilung in der Gesellschaft und damit an der grundlegenden Ungleichverteilung ihres Reichtums in der Regel wenig geändert haben. Andererseits gibt es ganze Berufsgruppen und „Versorgungsklassen", deren Wohlergehen politisch bestimmt wird und völlig vom Marktgeschehen abgekoppelt ist. Wichtig ist hier also nur, daß in der politischen Gesellschaft der Gegenwart, anders als es eine herrschende ideologische Sicht glauben machen will, praktisch jedes Einkommen nicht allein aus Erwerbseinkommen „am Markt" resultiert, sondern zumindest immer auch in einer Komponente politisch verursachtes Transfereinkommen enthält. Bei Charles E. Lindblom heißt es zur diesbezüglichen Rolle der Politik lapidar: „Beispielsweise wird die Einkommensverteilung in zunehmendem Maße von Entscheidungen der Regierung bestimmt" (1980, S. 554).

Damit hat die Politisierung der Gesellschaft den für das Leben des einzelnen wie für die Reproduktion der Gesellschaft vermutlich wichtigsten Kernbereich unmittelbar und nachhaltig erfaßt. Aber das ist ein relativ spätes historisches Ergebnis der Politisierung der Gesellschaft und vielleicht mit verursachend für den Tatbestand, daß heute in politischen Gesellschaften der notwendige Konsens zur Lösung gesellschaftlicher Probleme schwieriger zu erreichen ist als zu früheren Zeiten.

Gerade das bereits angesprochene allgemeine Schulwesen und die individuelle Schulpflicht als Ergebnis politischer Entscheidungen, in der modernen Gesellschaft die individuelle Sozialisation mit einer nach bestimmten Anforderungen und Grundsätzen erfolgenden und öffentlich verantworteten Zwangskomponente zu versehen, ist besonders geeignet, um sich im Nachhinein die ganz neuartige Dimension der schon viel früher einsetzenden Politisierung einer Gesellschaft „von oben" verständlich zu machen. Zu allen Zeiten und in allen Gesellschaften wurde das Lernen irgendwie veranstaltet und zweifellos waren dabei über die im Lehren und Lernen zwangsläufig enthaltene Autorität hinaus auch zusätzliche repressive Elemente im Spiel. Niemals zuvor jedoch in der Geschichte dürfte eine gesellschaftliche Norm der individuellen „Bildung" mit solchem Aufwand und mit solcher Breitenwirkung auf ausnahmslos alle Gesellschaftsmitglieder angewandt worden sein. Die aufklärerische Idee eines individuellen Rechts auf Bildung wurde im Zuge ihrer Politisierung zuerst einmal zu einem bürokratisch geregelten Zwang zur Bildung und Ausbildung.

Das grundsätzlich Neuartige dieses Vorgangs wird sichtbar, wenn man sich die Frage stellt, wie die meisten Menschen einer Gesellschaft vor den hier dargestellten Prozessen der wohlfahrtsstaatlichen Durchdringung überhaupt mit „Politik" in Verbindung gekommen sind. Natürlich wissen wir darüber sehr wenig, weil die Geschichtsschreibung uns aus dieser Zeit – trotz ihrer Hinwendung zu Alltagsgeschichte und Kultur – kaum die subjektive Erfahrungsperspektive der sogenannten einfachen Menschen vermitteln kann. Vor der massenhaften Verbreitung der Kunst des Schreibens gibt es dafür auch nur wenige Dokumente. Man muß es sich also in einem gewissen Maße vorzustellen versuchen.

Wurde der Krieg, wurden die Steuern und Abgaben an den Grundherren und wurden gelegentliche öffentliche Inszenierungen der Herrschaft, wie zum Beispiel dynastisch bedeutsame Hochzeiten oder Krönungen, aber auch Hinrichtungen und öffentlich Folter (Foucault 1977), als „Politik" wahrgenommen? Vielleicht ja – und wenn überhaupt ja, dann diese seltenen Ereignisse zuerst. Aber gab es darüber hinaus im Alltag der meisten Menschen überhaupt die Erfahrung von „Politik"? Und konnte sie, gemessen an den eben genannten Erfahrungsanlässen, ihnen anders erscheinen denn als Spektakel, objektives Schicksal oder Verhängnis einerseits, auf jeden Fall aber als ausschließliche Angelegenheit der „hohen Herren" andererseits?

Wir wissen natürlich auch, daß es gelegentlich immer wieder und auch schon vor den sogenannten „Bauernkriegen" lokal zu Protest, Verweigerung und Widerstandshandlungen gegen die bestehende Herrschaft kam, an denen sich spontan breitere Kreise aus dem einfachen Volk beteiligten. Unzufriedenheit mit der Herrschaft ist so alt wie diese selbst, und immer kommt in solchen Ausbrüchen ein elementares „politisches" Verständnis sozialer Beziehungen zum Ausdruck, nach dem eine Herrschaft, die man ansonsten für selbstverständlich hält, gewissermaßen überstrapaziert wird. Das heißt doch, es gab immer und gibt ein in die Alltagskultur der Beherrschten jeweils spezifisch eingebettetes Verständnis von den Grenzen der Zumutbarkeit, jenseits dessen die Artikulation von Protest beginnt. Das ist der elementarste Hinweis auf das in jedes Herrschaftsverhältnis, und sei es noch so selbstverständlich und „traditional" als legitim anerkannt oder auf schier unüberwindliche Machtressourcen gestützt, eingebaute wechselseitige Erwartungsverhältnis, aus dem sich die einfachsten Formen öffentlicher Gerechtigkeit herleiten: Nach einer absoluten Mißernte und daraus resultierender Hungersnot die ansonsten anerkannten Abgaben ungerührt einzutreiben, das wird vom Volk als „ungerecht" und als Bruch dieser Wechselseitigkeit empfunden; auch die Preise für elementare Lebensmittel unterliegen einer solchen inhärenten Gerechtigkeitsbewertung. Nach Versailles zogen die Pariser Frauen am Vorabend der Revolution wegen der Brotpreise.[8]

Insofern gibt es den rudimentären Kern eines politischen Verhältnisses für die meisten Menschen bereits in jeder Form der Herrschaft, auch vor dem Einsetzen der hier beschriebenen historischen Prozesse, die zur politischen Gesellschaft führen. Ansonsten aber war es eine verschwindend kleine Minderheit, vor allem des Adels und des höheren Klerus, die zu allen Zeiten vorher und noch lange mit der Ausübung der Herrschaft und mit dem Kampf und Intrigenspiel um die eigene Beteiligung daran beschäftigt war. Aber angesichts des Fehlens und der Notwendigkeit dessen, was heute die „Öffentlichkeit" leistet, waren die meisten Menschen an

---

8 Wehe dem Politiker, der in Deutschland oder den USA mit noch so guten Gründen die Benzinpreise drastisch erhöhen will...

dieser „hohen Politik" noch nicht einmal passiv als Zuschauer beteiligt, sondern mußten in Form von Abgaben und Krieg nur deren Folgen ertragen.

Nimmt man noch die verschiedenen Formen der städtischen Selbstregierung durch das bürgerliche Patriziat – wie zum Beispiel in der Geschichte meiner Heimatstadt Hamburg – hinzu, so ändert sich an dem grundsätzlichen Bild doch nicht allzu viel: Bis ins neunzehnte, teilweisenoch bis in die Anfänge des 20. Jahrhunderts, war die Politik in diesen Stadtrepubliken die Angelegenheit relativ weniger Familien, und das Fehlen von Grundherrschaft machte die Mehrheit der städtischen Bevölkerung zwar im Sinne des alten Spruchs „Stadtluft macht frei" unabhängig von unmittelbarer Direktive und Ausbeutung, aber an der städtischen Politik waren sie deshalb noch keineswegs beteiligt.

Für die meisten Menschen, von denen die große Mehrheit vor dem Einsetzen der auch für die Politisierung „von unten" so wichtigen Verstädterung der Gesellschaft seit dem 19. Jahrhundert verstreut auf dem Lande lebte, verlief die Reproduktion ihres persönlichen und familialen Lebens also nahezu ohne die Erfahrung von und erst recht ohne die Beteiligung an Politik; deren Erscheinungsform war für sie allenfalls gelegentliches Spektakel oder plötzlich und unverstanden hereinbrechendes Ungemach wie Krieg und Plünderung. Sieht man von den seltenen Anlässen des Protestes und den dabei von nur wenigen gesammelten Erfahrungen ab, dann war politisches Handeln für die meisten Menschen keine persönliche Möglichkeit und politisches Bewußtsein bei ihnen unwahrscheinlich – ihr gesamtes Weltbild dürfte weitgehend ohne Politik ausgekommen sein.

Nur auf diesem Hintergrund wird vielleicht die These von der mit der frühen Neuzeit einsetzenden Politisierung der Gesellschaft zunächst fast ausschließlich „von oben", das bedeutet konkret durch die wohlfahrtsstaatliche Inklusion weiterer Regelungsmaterien, verständlich. Zunehmend und in immer mehr Bereichen werden immer mehr Menschen von den Ergebnissen politischer Entscheidungen und den dadurch ausgelösten Verwaltungspraktiken in ihrer Alltagspraxis betroffen. Die Repräsentanten der Politik auf der lokalen Ebene und im Alltag der meisten Menschen waren zunächst nicht „Politiker" selbst, sondern Schulmeister und Lehrer, Steuereintreiber und Gendarme. Vor allem der ersten Gruppe konnte mit der allmählichen politischen Durchsetzung der allgemeinen Schulpflicht bald niemand mehr entkommen. Eine historisch für weite Kreise neue biographische Phase, die im Grunde mit der Schulzeit noch heute gleichgesetzte „Jugend", wurde nachhaltig durch den „von oben" politisch durchgesetzten Zwang, der Schulpflicht für eine sich immer weiter ausdehnende Zahl von Jahren nachzukommen, konstituiert. Sie ist vielleicht das nachdrücklichste Beispiel für die Fähigkeit der politischen Gesellschaft, gesellschaftliche Prozesse bis in den Mikrobereich der individuellen Sozialisation und Biographie hinein zu formen und langfristig zu verändern.

Das früher so ferne und kaum oder nur gelegentlich wahrgenommene „politische System" rückt damit näher, wird subjektiv bedeutsam und muß bei wirtschaftlichem oder gesellschaftlichem Handeln in Rechnung gestellt werden. Das sich entwickelnde Personenstandswesen wirft, in enger Verbindung mit der Durchsetzung des zentralisierten öffentlichen Steuermonopols ein immer engmaschigeres Netz über die Lebensläufe der einzelnen Menschen. Geburt, Schulzeit, Wohnung, Hochzeit, Tod und Vererbung, aber auch Erwerb oder Veräußerung von Grund und

Hausbesitz, der Betrieb jeglichen Gewerbes, bald auch schon die Errichtung von Gebäuden, bei der immer mehr Vorschriften zu beachten sind, bringen die Menschen im Alltag mit der „Politik" in Berührung. Ein tief gestaffeltes und vielfältig strukturiertes Konglomerat von Ämtern und Behörden, vom Ordnungs- und Katasteramt bis zur Gewerbeaufsicht, von der Forstverwaltung bis zum Zoll, läßt den ehemals allein am Hofe und in den grundherrschaftlichen Adelshäusern punktuell und personal konzentrierten Politik- und Verwaltungsapparat, sich immer mehr funktional ausdifferenzieren und in den Raum des entstehenden Territorialstaates eindringen.

Dort, wo die für den einzelnen damit verbundenen Erfahrungen besonders drastische Veränderungen des Alltags bewirken, indem sie in die Gestaltung der sozialen Beziehungen oder der wirtschaftlichen Aktivitäten oder das Alltagsleben generell verändernd eingreifen, lassen sie auch in der breiteren Bevölkerung das für jede politische Gesellschaft notwendige Kontingenzbewußtsein nach und nach zumindest rudimentär entstehen. Was durch eine Entscheidung, zunächst noch der fernen Herrschaft und später der sie repräsentierenden lokalen Behörden und Ämter, einmal und zunächst anscheinend so überraschend geändert werden konnte, obwohl es vorher so erscheinen mußte, als ob das Bestehende ganz „natürlich" oder „immer schon so gewesen" und deshalb ganz unabänderlich sei – das verliert mit dieser Erfahrung ein für alle Mal seinen selbstverständlichen Charakter und wird kontingent, es wird kritisierbar und auch in der weiteren Zukunft nochmals änderbar. Das muß und wird für eine ganze Reihe von Menschen keineswegs immer nur eine negative Erfahrung gewesen sein; das soll hier keineswegs auch nur implizit behauptet werden. Gerade die Verbindung von Politik und Zukunft eröffnete nach und nach für viele Menschen die innerweltliche Hoffnungsperspektive, daß als drückend empfundene Verhältnisse sich einmal ändern könnten – und zwar nun als Ergebnis menschlicher Praxis und nicht als bloßes Versprechen der überall gepredigten und auch vielerorts geglaubten christlichen Heils- und Erlösungsbotschaft.

Insofern entstand allmählich auch im Alltagsverständnis vieler Menschen ein neuartiger Erwartungshorizont politischer Gestaltbarkeit gesellschaftlicher Verhältnisse, der einerseits den bewußtseinsmäßigen Resonanzboden für die frühe rationalistische Aufklärungsphilosophie und stärker noch den französischen Frühmaterialismus des 18. Jahrhunderts abgab (Girsberger 1973), der andererseits aber langfristig die soziale und kulturelle Voraussetzung dafür lieferte, daß die aufgeklärten Ansprüche an die vernünftige Gestaltung politischer Verhältnisse nicht allein die Ideologie kleiner Intellektuellenzirkel am Vorabend der französischen Revolution blieben.

1.4 Fundamentalpolitisierung

Schon in den zu vermutenden Auswirkungen der wohlfahrtspolitischen Politisierung „von oben" entstehen also die Keime der erst später einsetzenden Politisierung „von unten". Ihr wesentliches Kennzeichen ist die sich in der Bevölkerung allmählich kulturell und sozial ausbreitende Selbsteinschätzung als mündiges Individuum, die damit prinzipiell unterstellte Befähigung zum politischen Handeln und die später erfolgende Anerkennung dieses Faktums in den politischen Gesellschaften der Gegenwart. Die Fundamentalpolitisierung bildet historisch den Schlußstein in der Architektur der politischen Gesellschaft: Alles ist prinzipiell entscheidbar geworden, alles Entscheidbare stellt sich als Interessenkonflikt dar, für alles kann die Politik ihre Zuständigkeit erklären und jedes erwachsene Gesellschaftsmitglied gilt als politisches Subjekt. Zusammen ergeben diese vier tiefgreifenden Qualitäten der politischen Gesellschaft seitdem der Epoche eine historisch einzigartige Dynamik und Kontingenz, erlauben ganz neuartige Mobilisierungsprozesse, lassen aber auch moralische Katastrophen ohne Präzedenz zu.

Der hier verwendete Begriff des Politischen ist voraussetzungsreich und läßt sich durch eine einfache Definition nicht auf einen simplen Nenner bringen – obwohl ich hoffe, daß die bestimmenden historischen Bedeutungskomponenten bereits in diesem ersten Kapitel immer deutlicher hervortreten. Offenkundig ist der historische Charakter des Begriffs. Zum Verständnis dieses Abschnittes ist es wesentlich, daß die bereits implizierte Handlungs- und Praxiskomponente des Politischen besonders akzentuiert wird. Wie im vorangegangenen Abschnitt bereits dargestellt, sind bestimmte strukturelle und institutionelle Bedingungen mit dafür verantwortlich, daß Menschen in einer Gesellschaft beginnen, sich als politische Subjekte zu verstehen. Dafür reicht es nicht aus, daß sie sich nur als Träger bestimmter Rechte auch gegen die nun als Politik dechiffrierte Herrschaft begreifen, sondern sie müssen sich zusätzlich als mögliche Handelnde in den Prozessen der politischen Gestaltung denken können und entsprechende Erfahrungen machen. Dafür wiederum sind in der Regel – sieht man von den bereits angesprochenen Ausnahmeerfahrungen des spontanen Protestes ab – ein spezifischer Typus von Rechten und ihre Anerkennung eine Voraussetzung, für die sich in der normativen Demokratietheorie der Terminus „politische Teilhaberechte" eingebürgert hat. „Demokratie arbeitet an der Selbstbestimmung der Menschheit, und erst wenn diese wirklich ist, ist jene wahr. Politische Beteiligung wird dann mit Selbstbestimmung identisch sein" (Habermas 1961, S. 15).

Zunächst aber ist noch gar nicht die Rede von demokratischer Teilhabe; auch die modernen undemokratischen politischen Gesellschaften des 18. und 19. Jahrhunderts gehen zunehmend in einem gewissen Sinne von der politischen Subjektrolle der Gesellschaftsmitglieder aus und „beteiligen" sie in ihrer Weise an politischen Prozessen, ohne doch schon reale Macht aus der Hand zu geben. Auch die sich in der Bevlkerung ausbreitende, zunehmend medial durch Zeitschriften verbreitete Wahrnehmung des Politischen verändert das Weltbild der Bevölkerung – noch vor aller realen Beteiligung. Vor allem ändern sich die Handlungsbedingungen für die tatsächlichen politischen Akteure, denn sie müssen nun zunehmend die Wahrnehmungen der Bevölkerung in Rechnung stellen, Was früher für die Bevölkerung gelegentliches Spektakel war, das bildet sich nach und nach in die Kontinuität des politischen Raumes um. Das ist unter anderem der Unterschied zwischen dem *ancien régime* und der imperialen Herrschaft Napoléons. In diesem neu entstehenden politischen Raum müssen die Menschen noch nicht als aktive Bürger und Bürgerinnen real partizipieren, aber sie müssen in ihm doch zunehmend wenigstens symbolisch als „Volk" und damit als Gemeinschaft präsent werden. Sie werden zunehmend zum Adressaten der politischen Kommunikation, ihnen muß die Herrschaft, müssen zunehmend einzelne politische Entscheidungen vermittelt werden. Ohne diese Vermittlung, das hat der auch in dieser Hinsicht modern denkende Napoléon klar erkannt, konnte zum Beispiel nicht mehr Krieg geführt werden. Mehr als alles andere war diese traditionelle Beschäftigung der Herrschenden und des Adels in der politischen Gesellschaft auf einmal auf symbolische Beteiligung, also auf Identifikation angewiesen. Vor dem Sieg gegen den äußeren Feind auf dem Schlachtfeld stand nun plötzlich vor jedem Kriegsherrn die Aufgabe, den Kampf um die ausreichende Unterstützung der Bevölkerung im politischen Raum der eigenen Gesellschaft zu gewinnen. Kriegsanlaß und Feindschaft bedurften also ganz unabhängig von erst später tatsächlich verbrieften politischen Beteiligungsrechten bereits der öffentlichen Vermittlung. Bismarcks Umgang mit der „Emser Depesche" ist ein allseits bekanntes anekdotisches Zeugnis dieser Politisierung vor der eigentlichen Demokratisierung.

Man kann diese neue Notwendigkeit als Resultat der Fundamentalpolitisierung im Vergleich der vordemokratischen Phase mit den totalitären politischen Gesellschaften des 20. Jahrhunderts sehr genau erkennen. Auch letztere können den historisch einmal entstandenen politischen Raum nicht wieder aus der Welt schaffen, können nicht zurückkehren in einen gesellschaftlichen Zustand, in dem die Politik aus dem Blickfeld und Bewußtsein der Bevölkerung verschwindet. Deshalb müssen sie die real verweigerte politische Partizipation durch die nur symbolische, ästhetisch inszenierte Teilhabe an der Herrschaft ersetzen, durch die der politische Raum nunmehr besetzt wird. Die totalitären Varianten der politischen Gesellschaft im 20. Jahrundert, durch und durch Erscheinungen der Moderne und keine Regression vor ihren Beginn, können also nur die bürgerschaftliche Beteiligung unterbinden, nicht aber die Fundamentalpolitisierung der Gesellschaft rückgängig machen. Auch der italienische Faschismus, der deutsche Nationalsozialismus oder die sowjetische Herrschaft seit der Machtübernahme der Bolschewiki waren in vielem bereits Gesellschaften vom hier beschriebenen Typus der politischen Gesellschaft. In ihnen ging die Fundamentalpolitisierung sogar sehr weit, bedenkt man den Anteil, den die Teilhabe am politischen Prozeß erzwungenermaßen im Leben der einzelnen spielte; aber natürlich war die Politisierung hier nicht das Ergebnis einer wirklichen Machtbeteiligung oder gar echter demokratischer Einwirkungsmöglichkeiten, sondern Teil einer herrschaftlichen Inszenierung und einer in alle Aspekte des gesellschaftlichen und privaten Lebens eindringenden Kontrolle.

Historisch entwickelt sich die politische Gesellschaft zusätzlich zu der Politisierung „von oben" langsam durch die Verbreitung, Verallgemeinerung und Anerkennung politischer Teilhaberechte für alle erwachsenen Gesellschaftsmitglieder in Verbindung mit den anderen drei in den früheren Abschnitten bereits beschriebenen gesellschaftlichen Veränderungen. Allerdings dürfen diese politischen Teilhaberechte nicht ohne weiteres mit der Verwirklichung demokratischer Ziele gleichgesetzt werden; politische Teilhabe kann viele Formen annehmen und sich im Grad ihrer tatsächlichen Auswirkung auf die politischen Macht- und Herrschaftsverhältnisse sehr unterscheiden. Nach Niklas Luhmanns bekannter Analyse kann selbst die Teilhabe in demokratischen Strukturen unter gewissen Aspekten als „folgenlose Beteiligung" angesehen werden (1975). Die These von der politischen Gesellschaft erfordert also nur, daß es in Ergänzung der wohlfahrtsstaatlichen Durchdringung der Gesellschaft „von oben" zu einer Politisierung „von unten", der subjektiven Seite gewissermaßen, kommt, nicht aber, daß mit dieser auch bereits tatsächliche demokratische Strukturen und Einwirkungsmöglichkeiten für die Bürger und Bürgerinnen gegeben sind.

In der Geschichte seit der frühen Neuzeit ist die Fundamentalpolitisierung der deutliche Nachzügler unter den hier beschriebenen vier grundlegenden Tendenzen gewesen, weil es dabei in der Tat eigentlich bis ins 20. Jahrhundert hinein um den Kampf um wirkliche politische Machtteilung und Machtbeteiligung gegangen ist, worüber wiederum die hochtönenden Menschenrechtserklärungen früherer Jahrhunderte und eine sozialphilosophische Geschichtsbetrachtung, die deren Gehalt mit dem tatsächlichen Geschichtsverlauf verwechselt, notorisch falsches Zeugnis abgeben. Zwar stammt die Menschenrechtserklärung der amerikanischen Revolution „... that all men are equal" vom 4. Juli 1776, aber erst in diesem Jahrhundert wurden den ursprünglichen Bewohnern oder den ehemaligen Sklaven von „Gottes eigenem Land" die staatsbürgerlichen Rechte praktisch zuerkannt. Zwar gehörte neben der Freiheit auch die Gleichheit zu den Parolen der französischen und aller sich danach in Europa auf sie berufenden bürgerlichen Revolutionen, aber das Frauenwahlrecht oder selbständige politische Organisationsrechte blieben den Frauen in vielen bürgerlichen Republiken bis weit in das zwanzigste Jahrhundert hinein verwehrt.

Das erklärt sich nicht zuletzt damit, daß alle vorher beschriebenen Entwicklungsvoraussetzungen der politischen Gesellschaft objektiver Natur, das heißt in dieser gesellschaftlichen Entwicklung mit einer gewissen Zwangsläufigkeit angelegt waren[9], daß aber die mit der Fundamentalpolitisierung einhergehende Anerkennung politischer Teilhaberechte für immer mehr Gruppen der Gesellschaft eine Geschichte des Kampfes um unmittelbare Machtbeteiligung gewesen ist und in gewissem Sinne auch in Zukunft bleibt. Denn nichts, was hier von den jeweiligen Machthabern einmal zugestanden wurde, ist auch in Zukunft prinzipiell gesichert, die politische Gesellschaft kann auch andere Formen als die der repräsentativen Demokratie annehmen, wie die Geschichte des 20. Jahrhunderts bereits nachhaltig gelehrt hat. Daran muß gerade heute erinnert werden, wo offenkundig alle Welt glaubt, daß das selbstverständliche Ergebnis des Zusammenbruchs des sowjetischen Imperiums und der politischen Systeme dieses Typs die Ausweitung der repräsentativen Demokratie nach westeuropäischem oder nordamerikanischem Vorbild sein würde. Im Kern, in Rußland ist jedenfalls der Zusammenbruch der sowjetischen Herrschaft nicht die Folge einer ihre politischen Teilhaberechte einklagenden Bevölkerung oder politischen Bewegung gewesen und das chinesische, aber auch andere Beispiele großer Gesellschaften zeigen, daß sich eine Modernisierung der Wirtschaftsstruktur eines Landes auch in einer undemokratischen und die Menschenrechte nicht anerkennenden Form der politischen Gesellschaft vollziehen kann. Eine Abstimmung über bestimmte Aspekte der Verfassung in Weißrußland

---

9   Hier wird nicht der These von der prinzipiellen Kontingenz widersprochen, sondern nur auf die wechselseitige Bedingtheit der vier Dimensionen der historischen Entwicklung der politischen Gesellschaft hingewiesen.

gegen Ende des Jahres 1996, an der sich mehr als zwei Drittel der Wahlberechtigten beteiligten, belegt darüberhinaus, daß angesichts der heutigen Manipulationsmöglichkeiten demokratische Rechte – in diesem Fall der parlamentarischen Kontrolle – sogar mit der Zustimmung von großen Mehrheiten eingeschränkt werden können. In der politischen Gesellschaft ist die Frage der Demokratie und die damit verbundene der Geltung der Menschenrechte stets erneut positiv zu beantworten und durch eine alltägliche Praxis zu bekräftigen – auch wenn in den entsprechenden Verfassungen von ihrer „ewigen" Geltung ausgegangen wird. Aber der prinzipiellen Kontingenz entkommt man nicht einmal durch Selbstbindung.

Konstitutiv für politische Gesellschaften ist also nur das Faktum der Politisierung der Gesellschaftsmitglieder, die dadurch zu politischen Subjekten werden. Inwieweit es dabei gelingt, diesen politischen Subjekten auch reale Mitwirkungs- und Einwirkungschancen auf die Ausübung der politischen Macht einzuräumen und inwieweit ihre Menschenrechte gewahrt sind, entscheidet über die Frage, ob es sich um eine eher demokratische oder um eine eher totalitäre Variante der politischen Gesellschaft handelt.

Diese Formulierung soll darauf aufmerksam machen, daß man zwar idealtypisch einen vollständigen Gegensatz zwischen demokratischen und totalitären Gesellschaften konstruieren kann, wie es vor allem in Zeiten der ideologischen Auseinandersetzung des Kalten Krieges zwischen westlichen Demokratien und östlichen Gesellschaften des sowjetischen Typs häufig geschehen ist. Aber immer haben sich in dem Chor der eifernden Stimmen schon einzelne abwägende und die simple Dichotomie störende Stimmen gemischt. Einerseits war es angesichts dieser Stimmen keineswegs ausgemacht, ob es nicht auch in den „freien Gesellschaften des Westens" die Gefahr eines prinzipiell drohenden Totalitarismus gäbe, ob dieser nun im Theoriekontext der Frankfurter Schule als „eindimensionaler Mensch" (Marcuse 1967), durch das „außengeleitete" Subjekt in der „einsamen Masse" (Riesman 1964) oder als „täglicher Faschismus" (Lettau 1971) oder wie auch immer erkannt und diagnostiziert wurde. Auch von „totalitärer Demokratie" (Talmon 1961) und den Gefahren der „Demokratisierung" für die Freiheit (Hennis 1970) war viel die Rede, also gewissermaßen von einem Umschlagpunkt, an dem ein Zuviel an Demokratie angeblich in eine totalitäre Unfreiheit umkippe. Andererseits gab es eine konträre Beurteilung der Frage, ob es sich bei totalitären Regimen um „total politisierte" (Talmon 1961) oder aber „total entpolitisierte" (Arendt 1986) Gesellschaften handele.

Diese Unklarheiten stehen in einem engen Zusammenhang und sind alle mehr oder weniger durch das Faktum einer unzureichenden theoretischen Erkenntis der Natur der modernen politischen Gesellschaft und ihres Verhältnisses zu den verschiedenen politischen Regimen bedingt.

Weil die eingeschliffenen antagonistischen Sichtweisen der modernen Demokratie und der totalitären Gesellschaften des 20. Jahrhunderts trotz der eben angesprochenen Unklarheiten doch für viele ein relativ stabiles Orientierungsschema darstellen, wurde und wird zumeist verkannt, daß es sich hier um zwei verschiedene politische Regimeformen *eines* Gesellschaftstypus, nämlich der politischen Gesellschaft handelt. Nur auf dem Fundament der Fundamentalpolitisierung und der anderen geschilderten Tendenzen waren Faschismus, Nationalsozialismus und die dauerhafte Etablierung der bolschewistischen Herrschaft im sowjetischen Regime möglich. Nur wegen der gemeinsamen gesellschaftlichen Voraussetzungen kam es zu den viel und kontrovers diskutierten Gemeinsamkeiten und Ähnlichkeiten von politischen Regimen, die in *anderer* Hinsicht so verschieden waren.

Damit ist beiläufig auch noch einmal klargestellt, daß der Begriff der politischen Gesellschaft Bestandteil einer allgemeineren kritischen Gesellschaftstheorie und nicht schon ein Begriff zur analytischen Erfassung eines spezifischen politischen Regimes darstellt. Allerdings verschieben sich angesichts der hier konstatierten fundamentalen Entwicklungsprozesse innerhalb moderner Gesellschaften auch die traditionellen Verhältnisse zwischen spezifischer Politik- und Gesellschaftstheorie. Letztere wird durch die realen Veränderungen und ihre wissenschaftlich angemessene Reflexion selbst immer mehr zu einer umfassenderen politischen Theorie der Gesellschaft. Oder anders gesagt, eine von den hier angesprochenen gesellschaftlichen Voraussetzungen unabhängige politische Theorie – etwa der Demokratie oder verschiedener Regimetypen – kann es nur als präskriptives abstraktes Modell geben.

Die beiden Regimeformen der demokratischen und der totalitären politischen Gesellschaft unterscheiden sich also nicht in der Frage der Fundamentalpolitisierung. Vor dem Hintergrund einer gemeinsamen Entwicklungsgeschichte der modernen, zumeist bürgerlich-kapitalistischen Gesellschaften ist die Politisierung der ganzen Gesellschaft und ihrer Mitglieder im hier angesprochenen Sinne ein unübersehbares Faktum, und es erscheint mir ganz unsinnig, zum Beispiel die deutsche Gesellschaft zwischen 1933 und 1945 als völlig entpolitisiert zu bezeichnen. Dieses Urteil Hannah Arendts wird nur bei Anerkennung ihres sehr voraussetzungsreichen neo-aristotelischen Politikbegriffes verständlich, allerdings deswegen für mich noch nicht nachvollziehbar. Dieser präskriptive Begriff eignet sich hervorragend, um vor allem im demokratietheoretischen Kontext bestimmte Elemente des Politischen, nämlich ihren öffentlichen, auf Kommunikation und „Zusammenhandeln" basierenden Charakter zu bestimmen und daran die Realität politischer Aktivitäten zu messen. Aber als deskriptive oder analytische Kategorie zur Erfassung des Politischen in all seinen Dimensionen unter den Bedingungen politischer Gesellschaften ist dieses Konzept anachronistisch – was es hinsichtlich seines normativen Appellcharakters ja auch ruhig sein darf – und zu eindimensional. „Totale Herrschaft" im Sinne des berühmten Schlußkapitals von Hannah Arendt (1986, S. 703ff) läßt eben nur bestimmte Aspekte des Politischen verschwinden, aber auch in dieser Situation werden für die Gesamtgesellschaft verbindliche Entscheidungen getroffen, die unter den hier für den Typus der politischen Gesellschaft aufgezeigten Bedingungen getroffen werden müssen.

Eigentlich hat erst die Fundamentalpolitisierung der Gesellschaft ohne jeden verbliebenen sozialen, kulturellen und ethischen Halt, weder auf der Ebene der beteiligten Individuen, noch in der die Politik ausreichend begrenzenden Wirksamkeit anderer gesellschaftlicher Institutionen oder Verhältnisse, die monströsen Erscheinungsformen des Politischen dieses Jahrhunderts, die „katastrophengeschichtlichen Dimensionen unseres Zeitalters"[10], ermöglicht. Solange diese Voraussetzungen bestehen, bleiben sie auch in Zukunft eine Gefahr. Die nachfolgende Feststellung Hannah

---

10 Mein erster Lehrer in der Politikwissenschaft, Karl Dietrich Bracher, im Gespräch mit Werner Link, abgedruckt in: Neue Politische Literatur, 2/1997, S. 259

Arendts, gemünzt auf Stalinismus und Nationalsozialismus, bezeichnet deshalb eine innere Gefährdung aller Formen der politischen Gesellschaft: „Wir wissen auch nicht, aber wir können es ahnen, wie viele Menschen sich in der Erkenntnis ihrer wachsenden Unfähigkeit, die Last des Lebens unter modernen Verhältnissen zu ertragen, willig einem System unterwerfen würden, das ihnen mit der Selbstbestimmung auch die Verantwortung für das eigene Leben abnimmt" (1986, S.675f).

Nachdem alle anderen Barrieren erodiert sind, kann sich Politik in Zukunft also immer nur vorläufig und immer nur selbst begrenzen. Die uns bekannten Formen der Verfassung und der westlichen Demokratie sind, was immer ihr Selbstverständnis und ihre historische Herleitung sein mag, auch Formen solcher Selbstbeschränkung des Politischen in der politischen Gesellschaft. Die Wirksamkeit dieser selbst gesetzten Schranken richtet sich allerdings nicht allein gegen die totalitäre Versuchung, sondern wirft auch Probleme der effizienten Problemlösung und der erfolgreichen Bewältigung großer Herausforderungen auf, von denen noch zu reden sein wird.

II. Grundlagen der politischen Gesellschaft

Vorbemerkung

Die Grundlagen der politischen Gesellschaft können theoretisch nicht als geschlossenes begriffliches und gedankliches System dargestellt werden. Solche „Formationen" oder „Systeme" suggerieren eine historische und sachliche Abgeschlossenheit, häufig auch Konsistenz und Logizität, der im fortlaufenden gesellschaftlichen Prozeß wenig entspricht und die sich angesichts weiterer Entwicklungen nur blamieren kann. Nicht zuletzt begibt sich der Autor solcher Theorien bei aller mitgeschleppten einfachen und doppelten Reflexivität in eine vermeintlich „das Ganze" überblickende transzendente Beobachterposition, in der eher Allmachts- oder Künstlerphantasien als kontrollierbares Erfahrungswissen zum Tragen kommen .

Einerseits können wir aus grundsätzlichen Erwägungen heraus über die Gesellschaft nur in Begriffen dieser Gesellschaft reflektieren; andererseits kann der Versuch gemacht werden, durch die Auswahl und Akzentuierung von Zusammenhängen etwas von ihrem besonderen historischen Charakter deutlich zu machen. Dabei hat diese Auswahl neben ihrer historisch und empirisch aufschließenden Funktion zum Teil durchaus auch einen strategischen Charakter. Indem sie sich – gewissermaßen dialektisch und zum Teil durchaus polemisch – gegen gewohnte und dominierende Sichtweisen in Wissenschaft wie politischem Bewußtsein stellt, bezieht sie notwendigerweise Stellung in den Auseinandersetzungen über unsere Gegenwart und Zukunft.

2.1 Entscheidung und Gewalt

Entschieden wurde in der Politik zu allen Zeiten – aber nicht immer hatte diese spezifische Handlungsweise denselben Stellenwert wie in der politischen Gesellschaft. Es gab, wie die vorangehenden Abschnitte zur Entstehung der politischen Gesellschaft verdeutlichen sollten, weder im Bewußtsein der relevanten Akteure noch von der Sache her jemals soviel zu entscheiden wie heute.

Daß Politik eines Tages ohne Gewalt auskommen würde, gehört zu den Menschheitsträumen. Bisher wurde er nicht verwirklicht. Im Gegenteil: historisch gehört es zu den Kernfunktionen der Politik, das gesellschaftliche Gewaltpotential zu organisieren und seinen Einsatz zu regulieren. Die moderne politische Gesellschaft bildet keine Ausnahme. Ganz im Gegenteil wird man in der Geschichte schwerlich Parallelen für einen Gesellschaftstyp finden, der auch in Friedenszeiten derartig aufrüstet und der ein solches Ausmaß seiner materiellen und humanen Ressourcen der Entwicklung und Pflege seines Gewaltpotentials widmet. *Si vis pacem – para bellum*? Auch wenn dies heute nach wie vor das Motto aller Waffenproduktion und aller Einübung des Kriegshandwerks geblieben, jedenfalls die öffentliche (sic!) Legitimationsformel für das Militär in jedem zeitgenössischen politischen Regime zu sein scheint – besonders erfolgreich war man damit nach dem Ende des Zweiten Weltkrieges nicht: „*Krieg geht weiter*" (von Bredow 1997, S. 330).

Obwohl niemand ernsthaft leugnen wird, daß verbindliches Entscheiden und die Organisation und der Einsatz von physischer Gewalt zu den grundlegenden Aspekten des Politischen gehören, erfreuen sich beide Begriffe und Themen in den Politik- und Sozialwissenschaften keiner großen Beliebtheit. Vor allem ihr Zusammenhang scheint zu den völlig tabuisierten Aspekten zu gehören. Wo Gewalt auftritt, da war sie in den Worten der Protagonisten stets „notwendig" – soll heißen, eine Alternative zu ihr und damit eine Entscheidungssituation hat es angeblich nicht gegeben. So schreibt etwa Carl Joachim Friedrich, historisch natürlich zutreffend, ganz im objektivistischen Stil: „Es ist jedenfalls ganz klar, daß die Gewaltanwendung für die Durchsetzung des wirtschaftlichen Fortschritts innerhalb des Systems des monarchischen Nationalstaates, dessen Entwicklung dadurch begünstigt und gefördert wurde, funktional war" (1973, S. 20). Ebenso „klar" ist natürlich, daß die „funktionale" Rolle der Gewalt nicht auf Monarchien beschränkt blieb und daß bis heute über ihren Einsatz nach „rationalen Grundsätzen" entschieden wird.

Kriege „brechen aus" – schon die politische Alltagssprache und allzu oft auch die wissenschaftliche Reflexion verschleiern den politischen Entscheidungszusammenhang, der ihrem „Ausbruch" vorausgeht und der sie permanent begleitet. Kriege werden damit auf dem Niveau unvermeidbarer Naturkatastrophen oder Schicksalsschläge mystifiziert.

In einer Zeit, in der die dominante Einstellung der Intellektuellen zu Politik und Gesellschaft szientistische oder ironische Distanz geworden zu sein scheint, in der, ob ironisch oder nicht, das vermag man kaum noch zu unterscheiden, von der „Ironie des Staates" (Willke 1992) geredet wird, haftet dem Begriff wie der Praxis des Entscheidens im Privaten wie in der Politik der für überholt gehaltene existenzialistische Geist der Zeit nach dem Zweiten Weltkrieg an, als bei damals populären Philosophen viel von „Freiheit", „Wahl", „Entscheidung" und „Sinnlosigkeit" die Rede war. Die heute mobilisierte Ironie mag gegen das Ernsthaftigkeitspathos einer Welt, die damals in jedem Sinne in Trümmern lag, die Erfahrung von Prosperität, einigermaßen funktionierender Demokratie und nicht zuletzt durch sie gesteigerter Kontingenz ins Feld führen, aber es bleibt bei allem Amüsement in einer „Erlebnisgesellschaft" doch die Frage, ob wir über die bereits in den zwanziger Jahren geprägten Formeln, nach denen auch gesellschaftliche Praxis und Politik nur als Teil der „Sinngebung des Sinnlosen" (Lessing 1983) zu verstehen seien, tatsächlich substantiell hinaus zu gelangen vermögen. Die Theorie von der politischen Gesellschaft geht jedenfalls davon aus, daß das gerade hinsichtlich der Zukunft des gesellschaftlichen Zusammenlebens nicht der Fall ist. In „Wahlfreiheit und Wahlzwang" (Beck/Beck-Gernsheim 1990, S. 51), dieser heute bei vielen professionellen Sozialwissenschaftlern mit der Geste der Überlegenheit abgewehrten, gleichwohl im Rahmen der Debatte über die „Risikogesellschaft" (Beck 1986) populär gewordenen Formel, hallt in der Erwähnung des Zwangs die frühere Ernsthaftigkeit noch nach.

Man versucht dem Zwang zur Entscheidung in der Praxis wie in der darauf bezogenen theoretischen Reflexion zumeist auszuweichen. Das ist aber ganz und gar unmöglich und führt in der Theorie zur Illusion und Selbsttäuschung, in der gesellschaftlichen Praxis aber zur Verantwortungslosigkeit. Denn Verantwortung ist der ethische Korrespondenzbegriff zur Entscheidung; nur für seine Entscheidungen und Handlungen kann der Mensch Verantwortung übernehmen – muß er es auch. Die Verwendung von „Dezision" in der theoretischen Programmatik rechtfertige ich mit dieser heute herausgehobenen Dimension des Politischen, ohne damit sagen zu wollen, daß es darauf zu reduzieren sei. Letzteres ist der Fehler von Carl Schmitt, der sich damit einen für die empirisch orientierte Analyse der Politik unterkomplexen Begriff des Politischen einhandelt: „Carl Schmitt nimmt vielmehr eine einzelne, besonders aktuelle Bedeutung, die des ›Strittigen‹ heraus, erklärt sie nicht explizit, sondern bloß implizit für selbstverständlich, erweitert sie um die Intensität des Gegensatzes, die dazu gehört (oder genauer: gehören kann), verschiebt dann das Schwergewicht auf die Intensität selbst und erklärt schließlich deren Steigerung im Ernstfall zum eigentlichen Kern des Politischen. Das ist offenkundig die willkürliche Zuspitzung, ja Usurpation eines so ehr- wie fragwürdigen, vieldeutigen Wortes" (Meier, 1988, S. 543).[11] Nachdem Politik aber seit Friedrich Nietzsches unhintergehbarer Metaphysikkritik *Jenseits von Gut und Böse* (1980) oder im Sinne von Max Webers *Polytheismus* (1968) unvermeidlich einen dezisionistischen Charakter angenommen hat, verrät dies, wie Hans-Martin Schönherr-Mann zurecht feststellt, „nicht Stärke, sondern (ist, M.G.) Anzeichen der innerlichen Erosion" (1996, S. 41) einer ehemals metaphysik- und seit der Aufklärung und gipfelnd im 19. Jahrhundert wissenschaftsgegründeten Politik. Die heutige gesellschaftliche Situation läßt demgegenüber angesichts des funktional notwendigen Repertoires an verbindlichen Regeln und Prinzipien, ohne die gerade eine moderne und ausdifferenzierte Gesellschaft nicht auskommen kann, am Ende doch nur die solchermaßen säkularisierte Politik als Lösung für die Frage nach der allgemeinen Geltung von

---

11 Angesichts der für Carl Schmitt konstitutiven, unverzichtbaren, in seiner Theorie des Politischen aber von den meisten Politologen nicht mehr verstandenen metaphysischen (Meier 1988, S. 537), genauer „katholischen" (Greven 1989; Meuter 1994) Problemstellungen *und* Ziele, beruht eine pejorativ gemeinte Klassifizierung meiner Theorie der politischen Gesellschaft als „Links-Schmittianismus" (von Beyme 1991, S. 342) letztlich auf einer unzureichenden Deutung Schmitts. Dabei handelt es sich bei einem so sehr die unhintergehbaren Bedingungen der Modernisierung seismographisch erfassenden Autor wie Schmitt selbstredend nicht um einen traditionellen religiös-theologischen Ansatz, wie z.T. bei Meier 1994 unterstellt, sondern einerseits um eine nach der Säkularisierung *nicht* aufgehobene Problemstellung der „externen" Begründung von Ordnung, von der auch in diesem Buch die Rede ist. Sie könnte die politische Theorie nach Schmitt nur als „begrifflich klare, systematische Analogie" (Schmitt 1979, S. 50) im Rahmen einer „Soziologie von Begriffen" (Schmitt 1979, S. 58) ehemals theologischer Provenienz erfassen – ein Weg, der hier erkennbar nicht eingeschlagen wird.

Normen zu. Weder Metaphysik noch Wissenschaft können ihr heute ein sicheres Fundament schaffen – das muß sie schon selber versuchen.

Die Politik wird also einerseits in ihrer normativen Kraft, gemessen an traditionellen Maßstäben, geschwächt, muß aber andererseits aus dieser geschwächten Position heraus wegen des Ausfalls anderer Vergemeinschaftungsmechanismen immer mehr leisten, eine Entwicklung, die vor allem im amerikanischen Pragmatismus von William James (1994) und John Dewey (1989) frühzeitig mit politischer Absicht reflektiert wird.

Mein programmatischer Sprachgebrauch mit den Schlüsselbegriffen „Kontingenz" und „Dezision" ist – zumindest im deutschsprachigen Raum – für manche Liberale und Freunde der Demokratie eine Provokation, weil sie angesichts des Stellenwerts zumindest des letzteren in Carl Schmitts „Politischer Theologie" (1979) und anderem antidemokratischen Gedankengut glauben, schon das Insistieren auf dieser Kategorie gehe auch mit einer entsprechenden politischen Entscheidung einher. Das ist aber, wie in diesem ganzen Buch gezeigt wird, nicht notwendig der Fall. Vielmehr muß umgekehrt der problematische Versuch thematisiert und kritisiert werden, gerade im Rahmen einer sich demokratisch verstehenden Tradition der politischen Theorie den Kontingenz- und Entscheidungscharakter der politischen Gesellschaft zu leugnen oder zumindest zu verdrängen und an seine Stelle Annahmen über der Politik vorgelagerte Normen oder selbsttragende Institutionen oder – nur eine zeitgenössische Variante des letzteren – prozessurale Arrangements des Diskurses mit Wahrheits- oder Vernunftsanspruch zu setzen. „By my lights, however, it is the character of politics in general, and of democratic politics in particular, that it is precisely *not* a cognitive system concerned with what we know and how we know it but a system of conduct concerned with what we *will* together and *do* together and how we agree on what we will to do" (Barber 1996, S. 348).

Die der Politik angeblich vorgelagerten Normen werden längst nicht mehr allgemein akzeptiert, alle Institutionen stehen inzwischen unter permanentem Rechtfertigungszwang, und der Diskurs ist ein Verfahren, um Informationen und Argumente auszutauschen, das in vielen Fällen dazu führt, daß unnötiger Dissens abgebaut und besser informiert entschieden werden kann. Allerdings haben auch Diskurse in der politischen Realität Voraussetzungen, ohne die sie gar nicht erst beginnen können und das Gründungsproblem einer politischen Ordnung – das sich ja im politischen Alltag im Erhalt der Legitimitätsbedingungen beständig reproduziert – wird durch sie so wenig gelöst wie durch einen unterstellten Vertrag. Politische Entscheidungen werden durch Diskurse also nicht überflüssig und eine transzendentale Begründung der Politik ist mit ihnen in praktischen Zusammenhängen nicht einmal mehr zu simulieren. „Dem steht die Notwendigkeit des Entscheidens entgegen. Ein System, das die Entscheidbarkeit aller aufgeworfenen Probleme garantieren muß, kann nicht zugleich die Richtigkeit der Entscheidung garantieren"[12] (Luhmann 1975, S. 21).

---

12 Es ist mir bewußt, daß ich diesen richtigen Gedanken von Luhmann bei mir in einen Zusammenhang einbaue, den er für falsch hielte; zum Problem der Ausdifferenzierung von Funktionssystemen siehe weiter unten.

Gerade die historisch entstandenen Strukturen und Bedingungen der politischen Gesellschaft und die ebenfalls historisch entwickelten normativen Ansprüche einer partizipatorischen Demokratietheorie passen aber sehr gut zusammen, wenn man bereit ist zu akzeptieren, daß diese Gesellschaftsform „in letzter Instanz" nicht allgemein begründet und nicht philosophisch universalisiert werden kann, sondern nur in den Überzeugungen einer stets ausreichenden Anzahl von Gesellschaftsmitgliedern ihre „Gründung" zu finden vermag (Rorty 1988). Dazu bedarf es der Anerkennung und Einübung eines demokratischen Dezisionismus, der sich in pragmatischer Hinsicht auf die Entscheidungsbedingungen der politischen Gesellschaft einläßt und der seine subjektiven wie institutionellen Voraussetzungen pflegt und reproduziert.

Damit dies gelingen kann, ist gesellschaftliche Aufklärung über das Entscheiden notwendig, denn hinter diesem in Politik- wie Sozialwissenschaft – mit Ausnahme der Ökonomie – zumeist perhorreszierten Begriff verbergen sich recht unterschiedliche Handlungen und Prozesse, für die nur zum Teil zutrifft, was im Zusammenhang mit der politischen Gesellschaft von Bedeutung ist.

In einem früheren Abschnitt ist gezeigt worden, wie es historisch zu einer Dominanz des Interessenmotivs in der heutigen Politik gekommen ist. Diese Dominanz wird auch in der Politikwissenschaft häufig unkritisch als Gegebenheit hingenommen (von Alemann 1987), vor allem aber wird der Zusammenhang mit den Entscheidungsproblemen einer politischen Gesellschaft verkannt. In einer ökonomischen Entscheidungstheorie – praktisch der einzigen, die wir haben (Simon 1959) – handelt es sich bei den „Interessen" der einzelnen Gesellschaftsmitglieder eigentlich um relativ stabile „Präferenzen" (Braybrooke/Lindblom 1963). Das Subjekt „entscheidet" nicht über seine Präferenzen, sondern es „erkennt", „findet" und „hat" sie und muß allenfalls über ihre Reihung und Vereinbarkeit intern „Entscheidungen" treffen, die für jeden Beobachter belanglos bleiben. Es bedarf keiner Entscheidung, um gesund bleiben zu wollen, aber dieses Ziel muß stärker präferiert werden als die Lust zu rauchen – wenn der Zielkonflikt einmal erkannt ist. Das einzelne Subjekt entscheidet auch nicht über seine Vorlieben oder seinen Geschmack, die sich im Verlaufe der Zeit ändern mögen – aber eben nicht aufgrund von Entscheidungen. Der Weg, über den das einzelne Subjekt seine Präferenzen feststellt, ist Erfahrung und Selbstbeobachtung. Es bedarf keiner Gründe oder direkt zurechenbarer Ursachen für einen Wandel, wohl aber der Offenheit bei der Erfahrung dieses Wandels auf seiten des Subjekts. Entscheidungen in diesem Bereich, zum Beispiel in Zukunft aufgrund festgestellter veränderter Präferenzen öfter in die Oper statt wie früher ins Sprechtheater zu gehen, folgen gegebenenfalls dem Präferenzwechsel beziehungsweise seiner Feststellung, liegen ihm aber nicht zugrunde. Stabile Präferenzen bilden den handlungsrelevanten „Willen" eines Menschen, der nicht immer unbedingt das Ergebnis von Entscheidungen ist, aber eben auch nicht in der Logik des Interessenbegriffs zusätzlich determiniert wird.

Es gehört zum rationalistischen Mißverständnis bestimmter politischer Theorien, insbesondere der auf dem *homo oeconomicus* aufgebauten „rational choice"-Ansätze, daß Individuen in der Politik angeblich stets aufgrund rational nachkonstruierbarer Entscheidungen zum eigenen Vorteil handeln (Esser 1993), zum Beispiel wählen oder einer Partei beitreten oder die Demokratie einer anderen Regierungsform vorziehen, nicht aber auf der Basis von ganz anders entstandenen Präferenzen, anderen – auch unbewußten – Motiven oder ihres kontingenten „freien Willens". Wenn Individuen überhaupt in einem strengen Sinne „Entscheidungen" treffen können, was angesichts der durchaus offen geführten Grundlagendiskussion über Kognition, Determination, „Wille" und Freiheit in den modernen Wissenschaften vom Gehirn durchaus zweifelhaft ist, dann handelt es sich dabei nicht um politische Entscheidungen, die zum Gegenstand einer politischen Theorie werden können.

Politische Entscheidungen, von denen hier die Rede ist, sind also Teil jener Prozesse, vermittels derer zumindest mehrere Menschen oder aber politische Gemeinschaften gleich welcher Art gerade angesichts von normalerweise nicht übereinstimmenden Präferenzen und Willensbekundungen der einzelnen zu zumindest vorübergehend verbindlichen Festlegungen gelangen und damit die Kontingenz einer Situation für die einzelnen wie für alle gemeinsam zumindest temporär überwinden.

Die gewisse Stabilität, Konventionalität und Zurechenbarkeit von Präferenzen als Interessen erlaubt der Politik einen relativ routinisierbaren Umgang mit ihnen. Auch die Reflexion und Analyse des politischen Alltags in der Politikwissenschaft hält sich lieber an diese der rationalen Rekonstruktion zugänglichen Elemente und behält den „freien Willen" ebenso wie die „freie Meinungsäußerung" eher den normativen Betrachtungen vor. Die Organisation moderner Politik in dafür geschaffenen Vereinigungen setzt vor allem die drei zunächst genannten Aspekte voraus. Interessen werden konventionell und zurechenbar, weil sie im aggregierten Durchschnitt gleichförmig aus bestimmten strukturellen Situationen entstehen: Sichere und gut bezahlte Arbeitsplätze, gute Ausbildungschancen oder Studienbedingungen, Alters- und Gesundheitsvorsorge und ähnliches werden als relativ sicher „zuschreibbare Standardinteressen" (Mayntz/Scharpf 1995, S. 55) modifiziert durch die begrenzte Vielfalt der sozialen Lagen und ergeben eine durchstrukturierte Landschaft sich stets nur langsam wandelnder organisierter Interessen. Daneben entstehen schwer oder gar nicht organisierbare Interessen und führen in einer Politik, die vor allem auf den Druck organisierter Interessen reagiert, zu Verteilungsasymmetrien und anderen Formen der Vernachlässigung – aber auch zu „advokatorischer Politik" durch Stellvertreter, mit all ihren besonderen Problemen.

Interessen lassen sich im Tausch gegen etwas anderes teilweise oder ganz hergeben; die Entscheidung zwischen Gesundheit und Rauchen muß nicht ganz zugunsten einer Seite aufgelöst werden und kann in Kompromissen enden. In der alltäglichen Politik kennt jeder die Prozesse des „bargaining", der „Koppelgeschäfte" und der „Kompensationen", die zum häufig komplizierten Interessenausgleich zwischen zahlreichen Akteuren und Entscheidungsmaterien beitragen. *Do ut des* – dieses Prinzip gilt für alles, was sich teilen und ganz oder teilweise gegen anderes eintauschen läßt (Scharpf 1993). Im Umgang mit Interessen nimmt Politik vor allem distributiven oder redistributiven Charakter an, aber auch viele regulative Entscheidungen stehen in einem mehr oder weniger direkten Verhältnis zu Interessen.

Politische Verhältnisse und Prozesse, die in der analytischen Betrachtung oder ideologischen Wahrnehmung wesentlich auf Interessen und Interessenausgleich als „Material" aufgebaut sind, lassen, wie bereits beschrieben, leicht die Illusion einer bestimmten Rationalität entstehen: Um bestimmte Interessen zu befriedigen, erscheint eine bestimmte Entscheidung oder ein spezifisches Handeln als rationales Mittel. Zu dieser Sicht der Dinge paßt ein Verständnis von Politik als rationales Problemlösungshandeln, wie es heute in der policy-Forschung und in der analytischen Rekonstruktion und theoretischen Erklärung von „politischer Steuerung" zugrunde gelegt wird. Zur Erklärung des Entscheidens oder Handelns von politischen Akteuren werden dabei in dem elaborierten Ansatz von Renate Mayntz und Fritz Scharpf neben Interessen und Normen auch „die Bewahrung und Bestätigung der eigenen Identität" als Handlungsmotiv zugelassen (Mayntz/Scharpf 1995, S. 56). Damit kommen aber Elemente ins Spiel, die schon auf der Ebene der einzelnen Akteure andere Dimensionen von Rationalität aufscheinen lassen. Immerhin sind die Normen, an denen sich einzelne Akteure orientieren, nicht willkürlich, weil sie im einzelnen Akteur, internalisiert oder bewußt anerkannt und befolgt, immer noch einen exogenen Referenzpunkt in der Gesellschaft oder einer ihrer Teilkulturen besitzen. Auch die Identitätsbezüge des einzelnen lassen sich – für individuelle oder kollektive Akteure – biographisch oder organisationsgeschichtlich prinzipiell jedenfalls soweit erhellen, daß eine rationale Rekonstruktion und damit eine deutende Erklärung der Handlungs- oder Entscheidungsmotive möglich wird.

Aber alle drei Referenzpunkte dieser Art der Politikanalyse schließen ganze Dimensionen des Politischen aus, die auf dem „freien Willen" oder anderen nicht ohne weiteres rekonstruierbaren Motiven beruhen. Die gewählten Referenzpunkte werden durch die innere Entwicklung der politischen Gesellschaft, durch ihre Pluralisierung und Individualisierung, aber zunehmend prekär. Das kann hier zunächst und bezogen auf den sich entwickelnden Dezisionismus jeweils nur kurz angedeutet werden, während die für demokratische politische Gesellschaften sich daraus ergebenden Probleme in späteren Abschnitten wieder aufgenommen werden.

Wie oben bereits gesagt, funktioniert die Zurechenbarkeit von aggregierten Interessen in der praktischen Politik wie in ihrer wissenschaftlichen Erklärung desto besser, je übersichtlicher und stabiler die Sozialstruktur einer Gesellschaft gegliedert ist und je eindeutiger die sich daraus ergebenden sozialen Lagen und „sozialmoralischen Milieus" der Individuen sind. Eine solche, in der bürgerlich kapitalistischen Gesellschaft historisch vor allem an den Ausdifferenzierungen des Erwerbs- und Berufssystems entlang gegliederte Sozialstruktur findet ihr Pendant in einem dazu passenden Verbände- und Organisationssystem. Idealtypisch betrachtet findet die Politik also zwischen relativ wenigen Repräsentanten der „organisierten Gesellschaft" und den professionellen politischen Akteuren statt. Die Korporatismustheorie ging vor dem Hintergrund eines gouvernemental radikal verkürzten Politikverständnisses zeitweilig sogar nur noch von einem „Tripartismus" als dem relevanten Machtdreieck bei der erfolgreichen Steuerung der meisten Einkommens- und Verteilungsfragen zeitgenössischer Gesellschaften aus. Es bedurfte nicht erst der Organisationskrise der Gewerkschaften, etwas später gefolgt von der nachlassenden Integrationskraft der Unternehmer- und Arbeitgeberverbände, um zu sehen, wie mit der Entwicklung spezifischer Eigentümlichkeiten der politischen Gesellschaft dieses sowieso schon radikal verkürzte Politikszenario immer wirklichkeitsfremder wurde. Unabhängig von den spezifischen Voraussetzungen und Problemen der Korporatismustheorie zersetzen und differenzieren sich im Gefolge rapiden sozialen Wandels die ehemals festgefügten Sozialstrukturen, sozialen Lagen und „sozialmoralischen Milieus". „Individualisierung" (Beck/Beck-Gernsheim 1994) ist nur eine Konsequenz, aber sie ist hinsichtlich der Zurechenbarkeit und damit rationalen Rekonstruierbarkeit dessen, was mit den aggregierten Interessen praxisbestimmend auf den Begriff gebracht wurde, von entscheidender Bedeutung. Auch die Bindungswirkung von Organisationen und der Organisationsgrad und damit wichtige Voraussetzungen eines bestimmten Typs des Regierens erodieren, und die wachsenden Integrationsprobleme der politischen Gesellschaft müssen zunehmend anders als korporatistisch gelöst werden.

Von der Pluralisierung der normativen Voraussetzungen von Politik als einem wesentlichen Kennzeichen der politischen Gesellschaft war bereits ausführlich die Rede; offenkundig ist der Zusammenhang mit den beiden anderen Referenzpunkten des rationalen Politikansatzes von Renate Mayntz und Fritz Scharpf. Selbstverständlich orientieren sich auch die Individuen der politischen Gesellschaften an Normen, aber deren Heterogenität nimmt in Verbindung mit den Veränderungen der Sozialstruktur zu und ihre Internalisierung wird tendenziell instabiler. Die gerade von Konservativen so häufig beklagte „Wertekrise" beruht nicht auf einem empirisch feststellbaren Wertemangel bei den Individuen, sondern aus Sicht der politischen Integrationserfordernisse hat sie ihre Ursache in deren Vielfalt und Widersprüchlichkeit. All dies hat Auswirkungen auf die Identität von Individuen und korporativen Akteuren, die, kurz gesagt, dynamischer und unberechenbarer werden.

Die politische Gesellschaft wird neben den sich aus Verteilungskämpfen ergebenden Problemen redistributiver Art zunehmend und verstärkt mit der Anforderung regulativer Entscheidungen konfrontiert, in denen über die Geltung von Prinzipien entschieden wird. Dieser Problem- und Entscheidungstyp ist aber besonders konfliktträchtig, weil er die oben angesprochenen Verhandlungs- und Entscheidungsstrategien der interessenbasierten Politik nur in geringerem Maße zuläßt.

Selbst diese kurze Skizze aktuell vieldiskutierter und im Detail zu Recht umstrittener Wandlungen der Gegenwartsgesellschaft macht deutlich, daß die drei genannten Referenzpunkte für die rationale Rekonstruktion politischen Problemlösungshandelns mehr und mehr in Auflösung begriffen sind und die Kontingenz zunimmt. Zu diesem Ergebnis führt bereits eine erste immanente Betrachtung.

Die grundsätzlichere Frage ist aber, wie weit man mit der große Selektivität erzeugenden und nicht weiter reflektierten Prämisse eigentlich kommt, die Politik sowohl aus der Sicht der beteiligten Akteure als auch im Hinblick auf den Charakter der Gesellschaft insgesamt als „rationales Problemlösungshandeln" aufzufassen. Läßt sich die politische Erfahrung des bald zu Ende gehenden Jahrhunderts wirklich angemessen auf diese policy-Perspektive verengen? Spricht vieles dafür, daß die Politik der Gegenwart mit rational durchaus beschreibbaren Zukunftsproblemen wie der Zunahme der Weltbevölkerung oder der Begrenzung der Folgen eines bestimmten Lebensmodells auf die Biosphäre oder – immer noch und immer wieder – Kriegen im Sinne dieser optimistischen Prämissen umgeht?

Eine derartige Frage zu stellen, heißt sie trotz einzelner vernünftiger Reaktionen auf die angesprochenen Problemlagen doch im ganzen zugleich zu verneinen. Mehr noch tauchen in ihrem Zusammenhang bei vielen Zweifel auf, ob Politik überhaupt in der Lage ist, mit Problemen dieses Typs fertig zu werden.

Wie schon vorher auf der Ebene des einzelnen Individuums angesichts von nicht weiter hinterfragbaren Präferenzen kommen auch auf der Ebene des gesamtgesellschaftlichen politischen Prozesses „irrationale" Motive und deren emergente Folgen wirkungsmächtig ins Spiel, ohne die sich ein zutreffendes Bild der politischen Gesellschaft nicht zeichnen läßt. Deren „Rationalität" bleibt notwendig beschränkt.

Diese Aspekte werden von einer Politikwissenschaft konsequenzenreich ausgeklammert, die sich die „Steuerungsperspektive" zu eigen macht, und zwar auch dann, wenn sie hinsichtlich der „Steuerung" nicht länger von einem nahezu allmächtigen zentralen Regierungsakteur, sondern von „policy-Netzwerken" und verflochtenen Handlungssystemen mit vielfältigen Akteuren auf verschiedenen Ebenen ausgeht. Diese Perspektive kommt den realen Bedingungen der politischen Gesellschaft, in denen ihr kein aktiv auf die Gesellschaft einwirkender „Staat" mehr konfrontiert werden kann, konzeptionell bereits sehr viel näher. Aber mit der rationalistischen Modellannahme von „Steuerung" behält dieser Ansatz doch noch eine Perspektive bei, die sich in ihrer Begrenztheit der Herkunft aus dem früheren „Staat-Gesellschaft-Paradigma" verdankt. Es gibt, um die beiden Zentralbegriffe des am Max-Planck-Institut für Gesellschaftsforschung entwickelten Ansatzes (Mayntz/Scharpf 1995) zu gebrauchen, jedoch in der politischen Gesellschaft keine systematische oder kategoriale Möglichkeit mehr, zwischen „gesellschaftlicher Selbstregulierung" und „politischer Steuerung" zu unterscheiden. Politische Entscheidungen sind heute *die* Form der gesellschaftlichen Selbstregulierung. Politische Entscheidungen wirken nicht auf die Gesellschaft irgendwie von außen ein, sondern sie sind bestimmte gesellschaftliche Prozesse beziehungsweise Handlungen, in denen sich eben diese Gesellschaft manifestiert. Politik, so könnte man sagen, ist jene Form der gesellschaftlichen Selbstregulierung, die sich als Folge bewußt getroffener und in ihrer Reichweite definierter verbindlicher Entscheidungen ergibt. Diese Entscheidungen sind, ob auf der Ebene des einzelnen Individuums, das sich an politischen Prozessen beteiligt, oder innerhalb der dafür vorgesehenen Entscheidungsverfahren und Institutionen des politischen Willensbildungs- und Regierungsprozesses letztlich auf keine andere Ursache außerhalb des Entscheidungsvorganges selbst zurückzuführen. Sie sind also kontingent. Zwar sind sie nicht, wie Carl Schmitt mit seinem Hang zu expressionistischen Formeln sagte, „normativ betrachtet, aus einem Nichts geboren" (1979, S. 42), denn viele Umstände ihres Zustandekommens lassen sich aufklären oder in der normativen Selbstreflexion des Entscheidens selbst vergegenwärtigen. Aber sie sind auch nicht durch diese Umstände determiniert oder durch Normen begründet. Wenn ein Individuum – wie es nicht nur im politischen Alltag oft geschieht – seine Entscheidung rechtfertigt, indem es sagt, es habe so oder so entschieden „weil es damit auf bestimmte Ursachen bloß reagiere" oder „weil es damit bestimmten Prinzipien gefolgt" sei, so ist die damit insinuierte Beziehung zwischen subjektiv gedeuteten Handlungsvoraussetzungen und der Entscheidung oder Handlung selbst doch niemals im strengen Sinne eine kausale, weil Handlungen und Entscheidungen noch in Grenzsituationen der menschlichen Existenz (Levi 1979) nicht als determinierte Folge einer bestimmten Ursache angesehen werden können. Unabhängig davon, daß das Alltagsbewußtsein sich eine fiktive Plausibilität in der permanenten Unterstellung kausaler Zusammenhänge erzeugt und sich damit in einer kontingenten Welt zu orientieren versucht, kann von einer kausalen

Determination des Willens, der in konkreten Entscheidungen oder bestimmten Handlungen zum Ausdruck kommt, keine Rede sein.

Die mangelnde Prognosefähigkeit der Politik- und Sozialwissenschaften, sofern es sich um eine bestimmte Entscheidungssituation handelt, hat hierin ihren letzten Grund. Auch die Grenze des Verstehens und die Abgründe des Nichtverstehens, die sich angesichts bestimmter politischer Entscheidungen in unserem Jahrhundert auftun, hängen damit zusammen. Auf welche „Ursachen" oder gar Prinzipien könnten die zahlreichen Entscheidungen wirklich „kausal" zurückgeführt werden, die zu den Völkermorden dieses Jahrhunderts seit dem Mord an den Armeniern, der versuchten und in schrecklichem Ausmaß realisierten Ausrottung des europäischen Judentums oder den zahlreichen Massakern bis in unsere Tage geführt haben? Es bedurfte doch immer der Entscheidungen, Willensäußerungen und Handlungen konkreter Individuen, die in diese schrecklichen Situationen hineinführten (von Bredow 1996, S. 58) – Entscheidungen freilich, die wir letztlich nicht verstehen, die wir uns eigentlich nicht erklären können, weil sie ohne erkennbare Ursache aus dem Rahmen des normativ Gewohnten fallen. Daß eben diese Ereignisse trotzdem möglich werden konnten, hat für das moderne gesellschaftliche Bewußtsein eine tiefere Verunsicherung zur Folge, als das in jeder anderen Epoche zuvor der Fall war. „Schließlich ist es nicht der Holocaust, dessen Monstrosität wir nicht zu begreifen vermögen, *es ist die westliche Zivilisation überhaupt, die uns seit dem Holocaust fremd geworden ist* – und das zu einem Zeitpunkt, als es sicher schien, daß sie beherrschbar, daß ihre innersten Mechanismen und ihr gesamtes Potential durchschaubar seien; zu einem Zeitpunkt, als diese Zivilisation einen weltweiten Siegeszug antrat...Die vertrauten Merkmale der Zivilisation, die seit dem Holocaust wieder fremd geworden sind, begleiten uns finster und unheilvoll immer noch. Sie sind ebenso wenig verschwunden wie die *Denkbarkeit, die Möglichkeit* des Holocaust selbst" (Bauman 1992, S.98f; hervorgehoben i.O.).

Es ist aber nicht allein der „Holocaust", der diese Verunsicherung herbeigeführt hat. Sie bleibt auch – ob man nun die Entwicklung in der Sowjetunion unter Stalin mit ihren nach seriösen Schätzungen mehr als 60 Millionen außerhalb des Krieges umgebrachten Menschen (Rummel 1996) zur „westlichen Zivilisation" rechnet oder nicht – keineswegs auf diese beschränkt, sondern wird durch bittere Erfahrungen in Asien (Kamputschea) oder Afrika (Burundi, Ruanda) auch anderswo bestätigt.

Während viele Interpreten gesellschaftlicher Entwicklungen stillschweigend von einem der Moderne inhärenten Prozeß der Zivilisierung, insbesondere der zunehmenden individuellen wie gesellschaftlichen Kontrolle über die Gewaltpotentiale ausgehen, spricht die Erfahrung des zu Ende gehenden Jahrhunderts eine andere Sprache – und macht dieses stillschweigende Vertrauen in die Zukunft verdächtig. Kriege sind kein atavistisches Ritual oder bloßes Relikt der Vormoderne: Krieg ist modern (Joas 1996).

Mir scheint, als sei zu dem in der Geschichte immer schon unübersehbaren Maß an Grausamkeit, mit der Menschen immer und immer wieder übereinander herfallen, mit den jetzt vorhandenen technischen Möglichkeiten der Massenvernichtung einerseits, den politisch neuartigen Möglichkeiten zur Mobilisierung politischer Gesellschaften andererseits ein zusätzliches Gefährdungspotential objektiv hinzugetreten. Daß die Demokratien in ihrer kurzen Geschichte bisher offenkundig dazu neigen, dieses Gewaltpotential untereinander weniger einzusetzen als gegen andere Regime, scheint vielen schon als Indiz für die oben angesprochene Zivilisierungsthese auszureichen. Einerseits wird dabei übersehen, welch historisch einmaliges Gewalt- und Zerstörungspotential auch und gerade diese Formen der politischen Gesellschaft bisher zu entwickeln und gegenüber ihren Bevölkerungen zu rechtfertigen vermochten, und andererseits, daß sie unter bestimmten Umständen keineswegs davor zurückschrecken, es auch einzusetzen und dabei genau an jener Art der Massenvernichtung teilzuhaben, die ihre ideologische Selbstbeschreibung eigentlich nur dem „totalitären" Gegner zubilligt. Man denke als Beispiel an die desaströsen Flächenbombardements gegen die Zivilbevölkerung im Zweiten Weltkrieg, aber auch in Vietnam, die auch westliche Demokratien bereit waren und sind, als Teil ihrer Kriegsführung zu akzeptieren; man denke aber auch an die mit geradezu perverser Intelligenz vorangetriebene Entwicklung von Waffensystemen, darunter etwa sogenannte „Neutronenbomben" oder Gifte und sogeannnte „Biowaffen", die sich ausschließlich gegen das menschliche Leben richten, aber Sachwerte – einschließlich der gegnerischen Waffensysteme – in Takt lassen. Und man darf schließlich die Bereitschaft auch von demokratischen Regimen, auch noch die ärmsten Länder der Welt, wo immer zahlungskräftige Nachfrage besteht, mit dem Export von Waffen aufzurüsten. Seit mehr als zwei Jahrzehnten rüstet der demokratische Westen politische Systeme im Nahen Osten, in Afrika, im pazifischen Raum und in Ssien in eiem ungeheuren Maße auf – und er ist mindestens „stiller Teilhaber" und Profiteur in jedem der nach wie vor zahlreichen Kriege auf dieser Erde (Gantzel/Schwinghammer 1995).

Schließlich wird man auch die soziale Entwicklung der westlichen Gesellschaften in der letzten Zeit nur mit Mühe als einen Prozeß der Zivilisierung der Gewalt beschreiben können. Vielmehr scheint es einen eindeutigen Zusammenhang zwischen den grundlegenden Entwicklungstrends der politischen Gesellschaft, der Erweiterung der dezisionistischen Grundlagen der politischen Existenz des einzelnen und der ganzen Gesellschaften, und diesem Gefahrenpotential zu geben. Immer mehr Entscheidungsfreiheiten lassen jedenfalls in letzter Zeit immer zahlreichere einzelne und Gruppen in der Gesellschaft immer öfter zur Gewalt greifen. Deren Formen sind vielfältig, von der verdeckten und nur in Extremfällen sichtbaren, aber ubiquitären Gewalt in den Intimbeziehungen, deren Opfer vorwiegend Frauen und Kinder abgeben, über die eher „instrumentelle" Gewalt im Zusammenhang mit kriminellen Raubdelikten bis hin zum vermeintlich ziellosen zerstörerischen Vandalismus, der sich überall in der westlichen Zivilisation sichtbar ausbreitet. Während Film-, Video- und Printindustrie alle möglichen Formen der Gewalt in unseren westlich zivilisierten Gesellschaften unablässig und profitabel reflektieren und damit zumindest einen Zweck erfüllen, nämlich eindeutig zu demonstrieren, welche Nachfrage in unserer „zivilisierten" Kultur nach der zumindest indirekt miterlebten Gewalt auch weiterhin besteht, ignoriert der *mainstream* der Politikwissenschaft das Thema weithin. Ist diese Nachfrage nach ästhetisch inszenierter Gewalt, ist das reale Gewaltpotential im Mikrobereich der Gesellschaft wirklich unpolitisch?

Die politischen Gesellschaften ihrerseits entwickeln in eigenen Institutionen und Organisationen ihr manifestes Gewaltinstrumentarium unabhängig von politischen und ökonomischen Konjunkturschwankungen langfristig weiter und stellen es als Instrument „politischen" Handelns im Innern wie nach Außen keineswegs in Frage. Es erscheint naheliegend, daß in den politischen Gesellschaften unserer Tage hier eindeutige Zusammenhänge bestehen.

Zumindest auf der Ebene politischer Willensbildung kommen darin Entscheidungen zum tragen, die keiner Kausalität gehorchen, aber noch immer ausreichend Unterstützung finden. Hier kommt es nur auf die Entscheidungen an, die das organisierte Gewaltpotential und dessen Entwicklung in den modernen politischen Gesellschaften konstituieren.

Wie diese Entscheidungen in Zukunft ausgehen, läßt sich nicht vorhersehen; die bloße Existenz der Möglichkeiten, die sich aus diesen Potentialen ergeben, bleibt aber eine beständige Bedrohung der Weltbevölkerung. Die internationale Diskussion suggeriert heutzutage, das Problem dieser Gewaltpotentiale bestünde ausschließlich in ihrer Proliferation an solche „unzivilisierten" politischen Führer, wie sie aus der Sicht westlicher Demokratien derzeit beispielsweise im Irak, in Afghanistan oder nach wie vor in Lybien ausgemacht werden. Aber politische Herrscher können überall schnell wechseln und eine absolute Sicherheit gegen die Anwendung dieser schrecklichen Potentiale gibt es nicht. Die andauernde Geschichte der Proliferation von Atomwaffen spricht eine klare Sprache. Auch hier war es eine westliche Demokratie, die mit ihrem Einsatz voranging und einen bis dahon unvorstellbaren Massenmord an der Zivilbevölkerung verübte. Die Theorie, daß in der bipolaren Welt der wechselseitigen „second-strike-capacity" gerade die Existenz dieser ultimativen Waffen den Krieg und ihren Einsatz verhinderte, läßt sich nicht in die multiple Welt der heutigen Atommächte fortschreiben.

Abgesehen davon, daß vor allem im Bereich der Biowaffen heute die Technologie eine echte Prävention gegen ihre Produktion und ihren Verkauf in „unzivilisierte" politische Systeme kaum noch erlaubt – wer wollte und könnte langfristig die Garantie auf die politische „Rationalität" in den westlichen Demokratien übernehmen?

2.2 Politischer Raum

In der politischen Gesellschaft ist *virtuell* alles politisch, aber nur das jeweils manifest Politisierte bildet ihren tatsächlichen politischen Raum. Deswegen ist es auch bei politischen Gesellschaften analytisch sinnvoll, von Politisierungsprozessen zu sprechen, durch die der politische Raum erweitert, durch die in der Gesellschaft bisher nicht als politisch eingeschätzte Verhältnisse und Beziehungen politisiert, das heißt, zum Thema von in Zukunft nur noch politisch regelungsfähigen und entscheidbaren Auseinandersetzungen werden.

Der politische Raum einer Gesellschaft wird durch politische Kommunikation konstituiert. Seine Grenzen müssen sich nicht mit den Grenzen der territorialen Organisation der politischen Gesellschaft decken, und letztere beschränkt sich nicht nur auf deren Mitglieder. Wie alle politischen Regimeformen müssen auch die politischen Gesellschaften unserer Tage demnach zwei fundamentale Probleme lösen, die Konstituierung eines politischen Raumes und die Definition ihrer Mitgliedschaft. Beiden Anforderungen ist angesichts der zunehmenden Entgrenzung des Politischen heute immer schwieriger zu entsprechen. Mit „Entgrenzung" ist hier die empirisch beobachtbare Verflechtung und Interferenz politischer Entscheidungen und ihrer Wirkungen gemeint, die nach wie vor – und wohl auch auf absehbare Zeit – in der als „Nationalstaat" organisierten politischen Gesellschaft ihren Ausgangspunkt nehmen und ihre lokale Basis besitzen. Durch diese Interdependenz kommt es aber zur Diskrepanz zwischen der lokal beziehungsweise national verantworteten und legitimierten Politik und ihren Wirkungen in transnationalen politischen Räumen. Hinzu kommt die Wahrnehmung solcher Probleme, die grundsätzlich nur durch eine einheitliche Politik jenseits nationaler politischer Gesellschaften gelöst werden könnten, also durch Kooperation oder durch transnationale politische Regime. Allerdings weisen auch diese, solange sie unterhalb des Integrationsniveaus einer politischen Weltgesellschaft mit einem integrierten politischen Raum angesiedelt sind, dieselben Konstitutionsprobleme wie nationale politische Gesellschaften auf. Auch sie beruhen auf der Logik von Inklusion und Exklusion und müssen die nachfolgend diskutierten Fragen ihrer Mitgliedschaft und ihres politischen Raumes klären.

Nach der territorialstaatlichen Aufteilung der Welt im 19. und 20. Jahrhundert konnte die Gesellschaftstheorie für eine Weile der Illusion anhängen, mit der Ziehung territorialer Grenzen sei automatisch auch die Mitgliedschaftsfrage gelöst. Diese Frage war immer schon und blieb auch im Zeitalter des territorialen Nationalstaates praktisch und analytisch unabhängig von der territorialen Grenzziehung. Dauerhaft in einem politischen Raum angesiedelte Individuen und Gruppen, die gleichwohl nicht als Mitglieder der politischen Gemeinschaft[13] mit allen Rechten angesehen werden, sind seit der Antike, seit den *metöken* bekannt. Über Jahrhunderte hinweg wurde den europäischen Juden in den verschiedensten Gesellschaften der Mitgliedsstatus ebenso verweigert wie heute noch mancherorts den Sinti und Roma. Häufig haben diese Gruppen zwar zahlreiche Pflichten, aber nicht die oder jedenfalls nicht alle Rechte und Pflichten der Mitglieder besessen. Ich vermeide den naheliegenden Begriff „Bürger/Bürgerin" hier zugunsten des allgemeineren Mitgliedschaftsbegriffes, weil die mit ihm verbundenen republikanischen und demokratischen Rechte und Ansprüche nicht mit denen von Mitgliedern in allen Gesellschaften identisch sein müssen. Das belegt die Geschichte der modernen westlichen Demokratien in den letzten 200 Jahren seit der Erklärung der allgemeinen Menschenrechte immer aufs neue, indem sie den Frauen zumeist noch weit bis ins 20. Jahrhundert hinein zwar ohne Probleme die Mitgliedschaft, aber eben nicht den vollen Bürgerstatus zugestand. Auch heute ist letzterer von einer ziemlich willkürlich definierten, also politisch entschiedenen Altersgrenze in den westlichen Demokratien abhängig. In einigen Fällen führt das dazu, daß Rechtsmündigkeit im Strafrecht, daß der Zwang, Steuern zahlen und in extremen Fällen die politische Gemeinschaft mit der Waffe und unter Einsatz des eigenen Lebens verteidigen zu müssen, besteht, ohne daß diesen Verpflichtungen bereits die vollen Bürgerrechte entsprechen.

---

13 Ich gebrauche den Begriff hier und im weiteren im Sinne der institutionalisierten *polity*.

Auch undemokratische politische Gesellschaften, die die Bürgerrechte generell verweigern, müssen die Frage ihrer Mitgliedschaft klären, denn der Wohnort und Lebensmittelpunkt klärt diese, wie gesagt, nicht automatisch. Mitglieder einer politischen Gemeinschaft mit weiterbestehenden oder jedenfalls reaktivierbaren Rechten und Pflichten mögen dauerhaft außerhalb ihrer territorialen Grenzen leben, wie dies – nicht selten inzwischen in der dritten Generation – bei einem Großteil der ausländischen Bevölkerung Deutschlands heute der Fall ist. Ein Beispiel für die weiterbestehenden Pflichten ist die Wehrpflicht für männliche junge Türken – selbst wenn sie ihr ganzes bisheriges Leben in Deutschland verbracht haben. Extreme Beispiele für langfristig bestehende Mitgliedschaftsrechte und Ansprüche sind die im deutschen oder israelischen Staatsbürgerschaftsrecht verankerten Ansprüche für Individuen „deutscher" oder „jüdischer" Abstammung. Deren administrative Operationalisierung fällt in beiden Fällen freilich nicht immer leicht.

Sowohl der historische wie der Vergleich zwischen gegenwärtigen Gesellschaften macht aber wiederum deutlich, wie groß die Entscheidungsspielräume in der Einwanderungs- oder Mitgliedschaftspolitik politischer Gesellschaften sind und auch wie unterschiedlich sie heutzutage wahrgenommen werden.[14]

Es steht zu erwarten, daß Probleme dieser Art innerhalb der Europäischen Union in den nächsten Jahren zunehmen werden. An ihrem Beispiel zeigt sich, daß auch politische Regime „höherer Ordnung", wie bereits festgestellt, dieselben Konstitutionsprobleme haben. Am Beispiel dieses heute wohl am weitesten vorangeschrittenen transnationalen Regierungssystems läßt sich zeigen, welche Probleme die Schaffung eines transkulturellen politischen Raumes aufwirft – vor allem, wenn dieser nicht nur politische und bürokratische Eliten, sondern auch die Bürger und Bürgerinnen einschließen soll.

In der Europäischen Union ist zwar neuerdings auch offiziell von einem „europäischen" Bürgerstatus die Rede, aber der erweist sich bei näherem Hinsehen in zweierlei Hinsicht doch als Mogelpackung. Erstens verhält er sich zu den jeweiligen nationalen Staatsbürgergesetzen und Rechten nur derivativ. Ohne das nationale Bürgerrecht eines Mitgliedstaates der Europäischen Union existiert dieses angebliche europäische Bürgerrecht nämlich nicht, und nach wie vor entscheiden die nationalen Gesetze nach rein nationalen Gesichtspunkten über die Art und Weise seiner Zubilligung. Zwar bekommt man mit den in der Europäischen Union seit 1992 vertraglich geregelten Rechten als Mitglied eines Mitgliedstaates auch gewisse Rechte in allen anderen Mitgliedstaaten, vor allem das nahezu unbegrenzte Mobilitäts- und Aufenthaltsrecht, das Wahlrecht bei kommunalen Wahlen sowie den Wahlen zum Europäischen Parlament im Land des ständigen Aufenthaltes. Aber, und das ist der zweite Gesichtspunkt, gegenüber dem zunehmend mächtigeren transnationalen Regierungssystem der Europäischen Union selbst besitzt man keine politischen Bürgerrechte, hier entsteht derzeit ein politisches Regime ohne eigene

---

14 Ich schreibe diese Sätze während meines Aufenthalts in Toronto, einer Stadt, in der, ohne erkennbar politisierte „Ausländerproblematik" im jüngst abgeschlossenen Wahlkampf, mehr als 45% der Bevölkerung Zuwanderer der ersten Generation aus sehr verschiedenen Kulturen und Ethnien sind; in Vancouver liegt dieser Prozentsatz zur Zeit bei über 35%. Vorstellungen davon, wann „das Boot voll ist", sind also, wie der Vergleich mit der Diskussion über eine aktive Einwanderungspolitik in Deutschland zeigt, politisch und kulturell sehr variabel.

bürgerschaftliche Basis und mit nur eingeschränktem demokratischen Mandat. Die Regierungsform der Europäischen Union ist, trotz mancher inzwischen gewachsenen Mitwirkungsrechte des „Europäischen Parlaments" nicht parlamentarisch, denn eine aus einem Parlament hervorgegangene, ihm verantwortliche und von ihm wirkungsvoll kontrollierte europäische Regierung gibt es nicht. Es ist überhaupt zweifelhaft, ob man von einem Parlament in diesem Zusammenhang reden sollte, denn die Gesetzgebungsfunktion besitzt es ebenfalls nicht. Die liegt in Gestalt der Kompetenz des Erlasses von „Rechtsakten" beim Europäischen Rat, der Versammlung der Regierungschefs beziehungsweise Staatspräsidenten der Mitgliedsstaaten oder bei den Räten der jeweiligen Fachminister in den verschiedenen Policy-Domänen, also bei Gremien, die nach dem Modell internationaler Regierungsverhandlungen nicht öffentlich tagen und deren Mitglieder zwar jeweils ein nationales Mandat für ihr Amt in der Exekutive ihres eigenen Landes besitzen, das sie zu solchen internationalen Verhandlungen legitimiert, aber nicht automatisch auch eines als europäischer Gesetzgeber für die Bürger und Bürgerinnen anderer Staaten. Zwischen dem maßgeblichen Legislativorgan der Europäischen Gemeinschaft und den „Unionsbürgern" nach Artikel 8 des Vertrages zur Gründung der Europäischen Union besteht nicht die etwa vom deutschen Bundesverfassungsgericht für demokratische Regime als unabdingbar geforderte „ununterbrochene Kette der Repräsentation". Naturgemäß gibt es in diesen nichtöffentlich tagenden gesetzgebenden Gremien der Europäischen Union auch nicht das argumentative Wechselspiel von Regierungsmehrheit und Oppositionsminderheit, das für die diskursive Bildung einer europäischen Öffentlichkeit dieselbe Rolle spielen könnte wie nationale Parlamentsdebatten.

Es gibt also einen europäischen Regierungsapparat und eine europäische Politik mit eigenem Rechtssetzungsprozeß, eigenen Kompetenzen und inzwischen auch nicht mehr marginalen Wirkungen auf das Alltagsleben der Bevölkerungen der Mitgliedsstaaten. Man kann sogar von einem Prozeß des Regierens und der dafür notwendigen Kommunikation zwischen den verschiedenen Eliten aus Politik, Verbänden, Wissenschaft und nicht zuletzt Wirtschaft in einem dafür eigens gebildeten transnationalen politischen Raum sprechen – aber eine eigene Bürgerschaft besitzt dieser europäische politische Raum bisher nicht. Es gibt nämlich keine Medien und keine Kommunikationen, die ihn über die Kreise der europäischen Eliten hinaus ausdehnen könnten. Diese Eliten sind heute nicht mehr auf die Vertreter der beteiligten Regierungen sowie die europäischen Bürokraten beschränkt. Manche leiten aus der Existenz der schnell wachsenden und von der Kommission aus eigenem Interesse geförderten „Komitologie" sowie dem wildwuchernden System des Lobbying bereits das Vorhandensein oder zumindest die Entstehung einer europäischen Zivilgesellschaft ab. Es stimmt, daß unter den zahlreichen Repräsentanten in Brüssel inzwischen auch Vertreter von Verbraucherschutz-, Umwelt und Menschenrechtsverbänden ihre Büros haben. Den Namen einer demokratischen Zivilgesellschaft verdienen diese Netzwerke von hochbezahlten Lobbyisten und Spezialisten aber deshalb nicht, weil sie selbst zu jenem von der Bevölkerung abgehobenen exklusiven politischen Raum des europäischen Regimes gehören, zu dem die Allgemeinheit aus Mangel an dafür notwendigen Ressourcen und Kompetenzen keinen Zugang besitzt. Die Rückbindung dieses europäischen Repräsentantennetzwerkes erfolgt zumeist nur über die Spitzen oder Experten nationaler Dachverbände oder unzureichend legitimierte nationale „Bewegungen", und spätestens bei dieser bloß expertokratischen Rückkoppelung erweist sich der angeblich demokratisch-zivilgesellschaftliche Charakter dieses politischen Raumes als illusionär.

Die Inklusion der bisher ausgeschlossenen Bürgerschaft hinge von der Möglichkeit ab, einen transnationalen, trans- oder multikulturellen politischen Raum zu schaffen, der nicht zuletzt das in der Europäischen Union sträflich vernachlässigte Sprachenproblem lösen müßte. Alles was bisher über europäische Politik außerhalb der unmittelbar beteiligten Eliten hinaus kommuniziert und wahrgenommen wird, bleibt Teil einer jeweils mit anderen Gewichten und Schwerpunkten national gebildeten politischen Öffentlichkeit, auf deren Agenda noch dazu die „europäischen" Themen nicht gerade auf ersten Plätzen rangieren. Eine eigene gesamteuropäische Agenda kann so nicht zustande kommen. Ob dabei überhaupt jeweils in den nationalen Öffentlichkeiten im selben Sinn von denselben Problemen die Rede ist, muß nach Untersuchungen, etwa der unterschiedlichen Bedeutung, die dem Amsterdamer Vertrag in Frankreich und Deutschland in der Öffentlichkeit zugemessen wurde, generell bezweifelt werden. Es ist aber gerade die notwendige Funktion der Kommunikation in einem politischen Raum, solche Bedeutungs- und Sinndifferenzen zu bearbeiten und dabei in den meisten Fällen in einer pluralistischen politischen Gesellschaft eher die Differenzen zu markieren als Konsense zu erreichen. Markierte Differezen innerhalb eines Kommunikationsraumes können aber wenigstens integrierend wirken oder die Austragung von Konflikten ermöglichen, während dafür in Europa bisher in der Regel alle Voraussetzungen und entsprechende Bemühungen der Eliten fehlen.

Reale politische Räume beruhen auf Kommunikation, deren funktionales Minimum die Möglichkeit des gegenseitigen Verstehens ist, und ohne einen gemeinsamen politischen Raum, der die Mitglieder auch als Bürger und Bürgerinnen einschließt, kann es wiederum kein demokratisches Regime, sondern allenfalls eine bürokratische Elitenherrschaft wie in der heutigen Europäischen Union geben.

Politische Gemeinschaften bedürfen nicht nur eines gemeinsamen politischen Raumes, sondern sie müssen auch die Frage ihrer Mitgliedschaft operational möglichst eindeutig klären. Nicht jedes Individuum, das virtuell oder tatsächlich an der politischen Kommunikation beteiligt ist, besitzt auch die Rechte oder unterliegt den Pflichten, die sich aus dem jeweiligen Mitgliedstatus ergeben.

Normativ reklamieren die westlichen Demokratien die Identität von Mitgliedschaftsrolle und Bürgerstatus. Letzterer hat sich in der jüngeren Geschichte mit immer mehr Ansprüchen aufgeladen, so daß heute seine Zubilligung auch Verteilungsprobleme aufwirft. Hält man sich an die klassische Darstellung der Entwicklung des Bürgerstatus von Thomas H. Marshall, so wird man viele aktuelle Probleme, die in Deutschland unter der umfassenden Überschrift „Ausländerproblem" verhandelt werden, besser verstehen. Nach Thomas H. Marshall (1992) ist der Bürgerstatus in westlichen Demokratien ein Komplex aus drei historisch nach und nach amalgamierten Rechten. Zuerst kamen die klassischen „Freiheiten", die vor allem die Funktion hatten, individuelle und kollektive Freiheitsrechte – der Meinungsäußerung, Religionsausübung, Freizügigkeit, Berufswahl etc. – gegen politische Repression abzusichern. Ihnen folgten die politischen Teilhabe- und Partizipationsrechte, vor allem das Wahlrecht. Schließlich aber verbanden sich mit dem Bürgerstatus auch Rechte auf öffentliche Unterstützung und Solidarität aus der öffentlichen Wohlfahrt – zumeist und zunächst in Fällen nicht individuell zu verantwortender Unfähigkeit, für den eigenen Lebensunterhalt zu sorgen, schließlich aber auch unabhängig davon, wie bisher noch im Falle der deutschen Sozialhilfe. Offenkundig lassen sich die Rechte und Ansprüche der ersten beiden Gruppen von Bürgerrechten beliebig zuteilen, ohne Knappheitsprobleme aufzuwerfen. Freiheits- und politische Beteiligungsrechte sind grundsätzlich universalisierbar. Man müßte schon haarspalterisch behaupten, daß sich durch die zusätzliche Gewährung des Wahlrechts das Gewicht der bisherigen Stimmen signifikant verändere, um dem zu widersprechen. Das bedeutet noch lange nicht, daß die einheimische Bürgerschaft jeweils ohne weiteres bereit wäre, Zuwanderern die politischen Rechte auch vollständig zuzugestehen. Tatsächlich bedeutet das Wahlrecht zwar keine direkte Umverteilung einer knappen Ressource im Sinne eines Null-Summen-Spiels, aber doch das Zugeständnis von politischem Einfluß, der – so die nicht nur in Deutschland verbreiteten Ängste vor einer „Überfremdung" – langfristig den eigenen zurückdrängen könnte.

Eine andere Logik gilt aber für die Ansprüche auf Wohlfahrtsunterstützung und die Leistungen des Sozialleistungssystems, die mit den Bürgerrechten heute verbunden sind. Jedenfalls für den Anteil tatsächlicher Netto-Transfers aus dem Sozialbudget gilt, anders als bei den universellen Freiheitsrechten und den politischen Teilhaberechten, daß es sich bei ihnen unvermeidbar um knappe Güter und damit um redistributive Politik handelt. Das Wohlfahrtsbudget kann zwar gesteigert, aber nicht zweimal ausgegeben werden. Auch wenn die gesellschaftlichen Wahrnehmungen über Vor- und Nachteile der Zuwanderung und Einbürgerung zum Teil sehr verzerrt und übrigens in verschiedenen westlichen Gesellschaften höchst verschieden sind, liegt in der zwar unterschiedlich hohen, am Ende aber doch prinzipiellen Begrenztheit der Mittel, die in der politischen Gesellschaft zur Umverteilung zur Verfügung stehen, ein objektives Problem einer normativ anspruchsvollen Mitgliedschaft und ihrer Zuerkennung an neue Mitglieder. Sind die ersten beiden Dimensionen in ihrer Art universalistisch angelegt, so bleibt die dritte Dimension an die politische Bereitschaft und Fähigkeit eines Regimes zur Umverteilung gekoppelt, die auf jedem Niveau begrenzt und an im politischen Raum kommunikativ vermittelte Solidaritäts- und Gemeinschaftsgefühle gebunden ist. Wie schwer sich letztere über traditionell gebildete politische Räume hinaus wecken und erhalten lassen, zeigen die wachsenden Probleme, für den andauernden Finanztransfer von West- nach Ostdeutschland in Westdeutschland ausreichende Zustimmung zu finden. In einer Europäischen Union, die über die ersten beiden Dimensionen des modernen Bürgerstatus hinausgehen und eigenständige Wohlfahrtsansprüche etablieren wollte, würden sich bei der notwendigen Umverteilung von Ressourcen zwischen den reicheren und den ärmeren Gebieten Europas politische Akzeptanzprobleme ganz anderen Ausmaßes auftürmen. Die diskutierte Osterweiterung der Europäischen Union scheint überhaupt nur unter Einschränkungen des bisherigen Niveaus an Freizügigkeit, freier Konkurrenz vor allem auf den Arbeitsmärkten sowie mit einer vereinbarten dauerhaften Deckelung des Umverteilungsvolumens bei den Strukturfonds vorstellbar.

Die Kommunikation, durch die politische Räume konstituiert und am Leben erhalten werden, kann vielfältige Formen annehmen, von der unmittelbaren Kommunikation von Angesicht zu Angesicht, wie sie für die klassische Demokratie kennzeichnend war, bis hin zur bloßen symbolischen Vermittlung oder individuellen Identifikation mit politischen Symbolen, die ebenfalls als ein Akt der politischen Kommunikation aufgefaßt werden sollte. Prinzipiell kann in der politischen Gesellschaft alles zum Gegenstand politischer Kommunikation, also politisiert werden. Damit tritt eine Situation ein, deren Kontingenz nur noch durch politische Entscheidungen abgeholfen werden kann.

Die Frage, ob empirisch auch der umgekehrte Sachverhalt, also eine „Entpolitisierung" und damit Verkleinerung des politischen Raumes auftritt, ist analytisch und theoretisch sehr viel schwieriger zu beantworten. Ich neige dazu, die Frage zu verneinen. Die von manchen erhoffte und politisch propagierte Retraditionalisierung muß in der Moderne politisches Wunschdenken bleiben.

Bei den gerade in Reaktion auf die seit einigen Jahren zu beobachtenden Krisen der kapitalistischen Öknomie zahlreich vorkommenden Prozessen der „Privatisierung" von öffentlichem Eigentum – auch hier ist der im Alltag gebrauchte Begriff des „Staatseigentums" ideologisch und unzutreffend – und der Übertragung von Funktionen der Daseinsvorsorge von der Müllabfuhr bis zum Gefängnis im Zuge einer neoliberalen Wirtschaftspolitik handelt es sich jedenfalls nicht um historische Gegenbewegungen gegen den Trend zur politischen Gesellschaft. Vielmehr deckt die Eigentums- und Funktionsübertragung durch politische Entscheidungen, wenn auch teilweise in umgekehrter Richtung, gerade den durch politische Entscheidung oder Nichtentscheidung konstituierten Charakter allen wesentlichen Eigentums in der politischen Gesellschaft auf. Zwar ist das Privateigentum angesichts der historischen und ideologischen Grundlagen in den demokratischen Gesellschaften des Westens vielfach rechtlich geschützt und zum Teil steuerlich – dort wo es als Einkommensquelle oder Grundlage von Wertzuwächsen dient – gegenüber Einkommen aus abhängiger Beschäftigung privilegiert, aber das kann nicht darüber hinwegtäuschen, daß es gleichzeitig nach Art und Umfang von Abzügen bis hin zu Enteignungen prinzipiell dem politischen Zugriff offensteht, der sich dabei des Rechts eher als eines Instruments zu bedienen weiß, als daß er sich durch es endgültig behindern ließe. Dort, wo es sich um Vermögenserträge und zirkulierendes Kapital handelt, findet die politische Regulierung auf jeden Fall in Form der politischen Entscheidungen über Steuern und Abgaben und ihre jeweilige Gestaltung und Höhe statt. Wie schon an anderer Stelle festgestellt, hängen die jeweils aktuelle Höhe der meisten verfügbaren Einkommen in den politischen Gesellschaften in erheblichem Maße von politischen Entscheidungen ab; Änderungen und Schwankungen, die durch sie bewirkt werden, kommen im Umfang zumeist den sich aus Bewegungen des Marktes ergebenden gleich.

Grundsätzlicher gedacht findet aber durch „Privatisierung" und „Deregulierung" keine Trendumkehr in der Entwicklung zur politischen Gesellschaft statt, weil die „Entpolitisierung" in diesem Sinne gar keine Umkehrung beziehungsweise Aufhebung der vorangegangenen Politisierung darstellt. Das hängt mit dem bereits früher angesprochenen Reflexivwerden gesellschaftlicher Prozesse oder Beziehungen im Zusammenhang mit ihrer Politisierung ab, die durch diese Formen der „Entpolitisierung" eben *nicht* rückgängig gemacht wird. In einer Stadt, in der die ehemals öffentlich betriebene Müllabfuhr kraft politischer Entscheidung privatisiert wird, bleibt trotzdem die Erinnerung erhalten, daß es einmal anders war und daß es deshalb auch anders ginge. Politisierung setzt historisch Kontingenzbewußtsein voraus – „Entpolitisierung", zum Beispiel in der Form von Privatisierung, schafft es nicht wieder aus der Welt. Das heißt, auch nach dieser Entscheidung bleibt die Situation entscheidbar, prinzipiell politisch.

Im übrigen täuscht die aktuelle Diskussion, vor allem in der zeitweiligen europäischen Rezeption von „Reagonomics" und „Thatcherism" in den 80er Jahren, über langfristig anhaltende Trends hinweg, die eher für den Ausbau der politischen Gesellschaft sprechen. So wird gerade für das europäische Musterland der Deregulierung, für Großbritannien unter Margaret Thatcher, in den achtziger Jahren eine Steigerung der Regulierungsentscheidungen um mehrere hundert Prozent konstatiert (UNICE 1995, S. 6). Und obwohl die öffentliche Diskussion in der westlichen Welt seit Jahren von einem Privatisierungsdiskurs dominiert wird, zeigen die von Manfred G. Schmidt berechneten langfristigen Entwicklungen für westliche Demokratien eine kontinuierliche Ausweitung der „Staatsquote" vor dem Hintergrund der jeweiligen Entwicklung des Bruttoinlandprodukts. Im Einklang mit der Theorie der politischen Gesellschaft – wenn man von seiner Verwendung des Staatsbegriffs absieht – stellt er übrigens dazu fest: „Die Zähler der Staatsquote – die Höhe der gesamten Staatsausgaben – sind mittel- oder unmittelbares Resultat politischer Entscheidungen, und diese sind geprägt von den institutionellen, ideologischen und machtpolitischen Rahmenbedingungen der Willensbildung und Entscheidungsfindung in öffentlichen Angelegenheiten" (1996, S. 40f).

Die Entwicklung zur politischen Gesellschaft zeigt sich also eindeutig auch empirisch, aber nicht vordringlich immer an Hand der Zunahme solcher Indikatoren wie öffentliches Eigentum, „Staatsquote" oder Reichweite der öffentlichen Regelungsbefugnisse, weil hier offenkundig im Zusammenhang mit strukturellen und längerfristigen Entwicklungen der kapitalistischen Ökonomie und den sich daraus ergebenden Erfordernissen der Wirtschaftspolitik auf der Ebene des Nationalstaates erhebliche Schwankungen zu beobachten sind. Sie bestätigsich aber darin, daß das gesellschaftliche Bewußtsein von der Entscheidungsbedürftigkeit der jeweiligen Grenzziehung zwischen dem Privaten, dem Gesellschaftlichen und dem Politischen sich immer mehr ausdehnt.

Wer aufgrund der aktuellen Deregulierungen auf innergesellschaftlicher Ebene von einem gesetzmäßigen Trend oder gar der Freisetzung von angeblich „natürlichen" ökonomischen Gesetzmäßigkeiten im Zuge der sogenannten Globalisierung spricht, der übersieht allein schon empirisch die Zunahme der Regelungen jenseits der nationalen Ebene; der Internationalisierung der Ökonomie, aber auch der Zunahme anderer grenzüberschreitender Prozesse, entspricht funktional die Entgrenzung des nationalen Regelungsraumes – aber eben nicht die Abnahme der Regelungs- und Entscheidungsbedürftigkeit, auf die auch die internationalisierten oder transnationalen Prozesse funktional angewiesen bleiben. Politische Gesellschaften sind – gerade was die wahrscheinliche zukünftige Entwicklung anbelangt – nicht notwendig mit nationalen politischen Systemen deckungsgleich, regiert wird auch „jenseits von Staatlichkeit" (Kohler-Koch 1993), auf jeden Fall jenseits nationalstaatlich organisierter und beschränkter Regierungssysteme. Daß sich aus dieser Entkoppelung nationaler Regime und politischer Räume für die bisherigen Formen der Demokratie neue, vielleicht mit den bisherigen Formen nicht lösbare Probleme ergeben, wurde hinsichtlich der Europäischen Union bereits kurz angesprochen und soll später noch ausführlicher behandelt werden.

Der aktuelle Eindruck einer zunehmenden „Entpolitisierung" hängt entscheidend von ihrer Gleichsetzung mit „Entstaatlichung" zusammen. Abgesehen davon, daß auch hier, wie die eben wieder gegebenen Resultate des langfristigen Vergleichs von Manfred G. Schmidt zeigen, die empirischen Fakten keineswegs eindeutig sind, war der politische Raum mit dem „Staat-Gesellschaft-Paradigma" immer schon unzureichend analytisch zu erfassen. Demokratische politische Willensbildung verbindet die Gesellschaft mit dem Staat – aber wo findet diese „Verbindung" statt? Die Öffentlichkeit ist in ihrer Bedeutung für den politischen Prozeß unbestritten, sie gehört *per definitionem* nicht zur privaten Sphäre der Gesellschaft, allerdings auch nicht zum Staat. Sie vermittelt nach landläufiger Auffassung zwischen beiden – aber wo?

Auffassungen, die das „Ganze" der Gesellschaft in „Sphären" oder „Orte" aufteilen, wie das „Staat-Gesellschaft-Paradigma", aber auch die im politikwissenschaftlichen *mainstream* zumeist unreflektiert verwendeten Bezeichnungen „politisches System" oder „politisch-administratives System", basieren auf einer problematischen topographischen Reifizierung analytisch getroffener Unterscheidungen bestimmter Funktionen. Der „Staat" erscheint dabei manchmal als ein Akteur, der für die Gesellschaft bestimmte Funktionen erfüllt und zu diesem Zwecke auf sie einwirkt und manchmal als Ort, an dem – zumeist „oberhalb" der Gesellschaft gedacht – für die Gesellschaft bestimmte Akteure handeln oder schließlich als symbolischer Repräsentant der politischen Einheit einer Gesellschaft vor allem in den internationalen Beziehungen.

Diese letzte Funktion werde ich im weiteren ausklammern; allerdings auch hier mit der Frage, ob es nicht ausreichte, sich allein auf die Verwendung dieses Begriffes als Platzhalter für die symbolisch repräsentierte, stets aber nur fingierte Einheit einer politischen Gesellschaft zu beschränken. Auch in den internationalen und zwischengesellschaftlichen Kontakten und Aktivitäten handelt nicht der „Staat", die Rede von ihm als „völkerrechtlichem Subjekt" ist eine juristische Fiktion, aber mit ihrer Unterstellung eines eigenen Subjektcharakters oder gar eigener Handlungskompetenzen ist sie analytisch grob mißverständlich und kann in einer historisch oder empirisch orientierten Erfahrungswissenschaft von der Politik keinen Platz beanspruchen.

Allerdings ist es natürlich gerade angesichts der historischen Entwicklung von Politik und Herrschaft in der Vorgeschichte der politischen Gesellschaft nicht verwunderlich, daß die Idee vom Staat als dem Ort der politischen Einheit und des realen Handlungszentrums der Gesellschaft sich vor allem seit dem 17. Jahrhundert ausbreitete und zu einem bis in die Politik- und Sozialwissenschaften häufig unreflektiert hineinreichenden Alltagsmythos gerann. Die im berühmten Titelblatt von Hobbes' „Leviathan" abgedruckte große mythische Figur, zusammengesetzt aus den realen Mitgliedern der Gesellschaft und doch irgendwie emergent über sie zur eigenen Existenz hinauswachsend und die politische Herrschaft zur symbolischen

Darstellung bringend, vermischt ja auf eigentümliche Weise Vorstellungen vom Naturrecht jedes einzelnen mit der zeitgenössischen phänomenologischen Erfassung der zu jener Zeit real erfahrbaren Gestalt des Politischen. Letztere ist vordringlich in der großen Herrschergestalt präsent, ikonographisch wird Politik mit souveräner Fürstenherrschaft identifiziert. Und in der Tat war ihr Ort in der spätfeudalen und frühindustriellen Gesellschaft vor dem Einsetzen des Prozesses, der schließlich zur heutigen Fundamentalpolitisierung und zu politischen Gesellschaften geführt hat, auf den Hof und seine unmittelbare Umgebung als Machtzentrum konzentriert. Auch die Ausweitung der persönlichen Fürsten- oder Königsherrschaft zur Kabinettsregierung, der allmähliche Aufbau eines ministeriellen Regierungsapparates, die nach und nach erfolgende Durchdringung der Gesellschaft mittels Behörden und Ämtern (Poggi 1978) wurde lange Zeit und angesichts des historischen Ausgangspunktes persönlich ausgeübter Herrschaft nicht als Schaffung eines durch die Gesellschaftsmitglieder zu nutzenden politischen Raumes, sondern nur als die instrumentelle Verlängerung des persönlichen Regiments, als ihr Ausgreifen auf größere Territorien erfahren und vorgestellt. Man war einer Herrschaft, einem Herrscher Untertan und als solcher zu Abgaben und Gehorsam verpflichtet, aber man hatte in keiner Weise als eigenes Subjekt Anteil an dieser auf Herrschaftsausübung durch wenige begrenzten Politik. Diese blieb auf Teile des Adels und entweder auf proto-moderne Bürokratien wie tendenziell in deutschen Landen, Dänemark und Schweden beschränkt oder wurde in Ländern wie Frankreich und Spanien durch patrimoniale Eliten mit mehr oder weniger Leidenschaft betrieben (Ertman 1997, S. 9).

Natürlich gab es in der Geschichte städtischer Selbstregierung und Selbstverwaltung und später im Zuge der Organisation des religiösen Lebens protestantischer Sekten auch andere Erfahrungen des Politischen, aber ihre Prägekraft für das gesamtgesellschaftliche Bewußtsein blieben, von Ausnahmen wie der Schweiz oder wiederum den Vereinigten Staaten von Amerika abgesehen, vor allem in Kontinentaleuropa zunächst marginal und wenig strukturbildend. Allerdings dürften sie bei Jean-Jacques Rousseaus Erfindung der „Volkssouveränität" als legitimitätsstiftendem Gegenmythos zur Fürstenherrschaft mindestens ebenso sehr wie das Studium der klassischen politischen Überlieferung aus der Antike eine beträchtliche Rolle gespielt haben.

Damit die Erfahrbarkeit des politischen Raumes im Europa der frühen Neuzeit über die begrenzten Erfahrungen städtischer und lokaler Selbstregierung hinaus sich auf größere territoriale Herrschaft beziehen kann, müssen in der modernen Gesellschaft zwei Aspekte ganz verschiedener Herkunft sich in einem mühsamen und langwierigen und keineswegs gewaltfrei verlaufenden Entwicklungsprozeß auf komplizierte Art verschränken. Einerseits die über die Ideengeschichte tradierte und in Prozessen der intellektuellen und politischen Infragestellung bestehender Herrschaft seit dem hohen Mittelalter gelegentlich aktualisierte, an Athen oder Rom anknüpfende Vorstellung einer republikanischen Selbstregierung von Bürgern in einer *polis* oder *civitas,* und andererseits das sich ganz unabhängig davon entwickelnde Instrumentarium autoritärer Politik durch ein absolutistisches Wohlfahrtsregiment, wie es sich vor dem Hintergrund der Zentralisierungs- und Monopolisierungsprozesse der ehemaligen Adelsgrundherrschaft hin zur absolutistischen Königsherrschaft (Elias 1976) ausbildete. Diese Verbindung konnte praktisch nur in der Institutionalisierung eben jener Formen der Repräsentation gelingen, die Rousseau noch zutiefst verachtenswert fand.

Es gehört zu den Eigentümlichkeiten der nachträglichen Stilisierung einer bestimmten Richtung der Sozialphilosophie seit Hegel, daß dieser komplizierte Prozeß auch realgeschichtlich als die „Trennung des Staates von der ›bürgerlichen‹ Gesellschaft" aufgefaßt wird (Habermas 1996, S. 132), denn zunächst einmal ist es der Hof, sind es die Instrumentarien absolutistischer Fürstenherrschaft, wie Beamte, stehendes Heer und das dies alles erst dauerhaft ermöglichende Münz- und Steuermonopol auf einem größeren Territorium sowie ein gewisses Maß an wechselseitiger Anerkennung zwischen den einzelnen Herrschaftsansprüchen, wie sie etwa im Westfälischen Frieden mit langfristiger Wirkung für die Gestalt der politischen Landkarte Europas gefunden wurde, und nicht ein irgendwie gearteter „Staat", der sich von der realen Lebenswelt der beherrschten Bevölkerung immer schon klar unterscheidet. Hier muß nichts „auseinandertreten", weil hier nichts in den Erfahrungen der damaligen Menschen jemals eine Einheit gebildet haben konnte; die Wandlungen und, wenn man so will, Modernisierungen der Herrschaftsausübung haben deren „Ausdifferenzierung" nicht zur Voraussetzung, sondern finden wie seit Menschengedenken die Spaltung in Herrschende und Beherrschte sowie die darin immer irgendwie stattfindende Ausbeutung letzterer stets schon vor. Und natürlich ist die „bürgerliche Gesellschaft" bei Jürgen Habermas zurecht apostrophiert, denn mit diesem Terminus wird ja wiederum nicht im Sinne der empirischen Kategorie moderner Soziologie die Entwicklung der realen Gesellschaft zu Zeiten fürstlicher Alleinherrschaft zwischen dem 17. und frühen 19. Jahrhundert, sondern eine sozialphilosophische Konstruktion[15] bezeichnet. In ihr werden in gebildeten Kreisen und als Folge der Rezeption der antiken Idee einer *societas civile* in der neuen Aufklärungsphilosophie die mit natürlichen Rechten ausgestatteten, aber mit dem absoluten Souverän einen „Vertrag" schließenden „Bürger" dem bereits stilisierten „Staat" gegenüber gestellt.

Das realgesellschaftliche Bürgertum konstituierte sich aber nicht mit dem „Auseinandertreten" von „Staat" und „Gesellschaft", sondern entwickelte sich fast überall unter fürstlicher Herrschaft in einer noch sehr lange vom Adel auch kulturell dominierten Gesellschaft – und es entwickelte sich ökonomisch, kulturell, künstlerisch sehr differenziert in Stadt und Land und in den verschiedenen Gesellschaften Europas so unterschiedlich (Vovelle 1996), daß man sich fragen muß, ob die Rede von „*dem* Bürgertum" vor dem 19. Jahrhundert und anders als im Sinne eines theoretischen Konstrukts – wie bei Hegel oder auch Marx – überhaupt einen wissenschaftlichen Sinn macht. Francois Furet bezweifelt den realsoziologischen Sinn dieser Kategorie sogar für die Zeit danach und schreibt über die innere Widersprüchlichkeit der theoretischen Konstruktion treffend: „Ein Teil seiner selbst verachtet den anderen, und um ein guter Citoyen zu sein, muß er ein schlechter Bourgeois sein oder ein schlechter Citoyen, wenn er ein echter Bourgeois bleiben will" (1998, S. 30).

---

15 „›Bürgerliche Gesellschaft‹, ein Terminus der europäischen politischen Philosophie...", beginnt Manfred Riedel seinen Artikel in den Geschichtlichen Grundbegriffen (1992, S. 719).

Es ist also empirisch gehaltvoller, anstatt das sozialphilosophisch geprägte „Staat-Gesellschaft-Paradigma" zu verwenden, die hier angerissene Entwicklung als die Entwicklung des Regierens und der dazugehörenden institutionellen und organisatorischen Bedingungen einerseits und die des Politisch-Werdens immer weiterer gesellschaftlicher Bereiche andererseits aufzufassen und zu beschreiben; dabei folgt die Fundamentalpolitisierung „von unten" der Politisierung „von oben" historisch ziemlich spät nach und findet somit deren institutionell und organisatorisch verfestigte Ergebnisse als politische Wirklichkeit und als gesellschaftliche Konstruktion in den Köpfen bereits vor.

Mit „Regieren" wird jener Aspekt des Politischen bezeichnet, durch den autoritativ bestimmte Maßnahmen, Regeln oder Vorschriften zur Regulierung des gesellschaftlichen Handelns in bestimmten politischen Räumen verbindlich gemacht werden. Da es dabei auf die Zustimmung und den übereinstimmenden Willen der Regierten keineswegs immer ankommt, ist jegliche Regierung unweigerlich mit Machtausübung verbunden. Notwendig für das Regieren und die Machtausübung ist aber die Herstellung eines kommunikativ vermittelten gemeinsamen Sinnverständnisses. Dazu bedarf es gewisser Symbole und Zeichen der Herrschaft und ihrer realen Sichtbarkeit, die nur im Rahmen des gemeinsamen Verständnishorizontes, eben eines die Gemeinsamkeit erst real stiftenden politischen Raumes funktionieren können. Grenzsteine, Uniformen, Fahnen und Embleme, vor allem auch auf Münzen, spielen in der Ikonographie des politischen Raumes und der Herrschaft eine identitätsbildende Rolle.

Weil sich jegliche Regierung von einiger Dauerhaftigkeit nicht ausschließlich auf manifeste Machtausübung stützen kann, weil sie zu deren Androhung mindestens immer schon der Folgebereitschaft wenigstens einer über ein durchsetzungsfähiges Gewaltpotential verfügenden Minderheit bedarf, kann keine Regierung allein auf angedrohter Machtausübung beruhen, sondern stützt sich stets auf Herrschaftsverhältnisse. Diese basieren, auch hier folge ich der Begrifflichkeit Max Webers (Breuer 1991), auf in der Lebenswelt der betreffenden Gruppen vorhandenen „Motiven der Fügsamkeit", mindestens aber der gewohnheitsmäßigen „Duldung" von Anordnungsbefugnissen, die als ihre Legitimitätsbasis rekonstruierbar und beschreibbar sind. Diese Legitimitätsbasis bedarf eines gemeinsamen politischen Raumes aber um so mehr, als auch die Machtausübung funktional auf Kommunikation angewiesen ist.

Die absolutistische Fürstenherrschaft und der sich als ihr spezifisches Instrumentarium nach und nach entwickelnde Regierungsapparat beruhten auf der noch lange bis ins 19. Jahrhundert als politisch wirksamer Bestandteil der Kultur keineswegs restlos verschwundenen Legitimitätsidee des „Gottesgnadentums", die im alltäglichen Christentum der Mehrheitsbevölkerung, beständig verstärkt und bestätigt durch die Verkündigung aller relevanten christlichen Kirchen, eine solide Verankerung besaß.

Ein kryptopolitischer Raum konstituiert sich in solchen einseitigen Macht- und Herrschaftsverhältnissen, wenn überhaupt, nur innerhalb des Kreises der an der Ausübung der Herrschaft mittelbar und unmittelbar Beteiligten. Der Hof stellt lange „die Kernfiguration des ganzen Herrschaftsgefüges" (Elias 1969, S. 180) dar. Mangels Zugang und direkter Erfahrungsmöglichkeit, angesichts des Fehlens von Medien wirklicher Massenkommunikation und nicht zuletzt wegen der repressiven Herrschaftspraxis selbst, bleiben die allermeisten Gesellschaftsmitglieder von der Kommunikation über diese Herrschaftspraxis ausgeschlossen. Auch die rudimentäre politische Kommunikation im Umfeld des Herrschaftszentrums muß überwiegend *klandestin* erfolgen: Informationen werden als Gerücht weitergegeben, Bündnisse nehmen notwendig die Form der Intrige oder des Verrats an, offener Widerspruch ist ausgeschlossen und guter Rat nur unter dem Vorbehalt der uneingeschränkten Willkür des Machthabers gefragt. Diese rudimentäre Form von Politik im Schatten des „Königsmechanismus" charakterisiert die politischen Verhältnisse überall in Kontinentaleuropa bis weit ins 19. Jahrhundert, sie steht unter der permanenten Drohung des Verlustes von Privilegien und der „Präsenz bei Hof", wenn nicht Schlimmerem. Sie hat sich im Falle des Deutschen Reichs neben der Politisierung von unten als eigenständige Machtsphäre sogar bis an das Ende des Ersten Weltkrieges erhalten (Röhl 1995).

Ein über das bloße herrschaftliche Regieren reichender politischer Raum setzt politische Kommunikation in einer eigens dafür konstituierten Öffentlichkeit voraus, wie sie außerhalb städtischer Gemeinschaften und jenseits der landständischen „Parlamente", in denen Klerus und Adel gelegentlich zusammenkamen, nach der Antike und vor dem 17. Jahrhundert außerhalb von Stadtregimen nicht existierte. Deren Ausbildung, auch für die territorial weiträumige Herrschaft, ist ein im 17. Jahrhundert allmählich einsetzender, sich vom 18. Jahrhundert bis weit ins 19. erstreckender Prozeß, der mit der Entstehung von Massenmedien erst seine richtige mediale Grundlage finden konnte (Habermas 1962). Eine wichtige Voraussetzung bildet vor allem im Bereich protestantischer Frömmigkeit und der unter Friedrich II von Preußen einsetzenden und sich allmählich ausbreitenden Schulpflicht weiterhin die zunehmende Literarizität, die die Diffusion und Aneignung des Wissens, auch über politische Ereignisse, von mündlicher Überlieferung zunehmend unabhängig machte. Eine große Rolle spielen die neuen Intellektuellen, nicht nur an den Universitäten, sondern aus allen Schichten, für die die neuen Medien, Flugschriften und Bücher und das damit einhergehende Verlagswesen neue Mittel der Selbstdarstellung und Information bereitstellen, mit denen sich nach und nach neben Ehre und Ruhm auch Einkommen erzielen lassen und die sich vorzüglich dazu eignen, die eigenen Ideen über die engere Welt der *salons* und *clubs* hinaus zu verbreiten.

Öffentlichkeit konstituiert sich aber nicht nur über Medien zur indirekten Kommunikation, sondern auch durch organisierte Formen der Kommunikation. Waren die bereits angesprochenen Treffpunkte des Adels oder des wohlhabenden Bürgertums noch an der Grenze zwischen Privatheit und Öffentlichkeit, aber auch an der Grenze zwischem durchaus profanem Amüsement und aufgeklärtem Gedankenaustausch angesiedelt und von exklusivem Charakter, so müssen sich aus den vorhandenen Formen funktionaler oder geselliger Organisation, wie etwa den Freimaurern oder auch den Zünften und durch ganz neuartige Zusammenschlüsse allmählich politische Vereinigungen bilden, deren Zweck die Propagierung bestimmter Normen, die Vertretung spezifischer Interessen und die praktische Verfolgung von aktuellen Zielen darstellt. Typisch dafür ist die im Vergleich zu Kontinentaleuropa sehr frühe Ausbildung der englischen Parteien aus dem Parlament heraus oder die allmähliche Entwicklung eines Verbandswesens organisierter Interessen in der zweiten Hälfte des 19. Jahrhunderts. Auch diese Prozesse kommen in Kontinentaleuropa eigentlich erst im 19. Jahrhundert zu ihrem vollen Durchbruch, und vorher wird man schwerlich von einer kontinuierlichen politischen Öffentlichkeit sprechen können.

Eine eigentümliche Ausnahme kaum institutionalisierter politischer Öffentlichkeit bilden revolutionäre Phasen der Gründung oder Umgründung politischer Herrschaftsverhältnisse, wie in Frankreich kurz vor und noch einige Zeit nach 1789, in denen sich plötzlich, aber zumeist nur für eine sehr begrenzte Dauer außerordentliche Verdichtungen öffentlicher Kommunikation finden lassen, die sich spontan aller vorhanden Formen bemächtigen oder auch neue erfinden (Arendt 1963; Rudé 1977).

Politische Räume entstehen aber in der Regel eher allmählich in der Folge regelmäßiger Kommunikationsprozesse über die Grundlagen, Inhalte, Versäumnisse und anstehenden Entscheidungen der Politik. Ihre subjektive Voraussetzung ist gewissermaßen die virtuelle Beteiligung der Kommunizierenden an der Politik: Sie müssen sich zumindest die Probleme des Regierens vorstellen, Prämissen des Mach- und Wünschbaren beachten, sie müssen sich Alternativen ausdenken, Vorschläge anderer verwerfen, sich über die Konsequenzen getroffener Entscheidungen ein Bild machen – und sie müssen sich zumindest in Gedanken ständig entscheiden, um ihre eigene Position im politischen Raum zu bestimmen.

In den Köpfen der Beteiligten ändert sich damit über einen längeren Zeitraum die „gesellschaftliche Konstruktion der Wirklichkeit": Die Welt, zumindest ein ständig wachsender Teil von ihr in Form der gesellschaftlichen Verhältnisse, verliert ihren selbstverständlichen und traditional vermittelten ontologischen Status, sie erscheint nun eher gestaltungsfähig und „machbar". Es sind nicht nur die „wissenschaftlichen" Erfahrungen der Aufklärung, es sind vor allem auch die politischen Erfahrungen mit der Instabilität überkommener Herrschaftsordnungen und den Einwirkungen revolutionären Handelns auf deren Veränderung, die zur Durchsetzung eines konsequenten anthropogenen Weltbildes seit dem 18. Jahrhundert beitragen. Die Gründung der Vereinigten Staaten von Amerika als Republik ohne Adelsherrschaft, die öffentliche Hinrichtung Louis XVI, der Sturz Napoléons und die Wiedereinsetzung der Bourbonen, vielleicht später dann die Pariser Commune, Bismarcks Reichsgründung im Spiegelsaal von Versailles und schließlich der revolutionäre Sturz des Zarenreichs am Ende des Ersten Weltkrieges – das sind vermutlich politische Schlüsselerfahrungen eines solchen anthropogenen Weltbildes auf dem Weg zur politischen Gesellschaft unserer Tage, in denen sich die Erfahrung tief im gesellschaftlichen Bewußtsein verankerte, daß politisch praktisch alles möglich sei. Im Verlauf dieses Prozesses „gelangen die Europäer mehr und mehr dazu, das öffentliche Leben frei von göttlichem Einfluß zu sehen. Für die ist es vielmehr ein durch den Willen der Menschen geschaffenes Gebilde" (Furet 1998, S. 46). Wie sehr die Erfahrungen des 20. Jahrhunderts dieses moderne Bewußtsein von der ein Mal mehr als verlockend, ein anderes Mal mehr als bedrohend empfundenen Kontingenz aller gesellschaftlichen Entwicklung und politischen Gestaltung verschärft haben, kann man nur erahnen.

Die institutionelle und organisatorische Vorgeschichte der politischen Gesellschaft kann hier nicht über Andeutungen hinaus rekonstruiert werden. Wichtig ist, daß mit der Kategorie des politischen Raumes eine Kategorie für durchaus empirisch operational erfaßbare Phänomene zur Verfügung steht, die die allmähliche Politisierung der Gesellschaft sowohl von ihrer subjektiven wie von ihrer objektiven und materialen Seite her zu erfassen in der Lage wäre. Keineswegs kann man bei der institutionalistischen Selbstbeschreibung der verschiedenen Varianten der repräsentativen Demokratie stehen bleiben, wie sie in den modernen Verfassungen festgeschrieben wird. In diesen Verfassungen findet der ursprünglich noch gegen die Fürstenherrschaft gerichtete Versuch einer rechtlichen Hegung der Politik seinen Niederschlag, der sich mit dem Ende der Fürsten- und Adelsherrschaft und dem Übergang zum liberalen Verfassungs- und Rechtsstaat zunächst in ein allgemeines Mißtrauen gegenüber jeglicher, auch demokratisch legitimierter politischer Einwirkung auf die Privatsphäre wandelt.

Die in Verfassungen und anderen Gesetzen enthaltenen Beschreibungen des Politischen erfassen den real sich entwickelnden politischen Raum jeweils nur zum Teil, vielleicht nur zu einem sehr geringen Teil. Vielleicht besteht der größere, im Hinblick auf das tatsächliche Zustandekommen politischer Entscheidungen auf jeden Fall kaum zu vernachlässigende Teil des politischen Raumes aus *informeller* Politik. Damit sind jene Akteure, Organisationen, Institutionen, Prozesse und generell Kommunikationen bezeichnet, ohne deren Anteil der politische Prozeß nur unvollständig beschrieben und verstanden werden könnte[16] – obwohl ihnen nach Verfassung und speziellem Gesetz genuine politische Funktionen gar nicht zukommen.

Ein historisch berühmtes Beispiel aus dem organisatorischen Bereich des Politischen sind die Parteien, deren funktionale Bedeutung für den politischen Prozeß ihrer rechtlichen oder gar verfassungsmäßigen Anerkennung lange vorausging und die in den meisten demokratischen politischen Gesellschaften[17] von heute in der Regel für die Organisation und Verteilung politischer Macht eine entscheidende Rolle spielen; aber eben keinesfalls die einzige – und ob hinsichtlich einer spezifischen Entscheidungsmaterie die ausschlaggebende, das ist immer eine empirische Frage. Die „politische Willensbildung", an der sie nach dem deutschen Grundgesetz „mitwirken", findet jedenfalls keineswegs nur in und zwischen ihnen statt, sondern, durchaus noch im Einklang mit der politischen Selbstwahrnehmung der repräsentativen Demokratie, auch unter maßgeblicher Beteiligung der Öffentlichkeit in Gestalt der verschiedenen Medien sowie der in ihnen in Erscheinung tretenden schier unüberschaubaren pluralistischen Landschaft organisierter Interessen, sozialer Bewegungen, ideeller Vereine, Kirchen und Initiativen.

Akteure wie diese äußern sich mit ihren Anliegen keinewegs nur in der Öffentlichkeit und die Äußerung ihrer Meinung, beziehungsweise Darstellung ihrer Position, ist auch keineswegs nur das einzige Mittel, über das einige wichtige dieser Art von Akteuren verfügen können. Sie üben auf die verschiedensten Weisen Einfluß aus, was wiederum sehr Unterschiedliches bedeuten kann und das ganze Kontinuum vom Lobbying bis hin zur Korruption umfaßt, und sie verfügen zum Teil hin-

---

16 Die üblicherweise mißlingende Kommunikation zwischen Politikwissenschaft und Politik hat viel damit zu tun, daß aus der „Erfahrung" politischer „Praktiker" heraus die Politikwissenschaft mit ihren Untersuchungsmethoden doch nur an der Oberfläche" kratzt, nicht zu jener Ebene direkter Kommunikation vordringen kann, auf der nach der Erfahrung der Praktiker „wirklich" die Entscheidungen fallen.
17 Wieder bilden die USA eher die Ausnahme als die Regel.

sichtlich wichtiger politischer Fragen über sogenannte Veto-Positionen, so daß gegen ihren Willen und ihre Interessen politisch nicht entschieden werden kann – auch nicht von den formal dazu befugten und autorisierten politischen Akteuren in Parlamenten, Regierungen und Verwaltungen. Wie im Falle der großen Unternehmen – aber selbst der aggregierten Wirkung vieler kleiner – ist es auch einfach so, daß ihr Handeln, sei es absichtsvoll, sei es als bloße Nebenwirkung der Verfolgung ihrer ureigensten Zwecke, die politisch im engeren Sinne verfolgten Ziele anderer Akteure zu konterkarieren in der Lage ist. Jedenfalls werden der Handlungsrahmen und die „opportunity-structure" und manchmal auch ganz konkrete Einzelentscheidungen der formellen oder verfaßten Politik durch Unternehmensentscheidungen stark beeinflußt. Gleichwohl behandelt die Politikwissenschaft Unternehmen und ihre Manager in der Regel nicht als „politische Akteure", weil sie sich an den formalen Grenzen des verfaßten politischen Prozesses und entsprechend des „politischen Systems" orientiert. Anders sieht das übrigens Charles E. Lindblom am amerikanischen Beispiel: „Man kann sicherlich sagen, daß Manager im allgemeinen und Vorstandsmitglieder von Großunternehmen im besonderen in der Politik eine privilegierte Rolle spielen, die im Vergleich zu anderen Führungsgruppen – außer der Regierung selbst – einzigartig ist" (1980, S. 273), und die sie keineswegs auf die organisierte Verbandsmacht im System der anderen organisierten Interessen angewiesen sein läßt. Das ist nur ein besonders relevantes Beispiel, an dem deutlich wird, daß die herkömmliche Bestimmung der Grenzen des politischen Raumes in der Wirklichkeit politischer Gesellschaften Probleme aufwirft, die bereits bei der Identifikation der relevanten Akteure durch eine rein formale Methode nicht gelöst werden können.

Die politische Existenz und das Gewicht dieser informellen politischen Akteure und damit Gestalt, innere Struktur und Bemessung des politischen Raumes sind ein Problem für eine politische Theorie, die analytisch das „politische System" nach den normativen Vorgaben des liberalen Verfassungsstaates konzipiert und folglich konzeptionell und empirisch davon ausgehen muß, daß alle Wirkungen dieses informellen Bereiches gewissermaß „von außen" auf die Politik einwirken. Hier werden zum Teil einfach juristische Kategorien wie erfahrungswissenschaftliche behandelt, ein Fehler mit langer Tradition, wie am Beispiel des „Staates" bereits angemerkt wurde.

Die dafür wohl am weitesten verbreitete begriffliche Lösung spricht dann regelmäßig – und den Sachverhalt semantisch bestätigend – von dem „Einfluß", der „auf" die Politik genommen wird. Aber ist dieser „Einfluß" nicht selbst Politik und basiert auf politischem Handeln, gehört nicht auch das informelle Netzwerk, in dem er ausgeübt wird, zum politischen Raum? Sind die Entscheidungen, die dabei getroffen werden, nicht, zum Teil jedenfalls, auch Bestandteile des Regierens, weil in ihnen – manchmal sogar auf dem Wege formeller Verhandlungen und Absprachen – autoritative politische Verabredungen getroffen werden, deren Nachvollzug und Juridifizierung an anderer Stelle lediglich noch legitimatorische Funktion hat?

Die in der Politikwissenschaft übliche und empirisch ja auch leichter umzusetzende Konzentration auf politische Entscheidungsprozesse verkennt neben der informellen noch eine andere wichtige Dimension des politischen Raumes, die in Anlehnung an die Tradition der Kritischen Theorie als die der möglichen, in Wirklichkeit aber nicht getroffenen politischen Entscheidungen bezeichnet werden könnte. Robert A. Dahl hat wie vor ihm andere darauf aufmerksam gemacht, daß „the process for making binding decisions includes at least two analytically distinguishable stages: setting the agenda and deciding the outcome. Setting the agenda is the part of the process during which matters are selected on which decisions are to be made (including a decision not to decide the matter)" (1989, S. 107).

Der *mainstream* der politikwissenschaftlichen Politikforschung konzentriert sich auf die zweite Phase und macht damit die Ausschaltung oder Verhinderung bestimmter Themen und Entscheidungsmaterien in der ersten Phase unsichtbar. Das ist, worauf schon vor vielen Jahren Ralph Miliband aufmerksam gemacht hat, weniger eine Frage des erfolgreichen „Einflusses" der Repräsentanten der Ökonomie auf die Politik als vielmehr der Tatsache geschuldet, daß die politischen Eliten sich in einer strukturellen Abhängigkeit vom „wirtschaftlichen Erfolg" sehen und deshalb dazu tendieren, „die ökonomische Rationalität des kapitalistischen Systems ... mit Rationalität an sich" gleichzusetzen (1972, S. 103). Allerdings macht die Geschichte des 20. Jahrhunderts auch deutlich, daß es wenig Sinn macht, diese empirisch kontingenten Sachverhalte zur „Tätigkeits-" beziehungsweise „Systemgrenze" zu stilisieren, die sich angeblich aus einer „Logik der kapitalistischen Reproduktion" für politisches Handeln ergäbe (Blanke u.a. 1975, S. 436ff). Gegenüber der allein in diesem Jahrhundert aufgetretenen Variationsbreite im Verhältnis von politischer Steuerung und ökonomischer Reproduktion und den einschneidenden und schlagartigen Veränderungen, die hier *aufgrund von politischen Prozessen und Entscheidungen* seit der bolschewistischen Machtübernahme und der Einführung eines „staatssozialistischen"[18] Systems im ehemaligen Zarenreich aufgetreten sind, bleibt eine deduktive „Ableitung" dieser Beziehung wirklichkeitsfremd. Diese radikalen Veränderungen, die bis hin zur Abschaffung des Privateigentums an Produktionsmitteln beziehungsweise seiner Wiedereinführung in zum Teil sehr willkürlichen Formen und Primärverteilungen gehen können, machen vielmehr gerade deutlich, daß in politischen Gesellschaften die ökonomische Reproduktionsbasis und die Art ihrer Organisation auch ganz grundsätzlich von politischen Entscheidungen abhängt – und sei es der „Entscheidung", in bestimmter Hinsicht nichts zu entscheiden und der „natürlichen" Entwicklung der kapitalistischen Marktökonomie ihren Lauf zu lassen.

Während eine an der Verfassung oder an der Tradition politischer Theorie orientierte Politikwissenschaft häufig noch einen gouvernementalen *bias* ihres Politikansatzes fortführt, im Extremfall das Politische auf die „Sphäre des Staatlichen" reduziert, ist die analytisch vorgehende und empirisch orientierte Politikforschung längst dabei, Politik als einen Typus „gesellschaftlicher Selbstregulierung" innerhalb eines gesellschaftlichen „Akteursnetzwerkes" zu begreifen, bei dem innerhalb

---

18 Dieser Begriff lediglich aus pragmatischen Gründen wegen des abgeschafften Privateigentums an Produktionsmitteln, keinesfalls in Anerkennung des „sozialistischen" Charakters, der stets und uneingeschränkt „den aufrechten Gang in Richtung Freiheit" und „kein Sozialismus ohne Demokratie" (Bloch 1979, S. 454) zur Voraussetzung hätte; mit der Ausnahme des Privateigentums ähnelt das Wirtschaftssystem der Sowjetunion vielmehr dem von Friedrich Pollock entworfenen Idealtypus des „totalitären Staatskapitalismus" (1975), jedenfalls ist die Kombination des Primats der Politik mit der Ausbeutung und politischen Unterdrückung fast der gesamten Bevölkerung konstitutiv gewesen.

eines Kontinuums von mehr oder weniger „staatsnahen Sektoren" durch das demokratische Willensbildungssystem der repräsentativen Demokratie legitimierte Inhaber politischer oder administrativer Ämter nur eine, keineswegs homogen auftretende Gruppe von Akteuren darstellen, die zusammen mit anderen gesellschaftlichen Akteuren in Aushandlungs- und Koordinationsprozessen verbindliche Regelungen hervorbringen.[19] Wie alle Akteure verfügen auch diese, nach der traditionellen Vorstellung „politischen", nur über spezifische Handlungsressourcen und Optionen, die sie bei der Verfolgung ihrer Ziele einzusetzen versuchen können.

Renate Mayntz hat zu Recht betont, daß es sich bei dem Netzwerkansatz nicht allein um ein analytisches Instrumentarium und Konstrukt handelt, sondern daß damit eine Realität des gesellschaftlichen und politischen Entscheidungsprozesses auf den Begriff gebracht würde (Marin/Mayntz 1991, S. 40). Sie geht vor dem Hintergrund des auch bei ihr dominanten „Staat-Gesellschaft-Paradigmas" jedoch davon aus, daß es sich bei dieser „Realität" um „neue Entwicklungen" handele, durch die die Wirkungsmacht des „Staates" nur ergänzt würde.

Dabei grenzt es wieder an die von mir kritisierte Reifizierung und Hypostasierung eines mächtigen einheitlichen (Staats-)Subjekts, wenn in diesem Ansatz von der „Verfügung" der „staatlichen Akteure über die Kompetenzen der legalen Rechtsetzung, der Steuererhebung und der Rechtsdurchsetzung mit den Mitteln des Gewaltmonopols" gesprochen (Mayntz/Scharpf 1995, S. 28) und dabei suggeriert wird, in den realen Entscheidungsnetzwerken der Politikformulierung könne „staatliche Politik" in gewissermaßen „letzter Instanz" doch immer noch auf den so begriffenen politischen Prozeß von außen einwirken, falls sie in ihm ihre Ziele nicht durchzusetzen verstünde. Das ist analytisch problematisch, weil hiermit erstens kategorial zwei Ebenen des Politischen unterstellt werden, wo es auch nach dem Ansatz des „akteurzentrierten Institutionalismus" nur eine gibt, und weil zweitens hier die „staatlichen Akteure" nicht mehr in ihrer zum Teil auch konfligierenden Differenziertheit gesehen werden. Um es an einem Beispiel zu erläutern: Wenn es im Zuge der Regulierung des Gesundheitssystems in Deutschland in den 90er Jahren innerhalb des komplizierten und vielfältigen Policy-Netzwerkes, in dem neben den „politischen" Akteuren im engeren Sinne auch zahlreiche Interessenverbände als korporative Akteure informell oder formell beteiligt sind, in einer bestimmten Frage und in einer bestimmten Verhandlungsarena zu einem bestimmten Zeitpunkt nicht zu einer Vereinbarung kommt, dann werden in dem sich vielleicht anschließenden Prozeß des Erlasses neuer Verordnungen oder gar der Verabschiedung von Geset-

---

19 Ich selbst halte den im engeren Rahmen und mit begrenzteren Zielen entwickelten Ansatz des Max-Planck-Instituts für Gesellschaftsforschung in Köln, wie er programmatisch in Mayntz/Scharpf 1995 resümiert wird, in allen grundsätzlichen Details für kompatibel mit dem hier entwickelten Konzept einer politischen Gesellschaft, das sich freilich weitere und analytisch vielleicht auch unpräzisere Ziele gesteckt hat. Wichtige Übereinstimmungen sehe ich in dem dort so genannten „akteurzentrierten Institutionalismus", der mit meiner früher geäußerten Kritik an der Systemtheorie und meinem handlungs- und entscheidungstheoretischen Ansatz vereinbar ist; in der erfahrungswissenschaftlichen Orientierung (gegenüber einem Überhang an präskriptivem Denken in anderen Ansätzen), die bei mir freilich historisch stärker ausgreift; sowie in einem prinzipiellen Zutrauen in die Möglichkeit politischer Gestaltung gesellschaftlicher Verhältnisse, das bei mir allerdings weniger rationalistisch und optimistisch ausgestattet ist als bei dem in dieser Hinsicht manchmal etwas technokratisch erscheinenden Ansatz des MPIfG.

zen nicht plötzlich ganz andere Akteure aktiv, Einflüsse wirksam oder vorher vorhandene Restriktionen des Entscheidungsprozesses – etwa die Parteienkonkurrenz oder das sich bis ins Parlament und in die Ministerien auswirkende Lobbying der Pharmaindustrie – neutralisiert. Dabei verfügen bestimmte Akteure nur über bestimmte Handlungsressourcen und deshalb auch über unterschiedliche strategische Optionen. Aber der Einsatz gesetzlichen Zwanges, über den die Regierungsmehrheit unter bestimmten Voraussetzungen als strategische Option verfügt, bedeutet im Sinne der Problemlösung keineswegs, daß sie damit ihre Ziele auch jederzeit durchsetzen könnte und auf die Kooperation oder sogar den „guten Willen" etwa der Pharmaindustrie plötzlich nicht mehr angewiesen wäre. Den anderen Akteuren in diesem politischen Netzwerk stehen nämlich ebenfalls strategische Optionen offen, wie etwa die Verlagerung von Forschungs- oder Produktionsstätten ins Ausland, gegenüber denen gesetzlicher Zwang hilflos bleibt. Das Politikfeld „Gesundheitspolitik", hier nur als Beispiel genommen, läßt sich also nicht in der Begrenzung auf die institutionalisierte Politik angemessen beschreiben, sondern ist tief in der politischen Gesellschaft verankert.

Analytisch und real gibt es keine das „Netzwerk" von außen oder oben beeinflussende „staatliche Politik", keine staatliche „Ersatzvornahme" (Mayntz/Scharpf 1995, S. 29) außerhalb des entsprechenden Policy-Netzwerkes und seiner verschiedenen Arenen, in denen der politische Entscheidungsprozeß sich jeweils ansiedeln kann. Deren Auswahl ist selbst Teil eines strategischen Einflußspieles, in dem die verschiedenen Akteure je nach ihren Ressourcen bessere oder schlechtere Chancen vorfinden – in ihm gelten *grosso modo* dieselben Gesetzmäßigkeiten der politischen Gesellschaft. Topoi wie „im Schatten des Staates" (ebd.) geben eher Hinweis auf eine analytisch unaufgelöste Restmythologie, die ein Handlungssubjekt und eine Handlungssouveränität jenseits der realen, erfahrungswissenschaftlich überprüfbaren Akteurskonstellationen unterstellt.

Es liegt demgegenüber näher, anstelle des sich auf das topographische Sphären-Modell beziehenden Kontinuums „staatsnaher" und dementsprechend staatsferner Sektoren innerhalb des politischen Raumes analytisch zwischen den verschiedenen Möglichkeiten der Erreichung verbindlicher Regelungen zu unterscheiden und die Übergänge zwischen „private interest government" und der formellen Regelung über Gesetzgebung oder Juridifizierung als fließend zu betrachten. Was man von der Eigenmacht der gesetzgeberischen Regelungskompetenz halten kann, die von der traditionellen Politikwissenschaft stets so überbewertet wird, kann man einerseits ebenfalls an der Entwicklung der Regulierung des deutschen Gesundheitssektors seit Ende der 80ger Jahre studieren, oder aber im Moment am Beispiel der Erosion der für Deutschland lange Zeit so typischen Flächentarifverträge, bei denen es sich um ein klassisches Beispiel der verbindlichen Regulierung und Entscheidung außerhalb des politischen Systems im engeren Sinne handelt, bei dem die ministerielle Verbindlichkeitserklärung nach Paragraph 5 Absatz 1 des deutschen Tarifvertragsgesetzes weder die eigentliche Entscheidung in der Sache darstellt, noch ohne das Zustandekommen im Rahmen des „private interest government" überhaupt möglich wäre.

Zurück zu der eher theoretischen Ebene: Der politische Raum, der sich in den modernen politischen Gesellschaften im Zuge der Politisierung von unten und oben immer mehr ausdehnt, ist also nicht identisch mit dem Bereich des „Staates" und auch nicht mit jenen in den Verfassungen und Gesetzen der repräsentativen Demokratien formell als politisch deklarierten Prozessen und Institutionen der politischen Willensbildung, Entscheidung und Implementation, sondern er erfaßt alle im einzelnen nur empirisch zu ermittelnden Akteure, Institutionen, Prozesse und Aktivitäten, über und durch die in der Gesellschaft verbindliche Regelungen aufgrund von bewußten Entscheidungen zustande kommen. Gesetze und Verordnungen, typische Instrumente gouvernementaler politischer Steuerung, verweisen nur auf einen, allerdings angesichts der normativen Versprechungen des Rechtsstaatsprinzips besonders wichtigen Typus, den solche verbindlichen Regelungen und Entscheidungen annehmen können.

Das Moment des Zwanges und des auch gegen individuelles Widerstreben oder gruppenmäßigen Widerstand durchsetzungsfähigen Machtpotentials ist keinesfalls auf diesen Typus begrenzt. Verbindlichkeit und Zwang können sich auch anders durchsetzen. Auch „nichtstaatliche" gesellschaftliche Akteure, insbesondere große Unternehmen, aber auch Verbände oder Kammern, verfügen über beträchtliche direkte und indirekte Machtpotentiale und treffen Entscheidungen, die die Lebenssituation ganzer Regionen oder gesellschaftlicher Gruppen oder anderer kollektiver oder individueller Akteure positiv oder negativ zwangsweise verändern und beeinflussen können. Vor allem setzen sie – im Sinne der bereits angesprochenen Vetomacht – dem formellen politischen Prozeß *de facto* Grenzen, die im Alltag und in der Wissenschaft um so weniger beachtet werden, je mehr sie als gewohnt hingenommen und im politischen Entscheidungsprozeß wie wissenschaftlichen Beobachtungsprozeß bereits antizipiert werden. Auf diese Weise wird politische Macht unsichtbar oder allenfalls noch als externer „Sachzwang" oder als in „realistischer" Politik in Rechnung zu stellende anscheinend unbeeinflußbare Voraussetzung aufgefaßt.

Mit dieser Skizze des variablen und in sich vielfältig gegliederten politischen Raumes dürfte auch bereits deutlich geworden sein, daß die Grundthese über die politische Gesellschaft, nach der in ihr *virtuell* alles politisch werden könne, und historisch beziehungsweise empirisch betrachtet bereits sehr vieles der politischen Regulierung zugefallen sei, keinesfalls im Kontext des „Gesellschaft-Staat-Paradigmas" verstanden werden darf. Von dessen Prämissen her gesehen käme sie der Behauptung einer Staatsallmacht gleich, für die es nirgendwo, nicht einmal in der Empirie des nationalsozialistischen Deutschlands (Neumann 1977) Anhaltspunkte gegeben hat. Der Fehler liegt in der impliziten und mystifizierenden Gleichsetzung von Politik mit „staatlichem Handeln und Entscheiden" und der damit einhergehenden Vorstellung einer pyramidenförmigen Zentralisierung und Hierarchisierung aller politischen Entscheidungskompetenzen. Davon kann aber als Ergebnis der Politisierung der modernen Gesellschaft keine Rede sein. Gleichwohl wird auch in Teilen der sich empirisch-analytisch verstehenden Politikwissenschaft, erst recht aber in einer auch politisch in Deutschland nach wie vor maßgeblichen „Staatslehre" „...die aus der Tradition monarchischer, spätfeudaler Struktur hergeleitete Trennung von Staat und Gesellschaft...weitgehend unbefragt fortgeführt" oder sogar als „zentralstaatliche Imagination" im Widerspruch zu den eigenen empirischen Annahmen neu belebt, wie Hans J. Lietzmann (1994, S. 74 und 98) an relevanten

Beispielen vorgeführt hat. Die politischen Gesellschaften unserer Tage haben, empirisch und analytisch betrachtet, alle – relativ unabhängig von der in vergleichender Politikforschung feststellbaren institutionellen Varianz – polyzentrische politische Entscheidungsstrukturen, werden nicht von einer Regierung an der Spitze gesteuert und kontrolliert, sondern von einer Vielzahl von Quasi-Regierungen, die in vielfältigen interdependenten Zusammenhängen stehen.

Bezeichnend für den nach wie vor steuerungsoptimistischen *bias* der jüngst in Mode gekommenen Netzwerkanalyse ist freilich, daß diese die frühere unplausible Annahme von „Hierarchie" als dominanter Interaktions- und Koordinationsform nun unbegründet und uneingeschränkt durch „Kooperation" ersetzen (Jansen/Schubert 1995). Gegenüber den real sich abspielenden Prozessen der Machtausübung, des Zwanges und der politischen Erpressung, die jedenfalls *auch* und weiterhin zur Politikproduktion in diesen „Netzwerken" der politischen Gesellschaften gehören, ist die theoretische Hypostasierung von der „Kooperation" etwas zu idyllisch und unkritisch geraten. Ob Hierarchie, ob Kooperation, oder aber ob Macht- oder gar Gewaltverhältnisse das Politikergebnis bestimmen, bleibt auch in „Netzwerken" letztlich immer eine empirische Frage.

Diese empirische Betrachtung widerspricht der Wahrnehmung politischer Regime gemäß ihrer verfassungs- und rechtsförmigen Selbstbeschreibung, in der die klare funktionale Gliederung von Ämtern und Kompetenzen zumeist auch mit deutlich hierarchischen Entscheidungsstrukturen und Weisungsbefugnissen einhergeht. So regelt dann etwa Art. 65 des deutschen Grundgesetzes die sogenannte Richtlinienkompetenz des Bundeskanzlers und suggeriert damit eine klare Entscheidungshierarchie – während die empirische und historische Forschung selbstverständlich illustriert, daß die reale Wahrnehmung und Durchsetzungsfähigkeit dieser rechtlich zugestandenen Kompetenz beträchtlich variiert und von vielfältigen kontingenten Faktoren abhängig ist. Ein anderes Beispiel wäre die Rolle, die das Parlament als oberstes Repräsentationsorgan des politisch souveränen Volkes in der Gesetzgebung eigentlich spielen müßte, tatsächlich aber in dieser idealisierten Form kaum irgendwo spielt. Tatsächlich handelt es sich in den meisten Fällen eher um ein öffentliches Ratifikationsorgan.

Diese Beispiele können zweierlei verdeutlichen: Die rechtlich gefaßte und institutionalisierte Form des politischen Prozesses darf *nicht* als empirische Beschreibung des politischen Prozesses mißverstanden und als die Gesamtheit des politischen Raumes gedeutet werden, wie dies in einer bestimmten Periode des relativ naiven Institutionalismus in der Frühphase der westdeutschen Politikwissenschaft teilweise geschehen ist (Eisfeld u.a. 1996); andererseits gehören die Institutionen und rechtlichen Festlegungen, die *einen Teil* des politischen Prozesses erfassen, zum engeren Kern der symbolischen Selbstbeschreibung und damit auch Legitimierung des politischen Prozesses in einer Gesellschaft (Göhler 1994), den handelnde Akteure bei der Abwägung ihrer Entscheidungen – und damit natürlich auch die Politikwissenschaft – realistisch in Rechnung stellen müssen. Analytisch zu unterscheiden ist dabei die normative Diskrepanz zwischen Verfassung und Verfassungswirklichkeit (Abendroth 1967) von der oben angesprochenen empirischen Differenz, weil sie aus der Sicht der Gesellschaftsmitglieder nicht immer dekkungsgleich sein muß und weil bei einer etwaigen Abweichung andere gesellschaftliche Normbestände eine Rolle spielen können, für die es in der Verfassung keine Entsprechung gibt oder die sich sogar in offenem Widerspruch zu ihr befinden.

Diese empirisch unbestreitbare Tatsache, vor allem die Diskrepanz zwischen der rechtlich verfaßten und der für den politischen Prozeß und das politische Ergebnis maßgeblichen politischen Gesellschaft, werfen demokratietheoretisch und normativ erhebliche Probleme auf, von denen zum Teil später noch die Rede sein wird.

2.3 Ausdifferenzierung und Politisierung

Die Grundthese, in der modernen politischen Gesellschaft sei *virtuell* alles politisch, steht nicht im Widerspruch zu der beobachtbaren Tatsache, daß es sich bei modernen Gesellschaften um vergleichsweise binnendifferenzierte Gesamtheiten oder um Gesellschaften mit ausdifferenzierten Untereinheiten handelt. Sie steht noch nicht einmal im Gegensatz zu der weitverbreiteten Behauptung, daß von diesen ausdifferenzierten Funktionssystemen heute – oder seit langem schon – die Ökonomie das „prägende" sei. Die Frage ist nur, wie diese Ausdifferenzierung im Rahmen theoretischer Grundannahmen und vor dem Hintergrund einer prinzipiellen erfahrungswissenschaftlichen Prüfbarkeit an Hand von historischen oder empirischen Indikatoren interpretiert wird und ob sie letztlich mit der Theorie der politischen Gesellschaft vereinbar ist.[20]

Meine aus der Sicht moderner Systemtheorien wie einer strikten Version der Theorie funktionaler Differenzierung anscheinend gleichermaßen besonders umstrittene Annahme, daß ungeachtet dieser Ausdifferenzierung die Politik in einem bestimmten Gesellschaftstypus über ein Potential verfüge und von ihm Gebrauch mache, das sowohl „Systemgrenzen" zu überspringen wie Entdifferenzierungsprozesse zu verursachen in der Lage sei, wirkt offenkundig als Provokation und veranlaßt ansonsten eher kontemplativ gestimmte Gesellschaftsanalytiker zu unvermittelt temperamentvollen Ausrufen wie: „Keineswegs sollte, wie manchmal behauptet wird, von einer unaufhaltsam zunehmenden ›Politisierung‹ aller gesellschaftlichen Teilbereiche ausgegangen werden" (Rosewitz/ Schimank 1988, S. 321) – fehlt im Original nur das Ausrufungszeichen!

Die Unaufhaltbarkeit oder irgendein anderes historisches Gesetz wird hier nicht behauptet, sondern nur ein aus historischen und empirischen Beobachtungen abgeleiteter Trend der bisherigen Entwicklung. Es wird also nicht „ausgegangen", sondern beobachtet, historisch rekonstruiert und verallgemeinert.

---

20 Renate Mayntz hat – wiederum im Kontext der wissenschaftlichen Arbeit des Kölner Max-Planck-Instituts für Gesellschaftsforschung – einen „handlungstheoretischen" Ansatz zur Ausdifferenzierung gesellschaftlicher Teilsysteme vorgestellt und dabei die systemtheoretischen Ansätze – vor allem Niklas Luhmanns und Helmut Willkes – auf eine Weise kritisiert, die mit den Inhalten der hier vertretenen Auffassung im großen und ganzen kompatibel ist (1988). Der folgende Abschnitt sollte nicht als eine zureichende Kritik der neueren Systemtheorie Niklas Luhmanns (1984) verstanden werden, der gegenüber auch meine auf ein früheres Theoriestadium bezogene Kritik (1974) unzureichend geworden ist. Aufgegriffen werden hier nur solche Aspekte, die für die weitere Darstellung der politischen Gesellschaft bedeutsam sind.

Die Möglichkeit der Entdifferenzierung beziehungsweise „Politisierung" einzelner gesellschaftlicher Funktionsbereiche und damit die prinzipielle Möglichkeit der Umkehr beziehungsweise Aufhebung funktioneller Differenzierung, etwa in den „realsozialistischen" Gesellschaften des ehemaligen Ostblocks, wird selbst mit Mitteln der Systemtheorie analysiert, die prinzipielle Möglichkeit und Realität solcher Prozesse also gar nicht bestritten.

Strittig ist augenscheinlich allein die historische Betrachtung und Gegenwartsdiagnose sowie die Einschätzung der Politik und ihres Potentials in der Gegenwartsgesellschaft. Allein davon kann hier die Rede sein. Man sollte doch meinen, daß hier die unterschiedlichen Annahmen so formuliert sind, daß sie einer Überprüfung ihrer Plausibilität angesichts empirischer Beobachtungen zugänglich bleiben.

Aus der Perspektive einer Theorie der politischen Gesellschaft stehen vor allem drei Fragen im Zentrum des Interesses. Politik ist bisher konsequent als eine spezifische Handlungsweise beziehungsweise ein aus dieser resultierender Prozeß begriffen worden, durch die für Gesellschaften verbindliche Entscheidungen erzeugt werden. Die politische Gesellschaft wurde dadurch charakterisiert, daß in ihr auf keine andere Weise als im politischen Prozeß allgemeine Gültigkeit begründet werden kann.

Natürlich resultiert aber nicht aus jeder einzelnen politischen Handlung schon eine verbindliche Entscheidung, so daß hier empirisch und operational ein schwieriges Abgrenzungsproblem auftaucht: Wo beginnt der politische Prozeß, wo und wie läßt sich zu einem gegebenen Zeitpunkt seine Grenze bestimmen?

Auch wenn hier streng handlungstheoretisch vorgegangen wird, heißt das ja nicht, daß die Verfestigungen und Verstetigungen von Handlungsprozessen in der Form von Organisationen und Institutionen des Politischen zu vernachlässigen wären. Davon wird im nächsten Abschnitt die Rede sein. Andererseits haben die Überlegungen zum politischen Raum bereits gezeigt, daß dieser seine Grenzen nicht in den formal und im kodifizierten Selbstbewußtsein der Gesellschaft als „politisch" bezeichneten Strukturen finden kann.

Die zweite Frage muß sich nach dem Potential und den Ressourcen stellen, die es aus der Sicht einer Theorie der politischen Gesellschaft der Politik ermöglichen, in alle gesellschaftlichen Funktionsbereiche erfolgreich einzudringen beziehungsweise in sie hineinzuregieren. Schon bei der Fragestellung muß vor einem möglichen Mißverständnis gewarnt werden: Diese Grundthese über die politische Gesellschaft, die ja eigentlich eine empirische Feststellung enthält, darf weder normativ als Plädoyer für ein „Primat der Politik" gelesen werden, noch ist sie mit der These verknüpft, daß die Politik in funktioneller Hinsicht über ein überlegenes Problemlösungspotential verfüge. Auf die normative Frage komme ich im Rahmen der Demokratieproblematik zurück, bei der sich in der Tat die Frage nach einem notwendigen Primat der Politik stellen läßt. Was demgegenüber die „Rationalität" anbelangt, so dürfte aus allem bisher Gesagten eher deutlich geworden sein, daß sich die politische Gesellschaft gerade in der Frage einer gemeinsamen Rationalität in einem Zustand ohne festen Boden unter den Füßen befindet und daß in dieser Hinsicht Anlaß zu Skepsis gegeben ist. Hier verhalte ich mich eher kritisch, erstens gegenüber meinen Konkurrenten und ihren theoretischen Ansätzen, die mit ihren jeweiligen Rationalitätszuschreibungen zumeist recht freigiebig umgehen, und zweitens gegenüber der Politik in der politischen Gesellschaft selbst, von deren „Rationalität" ich nicht allzu viel erwarte. Anstelle einer hybriden Erwartung an die Leistungsfähigkeit der Politik, die mir von Kritikern zugeschrieben wurde (von Beyme 1991), bringe ich ihr also eher eine in ihrer historischen Betrachtung und gegenwärtigen Analyse meines Erachtens gut begründete Skepsis entgegen, die an die Arbeiten Max Horkheimers während des Nationalsozialismus und nach dem Zweiten Weltkrieg anschließt (Asbach 1997).

Schließlich wäre es wichtig zu verstehen, ob es bestimmte Regelmäßigkeiten oder Konstellationen gibt, von denen die Politisierung, also der Übergang vom Virtuellen zum Tatsächlichen, abhängt.

Angesichts der im Moment empirisch richtigen und unbestreitbaren Wahrnehmung der weltweiten Durchsetzung und zunehmenden Dominanz der kapitalistischen Ökonomie, die auch bereits China erfaßt hat – und vor Kuba und Nordkorea nicht endgültig haltmachen wird –, *und* der stereotypen Interpretation dieser Ökonomie als „freier Marktwirtschaft"[21] ist bei vielen zeitgenössischen Kommentatoren der Eindruck eines vollständigen Sieges der Ökonomie über die Politik entstanden, ja bei manchen triumphierend von der Durchsetzung der „Rationalität" der Ökonomie gegenüber einer offenkundig in diesem Zusammmenhang grundsätzlich als „irrational" bewerteten Politik die Rede.

Deswegen erscheint es sinnvoll, die Frage der Ausdifferenzierung ebenso wie die Frage der prinzipiellen oder tatsächlichen Politisierung zunächst am Beispiel des Verhältnisses von Politik und Ökonomie zu erörtern. Bewußt muß dabei bleiben, daß es sich nur um ein Beispiel handelt, daß das Argument auch für andere funktionale Teilbereiche der Gesellschaft Gültigkeit beansprucht.

Die moderne kapitalistische Ökonomie ist, bei allen Varianten ihrer theoretischen Beschreibung, Kritik oder Rechtfertigung, nach übereinstimmender Auffassung von Marx bis Hayek, durch einige historisch dominant gewordene Strukturmerkmale gekennzeichnet und durch deren konstitutives Zusammenspiel von anderen Wirtschaftsformen unterschieden. Dazu gehören unzweifelhaft das Privateigentum (vor allem an Produktionsmitteln), die Vermittlung der ökonomischen Aktivitäten durch Märkte und die damit verbundene Tendenz zur Durchsetzung der Warenförmigkeit (vor allem auch der menschlichen Arbeitskraft) und allgemeinen Geldwirtschaft, die Orientierung der ökonomischen Aktivitäten, die über die unmittelbare materielle Reproduktion sowie den privaten Konsum hinausgehen, am Gewinn und nicht an individuellen oder gesellschaftlichen Gebrauchswerten und Zielen, und schließlich die „Blindheit" dieser Art von ökonomischer Reproduktion für das, was die Soziologie als „nichtintendierte Handlungsfolgen" und die herrschende ökonomische Theorie als „Externalitäten" thematisiert. Selbst von Verteidigern dieser Wirtschaftsweise wird gelegentlich zugestanden, was angesichts ihrer Prämissen und der historischen Erfahrungen sowieso offenkundig ist, daß sich diese Wirtschaftsweise schwer tut, nicht oder kaum zahlungsfähige Nachfrage nach Gütern

---

21 Mit China tun sich allerdings einige Autoren noch schwer...aber auch hier überwiegt der modernisierungstheoretische deterministische Optimismus, wie ihn etwa Dieter Senghaas auf die Kurzformel gebracht hat: „Entwicklungserfolge schaffen unausweichliche Zugzwänge" (1995, S. 5) – für Freiheit und Demokratie.

und Dienstleistungen, zum Beispiel auf einem unregulierten Wohnungsmarkt, zu befriedigen. Besonders umstritten ist heute, ob ein unregulierter Arbeitsmarkt das Angebot und die Nachfrage nach bezahlter Arbeit besser zum Ausgleich bringen könnte als die üblicherweise mit unterschiedlichen Methoden mehr oder weniger direkt betriebene Arbeitsmarktpolitik – und zwar so, daß dabei ausreichende Einkommen auch im unteren und untersten Qualifikationsbereich entstünden. Jedenfalls gibt es bis heute keine politische Gesellschaft, die sich konsequent auf die Prüfung der im ökonomischen Modellplatonismus der Lehrbücher vertretenen Hypothese einer „reinen Marktsteuerung" eingelassen hätte.

Ebenso gibt es ein Problem bei der Erstellung und Vorhaltung „kollektiver Güter", von deren Nutzung per Definition praktisch niemand ausgeschlossen werden kann, und bei denen daher unklar ist, wer bereit sein sollte, sie auf einem „Markt" anzubieten oder zu bezahlen.

Unbestritten ist in der Regel auch noch, daß eine auf diesen Strukturelementen aufgebaute kapitalistische Marktökonomie gegenüber allen anderen bekannten Produktionsweisen eine ungeheure Produktivitätssteigerungsdynamik besitzt, die in Verbindung mit der zunehmend wissenschaftlich basierten Technologieentwicklung einerseits einen immer höheren Kapitalbedarf und andererseits einen abnehmenden Einsatz von menschlicher Arbeitskraft im Produktionsprozeß zur Folge hat, was logisch in diesem Bereich des wirtschaftlichen Prozesses deren immer intensivere Nutzung in Relation zum Produktionsergebnis bedingt und nicht nur Karl Marx – allerdings auf der Basis einer umstrittenen Arbeitswertlehre (1970) – von einer Intensivierung der „Ausbeutung" der menschlichen Arbeitskraft und ihrer Träger sprechen ließ.

Eher umstritten ist wiederum, ob dieser durch technologischen Fortschritt und kapitalistischen Wettbewerbszwang strukturverändernd verursachte Arbeitsplatzabbau in Landwirtschaft und produzierendem Gewerbe vollständig durch den Ausbau des Dienstleistungssektors – einschließlich des direkt politisch konstituierten „öffentlichen Dienstes – kompensiert werden könnte, oder ob es nicht eher zu einer säkularen Verringerung der durchschnittlichen Lebensarbeitszeit kommen müsse. Unbestritten ist wiederum, daß sowohl die eine wie die andere Strategie in der Größenordnung ganz neuartige Dimensionen der gesellschaftlichen Umverteilung aus den Bereichen des produktiven, neue Werte schaffenden Gewerbes in die Dienstleistungs- oder gar Freizeitbereiche der Gesellschaft erfoderlich machte, die mit den bisherigen Modellen der Besteuerung kaum zu realisieren wären. Klar ist für mich, daß eine solche wachsende Umverteilung, die politisch entschieden und politisch legitimiert werden muß, zu den typischen Erscheinungen der politischen Gesellschaften unserer Tage gehört.

Auch wenn bereits im „Kommunistischen Manifest" Mitte des letzten Jahrhunderts von der die einzelnen politischen Gesellschaften transzendierenden Entwicklung eines „Weltmarktes" und mithin eines „kapitalistischen Weltsystems" die Rede war, so sind die ökonomischen Theorien des 20. Jahrhunderts, vor allem dort, wo sie zur Grundlage des praktisch-politischen Eingriffs wurden, bis vor kurzem doch als „Nationalökonomien" oder in Deutschland als „Volkswirtschaft" aufgefaßt worden, als zwar nicht vollständig geschlossene, aber doch in ihrem Funktionieren innerhalb und zum Nutzen einer politisch verfaßten Gesellschaft beeinflußbare „Systeme". Das galt für die keynesianische Tradition ebenso, wie für den in Deutschland politisch und ideologisch besonders folgenreichen „Ordoliberalismus" mit seinem Stiefkind, der „sozialen Marktwirschaft" (Haselbach 1991).

Erst in allerjüngster Zeit – und obwohl der qualitative Sprung, der angeblich eingetreten sein soll, gar nicht so leicht erkennbar ist – dominiert die Rede von einer grenzenlos „globalisierten Weltökonomie", was sogleich auch, wie ich denke – mit den besseren Argumenten – die Rede von den „Grenzen der Globalisierung" (Altvater/Mahnkopf 1996) provoziert hat. Denn bei aller Verflechtung der Ökonomien und aller damit bedingten Relativierung national betriebener Wirtschafts- und Finanzpolitiken darf doch nicht vergessen werden, daß nationale Märkte nach wie vor den Großteil der wirtschaftlichen Aktivitäten absorbieren und daß alles Wirtschaften eine lokale Basis braucht.

Die Entwicklung der kapitalistischen Ökonomie mit ihrer wie auch immer im einzelnen unterschiedlich beschriebenen und kontrovers beurteilten „Eigenlogik", vor allem dem Preismechanismus auf den ursprünglich drei wesentlichen Märkten (Konsum, Arbeit und Investitionsgüter) gilt allgemein als das Musterbeispiel funktionaler Differenzierung oder der „Entbettung" der Ökonomie aus der Gesellschaft (Polanyi 1978). Im 20. Jahrhundert und verstärkt in dessem letzten Drittel ist zusätzlich der internationale Geldmarkt, auf dem maßgeblich die Zins- und Wechselkursbestimmung nationaler Währungen erfolgt, hinzugekommen, der inzwischen durch eine weitgehende Abkopplung von anderen Handelsmärkten und den realen Prozessen der materiellen Produktion charakterisiert ist. Vor allem dieser spekulative internationale Geldmarkt, auf dem täglich fast die hundertfache Geldmenge umgesetzt wird als für den realen internationalen Austausch von Gütern und Dienstleistungen erfoderlich wäre (Altvater/Mahnkopf 1996, S. 131), schränkt die Handlungs- und Steuerungsfähigkeit nationaler politischer Gesellschaften ein, weil auf den internationalen Märkten heute die Bewertung der jeweiligen Währungen letztlich über die Austausch- und Konkurrenzbedingungen entscheidet. Letzteres kann man am deutschen Fall sehr gut beobachten, wo in den länger zurückliegenden Jahren eine international durchaus beachtliche Produktivität des erzeugenden Gewerbes, die sich in entsprechend niedrigen Stückkostenpreisen niederschlägt, durch eine langfristig mehrfach aufgewertete Währung auf den internationalen Märkten konterkariert wurde. Erst der steigende Wert des Dollars seit Mitte der neunziger Jahre brachte hier wieder eine gewisse Erleichterung.

Allerdings zeigt sich an diesem Beispiel ebenfalls, daß auch hier die ökonomischen Prozesse nicht autonom und unbeeinflußt ablaufen, daß das Ergebnis, in diesem Fall also der Wert einer Währung, wie viele andere ökonomische Tatbestände auch politisch beeinflußt wird. Nicht diese Grundtatsache ist im Vorfeld der Einführung der gemeinsamen europäischen Währung umstritten, sondern die Frage, durch welche Institution dieser Einfluß ausgeübt und welche politischen Ziele für sie festgeschrieben werden sollten. Nicht zuletzt die vorhandenen politischen Gestaltungs- und Einflußmöglichkeiten machen den deutsch-französischen und in zweiter Linie auch deutsch-englischen Streit um die Autonomie der zukünftigen europäischen Zentralbank so bedeutsam, denn in diesem Streit geht es *de facto* um die Aufteilung von Regierungsmacht im sich weiter entwickelnden Regierungssystem der Europäischen Union. Die Verhältnisse sind also auch nach dem Verständnis der maßgeblichen politischen Akteure nicht so, daß die Politik auf die Ökonomie nicht einwirken könnte und dabei auf Kosten der sogenannten ökonomischen Rationalität andere Ziele durchsetzen oder zumindest in den Vordergrund rücken könnte. Die Verwertungsbedingungen privaten Kapitals werden maßgeblich durch politische Entscheidungen beeinflußt.

Die eigentliche Frage im Rahmen der gesellschaftstheoretischen Kontroversen ist aber, wie und ob die angesprochene „Verselbständigung" des ökonomischen Prozesses für den potentiellen politischen Eingriff jeweils signifikante Hindernisse bildet, die die politische Intervention an der Erreichung bestimmter Ziele hindert. Das gilt, wie gesagt, *cum grano salis* auch für andere ausdifferenzierte Gesellschaftsbereiche, wie zum Beispiel die Wissenschafts- und Technologieentwicklung, das Bildungswesen, erst recht aber für die Rechtsentwicklung, von der später als einem Zukunftsproblem noch öfter die Rede sein wird.

Diese Frage ist angesichts der Komplexität, den der politische Prozeß innerhalb der staatlich organisierten politischen Gesellschaften und jenseits davon auf trans- und supranationaler Ebene angenommen hat, keineswegs so einfach zu beantworten, wie dies in der ubiquitären Rede vom „Souveränitätsverlust" und „Steuerungsdefizit" nationaler Regierungen etwa bei Fritz Scharpf (1995) unterstellt wird, weil, wie nach allem bisher schon Gesagten deutlich geworden sein dürfte, der politische Eingriff beziehungsweise die politische Regulierung weder mit dem Handeln und Entscheiden formal konstituierter nationaler Regierungen gleichgesetzt noch vor allem mit der Erwartung zielorientierter Steuerung mit zusätzlichen Kriterien aufgeladen werden darf. Natürlich sind die zur Erreichung bestimmter Ziele getroffenen Entscheidungen einer von der Regierung unabhängigen Zentralbank politische Entscheidungen, verfolgen in ihrer Einflußnahme auf die wirtschaftlichen Prozesse bestimmte politische Präferenzen und belegen mit ihren Wirkungen meine Interpretation der Ausdifferenzierung. Niklas Luhmann hat vor einigen Jahren schon die Frage nach dem politischen Steuerungspotential, das Thema eines Politologenkongresses, für unsinnig erklärt; in sich jeweils „autopoietisch geschlossene Systeme", wie etwa das der Wirtschaft, ließen sich „aufgrund ihrer internen Codierung" nicht zielorientiert von außen beeinflussen. Aber, um beim obigen Beispiel zu bleiben, die Folgen einer mit bestimmten Absichten verfolgten Hochzinspolitik einer Zentralbank sind unter normalen Umständen im Wirtschaftsprozeß ziemlich genau als Investitions- und Konsumbremse zu erkennen und zu kalkulieren. Luhmann würde vermutlich entgegenhalten, daß diese Wirkung nur eintreten könnte, weil sich die Zentralbank mit der Beeinflussung des Preises von geliehenem Kapital nur genau des „ökonomischen Codes" bediente – und so müßte er eigentlich zu dem umgekehrten Schluß kommen, nämlich, daß es sich bei der Zentralbank um eine Komponente des „ökonomischen Systems" handele. Wenn das so sinnvoll zu begreifen wäre, warum würden dann in der Wirklichkeit politische Ziele und unterschiedliche politische Präferenzen im Handeln von unterschiedlichen Zentralbanken eine solche Rolle spielen, wieso gibt es dann überhaupt politische Kontroversen über diese Präferenzen?

Im Extremfall spricht jedenfalls auch der im Sinne ökonomischer Rationalität unsinnige, nichts desto weniger wirksame politische Eingriff für die Theorie der politischen Gesellschaft. Für die Frage, wer bei der Art der Ausdifferenzierung und den damit gesetzten Grenzen oder Möglichkeiten der Politik am Ende recht hat, kommt es auf die „Rationalität" gar nicht an, sondern nur auf die Potenz und Wirksamkeit der Politik.

Die Formulierungen von der „Entbettung" beziehungsweise „Ausdifferenzierung" bedeuten also empirisch im Hinblick auf das Beispiel keineswegs, daß nicht *politisch* auf die nationalen und internationalen Geldmärkte sowie das jeweilige Zins- und Währungsgefüge Einfluß genommen würde, das seinerseits angesichts der Leitfunktion der Geldmärkte im interdependenten Gefüge aller anderen Märkte Auswirkungen auch in den Bereichen Produktion, Arbeit und Konsum entfaltet. Was machen die Weltbank und der Internationale Währungsfonds denn anderes als Politik, wenn sie mit Zuckerbrot und Peitsche ihre Vorstellung von „good governance" gegen die bisherige Politik der nationalen Regierungen und Notenbanken – im Moment in Südostasien und morgen woanders – durchsetzen?

Wesentliche Steuerungsgrößen der Geldpolitik sind dabei heute weltweit – je nach wirtschaftswissenschaftlichem *credo* und sich hinter diesem durchsetzenden gesellschaftlichen Interesse eher „antizyklisch" oder „produktionspotentialorientiert" eingesetzt – die Entwicklung der Zinsen, der Liquidität und der Geldmenge im Inneren wie Bardepot- oder Mindestreservenauflagen sowie die direkte Beeinflussung der Wechselkurse im internationalen Geschäftsverkehr. Natürlich hängen die Möglichkeiten einer bewußten, rational-zielorientierten politischen Einflußnahme gerade auf die Bedingungen des internationalen Geschäftsverkehrs in erster Linie von der wirtschaftlichen Potenz der jeweiligen Akteure ab, zum Beispiel also von den zur Verfügung stehenden Interventionsmitteln bei „Stützungskäufen" von Währungen, dann aber auch von der Fähigkeit zur und Einbindung in internationale währungspolitische Kooperation und weiteren Faktoren. Auch Entscheidungen auf der Ebene politischer Kooperation sind politische Entscheidungen, und der Rückgang nationaler politischer Entscheidungsfähigkeit ist nicht mit dem Ende von Politik überhaupt gleichzusetzen, sondern nur ein Indiz dafür, daß bestimmte nationalpolitisch konstituierte Räume nicht mehr den funktionalen Regelungsnotwendigkeiten entsprechen. Für die Theorie der politischen Gesellschaft ist es aber unerheblich, ob neben der *Fed* der Vereinigten Staaten von Amerika, deren zins- und geldmarktpolitische Entscheidungen weltweite ökonomische Entwicklungen beeinflussen, auch die Deutsche Bundesbank oder später eine Europäische Zentralbank einen gewissen Einfluß ausüben wird. Entscheidender ist, daß es sich ungeachtet der unterschiedlichen institutionellen Arrangements der währungs- und geldpolitischen Verantwortlichkeiten auf nationaler und transnationaler Ebene stets um genuin politische Entscheidungen handelt, wenn es etwa in dem grundsätzlichen stabilitätspolitischen Zielkonflikt von Antiinflations- und Beschäftigungspolitik um Prioritätensetzungen geht.

Über die Geldpolitik im engeren Sinne hinaus spricht aber auch die international überall zu beobachtende Finanzpolitik gegen die Behauptung, durch die Ausdifferenzierung von Politik und Ökonomie sei die gestaltende Einflußnahme der Politik auf die Ökonomie unbedeutend geworden. In jedem ökonomischen Lehrbuch kann man lesen, daß sowohl die Staatsquote wie die Struktur der Staatsausgaben sowie schließlich die Entwicklung ihres Anteils ganz historisch-praktisch das Ergebnis politischer Entscheidungen darstellen (z.B. Pätzold 1993, S. 153). Damit wird also politisch unter anderem entschieden, welche Güter und Dienstleistungen grundsätzlich über den Markt bereitgestellt werden können und welcher Stellenwert damit der privaten Wirtschaft überhaupt zukommt. Vergleicht man für die heutige Wirtschafts- und Gesellschaftsentwicklung wichtige Sektoren wie Energie, Transport und Information, so stößt man nicht selten auf den hohen Staatsanteil der wirtschaftlichen Aktivitäten. Allein der sich im Eigentum niederschlagende Staatsanteil verrät aber nicht Ausmaß und Intensität politischer Gestaltung, wie sich am Beisspiel des „Agrarmarktes" der Europäischen Union studieren läßt.

Viel zu oft wird auch übersehen, daß sich ein erheblicher Anteil von der Rechtsform nach „privaten" Unternehmen ganz oder überwiegend in öffentlichem Besitz befindet, auf die politischer Einfluß – zum Beispiel im Bereich der kommunalen Versorgungsunternehmen für Energie und Wasser oder der in vielen Ländern üblichen kommunalen Sparkassen – in vielerlei Hinsicht direkt oder indirekt ausgeübt werden kann.

Wenn Manfred G. Schmidt zeigt, daß die „Staatsquote" in den OECD-Ländern 1994 zwischen dem Höchstwert 68,8% für Schweden und dem niedrigsten von 33,5% für die Vereinigten Staaten von Amerika variiert (1996, S. 38), dann sind dafür, wie seine Regressionsanalysen zeigen, vor allem politische Entscheidungen und Faktoren verantwortlich.

Es ist darüberhinaus angebracht, hier auch auf die bisher nicht vollständig und endgültige beendete Existenz nichtkapitalistischer Gesellschaften zu verweisen, in denen sich die politische Gestaltungsfähigkeit der Produktionsverhältnisse und der ökonomischen Reproduktion ganz allgemein in noch viel grundsätzlicherem Maße erwiesen hat. Der Ausgang des chinesischen Experiments ist keineswegs gewiß; gewiß ist nur, daß hier maßgeblich die Politik die wirtschaftlichen Reproduktionsbedingungen für ein Fünftel der Menschheit bestimmt. Auch die vierzigjährige Existenz der DDR sowie die rapide Veränderung der Wirtschaftsweise auf ihrem Territorium nach ihrem Zusammenbruch belegen doch offenkundig die These von der politischen Eingriffs- und Gestaltungsmöglichkeit, wie sie für politische Gesellschaften charakteristisch ist.

Auf jeden Fall können im politischen Prozeß einer Gesellschaft ungeachtet der kapitalistischen Grundlagen der Ökonomie also politische Entscheidungen und ebenfalls in politischen Entscheidungen begründete Institutionalisierungsformen sowohl für eine um fast 100% differierende „Staatsquote" sorgen, als auch in vielfältiger anderer Weise auf die Ökonomie, auf deren formelle und institutionelle Struktur ebenso wie auf die konkreten Verwertungsbedingungen von Kapital und Arbeit Einfluß nehmen.

Die Ökonomie kann ganz grundsätzlich gesehen als „autopoietisches System" (Luhmann 1984) gar nicht existieren, sondern bedarf mindestens der politischen Setzung und Garantie von Marktregeln und Vertragsverhältnissen, um überhaupt entstehen zu können. Niklas Luhmanns Vorstellung eines „autopoietischen Systems" noch am ehesten entsprechend ist der in mancher ökonomischen Theorie so hingebungsvoll wieder und wieder konstruierte „reine Markt" in Wirklichkeit nichts als ein abstraktes Denkmodell, bei dem die vielbeschworene Gleichgewichtslogik zirkulär lediglich die Folge der axiomatisch gesetzten wirklichkeitsfremden Ausgangsbedingungen ist. Historisch kommen mit der Übernahme vielfacher Infrastrukturleistungen – die allerdings, worauf die variierende „Staatsquote" ja auch hinweist, kontingent, also von Entscheidungen abhängig ist –, mit der Setzung institutioneller Bedingungen für die Formen, in denen die wirtschaftliche Betätigung selbst geschieht, vom Recht für die Aktiengesellschaften im 19. Jahrhundert bis zur rechtlich strukturierten Betriebsverfassung, vor allem aber mit der auch in diesem Jahrhundert selbstverständlich gebliebenen politischen Beeinflussung wirtschaftlicher Makrogrößen wie Geldmenge und Zinsniveau, schließlich mit der Aufteilung des Wirtschaftsprozesses in öffentliche und private Bereiche stets auch *unmittelbare politische Entscheidungen* zum Tragen, die generell auf den wirtschaftlichen Prozeß einwirken und die strukturbildend für den wirtschaftlichen Erfolg einzelner Akteure wie für gesellschaftliche Verteilungsprozesse insgesamt werden.

Selbst innerhalb eines realistischen und erfahrungswissenschaftlich kontrollierten marxistischen Ansatzes, der nicht mehr von der Politik als bloßem „Überbau" und „ideologisch erscheinender Oberfläche" ausgeht, findet sich heute die Feststellung: „Da Geld heute, anders als unter dem Goldstandard, seinen Wert durch institutionell geregeltes Knapphalten erhält, kann die ökonomische Analyse ohne Untersuchung politischer Regulation nicht auskommen" (Altvater/Mahnkopf 1996, S. 80). Die Frage ist nur, *wie* dies heute angesichts des transnational teilweise verselbständigten und spekulativen Geld- und Währungsmarktes geschehen und *wer* diese politische Kontrolle ausüben könnte – nicht ob es prinzipiell überhaupt möglich oder unmöglich wäre.

Auch auf der trans- und internationalen Ebene haben sich seit dem Zweiten Weltkrieg Strukturen, Regime und Organisationen herausgebildet, die aufgrund mehr oder weniger klar definierter politischer Zielsetzungen die weltweite ökonomische Entwicklung und deren aktuelle Einzelprozesse nachhaltig beeinflussen. Die Institutionen des „Bretton-Woods-Systems" und ihre Nachfolger, vor allem die Weltbank und der Internationale Währungsfonds, gehören, wie bereits erwähnt, spätestens seit den sechziger Jahren dieses Jahrhunderts in der Regulierung der Nord-Süd-Beziehungen ebenso wie in der politischen Gestaltung gesellschaftlicher Entwicklungen in den allermeisten Nicht-OECD-Ländern zu den machtvollsten politischen Akteuren, über die Rainer Tetzlaff zutreffend feststellt: „In den 50 Jahren haben sie einer *Ära der internationalen Kooperation* in immer mehr ›policy‹-Bereichen das Gepräge verliehen" (1976, S. 220), sich dabei allerdings gegenüber den Nehmerländern als „unerbittlicher Kreditgeber" (Nuscheler 1995, S. 467) sowohl hinsichtlich der Zinsen und Tilgung wie auch der allerdings im Laufe der Jahre mehrfach ihr politischen Ziele wechselnden „Konditionalität" erwiesen. Heute steht, wie gesagt, „good governance" auf dem Panier.

Das bedeutet aber nicht mehr und nicht weniger, als daß auch im Hinblick auf die Nord-Süd-Problematik und die innere „Entwicklung"[22], darunter maßgeblich die Ökonomie vieler Länder der auf der Ebene internationaler Regime politisch ausgeübte Einfluß durchschlagend und strukturbestimmend zu den internen politischen Entscheidungen hinzutritt. Von einer politisch unbeeinflußten oder gar unbeeinflußbaren Ökonomie kann in diesen Zusammenhängen – übrigens ebenso wenig

---

22 Zum Apostroph Franz Nuscheler (1995), vor allem die Kapitel II und VIII.

im Hinblick auf die erfolgreichen wie die nicht erfolgreichen Entwicklungsbeispiele – keine Rede sein.

Die unübersehbare Tatsache, daß sich die in mancher Hinsicht abzeichnende „Weltgesellschaft" „ihre eigenen Regelungsmechanismen an den Nationalstaaten vorbei" (Müller 1993, S. 13) auch im Bereich der internationalen Ökonomie geschaffen hat oder dabei ist, in immer neuen „Regimen" weiterzuentwickeln, stützt den Grundgedanken der Theorie der politischen Gesellschaft. Denn, was immer an diesen „Regimen" analytisch und theoretisch derzeit in einer international geführten Theoriedebatte noch unklar oder umstritten ist, es handelt sich bei ihnen unabweisbar um genuin politische Einrichtungen, die neben der hier beispielhaften Ökonomie auch auf dieser transnationalen Ebene andere strukturell ausdifferenzierte Bereiche politisch zu beeinflussen in der Lage sind. Sie vermögen dies über Konstituierung durch jeweils gemeinsam anerkannte Prinzipien, Normen, Regeln und vor allem Prozeduren, mit deren Hilfe jeweils Entscheidungen getroffen werden können, die eine beträchtliche Bindungswirkung entfalten. Allerdings gilt für diese Regime dasselbe, was oben bereits einmal für „Netzwerke" festgestellt wurde: „Kooperation" als ihren einzigen oder dominanten Handlungsmodus analytisch festschreiben zu wollen, bedeutet, die Wirklichkeit des internationalen Machtkampfes in eine unglaubwürdige Idylle zu verwandeln. Weltbank und Internationaler Währungsfonds jedenfalls setzen an den Beginn der Kooperation in der Regel die Unterwerfung unter ein einseitiges Diktat.

Ausdifferenzierung gesellschaftlicher Funktionsbereiche bedeutet also einerseits, daß auf der funktionalen, sinn-konstitutiven und symbolischen Ebene in sich *relativ* geschlossene Handlungszusammenhänge existieren, darunter derjenige, den man gemeinhin als „Staat" oder „politisches System" bezeichnet, ohne damit außerhalb der strikten „Systemtheorie" viel mehr zu bezeichnen, als eine in den Konventionen der Alltags- und Wissenschaftserkenntnis scheinbar evidente „Einheit". Andererseits kann gerade dieser politische Handlungszusammenhang eindeutig mehr beeinflussen als nur seine eigenen internen Verhältnisse. Seine Interventionen in andere Handlungszusammenhänge sind beobachtbar und zahlreich und stoßen letztlich auf kein hinreichendes Widerstandspotential. Eben das ist die Grundthese der Theorie über die politische Gesellschaft.

Worauf basiert dann also diese Möglichkeit und Macht der Politik gegenüber allen anderen Bereichen? Das ist die Frage, auf die die Theorie der politischen Gesellschaft insgesamt eine Antwort zu geben versucht.

Im ersten Kapitel wurden vier langfristige Entwicklungstrends in ihrem Zusammenhang beschrieben, die für diese Macht als Voraussetzung gelten müssen. Um darüber hinaus der Antwort näher zu kommen, müssen wir den bisher verwendeten funktionalen Politikbegriff[23] erweitern und neben der bisher analytisch in den

---

23 Ich möchte daran erinnern, daß es hier so wenig wie früher darum geht, einen Politikbegriff geschichtslos zu definieren; vielmehr handelt es sich darum, mit verschiedenen analytischen Unterscheidungen – im Moment der zwischen Funktion und Mittel – Dimensionen des Politischen in einem ganz bestimmten historisch-gesellschaftlichen Zusammenhang herauszuarbeiten. Bekanntlich kann mit „analytischen" Unterscheidungen oder Definitionen selbst noch keine Erfahrungserkenntnis produziert werden; Unterscheidungen kann man so viele und so beliebig treffen, wie

Vordergrund gestellten *Funktion* – Herstellung verbindlicher Entscheidungen für eine Gesellschaft – auch deren wesentliche *Mittel* in den Blick nehmen. Offenkundig ist die Antwort nicht unabhängig von der Kenntnis der Mittel oder Instrumente zu finden, die die Politik in der politischen Gesellschaft mit solchen überlegenen Fähigkeiten ausstatten.

Auf den ersten – und theoriegeschichtlich durchaus traditionellen – Blick will es so scheinen, als läge diese Fähigkeit der Politik, in alle anderen gesellschaftlichen Bereiche erfolgreich zu intervenieren, in der ihr eigenen Macht begründet, sich über Widerstände hinwegzusetzen. Sieht man von der staatszentrierten Formulierung ab, so versteht auch Bob Jessop im Hinblick auf die hier interessierende Frage nach den überwindbaren Grenzen der funktionellen und strukturellen Ausdifferenzierung die „staatliche Macht" gerade als die „Kapazität des Staates, seine Macht weit über die eigenen Grenzen hinaus auszudehnen" (1996, S. 46). „Ausdehnen" ist aber eigentlich das falsche Wort, es geht darum, die politische Macht auch in den anderen Bereichen einsetzen zu können.

Mit der bloßen Feststellung ist wenig gewonnen, solange nicht begründet werden kann, worauf diese „Macht" beruht. Macht, von der Max Weber nicht ohne Grund warnend feststellte, sie sei „soziologisch amorph", ist ja ihrerseits ein ungeheuer komplexes Phänomen innerhalb personaler Beziehungen oder struktureller Verhältnisse, das sich nicht aus sich selbst heraus verstehen läßt. Wie es bei Max Weber heißt: „Alle denkbaren Qualitäten und alle denkbaren Konstellationen können jemand in die Lage versetzen, seinen Willen in einer gegebenen Situation durchzusetzen" (1972, S. 28). Hinsichtlich der Quelle der Macht eines „politischen Verbandes" – also nicht nur des Staates im Sinne des „modernen Anstaltsstaates" – war sich Max Weber aber der wesentlichen Ressource überlegener Macht eindeutig sicher. Hier resultiert sie aus der Fähigkeit, „Bestand und Geltung seiner Ordnungen innerhalb eines angebbaren geographischen Gebietes kontinuierlich durch Anwendung und Androhung *physischen*[24] Zwangs seitens des Verwaltungsstabes" zu garantieren"; und weiter: „Für politische Verbände ist selbstverständlich die Gewaltsamkeit weder das einzige, noch auch nur das normale Verwaltungsmittel... allerdings ihr *spezifisches* und überall die ultima ratio" (Weber 1972, S. 29).

Die Entwicklung des modernen Verfassungs- und Rechtsstaates hat die Anlässe manifester politisch motivierter Gewaltanwendung nach innen (!) seltener werden lassen und in der Regel auf Grenzfälle, wie die Durchsetzung des „Monopols legitimer physischer Gewaltsamkeit" gegen terroristische Gruppen, beschränkt. Generell kann man sagen, daß der auf Anerkennungsbereitschaft beruhende Herrschaftscharakter gegenüber dem auf Gewaltpotential beruhenden Machtcharakter politischer Ordnungen im Zuge der Entwicklung des Verfassungs- und Rechtsstaates stärker in den Vordergrund getreten ist – aber deswegen gibt es immer noch keinen Anlaß, an der Richtigkeit von Max Webers grundlegender Feststellung zu zweifeln. Die latente „Androhung" der Erzwingungsgewalt, symbolisiert durch die Institutionen und Vollzugsorgane des in den meisten modernen politischen Gesell-

---

man will. Ihre Plausibilität können sie erst im Prozeß der Deutung oder Interpretation von Erfahrungswissen, also in einem größerem „theoretischen" Zusammenhang gewinnen.
24 Hervorhebungen von Max Weber.

schaften kaum bescheiden zu nennenden Gewaltapparates, steckt in jedem Gesetzesbefehl, in jedem Erlaß und ist noch in der kleinsten Verwaltungsanordnung verborgen und läßt Gegenwehr, die über den Gebrauch des Rechtsweges hinausgeht, jedenfalls für die meisten Individuen im Alltag aussichtslos erscheinen. Das Gewaltpotential als Mittel der Politik ist in hohem Maße von den Individuen als Schranke ihrer eigenen Willkür unbewußt verinnerlicht. Aber es bleibt ihnen zugleich als mögliches Instrument und Mittel gegen andere bewußt. Der „härtere" Einsatz staatlich organisierter Gewalt wird in gesellschaftlichen Konfliktsituationen, häufig gegen die Selbstbindungen des demokratischen Rechtsstaates, von vielen gefordert – ob es sich nun um den Kampf gegen „organisierte Kriminalität" oder die Auseinandersetzung mit demonstrativem Protest handelt.

Das Risiko strafrechtlicher Sanktion muß aber vor allem im Alltag plausibel und glaubwürdig sein und ihm muß ein individuelles und gesellschaftliches Gerechtigkeits- und Schuldgefühl entsprechen, damit „gesellschaftliche Integration" und damit bestimmte zentrale Institutionen funktionieren. Das gilt für die Einhaltung der Schulpflicht oder der Verkehrsregeln ebenso wie für die Bereitschaft, Steuern und Abgaben zu zahlen. Wer glaubte, sie würden in den heutigen Gesellschaften ohne die im Hintergrund wirkende Sanktionsdrohung funktionieren, wäre ein Träumer. Wo, wie heute in Deutschland in gewissen Bereichen der Steuereintreibung, der Schwarzarbeit oder der mißbräuchlichen Nutzung von Sozialleistungen, sich gesellschaftlich der Eindruck ausbreitet, die mit den Gesetzen verbundene Sanktionsdrohung sei gar nicht real oder das Risiko, entdeckt zu werden, sei kalkulierbar gering, da läßt die Bindungswirkung des Gesetzes für das individuelle Verhalten schlagartig nach.

Die Sanktionsdrohung besteht im Kern in der Ausübung *physischen Zwangs* wie bei der Freiheitsstrafe oder sogar in einigen Ländern der gesetzlich sanktionierten Tötung. Die heute häufig verhängten Geldstrafen sind demgegenüber gewissermaßen nur subsidiär, wenn nicht gezahlt wird oder gezahlt werden kann, bleibt der Strafdurchsetzung immer nur die „*ultima ratio*". Damit bleibt sie durchsetzungsfähig und gegenüber möglichem Widerstand aus jedem anderen gesellschaftlichen Funktionsbereich überlegen. Insbesondere dann, wenn die „exit"-Option für gesellschaftliche oder individuelle Akteure nicht realistisch oder zu kostenträchtig ist, und die Ausübung von „voice" – im Rahmen der demokratischen Willensbildung – für einzelne oder Gruppen absehbar nichts ändert, bleibt „loyality" angesichts dieser Drohung die einzig „rationale" Verhaltensoption der Herrschaftsunterworfenen. Diese Regel- und Systemtreue darf sozialwissenschaftlich nicht mystifiziert werden, denn sie beruht bei den meisten nicht auf „Einsicht" oder „Verständigung", sondern auf erlebter oder unreflektierter Alternativlosigkeit. Auch die moderne demokratische Gesellschaft funktioniert jedenfalls keineswegs ohne angedrohten Zwang, und sie wird in letzter Instanz auch heute nicht durch „Konsens" oder „Diskurs" „integriert".

Selbstverständlich hat dieses Gewalt- und Durchsetzungspotential der Politik funktionale Schranken und ist, steuerungstheoretisch gesehen, nicht zur Substitution bestimmter leistungen in der Lage. Mit Gewalt kann die Politik nicht, wie Niklas Luhmann niemals müde wird zu betonen, Wahrheitsfragen innerhalb der Wissenschaft beantworten. Aber natürlich kann sie mit ihren Mitteln auch in der Wissenschaft, um nicht immer nur von der Ökonomie zu reden, ein bestimmtes Verhalten erzwingen oder unterbinden, indem sie Sanktionen androht, zum Beispiel im Falle des Gebrauchs bestimmter Begriffe, Fragestellungen oder Behauptungen. Die Ausdifferenzierung findet also überall ihre Grenze in dem Gehorsam, den Politik mit den ihr eigenen Mitteln noch immer erzwingen kann. Und wer wollte und könnte am Ende dieses Jahrhunderts an ihrer prinzipiellen Fähigkeit dazu tatsächlich zweifeln?

Es ist für mich immer wieder eigenartig zu sehen, wie sich die Politikwissenschaft, aber auch manche ihrer Nachbardisziplinen, um diesen gewaltkonstituierten Kern der politischen Gesellschaften herumdrücken oder ihn ignorieren. Sieht man einmal von den äußeren Beziehungen ab, so ist das Gewaltpotential im Innern moderner Gesellschaften politikwissenschaftlich kaum ein Thema. Dabei dürfte es niemals zuvor in der Geschichte menschlicher Vergesellschaftung eine solche „Polizeidichte" pro Kopf der Bevölkerung gegeben haben wie in den heutigen politischen Gesellschaften – auch den freiheitlich demokratischen des Westens. Hauptsächlich Spezialisten beschäftigen sich sozialwissenschaftlich mit der Polizei, und dann so, als sei Kriminalitätsbekämpfung ihr einziger Zweck. Nur in Ausnahmefällen wird überhaupt der politisch konstitutive Zusammenhang mit der gesellschaftlich im Zweifelsfall auch erzwungenen Integration und dem Gesetzesgehorsam der Bürger und Bürgerinnen thematisiert (Busch u.a. 1987). Diese zahlen in der Regel nicht aus innerer Überzeugung ihre Steuern, sondern versuchen zu „schummmeln", wo sie nur können. Wer hier allein auf individuelle Einsicht setzte, würde politisch mit leeren Händen dastehen. Gesellschaften können nicht wie jene seltenen und als allgemeines Modell offenkundig wenig erfolgreichen Restaurants funktionieren, in denen der Gast selbst den Preis der von ihm in Anspruch genommenen Leistungen bestimmen darf.

Funktionieren aber die Selbstbindungen[25] der politischen Gesellschaft nicht, die sie sich in Form der Rechts- und Gesetzesförmigkeit ihres Handelns in der Moderne auferlegt hat, dann gibt es gegen die Überlegenheit politischer Macht keinerlei Schutz mehr, wie die mehr oder weniger totalitären Versionen der politischen Gesellschaften dieses Jahrhunderts zeigen.

Auch das Militär als latente Ordnungsmacht im Innern erscheint aus der Perspektive westlicher Demokratien und einer Politikwissenschaft, die sich deren Funktionieren auch bei der Behandlung grundsätzlicher Fragen allzu sehr zum Maßstab genommen hat, nur das Problem unterentwickelter und instabiler politischer Regime zu sein, obwohl auch hier gerade die deutsche Geschichte des ausgehenden Jahrhunderts, jedenfalls in seiner ersten Hälfte, eine andere Sprache spricht. Auch der Präsident der Vereinigten Staaten von Amerika hat sich noch nach dem Zweiten Weltkrieg in der Lage gefunden, das Militär im eigenen Lande einzusetzen. Die britische Regierung konnte über Jahrzehnte die öffentliche Ordnung in Nordirland durch den Einsatz regulärer Truppen nur mit Mühe aufrechterhalten. Gewiß, das

---

25 Wie an anderer Stelle schon festgestellt, erscheint das operational vollständig positivierte Recht, das seine Geltung allein aus politischen Entscheidungen begründet, als bis auf weiteres geltende Selbstbindung und Kontingenzminderung der Politik, die freilich auf dieselbe Art aufgehoben werden kann, wie sie einst zustande kam.

sind glücklicherweise in den letzten Jahrzehnten in den westlichen Demokratien die seltenen Ausnahmen – aber sie beweisen immerhin, worum es hier nur gehen kann, daß auch in diesen Gesellschaften das Potential zum militärischen Einsatz und unter bestimmten Umständen auch die Bereitschaft dazu besteht.

Mit der unmittelbaren Erfahrung der Gewaltausübung scheint dann aber auch das Bewußtsein ihrer anhaltenden Potentialität verloren zu gehen. Man könnte angesichts der Art der Beschäftigung mit den massiven Gewaltausbrüchen in den letzten Jahren auf dem Balkan, in der ehemaligen Sowjetunion und von der Türkei über Israel bis Algerien rund um das Mittelmeer auch von einer projektiven Externalisierung des Themas in der Politikwissenschaft sprechen, durch die eine Zone des Schweigens und ein blinder Fleck im Blick auf die eigenen politischen Regime entstanden ist. Obwohl die westlichen Demokratien auch nach dem Ende des manifesten Weltkrieges nicht zuletzt ein heute unübertroffenes und historisch einmaliges Gewaltpotential aufgebaut und permanent erhalten und erneuert haben, erscheint in ihrem Selbstbild „Gewalt" stets nur als äußere Bedrohung und Gefährdung, und der eigene Gewaltanteil an der Vergesellschaftung als Tabu, das nur Minderheiten durch Thematisierung verletzen.

Ekkehart Krippendorffs außenseiterischer Versuch, an den genetisch-konstitutiven, aber fortwirkenden Zuammenhang von Gewalt, stehendem Heer und der Entstehung des modernen Staates zu erinnern (1985), trägt zwar die typisch vereinseitigenden Züge eines den *mainstream* mit einem Schlag korrigierenden Wurfes und ist sicherlich gerade in seiner genetischen Kernthese[26] methodisch und inhaltlich angreifbar. Mit dem blauäugigen Hinweis auf die sozialphilosophisch ausgedachte „Möglichkeit einer legitimen, von *allen Mitgliedern der Gesellschaft anerkannten Herrschaftsform*" (Weller/Zürn 1991, S. 105), ist ihm angesichts der realgeschichtlichen und gegenwärtigen Verhältnisse und ihres notwendigen Zwangscharakters nicht beizukommen. Ob es eine solche Möglichkeit gibt, will ich hier wie üblich den Philosophen überlassen, die sie als Denkmöglichkeit in vielen Varianten ausgedacht haben, wobei der Kantische Vernunftrepublikanismus gerade in seiner die internationale Ordnung einbeziehenden Qualität mir noch immer als bisher denkerisch unübertroffene Utopie erscheint (Gerhardt 1995).

Sicher ist jedoch, daß es in der bisherigen Geschichte politischer Regime noch keine gegeben hat, die sich unter Verzicht auf Gewaltpotential und -androhung im Innern ausschließlich auf Anerkennung und normative Integration gegründet hätten. Ein Stück des zu Max Webers Zeiten und bei ihm noch selbstverständlichen „Realismus" in diesen Fragen würde auch der heutigen jüngeren Generation in den Sozialwissenschaften[27] gut anstehen.

---

26 „Das stehende Heer brauchte eine politische Form, den modernen Staat. Nicht umgekehrt: 1648 wurden keine Staaten ›gegründet‹ und diese ›unter anderem‹ mit dem Recht der Selbstverteidigung, also mit Militär ausgestattet, sondern es waren die stehenden Heere als Basen ihrer Herrschaft, zu deren Unterhalt und Ausbau die Fürsten ihre Staaten konstruierten und sich gegenseitig in dieser neuen Funktion als legitime Herrscher anerkannten" (Krippendorff 1985, S. 275).

27 Diesmal bewußt dieser Ausdruck, weil ja gerade die Soziologie und die von ihr bis in die Politikwissenschaft hinein dominant geprägte Gesellschaftstheorie heutzutage fast vollständig auf einen über Parsons vermittelten Durkheim, auf kommunikativ vermittelte Integration setzt und sich mit der Behandlung von Gewalt in diesem (!) Zusammenhang schwer tut.

Wie schon an anderer Stelle betont, darf man die legitimitätsstiftende Selbststilisierung des Vertragsdenkens oder des modernen demokratischen Republikanismus nicht für wirklichkeitswissenschaftliche Beschreibungen der realen Herrschaftsverhältnisse halten, in denen sie zwar eine wichtige Funktion und insofern auch eine reale Bedeutung haben, die sie aber inhaltlich keineswegs zutreffend beschreiben. Dazu im späteren Abschnitt über „Herrschaft" näheres.

Hier, wo es um die durch Ausdifferenzierung geschaffenen Grenzen anderer Handlungszusammenhänge und die Politik geht, und dabei besonders um die Beantwortung der Frage, warum und womit die Politik diese potentiell zu überwinden vermag, gibt der Hinweis auf das Gewaltpotential und die mit ihm verbundene Androhung zwar für das Verständnis der Alltagspraxis politischer Regime noch keine hinreichende, aber die oft unterschlagene und systematisch wie empirisch unbedingt notwendige Antwort.

Natürlich ist es zutreffend, daß die Durchsetzungsmacht der Politik *auch* auf ihrer Fähigkeit beruht, Unterstützung zu mobilisieren, Konsense oder wenigstens legitime Mehrheiten zu bilden und insofern ausreichend Anerkennung und Zustimmung zu finden. Kein politisches Regime, auch kein undemokratisches, kann nur auf Machtausübung und der Androhung physischer Gewalt beruhen. Das wird hier nicht behauptet – nur das Gegenteil wird bestritten, nämlich daß es ganz ohne diese Androhung ginge.

Hannah Arendt hat in ihrer Auseinandersetzung mit Max Weber zwar zu Recht die Reduzierung des Macht*begriffs* auf physische Gewalt kritisiert (Arendt 1987, S. 37ff), denn selbstverständlich gibt es die aus der Kooperation, aus dem Zusammenhandeln kommunikativ gistiftete und schließlich die aus der Folgebereitschaft vieler resultierende Macht einzelner. Max Weber hätte diese Sachverhalte jedoch nie bestritten; für ihn gab es, wie bereits zitiert, verschiedene Ressourcen und Quellen der Macht, und seine These war allein, daß insbesondere der moderne „politische Verband" ohne die ihm historisch spezifischen gewaltsamen Mittel der Machtausübung nicht begriffen werden könnte. Dem folge ich hier. Er hat desweiteren die nicht auf physischem Zwang beruhenden Aspekte der Macht – meines Erachtens sinnvoll – kategorial unterschieden und als Dimensionen der Herrschaft betrachtet, die nach ihm auf „Motiven der Fügsamkeit" beruht und insofern nicht nur erzwungen ist. Auch wenn „Kooperation" nicht ausdrücklich sein Thema wird, so ließe sie sich doch in seinen Rahmen, aber eben auf der Herrschaftseite, einbauen. Zweifellos schafft gelingende Kooperation für die Beteiligten bindungswirkungen, „Motive der Fügsamkeit" gegenüber dem gemeinsam erreichten Kooperationsergebnis. Allerdings verbirgt sich hinter dem Begriff in der Wirklichkeit ein weites Feld sozialer Interaktionen, das auch mit der analytischen Unterscheidung von „arguing" und „bargaining" nur unzureichend und häufig idealisierend erfaßt wird.

Hannah Arendt hat mit ihrer einseitig richtigen Thematisierung des Machtproblems also nur den Akzent anders gesetzt und analytisch das Gewaltproblem aus der Machtfrage herausgenommen. Wenn man nun dieser anderen Machtressource nachgehend die hier anstehende Frage weiter verfolgt, ob auch die kommunikativ erzeugte politische Macht in die anderen Funktionssysteme einzudringen vermag, dann ergibt sich darauf eindeutig ebenfalls eine empirisch fundierte positive Antwort. Das Interessante ist, daß dies sich sogar aus den Prämissen und Arbeiten der

Systemtheoretiker selbst ergibt. Niklas Luhmann analysiert zum Beispiel soziale Bewegungen und die von ihnen bewirkten Veränderungen des politischen Prozesses ausdrücklich als „Entdifferenzierung", durch die die Funktionslogik ehemals wechselseitig abgegrenzter Systeme relativiert, wenn nicht partiell aufgehoben würde (1986); ebenso hat er bereits früher die Wirkung der gemeinhin als „Demokratisierung" beschriebenen Gruppenpartizipation in deutschen Universitäten als „Entdifferenzierung" (1987, S. 202ff) beschrieben. Strittig ist offenkundig also gar nicht die grundsätzliche Möglichkeit der Politisierung, sondern in die Rede von der eigentlich „unmöglichen" Intervention und Einflußnahme der Politik fließt implizit ein Werturteil ein, nämlich, daß sich die Wirkung der Intervention „zerstörerisch" auf den ursprünglichen „Systemcode" auswirke, eine durch Mitbestimmung verwaltete Universität also nicht mehr „wahr" und „unwahr" unterscheiden könne, eine politische Ökonomie nicht mehr durch den Preismechanismus gesteuert werde. Zeitkritisch heißt es bei Luhmann zur politischen Gesellschaft: „Die Unmöglichkeit, andere Systeme vom politischen System aus effektiv zu steuern, steht in umgekehrtem Verhältnis zur Leichtigkeit, mit der solche Entscheidungen in Geltung gesetzt und, wie immer sporadisch, durchgesetzt werden können" (1991, S. 153). Nicht die Politisierungsmöglichkeit, sondern nur die effektive Steuerungsmöglichkeit wie Durchsetzungsfähigkeit steht also in Frage.

Ich will mich hier nicht mehr im Detail mit diesem Argument auseinandersetzen, das ja auf der ebenso *a priorischen* wie empirisch problematischen Annahme beruht, ausdifferenzierte Systeme würden tatsächlich *nur* durch den jeweils von Niklas Luhmann identifizierten Code gesteuert. Für mein Argumentationsziel ist der Hinweis ausreichend, daß auch ohne den Einsatz von Gewalt kommunikativ erzeugte politische Macht in der Lage ist, in die Prozesse anderer Systeme einzugreifen. Daß es dabei grundsätzlich zu ihrer „Zerstörung" komme, ist als Prämisse empirisch ebenso unplausibel wie die weitere Annahme, diese Intervention gehe immer mit einem Rationalitätsverlust einher.

Politik kann also vermittels angedrohter oder ausgeübter Gewalt oder kommunikativem Zusammenwirken praktisch in alle gesellschaftlichen Bereiche intervenieren.

Zweifellos erfordern und finden die wichtigsten Strategien moderner Politik in der Bearbeitung und manchmal auch Lösung gesellschaftlicher Probleme ganz überwiegend eher den Einsatz kommunikativer Ressourcen. Es wird verhandelt und es werden Kompromisse geschlossen, es werden Tausch- und Kopplungsgeschäfte getätigt. Das ist der Alltag von Berufspolitikern und Bürokraten. Die aus all' dem resultierende „Steuerung" über Gesetze und Verordnungen, von der in den *policy sciences* so viel gesprochen wird, stellt in staatlich organisierten politischen Gesellschaften wegen der mit ihr verbundenen Sanktionsandrohung allerdings bereits einen Grenzfall dar, weil sie nicht mehr allein auf Tausch und Kommunikation, sondern eben auch auf der gewaltbewehrten Sanktionsdrohung beruht.

Gewalteinsatz ist ein schlechter Problemlöser mit hohen Folge- und Nebenkosten – das gilt nicht nur in den internationalen Beziehungen. Auch diese politisch-philosophisch so anziehende Feststellung kann angesichts des kumulierten Potentials heutiger politischer Gesellschaften letztlich keine Sicherheit gegen die potentiell stets drohende Wendung zum Gewalteinsatz bieten. Die historische Erfahrung spricht eine eindeutige Sprache und nicht dafür, daß sich auf einmal die allgemeinsten Bedingungen historischer Vergesellschaftung insofern geändert haben sollten. Obwohl manifeste Gewalt als Problemlösung häufig versagen mag, wirkt sie im Falle ihres Einsatzes doch unaufhaltsam als Mittel der Entdifferenzierung und im politischen Alltag allein schon durch ihre strukturelle Präsenz und zunächst latent bleibende Androhung. Das ist der Kern der Antwort auf die zweite Frage.

Gerade die schier unbegrenzbare Macht, die im demokratischen Willensbildungsprozeß für die Unterstützung aller möglichen Ziele mobilisiert zu werden vermag, und die in der Antike Platon und für die modernen Zeiten paradigmenstiftend Tocqueville vor einer „Tyrannei der Mehrheit" warnen ließen, macht dieses Potential so gefährlich. Einerseits erscheint das politische Gewaltpotential dem einzelnen oder gesellschaftlichen Gruppen gegenüber als unüberwindbarer Zwang, andererseits kann es gerade unter den modernen Bedingungen der Fundamentalpolitisierung ein nie gekanntes Unterstützungspotential in der Bevölkerung für sich mobilisieren und war dabei im 20. Jahrhundert unter allen Regimeformen sehr erfolgreich. Wo die Gewalt zum Einsatz kam, im Krieg nach außen wie gegen vermeintliche Feinde im Innern, fand sie bisher noch immer große Unterstützung[28] und wäre ohne diese in politischen Gesellschaften auch gar nicht möglich. Das gilt für die demokratischen wie undemokratischen Regime des ausgehenden Jahrhunderts gleichermaßen.

Unabhängig voneinander, aber erst recht in ihrer kumulierten Wirkung, sprechen das Gewaltpotential wie die Mobilisierungsfähigkeit moderner Politik eindeutig gegen die These von der unrevidierbaren Ausdifferenzierung der Gesellschaft. Die damit unterstellte oder gar manchmal erhoffte Sicherung oder Begrenzung der Politik gibt es nicht wirklich – eben das macht die demokratische Chance wie totalitäre Gefährdung der politischen Gesellschaft aus.

Bliebe noch die dritte oben aufgeworfene Frage offen, denn mit der prinzipiell bestehenden Möglichkeit der politischen Intervention, die in der politischen Gesellschaft gegeben ist, kehrt sich die sonst im Fach übliche Fragestellung eigentümlich um: interessant wäre nun zu wissen, warum Politik nicht eingreift, wo und wenn sie es doch könnte. Bevor hier allerdings Verallgemeinerungen möglich würden, wäre eine systematische empirische Forschung zu den Auslösungsbedingungen von Politisierungsprozessen einerseits, zu deren Ausbleiben andererseits nötig. Gerade letzteres wirft, ähnlich wie im Falle der vor drei Jahrzehnten in die Politikanalyse eingeführten „non-decisions", schwierige Operationalisierungsprobleme und Forschungsfragen auf (Bachrach/ Baratz 1977, S. 74ff). Evident ist jedenfalls, daß auch in der politischen Gesellschaft nicht alles politisch, das heißt manifest politisiert ist. Der Verdacht liegt nahe, daß dies einerseits mit kulturellen Deutungen des Politischen zusammenhängt, die sich als mentale und gedankliche Restriktionen auswirken, und die konsequenterweise auch in der wissenschaftlichen Reflexion über die

---

28 Ich bin mir wohl bewußt, daß dem patriotischen Taumel und der Begeisterung auf allen Seiten im Sommer 1914 bei Kriegsausbruch 1939 kein entsprechender Enthusiasmus entsprach – deshalb ist im Text von „Unterstützung" die Rede. Es gibt im 20. Jahrhundert m.E. kein Beispiel, daß eine kriegsbereite Regierung diese anfängliche Unterstützung nicht fand und ihre Pläne aufgeben mußte. Allerdings zeigt das Beispiel des Vietnamkrieges, daß es für demokratische Regierungen auch schwer werden kann, die Unterstützung längere Zeit aufrecht zu erhalten.

Politik unterstellt werden müßten, daß aber vor allem die geschichtlich gewordenen Institutionalisierungen des politischen Prozesses sich als selektive Ermöglichungsformen des jeweiligen aktuellen politischen Prozesses auswirken. In ihnen ist die Politik freilich Selbstbindungen, häufig in der Form der Verrechtlichung und Verfassung ihrer selbst, eingegangen, die nur durch sie selbst erhalten und garantiert werden können. Nicht Recht als solches schützt vor der Politik, sondern nur die Politik kann das Recht auch zum Schutz einrichten und garantieren.

2.4 Herrschaft

Die seit der politischen Philosophie der Antike klassische Frage nach der Art und Legitimität der Herrschaftsausübung und des mit ihr unvermeidlich gesetzten Subordinationsverhältnisses ist in den zeitgenössischen politischen Gesellschaften unseres Jahrhunderts eigentümlich in den Hintergrund getreten. „›Herrschaft‹ gehört heute zu jenen politischen Schlagworten, die entweder tabuiert sind oder nur in kritischer Absicht verwendet werden", wie Reinhart Koselleck gleich einleitend zu dem im Vergleich zur sonstigen Konsistenz der Beiträge eigentümlich schwammigen und unklaren, von zahlreichen Autoren zusammengeschriebenen Artikel „Herrschaft" in den „Geschichtlichen Grundbegriffen" (Bd. 3, 1982, S. 1) feststellt.

Während „Herrschaft" in der Reflexion der totalitären Gesellschaften des 20. Jahrhunderts einerseits zur Absolutheit der Machtausübung und „Führung" des Diktators mystifiziert wird, gerät sie andererseits bei der politikwissenschaftlichen Beschäftigung mit den Formen der repräsentativen Demokratie, abgesehen von verfassungsrechtlichen Deklarationen der „Volksherrschaft", völlig unter den Primat einer funktionalistischen Analyse von allemal für notwendig erachteten „Leitungs- und Steuerungsfunktionen" des Regierens. Selbstverständlich spielen diese Fragen des Managements und der Politiksteuerung, der Programmentwicklung und Zielverwirklichug heute im Vergleich zu früheren Herrschaftssystemen eine vielleicht sogar einzigartige Rolle, aber deswegen sollte man die Poltikwissenschaft nicht auf eine Art Betriebswirtschaftslehre politischer Regime reduzieren. Denn in dem Maße, in dem das heute geschieht, geht der in der Geschichte der Politik wie ihrer Reflexion bisher immer konstitutive und kritische Zusammenhang des eigentlichen Herrschaftsdiskurses mit den Problemen der individuellen wie gesellschaftlichen Freiheit und Selbstbestimmung, der Gleichheit sowie der Verteilung und Aneignung des gesellschaftlichen Reichtums verloren.

Auch in der demokratischen Version der politischen Gesellschaften unserer Tage wird aber politische Herrschaft von Menschen über Menschen ausgeübt, bleibt sie eine der wesentlichen Ursachen von prinzipiell eingeschränkter und manchmal überflüssigerweise verweigerter Selbstbestimmung und materieller Ungleichheit.

Weniger als bei den anderen Grundlagen der politischen Gesellschaft kann die wissenschaftliche Reflexion von „Herrschaft" von den unvermeidlichen Wertungen absehen, die mit diesem Thema verbunden sind. Schon die Entscheidung, „Herrschaft" über den unter funktionalen Aspekten notwendigen Anteil an Hierarchie, Leitungs- und Steuerungsfunktionen hinaus zu thematisieren, käme ohne solche normative Motivation wohl kaum zustande. Sie besteht bei mir kurz gesagt im Festhalten an einem Maßstab der älteren Kritischen Theorie, für den Herbert Marcuse den *terminus technicus* „zusätzliche Unterdrückung" (1969, S. 42 u. passim) geprägt hat, die es abzuschaffen gelte. In seinem zuerst 1955 erschienenen Text – in deutscher Übersetzung – benutzt er dabei zunächst das Wort „Unterdrückung" und nicht „Herrschaft" als *terminus technicus*, weil es ihm im Kontext seiner Freudanalyse zunächst im engeren Sinne um „Triebunterdrückung" geht. Er selbst stellt aber, wie in dem nachfolgenden Zitat, den konstitutiven Zusammenhang zur gesellschaftlichen und politischen Herrschaft wiederholt selbst her: „Und mehr noch, während jede Form des Realitätsprinzips ein beträchtliches Maß an unterdrückender Triebkontrolle erfordert, führen die spezifischen historischen Institutionen des Realitätsprinzips und die spezifischen Interessen der Herrschaft zusätzliche Kontrollausübungen ein, die über jene hinausgehen, die für eine zivilisierte menschliche Gemeinschaft unerläßlich sind" (1969, S. 42).

„Zusätzliche Unterdrückung", „Kontrollausübung" oder Herrschaft ist jenes über die funktional notwendige Autorität, Leitung oder auch Amtsgewalt hinausgehende Maß an persönlich oder von einer Gruppe gemeinsam beanspruchter oder innegehabter Dispositions- und Verfügungsmacht über andere, das sich durch eine gewisse Dauerhaftigkeit und durch Elemente der Anerkennung bei den Herrschaftsunterworfenen von bloßer Macht abhebt, und dessen untrügliches Kennzeichen die Befriedigung von Bedürfnissen auf seiten der Herrschaftsausübenden darstellt. Zusätzliche Herrschaft ist also funktional nicht notwendig, müßte insofern sich existieren und läßt sich, jedenfalls im Rahmen demokratischer Regime, nicht rechtfertigen.

Historisch und empirisch betrachtet wurde und wird Herrschaft niemals allein „um ihrer selbst Willen" oder als bloßer „Dienst an der Gemeinschaft" ausgeübt, sondern dient in irgendeiner Hinsicht immer auch der Befriedigung von eben durch sie ermöglichter und mit ihrer Ausübung spezifisch verbundener Bedürfnisse. Augenfällig und in wissenschaftlich einfach zu beobachtender Weise diente sie und dient sie immer noch der Mitwirkung bei der Aneignung und Umverteilung fremder Arbeitsleistungen zu politischen und manchmal auch zu persönlichen Zwecken (Hofmann 1969, S.30).

Zwar hat Max Weber an prominenter Stelle einschränkend gegenüber einer trivialisierten marxistischen Lehre seiner Zeit festgehalten: „Nicht jede Herrschaft bedient sich wirtschaftlicher Mittel. Noch weit weniger hat jede Herrschaft wirtschaftliche Zwecke" (1972, S. 122) – aber das kann für sich genommen wohl kaum begründen, daß die zeitgenössische Politikwissenschaft danach – vielleicht mit der etwas trivialen Ausnahme der Kritik zu hoher Diäten und Einkünfte politischer Mandatsinhaber und Amtsträger – nicht mehr fragt. Schließlich kann man mit oder ohne Berufung auf Max Weber die „wirtschaftlichen Zwecke" nicht einfach kategorial aus der Herrschaftsanalyse ausschließen, denn: „Die ›Legitimität‹ einer Herrschaft hat – schon weil sie zur Legitimität des Besitzes sehr bestimmte Beziehungen besitzt – eine durchaus nicht nur ›ideelle‹ Tragweite" (1972, S. 123).

Wer über die heute als legitim erachteten Geltungsgründe von politischer Ungleichheit und Herrschaft hinaus auch die alte Frage nach dem *cui bono?* in der politischen Gesellschaft stellt, gilt – gelinde gesagt – als „alteuropäisch", weil er neben dem funktionalen Beitrag von „Systemstrukturen" und „Leistungen" auch die „sozialen Träger" als *personae* mit ihren gar nicht immer und ausschließlich gemeinwohlorientierten Motiven in den Blick nimmt. Das gilt soziologisch wie gesellschaftlich – besonders in Deutschland[29] – als unfein.

Mitverantwortlich für diese gewisse Herrschaftsblindheit der heutigen Politikwissenschaft dürfte eine spezifische Art der ubiquitären Rezeption von Max Webers „Herrschaftssoziologie" (1972, Kap. III und IX)[30] sein, die sich auf das formale Verhältnis von Befehlsgewalt und Gehorsamsleistung sowie die für letztere verantwortlichen „Motive der Fügsamkeit" konzentriert. Während gerade die „Motive der Fügsamkeit" sozialhistorisch und begriffsgeschichtlich eigentlich einen offenen Zugang zur Realgeschichte und gegenwärtigen Empirie von Herrschaftsverhältnissen mit einer kontingenten Fülle von unterschiedlichen Motiven der Gehorsamsleistung erlaubt hätten, hat sich Max Weber mit seiner „Lehre" von den „drei reinen Typen legitimer Herrschaft" aus nicht recht nachvollziehbaren Gründen hier im doppelten Sinne begrenzt. Einerseits werden, abgesehen von den Mischformen der drei „reinen Typen", andere „Motive" kategorial ausgeschlossen, andererseits aber, und das ist die folgenreichere Konsequenz, wird illegitime Herrschaft bei Max Weber zum Anathema. Die Begrenzung des Fragehorizonts auf die Webersche Theorie trägt damit *per se* zu der von Reinhart Koselleck beobachteten „Tabuierung" bei; sofern Herrschaft „in der Form einer rationalen Bürokratie auftritt, ist sie *ipso facto* legitim" (Breuer 1991, S. 210; herv. von mir).

Allerdings wird damit nur ein halbierter und um sein kritisches Potential gebrachter Max Weber rezipiert, denn diesem war nicht nur die abstrakte Frage nach der Herrschaft, sondern auch die konkrete nach den „Herrschenden" und nach den „Trägergruppen" eine Selbstverständlichkeit. Noch für den „reinsten Typus der legalen Herrschaft mittels bureaukratischem Verwaltungsstab" mit all seinen oft gerühmten oder kritisierten Zügen der „Regelhaftigkeit", „Unpersönlichkeit", „Aktenmäßigkeit" und „auf Fachwissen beruhenden Professionalität" heißt bei ihm die entscheidende Frage: „Wer beherrscht den bestehenden bureaukratischen Apparat?" (1972, 123). Die Antwort darauf war für Max Weber keineswegs aus dem „Idealtypus" für die realhistorischen Verhältnisse einfach zu deduzieren – ein Fehlschluß, der sich in der Literatur im Umgang mit Max Webers „Idealtypen" genauso häufig findet, wie der noch zu thematisierende von der normativen Verfassung auf die empirische Verfassungswirklichkeit. Nur für den „reinsten Typus der legalen Herrschaft" gilt nach Max Weber, daß auch „der typisch legale Herr, indem er anordnet und mithin befiehlt, seinerseits der unpersönlichen Ordnung gehorcht"; das gelte auch für „einen gewählten Staatspräsidenten", wie Max Weber hinzufügt (1972, S. 125) und damit deutlich macht, welches enge Verhältnis zwischem seinem „Idealtypus" rationaler Herrschaft und dem üblichen Verständnis des modernen Verfas-

---

29 Die politische Praxis in den Vereinigten Staaten von Amerika hält am seit der griechischen *polis* bekannten Prinzip der „gläsernen Taschen" ihrer führenden Politiker fest, während über das offenkundige Faktum, daß herausragende politische Persönlichkeiten in Deutschland in Verbindung mit ihrer politischen Karriere auch eine auffällige Wohlstandsvermehrung durchmachen, nur hinter vorgehaltener Hand gemunkelt wird.
30 Dietrich Hilger macht sich zu Recht über die zum „akademischen Proseminarpensum wie zur eisernen Ration von Prüfungskandidaten" (wohl gerade auch in der Politikwissenschaft) gehörende „Herrschaftssoziologie" lustig (Geschichtliche Grundbegriffe, Bd.3, S. 98) – dabei dürfte vor allem Kapitel III, aber kaum das umfangreiche unmd historisch viel komplexer argumentierende Kapitel IX von Max Webers „Wirtschaft und Gesellschaft" im Mittelpunkt stehen.

sungs- und Rechtsstaates besteht – wohlgemerkt auf der Ebene des „Idealtypus" und der verfaßten Normen. Aber diese ideale Betrachtung stellt nur den modellartigen Maßstab dar, an dem sich die erfahrungswissenschaftliche Analyse orientieren kann – jenen „reinsten Typus" wird sie dabei empirisch wohl kaum vorfinden.

Für die „moderne Massendemokratie", also die heute im Westen normativ ausgezeichnete Form der politischen Gesellschaft, arbeitet Max Weber aber bei genauer Betrachtung nicht mit der zweipoligen Beziehung „Herr-Beherrschte", sondern mit der dreistufigen von „Herr – Apparat – Beherrschte" (1972, S. 549), wobei die für ihn wichtige Zukunftsfrage die nach der Dominanz entweder der „Herren" unter den Bedingungen der „modernen Massendemokratie" und des dazugehörigen „Parteiwesens", also der „Parteiführer" oder direkt gewählten Staatspräsidenten, oder aber die nach der „Herrschaft des Apparates", also der Bürokratie im eigentlichen Sinne ist. Zur direkten Machtausübung der ansonsten auch in der repräsentativen Demokratie beherrschten Bevölkerung kommt es nach ihm nur in Zeiten des revolutionären Umbruchs einer Herrschaftsordnung, keineswegs aber im Alltag der modernen Demokratie, die als unabwendbare Eliten- oder Bürokratenherrschaft in seinem Sinne eigentlich einen falschen Namen trägt. Die moderne „repräsentative Demokratie" verdiente danach eher den Namen „Oligarchie".

Jede Herrschaftsordnung aber ist, heute mehr denn je, von den „Motiven der Fügsamkeit" und ihrer Persistenz auf seiten des jeweiligen „Apparates" abhängig. Ist diese gegeben, so ist gerade unter modernen Bedingungen erfolgreiche Gegenwehr der Beherrschten gar nicht mehr möglich, denn er verfügt über ein Gewalt- und Drohpotential, das nur von innen her erodieren kann.

Das kann an der „dissolution" (Maier 1997) der Regime sowjetischen Typs, einschließlich der ehemaligen Deutschen Demokratischen Republik, sehr eindringlich studiert werden. So wichtig die Massendemonstrationen und demokratischen Manifestationen der Herrschaftsunterworfenen in der Deutschen Demokratischen Republik 1989 waren, um die oben angesprochene „Persistenz" des Herrschaftswillens der Apparate auf die Probe zu stellen, so entscheidend war doch am Ende für das, was allzu schnell und zu euphorisch als Sieg einer neuartigen „civic revolution" (Jarausch 1994, S. 70) beschrieben wird, die innere Erosion und Desorientierung eben dieser „Apparate". Gegen sowjetische Panzer, die ihre Kasernen wie schon einmal zuvor verlassen hätten und gegen den ja erwogenen Einsatz der eigenen massiven Gewaltpotentiale des SED-Apparates wäre die Protestbewegung machtlos geblieben, wäre gewaltsamer Widerstand nicht möglich gewesen (Wolle 1998, S. 323).

Herrschaftswechsel kann es in der Logik Max Webers und nach den ihn bisher eher bestätigenden Erfahrungen neben dem geregelten Elitentausch als Folge von demokratischen Wahlkämpfen nur als Folge von „Staatsstreichen" oder „militärischer Insurrektion" geben, für die ihm, ebenso wie schon für Karl Marx, die verschiedenen Machtwechsel im nachrevolutionären Frankreich des 19. Jahrhunderts die Beispiele gaben.

Auf der historischen und mithin empirisch kontingenten Ebene diskutiert Max Weber mindestens zwei Antworten auf die oben gestellte Frage. Die bekanntere und von ihm normativ und politisch favorisierte ist in seinem Modell der „charismatischen Führerdemokratie" (Mommsen 1974, S. 44ff) angelegt und hat vor allem über Joseph A. Schumpeters Weiterentwicklung zu einem Modell der aus dem demokratischen Konkurrenzkampf vermittels Wahlen auf Zeit hervorgehenden politischen Führungseliten (1950) eine populäre Ansicht der heutigen Wirklichkeit parlamentarischer Demokratie mitgeprägt, die vor allem in den Schriften Robert A. Dahls (1989) analytisch verfeinert und mit einer historischen Perspektive ausgestattet wurde.

Die andere, mehr im Hintergrund gebliebene, Antwort ist die einer „Verselbständigung des bureaukratischen Apparates", die zur „Büro*kratie*" im eigentlichen Wortsinne, also neben „Demokratie" zu einer eigenständigen Herrschaftsform führen würde. Diese Antwort hat Max Weber vor allem in seiner Rechtssoziologie in Konsequenz seiner Analyse „der Tendenzen" des modernen Rechts zu immer mehr „material-substanzieller Einzelregelung" und „Entformalisierung des Gesetzes" (Weber 1972, S. 505ff) angedeutet, was ihrer Rezeption in Kreisen der Politikwissenschaft entgegengestanden haben dürfte. Immerhin war damit eine für die Gegenwartsdiagnose sehr bedeutsame Alternative aufgeworfen. Zumindest aus der verengten Steuerungsperspektive der *policy studies* hat sich historisch vielfach die „Persistenz" und Eigendynamik dieses bürokratischen Apparates als Implementationshindernis einer programmgesteuerten Politik erwiesen. Die moderne Verwaltungsforschung geht, empirisch informiert und organisationssoziologisch intelligenter geworden, jedenfalls nicht mehr von dem Weberschen Modell politischer Führung aus – ohne die andere Frage aufzuwerfen: Könnte es nicht sein, daß eine durch und durch „politisierte Verwaltung" hinter der Bühne der massenmedial inszenierten und von den Parteien und Kandidaten nur noch als Persiflage demokratischer Ideale aufgeführten „Konkurrenzdemokratie" weit mehr tatsächlichen Einfluß auf die politische Gesellschaft ausübt, daß *sie* tatsächlich die Entscheidungsspielräume und Handlungsweisen bestimmt, in denen sich das Leben der Bürger und Bürgerinnen reproduziert? Natürlich darf man sich bei der Suche auf die Antwort nach dieser Frage nicht wirklichkeitsfremd jenen hierarchisch-rational durch Weisungsbefugnis und persöhnliches Amtsethos geprägten Weberschen Apparat vorstellen. Der „Apparat" heutiger politischer Gesellschaften unterscheidet sich nachhaltig von diesem Modell: Er ist vielfältig funktional, territorial und nach politischen Strukturen gegliedert, in föderalen Systemen mindestens in die kommunale, die Länder- oder Einzelstaatsebene sowie die des Bundesstaates selbst. Die Zahlen belegen jedenfalls für Deutschland über einen Zeitraum von fast 200 Jahren, daß Wachstum an Personal, Ressourcen und Kompetenzen das elementarste Gesetz dieses Apparates in modernen politischen Gesellschaften zu sein scheint; auf den jeweils unteren Ebenen vollzieht sich dabei dieses Wachstum noch schneller als im politischen Zentrum der Macht (Ellwein 1994-97). In der Europäischen Union kommt inzwischen eine neuartige und zusätzliche Ebene transnationalen Regierens hinzu, die für eine positive Antwort auf die Frage heutiger bürokratischer Herrschaft eher zusätzliche Argumente erbringt. Natürlich stellt sich dieser krakenhafte Apparat überall als „öffentlicher Dienst" dar, und natürlich dient sein Ausbau ganz wesentlich dem Ausbau und der Funktionserfüllung zahlreicher wohlfahrtsstaatlicher Leistungssysteme, vom Schulwesen über die Gesundheitsversorgung bis zur Polizei. Aber auch die Dimensionen der reinen „Ordnungsverwaltung" und jenes Teils der Verwaltung, der ausschließlich wiederum mit der Verwaltung der Verwaltung, ihrer Koordinierung, Dokumentation, Personalpolitik und „Selbstverwaltung" beschäftigt ist, hat sich exorbitant gesteigert und macht heute nach Expertenurteil mindestens ein Viertel des ganzen Aufwandes aus.

Unbestreitbar ist die enge Verflechtung mit der politischen Willensbildung auf allen formellen und informellen Ebenen; öffentliche Karrieren changieren nicht selten zwischen der Wahrnehmung politischer Mandate und der Amtsausübung im „öffentlichen Dienst", vor allem auf kommunaler Ebene dient der Kampf ums politische Mandat nicht selten der beruflichen Absicherung in einem der attraktiven Ämter, die die Kommunalpolitik in den lokalen Versorgungsbetrieben, Sparkassen und öffentlichen Ämtern zu vergeben hat. Die sich so populär gebende Kritik am überall sichtbaren „Filz" greift dabei in ihrer Analyse viel zu kurz und bleibt häufig auf der verkaufsträchtigen Ebene der Mobilisierung von Ressentiments stehen. Die Frage nach der Herrschaft in der politischen Gesellschaft kommt dabei gar nicht in den Blick, oder aber so einseitig verschwörungstheoretisch und ressentimentgeladen gegen die vermeintliche Machtübernahme allein „linker Intellektueller" in Schulen und Universitäten (Schelsky 1975), daß die eigentlich historischen Dimensionen der Frage aus dem Blick geraten.

Wenn in einer politischen Gesellschaft heute, wie in vielen westeuropäischen Ländern, bei aller Varianz der sonstigen institutionellen Bedingungen, dieser bürokratische Apparat 10-15% aller Erwerbstätigen umfaßt, und wenn offenkundig ist, daß die Beschäftigung im „öffentlichen Dienst" bei aller sozial bedeutsamen Funktionserfüllung mit einem überdurchschnittlichen Maß an kollektiver Aufwärtsmobilität, sozialer Sicherheit, Steigerung des individuellen Einkommens, zahlreichen Privilegien im Vergleich mit Erwerbstätigen auf dem privaten Arbeitsmarkt *und* schließlich zusätzlich mit überproportionalem Einfluß in der politischen Willensbildung verbunden ist, dann stellt sich wirklich die Frage, ob mit dem „öffentlichen Dienst" nicht inzwischen eine Art „politischer Klasse" entstanden ist, die ihre Position im politischen Entscheidungsprozeß auch verteilungspolitisch recht erfolgreich zu behaupten weiß. Zwar ist die Formel „Die Arbeit tun die anderen...", mit der Helmut Schelsky vor Jahren seine neue Version des „Priesterbetrugs" überschrieb, polemisch, denn gearbeitet wird im „öffentlichen Dienst" natürlich auch, und zwar zum Teil in persönlich und strukturell sehr anspruchsvollen und aufreibenden Berufen. Der wahre Kern liegt aber in dem überwiegend unproduktiven Charakter dieses „öffentlichen Dienstes", dessen Mittel aus dem produktiven Gewerbe der Gesellschaft abgeschöpft und umverteilt werden müssen und in der politisch einflußträchtigen Position dieser Gruppe begründet.

Für meine Argumentation kommt es weniger darauf an, welche der beiden Antworten Max Webers empirisch größere Triftigkeit für sich reklamieren könnte, sondern mit diesen wenigen Bemerkungen geht es allein um den Nachweis, daß auch im Anschluß an Max Weber und seine Begrifflichkeit der Zugang für die Frage nach den Herrschaftsverhältnissen *und* nach ihren konkreten Nutznießern nicht völlig verschlossen bleibt.

Gerade beim Thema „Herrschaft" wird der ideologische Charakter der üblichen politikwissenschaftlichen Selbstbegrenzung auf „Staat" oder „politisches System" deutlich, durch die die durch Politik nur indirekt abgesicherten „privaten" Herrschaftsverhältnisse, insbesondere der kapitalistischen Wirtschaftsordnung und der traditionellen Geschlechterbeziehungen, ebenso aus ihrem Blickfeld verschwinden wie die personalen und verteilungspolitischen Komponenten der gegenwärtigen politischen Herrschaftsverhältnisse.

Zwar spielen in der politischen Gesellschaft die politisch vermittelten Herrschaftskompetenzen eine entscheidende Rolle, weil letztlich nur sie in der Lage sind, mit ihren überlegenen Machtressourcen in alle anderen Herrschaftsverhältnisse einzugreifen, aber das bedeutet nicht, daß deswegen die privaten Herrschaftsverhältnisse bedeutungslos geworden sind.[31] Vielmehr wirken Tradition, strukturelle Gegebenheiten und politische Nichtentscheidung zusammen, um sie hier und da fortexistieren oder sich sogar neu ausbilden zu lassen. Gerade private Herrschaftsverhältnisse sind häufig durch ihre besonders enge Verknüpfung zwischen im Mikrobereich nahezu unbeschränkt ausgeübter Direktionsgewalt und Ausbeutung gekennzeichnet. Besonders anfällig dafür sind nach wie vor innerfamiliale Beziehungen, vor allem dann, wenn Frauen oder Jugendliche in Ehen und Lebensgemeinschaften nicht über eine eigene soziale Absicherung verfügen und die politisch und rechtlich gestützten Normen und Regelungen die traditionellen Rollenverhältnisse gegen sozialen Wandel wie individuelle Emanzipation gleichermaßen absichern. Auch die in der Folge von Armutsmigration zunehmenden Formen der illegalen Arbeit sind sehr herrschaftsträchtig, weil in diesen meist nur informellen Beziehungen der schützende Rückgriff auf die prinzipiell natürlich jedermann und jeder Frau zustehenden Schutzgarantien und Rechte für die Schwächeren situativ häufig kaum möglich ist. Fast in allen reichen politischen Gesellschaften des Westens entsteht daher im Zuge der Migration und der in ihrem Gefolge häufig auftretenden Illegalität des Aufenthaltes und der Beschäftigung eine zunehmend auch quantitativ bedeutsame Bevölkerungsschicht am untersten Ende der Gesellschaftspyramide, die privater und öffentlicher Herrschaftswillkür relativ schutzlos ausgeliefert ist.

Hier ist offenkundig auch eine[32] der Einbruchstellen „organisierter Kriminalität" zu suchen, die sich in dem illegalen, von rechtlichen Verhältnissen und Ordnungsstrukturen der offiziellen Gesellschaft nur unzureichend erfaßten und durchdrungenen Bereich nicht nur als Ausbeutungs-, sondern auch als „Ordnungsmacht" mit eigenem physischem Gewalt- und Sanktionspotential breitmacht, für die die von „Waffenträgern" erpreßten „Schutzgelder" – wie in Zeiten feudaler Herrschaft – tendenziell den Charakter einer regelmäßigen „Steuer" annehmen.

Politikwissenschaftlich ist aber, den neuzeitlichen Verfassungs- und Rechtsstaat unkritisch zur Voraussetzung der „wissenschaftlichen" Gegenstandsbestimmung machend, eigentlich nur noch von der rechtlich konstituierten und „gehegten", mit einem Wort verfassungsmäßig legitimierten Herrschaft die Rede – wenn das Wort selbst überhaupt noch systematisch gebraucht wird. Der rechtlichen Fiktion folgend wird andere „Herrschaft" prinzipiell ausgeschlossen. Durchaus repräsentativ hat sie etwa in Martin Krieles „Staatslehre" keinen systematischen Stellenwert mehr, son-

---

31 Als unverdächtiger Zeuge spricht auch Roman Herzog in seiner Staatslehre von den „privaten Herrschaftsimperien einzelner Persönlichkeiten" (1971, S. 343) und stellt im übrigen eine interessante Parallele zu den politischen Parteien her (1971, S. 66); aus seiner Sicht sind die „privaten Herrschaftsimperien" allerdings nur ein Problem für die Handlungsfähigkeit „des Staates" (1971, S. 67), die ihm vor allem am Herzen liegt.

32 Andere wird man viel weiter oben in der sozialen Pyramide suchen müssen.

dern kommt nur in Form der beiden deklamatorischen Floskeln von der „Herrschaft des Gesetzes" und der „Herrschaft des Volkes" vor.

„Herrschaft des Gesetzes" ist aber angesichts von ständig neu und unter relativ kontingenten Bedingungen getroffenen politischen Entscheidungen als letzter und einziger Quelle der Gesetze in der politischen Gesellschaft eine zumindest die realen Machtprozesse verschleiernde Formulierung. Dazu trägt auch die bereits von Max Weber beobachtete ständige „Entformalisierung des Gesetzes" bei, durch die einzelne Gesetze immer mehr den Charakter einer „material-substanziellen Einzelregelung" annehmen (1992, S. 505ff). Diese Entwicklung hat einerseits die allseits beklagte, aber offenkundig doch in dieser Herrschaftsform unaufhaltsame „Gesetzesflut" zur Folge und macht daneben den politischen Entscheidungscharakter jedes einzelnen Gesetzes sowie seine kontingenten Inhalte nach und nach immer deutlicher. Gesetzgebung und politische Anordnung werden sich immer ähnlicher, die personale Herrschaft derer, die die Entscheidungen treffen, auch öffentlich immer erkennbarer. Das hat mittelfristig Auswirkungen auf die Rechtskultur der politischen Gesellschaft, in der mit der allgemeinen Wahrnehmbarkeit des kontingenten Inhalts und Anlasses von Gesetzgebung sich der traditionelle Respekt vor dem Recht verflüchtigt. Für die Bindungswirkung von Gesetzen bliebe im Fluchtpunkt einer solchen andauernden Veränderung der Rechtskultur in der politischen Gesellschaft am Ende alleine noch das Wechselspiel von Sanktionsdrohung und Entdeckungswahrscheinlichkeit übrig. Das könnte sogar das beträchtliche Sanktionspotential moderner politischer Gesellschaften überfordern und damit deren innere Ordnung und Stabilität gefährden.

Den konkreten Inhalt der oben erwähnten zweiten Formel läßt Martin Kriele im Einklang mit der „herrschenden Meinung" der Verfassungsjuristen nur noch für den revolutionären beziehungsweise theoretisch angenommenen Moment der Verfassungssetzung gelten: „Volkssouveränität ... erschöpft sich im Akt der Verfassungsgebung" (Kriele, 1994, S. 276), weil es im Verfassungsstaat angesichts der Rechtsbindung der Amtsgewalten und der Gewaltenteilung keinen „Souverän" und keine Herrschaftsausübung mehr geben könne (ebd., S. 121). Das „Volk" herrscht also in der Demokratie als einer verfaßten politischen Ordnung nicht, sondern existiert unter Berufung auf die sozialphilosophische Begründung der „Volkssouveränität" nur als Name für den extrakonstitutionellen Verfassungsgeber – dessen Funktion konkret und historisch selbst wiederum von Eliten wahrgenommen werden muß. Selbst zur nachträglichen Akklamation durch das Wahlvolk bringt es diese Art der Inszenierung von „Volkssouveränität" nicht immer – wie das durch ein bereits vor der Geltung der Verfassung gewähltes Parlament „in Kraft gesetzte" deutsche Grundgesetz von 1949 beweist. Vierzig Jahre später wird dieses mit der Spaltung des Landes gerechtfertigte „Provisorium" wiederum durch Parlamentsentscheid zur endgültigen Verfassung des vereinigten Deutschlands gemacht. Die ursprünglich und dem ursprünglichen Text des Grundgesetzes nach vorgesehene Volksabstimmung über die Verfassung schenken die Eliten sich im parteiübergreifenden Konsens (Seifert 1997, S. 111ff) – die überwiegende Mehrheit des „Volkes" war damit, glaubt man den Demoskopen, trotzdem zufrieden.

Die zitierten Aussagen sind in einer „kritischen Staatslehre", die das „Auseinanderreißen von Sein und Sollen" programmatisch vermeiden und die „Realbedingungen" des demokratischen Verfassungsstaates auch empirisch zutreffend zugrunde legen will (Kriele 1994, S. 14f), nicht anders als im Sinne der These zu verstehen, der „demokratische Verfassungsstaat" habe das historische Problem der Herrschaft von Menschen über Menschen mit seinen materiellen Folgen immanent ein für alle Mal gelöst und damit die ewige Utopie der Menschen von einer herrschaftslosen Ordnung des Zusammenlebens endgültig verwirklicht. Die Duldung dieser Zustände durch passive Hinnahme durch die Bevölkerung kann zwar keine genuin demokratische Legitimation, aber wenigstens das funktional ausreichende „Legitimitätsgefühl" bei den Beteiligten aufkommen lassen. So fahrlässig geht man heute mit der demokratischen Legitimation von Herrschaft – nicht nur in Deutschland – um.

Die Wahrheit ist: Diese Art von „Staatslehre" hat das Herrschaftsverhältnis nur begrifflich eskamotiert und eine Politikwissenschaft, die nicht hinter die Rechts- und Institutionenbegriffe der Verfassung zurückfragt, sondern diese empirischen Beschreibungskategorien gleichsetzt, verdient nicht Erfahrungs- und schon gar nicht kritische Erfahrungswissenschaft genannt zu werden.

Die Versuche, die materiellen Vorteile der Herrschaft für die Herrschenden, ja am Ende diese selbst als personale Träger der Herrschaft, hinter der Begründung ihrer Notwendigkeit und Legitimität für das Gemeinwesen verschwinden zu lassen, sind ebenso alt, wie das Nachdenken über Herrschaftsverhältnisse überhaupt, wie Werner Hofmann an Beispielen erläutert: „Immer besteht übrigens die Neigung, die herrschaftliche Scheidung gesellschaftlicher Gruppen als einen Vorgang bloßer ›Arbeitsteilung‹ zu erklären; so daß etwa die Tätigkeit des feudalen, aus den Leistungen seiner abhängigen Bauern lebenden ›Berufskriegers‹[33], die Wirksamkeit des Kapital akkumulierenden Unternehmer-Eigentümers, schließlich selbst die bloße Konsumption moderner Kapitalrentner als eine für den Bestand der Gesellschaft ›notwendige‹ Funktion und daher als vergleichbar mit der produktiven Arbeit anderer Glieder der Gesellschaft erscheint" (1969, S. 29). Das gilt *cum grano salis* auch für die „arbeitsteilige" Politik und die herrschaftliche Verwaltung, in der die Bürger und Bürgerinnen auf den Status von *clientes* reduziert werden.

Weil bisher kein gesellschaftliches Zusammenleben ohne herrschaftliche Elemente funktionieren konnte, enthalten die Rechtfertigungsversuche neben der ideologischen Verschleierung der historisch zusätzlichen Herrschaftsfolgen immer auch eine Reflexion über die Verhältnisse, unter denen das für notwendig erachtete Maß an Herrschaftsausübung als gerechtfertigt gelten kann. In diesem Spannungsfeld von funktional notwendiger Direktionsgewalt und historisch überflüssig gewordener Herrschaftsausübung – und nicht beim durchaus kritischen, aber utopischen Maßstab einer herrschaftsfreien Gesellschaft in der ehrenwerten Tradition anarchistischen Denkens – siedelt sich die herrschaftskritische Auseinandersetzung mit dem „demokratischen Verfassungsstaat" als der politischen und juridifizierten Selbstbeschreibung demokratischer politischer Gesellschaften an. Was geht über

---

33 Zu den ideologischen Verklärungen der Grund- und Adelsherrschaft durch Formeln wie „Treue" als Konstituens von (Königs-)Herrschaft (W. Schlesinger 1968, S. 120) oder „Schutz und Schirm" als „Leistungen" des Feudaladels (O. Brunner 1965) siehe jetzt die glänzende Kritik bei Gadi Algazi (1966).

die notwendige Direktionsgewalt und Amtsautorität, was über die angemessene Bezahlung von Politikern und Bürokraten in den demokratischen politischen Gesellschaften hinaus – das ist die weiterhin brisante Frage nach persönlicher Herrschaft im demokratischen Verfassungsstaat. Dabei wird man gerade bei der Angemessenheit der Besoldung sicherlich keine objektiven Maßstäbe gewinnen können. Eine demokratische Ordnung sollte den Respekt, den die Wahrnehmung öffentlicher Ämter in ihr verdienten, durchaus auch in einer mit hervorgehobenen Einkommen in der Privatwirtschaft konkurrierenden Vergütung zum Ausdruck bringen. Zugleich aber sollte sie rigoros darüber hinausgehende persönliche Bereicherung unterbinden und wie im alten Griechenland ächten.

Auch für die demokratischen politische Regime von heute gilt, was die jedes theoretischen Radikalismus unverdächtigen, aber über politische Urteilskraft und praktische Erfahrung verfügenden Autoren Thomas Ellwein und Jens Joachim Hesse festhalten: „Das Konstrukt Staat wurde mit den seit altersher diskutierten Staatsideen verbunden und damit überhöht. Das hatte und hat den Vorteil, daß sich die Konstrukteure hinter den Ideen verbergen können, daß man Gemeinwohl sagt und Eigennutzen meint oder doch zumindest den eigenen Nutzen fördert. Wer wie auch immer in den Besitz der Staatsgewalt gelangt, verspricht, sie zum Nutzen aller zu gebrauchen, und ist quälerisch versucht, sie in besonderer Weise für sich selbst zu nutzen... Die Geschichte der Herrschaft ist immer auch die Geschichte der Herrschaftsnutzung" (1977, S. 20). Gegen diese bis heute andauernde „Selbstbedienung" der politischen Klasse wie des öffentlichen Dienstes gibt es am Ende nur ein politisches Allheilmittel: wirksame Kontrolle und Partizipation von aktiven und selbstbewußten Bürgern und Bürgerinnen.

Die genuine Frage einer politikwissenschaftlichen Untersuchung von Herrschaft in den demokratisch verfaßten politischen Gesellschaften der Gegenwart muß sich also bei der empirisch orientierten Untersuchung einzelner Gesellschaften als Folge der komplexen Natur der Herrschafts*verhältnisse* vor allem auf die Ermittlung der folgenden Einzelaspekte richten:

Wo wird die Selbstbestimmung von Gesellschaftsmitgliedern durch politische Amtsgewalt oder Gesetzgebung überflüssig eingeschränkt? Wo wird politische Amtsgewalt oder legitime Herrschaftsausübung zur persönlichen Macht? Welche privaten Machtverhältnisse in der Gesellschaft werden politisch geduldet, gestützt oder gar verstärkt?

Wie und zu welchem Anteil wird durch politische Entscheidungen gesellschaftlicher Reichtum verteilt? Wie sieht das Ergebnis dieser Verteilung aus? Wie werden diese Verteilung und die zu ihr führenden Prozesse und institutionellen Vorkehrungen gerechtfertigt? Kurz: Wer hat ohne ausreichende Legitimation das Sagen und profitiert auch noch davon?[34]

---

34 Ellwein/Hesse tendieren dazu, die Antwort auf die letzte Frage für Deutschland mit einem Hinweis auf die Parteien (1997, S. 20) oder die durch sie unzulässig politisierte (höhere) Verwaltung (1997, S.80 f) zu beantworten; sie blenden m.E. unzulässig die politisch geduldete private Herrschaft aus ihrer Darstellung aus, was bei aller empirischen Demystifikation des Staatsbegriffs im Konzept des „arbeitenden Staates" letztlich doch an der Staatszentriertheit ihrer Politikauffassung liegt.

Ich gehe für die Analyse dieser Fragen in den politischen Gesellschaften von heute von einem einfachen Modell aus, wonach die Verteilung des gesellschaftlichen Reichtums in einem zweistufigen Prozeß erfolgt, nämlich angesichts der kapitalistischen Wirtschaftsstruktur primär über verschiedene Formen des Kapitalertrages einerseits, des Arbeitseinkommens andererseits, und danach sekundär durch politische Entscheidungen über Art und Umfang der sogenannten „Transfereinkommen". Zusätzlich wirken politische Entscheidungen mehr oder weniger massiv auf die Aneignungs- und Verteilungsprozesse der primären Ebene ein. Kennzeichnend für die politischen Gesellschaften ist allerdings die historisch einzigartige relative Größe und Bedeutung der politischen Sekundärverteilung. Ungeachtet des ideologischen Auf und Ab sogennannter „staatsinterventionistischer" Ideologien hat dieser sekundär verteilte Anteil des gesellschaftlichen Reichtums in den politischen Gesellschaften ständig zugenommen. Die Formen und Zwecke dieser sekundären Verteilung sind vielfältig und keineswegs auf die sogenannte „Sozialpolitik" beschränkt.

Zum Beispiel ist es nicht ohne weiteres selbstverständlich, wie die zahlreichen Beschäftigten des „öffentlichen Dienstes" und ihr Einkommen in diesem Modell zugeordnet werden sollten, denn zumindest für den größeren Teil von ihnen kann keineswegs von der Marktförmigkeit des Zustandekommens der Höhe ihrer Einkommen ausgegangen werden und insgesamt müssen die Einkommen der Angehörigen des „öffentlichen Dienstes" aus Abschöpfungen des primären Wirtschaftskreislaufes bezahlt werden. Natürlich erfüllen die verschiedensten „öffentlichen Dienste" fast immer auch einen gesellschaftlichen Zweck. Auffällig ist doch zweierlei: Erstens werden Einrichtungen selten wieder abgebaut, wenn der ursprüngliche Zweck erfüllt ist, und zweitens kann man eine geradezu säkulare materielle Besserstellung vieler Gruppen des „öffentlichen Dienstes" im Laufe der Jahrzehnte beobachten.[35] Die politische „Entscheidung für den Wohlfahrtsstaat" geht historisch vielfach auch mit einer Einkommens- und Statusgarantie für bestimmte Berufsgruppen einher (de Swaan 1993), und so ist es nicht verwunderlich, daß die Angehörigen des „öffentlichen Dienstes" selbst zu den traditionell stärksten Bataillonen der Verteidigung und des Ausbaus des Wohlfahrtsstaates gehören. Gemeinwohlorientierte Agitation und interessiertes Lobbying lassen sich gerade bei den Berufsverbänden und Gewerkschaften des „öffentlichen Dienstes" weder analytisch noch praktisch und politisch fein säuberlich unterscheiden.

Unter verteilungs- und herrschaftspolitischen Gesichtspunkten müßte auch die schwierige Frage der von der „öffentlichen Hand" bereitgestellten „Kollektivgüter" detaillierter betrachtet werden, von deren Nutzung zwar definitionsgemäß und im Prinzip niemand ausgeschlossen werden kann, deren reale Verteilungs- und Begünstigungswirkung aber angesichts durchaus nicht zufälliger und kalkulierbarer soziokultureller und anderer Faktoren weit davon entfernt ist, egalitär zu sein. Das Problem wird keineswegs nur am obligaten Beispiel der Opernhäuser, sondern selbstverständlich auch bei Schwimmbädern oder Drogenberatungsstellen und So-

---

35 Eindrucksvolle Beispiele für beides in der deutschen Verwaltungsgeschichte bei Thomas Ellwein (1994-97) – Beispiele, die sich sicherlich auch in anderen politischen Gesellschaften finden ließen.

zialstationen akut. Diese und viele andere Fragen müßten aber beantwortet werden, wenn für eine konkrete Gesellschaft eine Einkommens- und Transferbilanz (Krupp 1978) versucht würde, für die aber nirgends über Ansätze hinaus die entsprechenden Daten vorliegen. An dieser Art von Aufklärung zeigen sich allerdings die Eliten wenig interessiert.

Andererseits fehlt es kaum an Angaben über die Armen und Bedürftigen, weil die ihnen unmittelbar zufließenden Transfers als sogenanntes „Sozialbudget" ständig den Gegenstand politischer Kontroversen und Konflikte darstellen und weil die nicht selten repressive Formen annehmende Kontrolle und Verausgabung dieser Mittel für eine minutiöse Datenerfassung sorgt. Ganz anders sieht es wiederum am anderen Ende des Einkommensspektrums aus, wo die Transfers zumeist die indirekte Form steuerlicher Vergünstigungen und Abschreibungsmöglichkeiten annehmen, wo die „Pauschalen", „Beitragsbemessungsgrenzen", „Veranschlagungen" und „Verlustvorträge" des in vielen Fällen gerade bei überaus erfolgreich operierenden Individuen und Firmen gegen Null tendierenden Steuersatzes unter dem Deckmantel des Steuergeheimnisses „ausgehandelt"[36] werden. Genauere Angaben sind hier sehr viel schwieriger zu ermitteln als bei den Armen. Wohlstand, ja Reichtum wird in den politischen Gesellschaften unserer Tage immer schwerer zu erfassen, die Sozialwissenschaften neigen dazu – anders als die Regenbogenpresse – ihn zu ignorieren, das wirkliche Ausmaß des gesellschaftlichen Reichtumstransfers und seine endgültige Verteilung bleibt überwiegend im dunkeln. Während Armut als „gesellschaftliches Problem" begriffen wird, erscheint Reichtum, selbst in seiner extremen Form von Milliardenvermögen, durch deren Einsatz und Manipulation Tausende von Menschen direkt betroffen werden, als Privatangelegenheit.

Hier kommt es nun aber bei allen empirisch für die einzelnen Gesellschaften – auch angesichts einer sich weitgehend an diesen Dingen uninteressiert zeigenden Sozialwissenschaft – offenen Fragen grundsätzlich vor allem auf zwei unbestreitbare Feststellungen an, bei denen es darum geht, die Spezifik der Herrschaftsverhältnisse in den heutigen politischen Gesellschaften näher zu charakterisieren: Erstens nimmt mit dem säkularen Anstieg der Staatsquote, wie schon verschiedentlich unter anderem Blickwinkel angemerkt, der Anteil des Bruttosozialprodukts langfristig zu, über dessen Verwendung und damit auch Verteilung *direkt* politisch entschieden wird. Durch diese unmittelbaren politischen Entscheidungen wird das individuell zurechenbare Einkommen von immer mehr Menschen immer nachhaltiger beeinflußt, bis hin zu dem für ganze Gruppen zutreffenden Befund, daß es nach Art seiner Existenz und in seiner Höhe völlig und manchmal für lange biographische Phasen ausschließlich auf politischen Entscheidungen beruht. De facto verfügt tendenziell nur eine Minderheit der Gesellschaftsmitglieder die längste Zeit ihres Lebens über ein eigenes Erwerbseinkommen. Dieser Umstand ist historisch in der modernen Gesellschaft wesentlich durch den unfreiwilligen Ausschluß zunächst der meisten, heute noch vieler Frauen vom bezahlten Arbeitsmarkt geschuldet. Allein schon deshalb beeinhaltet die obige Feststellung gegenüber den Individuen *per se* keine moralische Verurteilung.

---

36 Um die deutschsprachigen Fachtermini des Steuer- und Abgabenwesens zu gebrauchen, denen, dessen bin ich gewiß, in anderen politischen Gesellschaften ähnliche entsprechen.

Für jedes Gesellschaftsmitglied ließe sich theoretisch eine Transferbilanz aufstellen, die es dann erlaubte, zwischen verteilungspolitischen „Gewinnern" und „Verlierern", zwischen „Nettoempfängern" und „Nettozahlern" zu unterscheiden. Allerdings verwirft diese im politischen Alltag zunehmend dominierende betriebswirtschaftliche Sprache der individuellen Gewinn- und Verlust-Rechnung die Grundlagen gesellschaftlich vermittelter und politisch gestifteter Solidarität und der redistributiven Sozialpolitik und läßt die Frage aufkommen, woher sie in Zukunft noch ihre Unterstützung beziehen könnte. Eine Gesellschaft, die nur aus Transfergewinnern bestünde, ist ebenso wenig vorstellbar wie eine reine „Trittbrettfahrergesellschaft". Das heute so nachdrücklich propagierte „Versicherungsprinzip" funktioniert nur für die, die die Prämien bezahlen können, und setzt eine Gesellschaft voraus, in der genügend Nachfrage nach ausreichend bezahlter Arbeit zur Verfügung steht.

Prekär bleiben in den heutigen politischen Gesellschaften also prinzipiell zwei Ressourcen: Solidarität zugunsten derjenigen, die auf Transfers existenziell angewiesen sind, und ausreichende Produktivität derjenigen, die sie ermöglichen müssen. In dem Maße, in dem offenkundig immer mehr Transfergewinner gar nicht zu den Bedürftigen zu rechnen sind, werden allerdings politische Umverteilungsprozesse gesellschaftlichen Reichtums erkennbar, die man ursächlich nur mit den politischen Herrschaftsverhältnissen und der politischen und strategischen Dominanz bestimmter Gruppen erklären kann. Auch die „Sozialpolitik" folgt ungeachtet ihres Namens nicht nur altruistischen Motiven und Logiken und ist angesichts der in den politischen Gesellschaften zur Disposition stehenden Transfervolumen ein besonders bedeutsames Schlachtfeld verteilungspolitischer Interessenwahrnehmung geworden. Gruppen, denen es dabei gelingt, ihre Anliegen als „sozial" und unterstützenswert anerkannt zu bekommen, können zu verteilungspolitischen „Gewinnern" werden. Angesichts der ungleichen Mobilisierbarkeit und Verfügbarkeit der im politischen Verteilungskampf zum Einsatz kommenden *politischen* Ressourcen und Mobilisierungsmöglichkeiten ist es nicht überraschend, daß zu den „Gewinnern" nicht unbedingt immer die Ärmsten und Bedürftigsten gehören. Im Gegenteil, am deutschen Beispiel zeigt sich: Der Sozialstaat hat einen „Mittelstandsbauch" und steht gerade unten auf schwachen Füßen.

Während die Umverteilung über den politischen Transferprozeß im politischen Diskurs trotz der gemachten Einschränkungen wenigstens noch einigermaßen offen zutage tritt und in den aktuellen Auseinandersetzungen zur Krise und Zukunft des Wohlfahrts- beziehungsweise Sozialstaates klar als politischer Interessen- und Verteilungskampf verschiedener Gruppen sichtbar und ausgetragen wird, ist der zweite Aspekt der herrschaftlichen Sekundärverteilung hinter der öffentlich propagierten Selbstdarstellung dieser Gesellschaften als auf dem „Leistungs-" und „Marktprinzip" beruhenden Wirtschaftsgesellschaften eher verborgen.

Auch hier greifen aber die politischen Entscheidungen so massiv, wenn auch *indirekt*, ein, daß das Bild einer auch „individuell leistungsgerechten Marktlogik" mehr ideologisch verschleiert als empirisch beschreibt. Die offizielle meritokratische „Leistungsethik" rechtfertigt die Differenz von Einkommen und Besitz grundsätzlich eigentlich nur über ungleiche individuelle Arbeits- oder Kapitalbeiträge zur Produktivität, und mit der Wirkung des Marktprinzips wird die Erwartung verbunden, daß der Wert jedes Beitrages sich über das Zusammenwirken von Konkurrenz und Nachfrage in eine rationale Größenrelation zu dem jedes anderen setzt. Soweit das Prinzip. Mit diesem aber ließe sich die tatsächliche Reichtumsverteilung einer Gesellschaft heute weder genetisch erklären noch sozialethisch rechtfertigen, weil bereits auf der Ebene der primären Verteilung eine Fülle von Faktoren und Umständen und eben auch von politischen Entscheidungen zusammenwirken, die entweder die Marktposition der einzelnen unabhängig von ihrer individuellen Leistung modifizieren oder aber jenseits des Marktes ihr individuelles Einkommen begründen. Eine von der sekundären, also politisch modifizierten Einkommensverteilung unabhängige primäre Verteilung „am Markt" gibt es in der Wirklichkeit gar nicht. Die reine Primärverteilung ist nur eine mehr oder weniger nützliche analytische Kategorie und theoretische Fiktion, deren Wirkung als Ideologie allerdings in den politischen Gesellschaften gar nicht überschätzt werden kann.

Der auch in der Ideengeschichte immer wieder negativ diskutierte Fall des mit individueller Leistung nicht zu begründenden, weil „unverdienten" Kapitalerbes sei nur erwähnt. Das Erbe wird, wie in Westeuropa im Moment sichtbar, in langen Friedens- und Prosperitätsphasen individuell und gesellschaftspolitisch immer bedeutsamer und schafft tendenziell eine Gesellschaftsschicht, deren reale Lebens- und Einkommenssituation in keinem sozialethisch mehr vermittelbaren Zusammenhang mit der offiziell herrschenden Leistungsideologie steht. Das hatte schon der liberale John St. Mill im letzten Jahrhundert klar erkannt und kritisiert. Als echter bürgerlicher Liberaler ein entschiedener Anhänger des Privateigentums und der damit verbundenen unbeschränkten Verfügungsgewalt, will er einerseits die Freiheit des Erblassers – anders als etwa im deutschen Recht mit seinen „Pflichtanteilen" – nicht einschränken. Andererseits sieht er Eigentum nur „durch irgendwelche Anstrengung seiner Fähigkeiten" für den einzelnen als gerechtfertigt an (1864, S. 179) und schlußfolgert:"Indem das wesentliche Prinzip des Eigenthums darin besteht, daß allen Personen dasjenige gesichert werde, was sie durch ihre Arbeit hervorgebracht und durch ihre Enthaltsamkeit angesammelt haben, kann dies Prinzip keine Anwendung auf dasjenige finden, was nicht der Ertrag der Arbeit ist..." (1864, S. 181). Dieses „Prinzip" wird dann allerdings wenig überraschend auf die kritische Diskussion des unproduktiven Landbesitzes beschränkt und läßt die heute akute Frage, wie sich eigentlich Milliardenvermögen, die niemals in der eigenen „Anstrengung", „Arbeit" oder gar „Enthaltsamkeit" eines Individuums einen ausreichenden Grund für ihre Existenz finden können, gesellschaftlich rechtfertigen lassen. Angesichts der relativ überproportionalen Wertsteigerung hat heute in Deutschland und anderswo häufig praktisch schon ausgesorgt, wem durch die kontingenten Umstände der „Verwandtschaft" ein relativ bescheidenes Mehrfamilienhaus auf entsprechendem Grundstück zufällt. Wo sollte da das individuelle „Verdienst" und die „Rechtfertigung" dieser lebenslangen Rente liegen?

Wichtiger und strukturell bedeutsamer für die spezifischen modernen Herrschaftsverhältnisse als diese gesellschaftlich keineswegs verpönte und politisch geduldete Verletzung der offiziell meritokratischen Leistungsethik im Erbschaftsrecht ist aber, daß auch Märkte politisch konstituiert werden müssen und werden. Das wird im Sinne einer Marktordnungspolitik heute auch von den radikalsten Neo-Liberalen zugestanden. Daß aber mit der Art und Weise, wie und wo Märkte jeweils konstituiert und nachfolgend reguliert werden, auch politisch in den sogenannten „primären" Verteilungsprozeß eingegriffen wird, bleibt hinter der oberflächlichen Leistungsideologie zumeist verborgen. Nach der ist jeder seines Glückes Schmied – auch wenn die Rahmenbedingungen seiner individuellen Verwertungsbemühungen „am Markt" von ihm kaum durchschaut und erst recht nicht beeinflußt werden können. Arbeitsmärkte sind dafür ein klassisches Beispiel. Über sie wird – worauf die feministische Gesellschaftskritik über ihr eigenes Anliegen hinaus seit längerem nachhaltig aufmerksam gemacht hat (Beck-Gernsheim 1980; Sichtermann 1987) – nur ein bestimmter Teil der gesellschaftlich notwendigen und tatsächlich geleisteten Arbeit bereitgestellt und in Wert gesetzt. Schon die grundlegende Anerkennung, bestimmte Leistungen als regelmäßig bezahlte Erwerbsarbeit anzusehen und ihr damit die heute im Sozialstaat an Erwerbsarbeit geknüpften Absicherungen und Vergünstigungen zu garantieren, trägt einen politischen Charakter. Die fortgesetzte Auseinandersetzung über Hausarbeit, aber auch Altenpflege oder Betreuung in bestimmten Sozialverhältnissen gibt davon ein beredtes Zeugnis (Jenson 1997). Arbeitsmärkte sind zwar in erster Linie einer ökonomischen Dynamik, dann aber in hohem Maße auch der politischen und rechtlichen Beeinflussung ausgesetzt, und die Existenz von Teilmärkten für bestimmte Leistungen und die sogenannten „Marktpreise", anders gesagt also das individuelle Arbeitseinkommen, hängen nachhaltig von dieser Beeinflussung der Rahmenbedingungen ab.

Warum gilt es in Deutschland und der Europäischen Union beispielsweise als anerkanntes Ziel, eine nationale Stahl- oder Kohle- oder Agrarwirtschaft zu erhalten, nicht aber eine Textil- oder Unterhaltungselektronikindustrie? Gewiß, die Frage mag rhetorisch klingen, weil die politischen Motive bekannt und traditionsreich sind, die dazu führen, daß politisch der Erhalt bestimmter Industrien gestützt und durch massive Umverteilungsprozesse ermöglicht wird. Diese offiziellen Motive seien hier einmal dahingestellt. Tatsächlich verbirgt sich hinter solchen Entscheidungen aber auch der mehr oder weniger offen ausgetragene, in diesen Fällen jedenfalls erfolgreiche verteilungspolitische Kampf bestimmter Interessengruppen. Wer aufgrund von Zufällen des Lebenslaufs in Nordrhein-Westfalen Bergmann wurde, hat heute vielleicht noch Arbeit, wer im selben Bundesland aber einmal in Kleiderfabriken lernte, wurde bald arbeitslos. Das hat in beiden Fällen wenig mit individueller Leistung, im Falle des hochsubventionierten Arbeitsplatzes im Bergbau aber sehr viel mit politischen Entscheidungen zu tun. Diese Entscheidungen, bestimmte industrielle Sektoren oder die in Deutschland in diesem Zusammenhang notorische Landwirtschaft politisch der Marktdynamik zu entziehen und sie zum Teil über Generationen durch massive Subventionen am Leben zu erhalten, hat Verteilungswirkungen auf industriestruktureller, regionaler und auf individueller Ebene. Die politische Entscheidung prägt – und allein auf diesen Aspekt kam es hier an – bereits auf der wirtschaftlichen Primärverteilungsebene die Gewinn- und Verlustchancen von Kapitaleinsatz und Arbeitskraft der Individuen, die also weniger oder jedenfalls erst in zweiter Linie von individueller Leistung und Bereitschaft, und eher von kollektivem Organisationsvermögen, Konfliktfähigkeit und anderen politischen Faktoren abhängig sind.

Zusätzlich ist das marktgängige Arbeitsvermögen fast immer an bestimmte Qualifikationen – ökonomisch gesehen sehr langfristige und inflexible Investitionen

– gebunden und weist weder in dieser noch in anderer Hinsicht die „Mobilität" des Kapitals auf, das sich seine besten Gewinnchancen je nach den politischen und ökonomischen Gegebenheiten suchen kann.

Das politische Instrumentarium mit dem bereits in die Primärverteilung eingegriffen wird, ist vielfältig und reicht von der politischen Definitionsgewalt des Begriffs und Inhalts von „Erwerbsarbeit" und der vollständigen Subvention ganzer Arbeits-, Dienstleistungs- und Industriebereiche über die rechtliche Regulierung des Zugangs zu ihnen durch Zulassungs- und Ausbildungsverordnungen bis hin zu der spezifischen Beeinflussung des Arbeits- oder Kapitalertrages durch Spezialsteuern und Abgaben.

Hier kann es nicht um die Details einer bestimmten Gesellschaft, sondern nur um das Wesensmerkmal politischer Gesellschaften generell gehen, die Verteilung des gesellschaftlichen Reichtums auch und wesentlich politisch zu formen. Daß dies in den „realsozialistischen" Gesellschaften des 20. Jahrhunderts explizit und programmatisch mit einem egalitären Anspruch geschehen ist, hat den in der Systemkonkurrenz stehenden kapitalistischen Marktgesellschaften des Westens lange Zeit erlaubt, hinter einer ideologischen Überhöhung der programmatischen Differenz das ganze Ausmaß ihrer eigenen politisch verursachten Umverteilung zu verbergen. Als unbestritten dürfte sich bei genauerer vergleichender Analyse aber lediglich die Differenz zwischen einer eher egalitär und einer eher selektiv-begünstigenden politischen Umverteilung des gesellschaftlichen Reichtums erweisen. Diese scheint in den kapitalistischen Gesellschaften des demokratischen Westens in den beiden letzten Jahrzehnten massiv die Spaltung in Arme und Reiche begünstigt zu haben; die ehemals auch kritisch gemeinten Diagnosen einer „nivellierten Mittelstandsgesellschaft" haben sich längst als Fehlprognosen erwiesen. Heute stellt sich gegenüber der europäischen Massenarbeitslosigkeit ebenso wie den in Nordamerika schnell wachsenden Heerscharen der „working poor" eher zunehmend die Frage: Wieviel Einkommensdifferenzierung, insbesondere wieviele Arme verträgt die politische Gesellschaft angesichts ihrer kontingenten politischen Konstitutionsbasis? Vor allem: Welches Maß an Spannung zwischen Reichtum und Armut bleibt mit den demokratischen Idealen mittelfristig verträglich?

Allerdings hängt es natürlich sehr von politischen Urteilen und Interessenpositionen ab, ob man das tatsächliche Maß an politischer Umverteilung nun für zu hoch, für ausreichend oder aber für unzureichend hält. Mit jedem politischen Konflikt über die angemessene Rate an sekundärer Einkommensverteilung wird aber der für die politische Gesellschaft grundlegende Sachverhalt erneut bestätigt, daß nämlich die Politik diese Verhältnisse tiefgreifend zu prägen vermag, daß der politische Prozeß in der politischen Gesellschaft immer auch ein gesellschaftlicher Verteilungskampf ist und daß damit zu rechnen ist, daß diejenigen, die politische Herrschaft ausüben, dies nicht völlig selbstlos und interessenfrei zu tun vermögen.

Die Frage nach den gesellschaftlichen und politischen Herrschaftsverhältnissen der politischen Gesellschaften mit einer kapitalistischen Ökonomie und einem repräsentativ-demokratischen System ist also aus den verschiedensten Gründen außerordentlich komplex und empirisch schwierig zu beantworten. Einerseits verbirgt sich die politische Herrschaftsausübung ideologisch hinter der Volkssouveränitätsthese des republikanischen Verfassungsstaates, die in der berühmten Kantschen Fassung besagt, daß nur das allgemeine Gesetz Gehormsam verlangen kann, nicht aber länger Menschen über Menschen herrschen. Sichtbar findet in ihnen eine „Elitenherrschaft auf Zeit", eingebunden in ein vielfältiges und tiefgestaffeltes System verfassungsmäßiger und rechtsstaatlich konstituierter Amts- und Machtpositionen statt. Angesichts der sozialstrukturellen Mobilität moderner Gesellschaften ist die Identifikation von Herrschenden im Sinne einer eigenen sozialen Schicht nicht mehr so einfach wie früher möglich und macht Herrschaft zusätzlich unsichtbar; der Begriff der „politischen Klasse" bietet hier nur eine analytische Verlegenheitslösung, erfaßt er die „Herrschenden" doch nur selektiv über manifeste Ämter und Mandate und blendet damit alle informellen und erst recht „privaten" Herrschaftspositionen aus; er fragt darüber hinaus kaum nach materiellen Aneignungsprozessen und Verteilungswirkungen. Die politische Gesellschaft erweist ihre Kontingenz auch darin, daß sie eine abgegrenzte politische Klasse nicht besitzt.

Selbstverständlich bietet dieses System des modernen Verfassungs- und Rechtsstaates einen unvergleichlich besseren Schutz gegen individuelle Herrscherwillkür und Ausbeutung, als das in vorangegangenen Herrschaftsformen der Fall war oder in Formen offener Diktatur der Fall sein könnte. Gerade die Garantie der Menschen- und Grundrechte in den Verfassungen und in international anerkannten Konventionen eröffnet, wenn sie schon im politischen Alltag für alle keineswegs immer gewährleistet sind, wenigstens eine anerkannte Berufungsebene und politische Kampfplattform, der sich Herrschende immer schlechter entziehen können. Freilich kann dieser erfolgreiche historische Schritt in den Verfassungs- und Rechtsstaat doch nicht davon ablenken, daß innerhalb seiner Institutionen weiterhin politische Herrschaft ausgeübt und gesellschaftlicher Reichtum umverteilt wird, und zwar in einem Ausmaß, der die früher in persönlicher Herrschaft angeeigneten Anteile am gesellschaftlichen Reichtum bei weitem übertrifft.

Die Herrschaftsausübung äußert sich in der Möglichkeit einzelner Personen oder Personengruppen, vermittels ihrer Amtsgewalt und Entscheidungskompetenz oder ihrer gesellschaftlichen Position tiefgreifend in die Lebenssituation anderer Menschen, ja gelegentlich der ganzen Gesellschaft einzugreifen. Die Tatsache, daß sie dazu durch ihr Amt oder ihr Eigentum legitimiert sind, ändert an dem herrschaftlichen Charakter ihrer Einwirkungsmöglichkeit auf andere Menschen wenig. Daß sie sich nach Ablauf ihrer Amtsperiode der Gefahr aussetzen, abgewählt und durch andere Amtsinhaber ersetzt zu werden, macht die Herrschaftsausübung in demokratischen Repräsentativsystemen zwar im Idealfall responsiv gegenüber den Bedürfnissen vermuteter Mehrheiten der Wählerschaft, aus der Sicht der Wähler ändert sich aber nur der Träger der Fremdbestimmung, nicht diese selbst. Auch ein demokratisches Repräsentativsystem mit demokratischen Wahlen ist also ein Herrschaftssystem. Ideen „demokratischer Selbstregierung", wie sie verstärkt seit den sechziger Jahren des 20. Jahrhunderts in vielen gesellschaftlichen Teilbereichen im Rahmen einer partizipationsorientierten Kultur praktiziert oder angestrebt wurden, müssen strikt von der republikanischen und mit dem Repräsentationsgedanken vermittelten Idee der Selbstgesetzgebung ganzer Gesellschaften unterschieden werden, denn spätestens bei der letzteren „scheitern sie an einem Moment des Illusionären, das in die Sachlogik von Selbstregierung eingebaut ist", wie Ingeborg Maus zu Recht feststellt (1992, S. 201). Individuelle Selbstbestimmung und kollektive Selbstregierung sind logisch und faktisch unvereinbar.

Die Selbstgesetzgebung vermittels parlamentarischer Repräsentation trägt dem Rechnung, kreiert nur den gesetzlichen Handlungsrahmen für die tatsächliche Herrschaftsausübung und übt eine darauf bezogene Kontrollfunktion – in der Regel in Verbindung mit irgendeiner Form richterlicher Kontrolle – aus, aber sie ist deswegen keine „Selbstregierung des Volkes". „Government by the people..." ist, auch wenn es von Thomas Jefferson stammt, im Hinblick auf die moderne Repräsentativverfassung durchaus eine ideologische Formel. Regiert im Rahmen des von den Gesetzen gestifteten Ermessensspielraums wird nach wie vor von konkreten Personen oder Personengruppen, die dabei, über das ungeheure Machtpotential des modernen politischen Systems verfügend, im Extremfall des Krieges bis hin zum Einsatz des Lebens über das einzelne Gesellschaftsmitglied verfügen können, jedenfalls auf die strukturellen Bedingungen seines alltäglichen Lebens ständig und tiefgreifend einwirken und auch auf die Verteilung des gesellschaftlichen Reichtums direkt oder indirekt einen maßgeblichen Einfluß nehmen.

Von alters her stand die Frage der Steuern und Abgaben, die von den Herrschenden erhoben wurden, im Zentrum der Auseinandersetzung zwischen ihnen und den Beherrschten. Solange zwischen der direkten, gewissermaßen „privaten" Aneignung der Herrscher und der notwendigen Verausgabung der eingenommenen Mittel für irgendwelche, selbstredend herrschaftlich ausgewählte gesellschaftliche Zwecke nicht unterschieden werden konnte, war auch der verteilungspolitische Frontverlauf zwischen Herrschern und Beherrschten ziemlich klar.

Schwieriger ist es aber heute zu sagen, wer eigentlich von der herrschaftlichen Umverteilung profitiert. Einerseits ist das absolute Volumen der zur Verteilung stehenden Summe zwar historisch einmalig hoch, andererseits aber ist die Streuung der Gewährleistungen des komplizierten Transfersystems heutiger Wohlfahrtsstaaten so weit und vielfältig, daß sich keine klar abgrenzbare und hervorgehobene Klasse von Begünstigten herausbildet; schließlich gibt es zwischen den politischen Entscheidungsträgern und diesen Begünstigten nur die mittelbare und schwankende Beziehung elektoraler Unterstützung.

Sichtbar, man möchte sagen evident, wird Herrschaftsausübung im gesellschaftlichen Alltag aber auch deshalb weniger als früher, weil die Inhaber der politischen Gewalt häufiger wechseln und weil sie sich, wie schon festgestellt, nicht aus einer auch gesellschaftlich als klar dominant oder strukturell verfestigt erweisenden Gruppe oder Klasse rekrutieren, weil die Art ihrer Herrschaftsausübung sich – jedenfalls in der Regel und dem Anspruch nach – in rechtliche Formen einschmiegt und weil die Möglichkeiten zur persönlichen Bereicherung gegenüber früheren Herrschaftspositionen nachhaltig reduziert wurden. Dies in Rechnung gestellt, bleibt doch das Faktum einer in ihrer Reichweite und Intensität je nach den Verhältnissen und der Lage der einzelnen politischen Gesellschaft außerordentlichen Direktionsgewalt politischer Führer. Dieser Ausdruck ist, im Singular verwendet, angesichts der deutschen Geschichte extrem vorbelastet und seine Verwendung soll hier keineswegs die Machtausübung demokratisch legitimierter Amtsinhaber mit der moralisch schrankenlosen Willkürherrschaft Adolf Hitlers gleichsetzen. Aber das Phänomen einer die Amtskompetenz überschreitenden persönlichen Macht bleibt auch demokratischen Herrschaftsverhältnissen nicht erspart. Nicht regelmäßig und nicht immer und abhängig von zusätzlichen Voraussetzungen, die sich aus der Amtsgewalt und der Art der Rekrutierung allein keineswegs erklären lassen, wachsen einzelnen politischen Figuren Machtpotentiale zu, die weder mit republikanischen Ansprüchen noch mit der demokratischen Gleichheitsidee vereinbar bleiben. Deren tatsächliche Macht läßt sich dann durch das Studium von Parteisatzungen, Verfassungen und speziellen Gesetzen, die ihre Ämter regeln, empirisch nicht ermitteln und überschreitet die an ihre jeweiligen Ämter gebundenen Kompetenzen alle Mal.

Dabei kann diese Art von Macht offenkundig zeitweilig auf Ressourcen zurückgreifen, deren Studium in der Politikwissenschaft angesichts ihrer Fixierung auf die rechtlichen und institutionellen Formen der Politik stark unterbelichtet ist, und angesichts derer der dann routinemäßig erfolgende Rückgriff auf Max Webers Charismakonzept analytisch hilflos bleibt. Man muß sich nur die Reihe der politischen Führer in den westlichen Demokratien – oder erst recht in den pseudodemokratischen Systemen sogenannter Entwicklungsgesellschaften – in Erinnerung rufen, um diese Erkenntnis in einigen Fällen bestätigt zu sehen. Die reale Machtposition glich jedenfalls zeitweise einem institutionell nur noch mühsam vermittelten persönlichen Regiment, in dem sie nicht nur zentrale politische Entscheidungen nahezu nach Belieben gegenüber ihren Herkunftsparteien oder den Parlamenten durchsetzen konnten, sondern auch – ganz in der alten Manier persönlicher Herrschaft – in vielen einzelnen Sach- oder Personalfragen des politischen Alltags weit über ihren eigentlichen Kompetenzbereich hinaus das entscheidende Wort behielten.

Die moderne Selbstbeschreibung der demokratischen Gesellschaften ist auf dieses persönliche und in der ausgetragenen Konkurrenz zuweilen agonale Element der Herrschaftsausübung nur schlecht eingerichtet und reagiert darauf mit eigentümlich verklemmten sozialpsychologischen Mechanismen der Verdrängung, aber auch der Faszination. Einerseits gilt der – zumeist ja doch ein „er", von der gerade in diesem Zusammenhang sicherlich erinnernswerten Margaret Thatcher einmal abgesehen – Inhaber auch der höchsten politischen Ämter in der demokratischen Republik stets nur als Gleicher unter Gleichen, dem nur Respekt vor dem hohen Amt und angesichts seiner persönlichen Amtswahrung gebührt. Andererseits entwickelt sich – sicherlich nach der politischen Kultur verschiedener politischer Gesellschaften unterschiedlich akzentuiert – gerade bei längerer Amtszeit um die Person des Machthabers herum nicht nur eine eigene formlose Sphäre der Machtwillkür, sondern auch eine geradezu „höfische" Aura, in der die der jeweiligen Person – und nicht nur ihrem Amt – zunehmend zugewachsene Macht symbolisch ihren Ausdruck findet.

Damit ist eine Übergangssituation erreicht, in der demokratisch verantwortete Herrschaft im republikanischen Verfassungsstaat schleichend und unspektakulär und – was die Sache noch gefährlicher macht – nicht selten angesichts des „Charismas" oder der Popularität einiger politischer Führer mit nachdrücklicher öffentlicher Unterstützung in persönliche Herrschaft überzugehen droht, ohne daß es formell zu einem großartigen Verfassungsumbau gekommen sein müßte. Auf diese Weise könnten auch in den etablierten Demokratien des Westens sich einmal Wandlungen des faktischen Herrschaftscharakters vollziehen und damit Verhältnisse entstehen, wie sie für formal demokratische, faktisch aber persönliche Herrschaftsverhältnisse in Transformationsgesellschaften der sogenannten Dritten Welt oder der ehemaligen Zweiten zeitweise typisch waren und sind. Die manchmal bestehenden Wiederwahlbeschränkungen, wie beim amerikanischen Präsidenten, erscheinen gegenüber diesen inhärenten Tendenzen zur massenmedial gestützten plebiszitär-kommissarischen Diktatur im formal weiter bestehenden gewaltenteiligen Verfasssungssystem nur als relativ schwache rechtsförmige Selbstbindungen der Politik, die sich gerade unter Berufung auf plebiszitäre Unterstützung bei Bedarf leicht aushebeln ließen.

III. Die totalitäre und die freiheitliche politische Gesellschaft

Rückblickend auf das 20. Jahrhundert ergibt sich üblicherweise eine zwiespältige politische Bilanz. Sicherlich sind bisher noch in keinem Jahrhundert zuvor so viele Menschen Opfer von Kriegen und Massenvernichtung geworden wie in diesem. Und das, obwohl dieses Jahrhundert gleichzeitig die weltweite Anerkennung der aufklärerischen Ideen von Menschenrechten und politischer Demokratie mit sich brachte – die allerdings noch nicht mit ihrer politischen Verwirklichung gleichgesetzt werden kann. Dieser vermeintliche Zwiespalt basiert auf der unausgesprochenen Prämisse, daß die mit dem modernen Krieg unvermeidlich verbundene Massenvernichtung und die Demokratie sich ausschließen. Das ist aber nur in gewisser und sehr beschränkter Hinsicht richtig, wenn man die Demokratie vor allem als ein System von um die Menschenwürde des einzelnen zentrierten Normen und Prinzipien begreift. Demgegenüber stellt Francois Furet die aus der traditionellen Sicht nicht nur provozierende, sondern ganz unsinnig erscheinende These auf: „Der Krieg von 1914 war der erste demokratische Krieg in der Geschichte" (1998, S. 57). Aber auch bei ihm bleiben die gesellschaftlichen Voraussetzungen unerkannt, jedenfalls unausgesprochen, die diesem Satz partielle Wahrheit verleihen. Diese gesellschaftlichen Voraussetzungen sind die der politischen Gesellschaft eigentümlichen. Sie liegen sowohl der Demokratie, dem totalen Krieg wie schließlich den totalitären Regimen zugrunde, begründen ihre bis heute gefundene historische Gestalt und ihre Verwandtschaft.

Der in seinem Ausmaß wie der Qualität seines Zustandekommens entsetzliche Blutzoll in der Bilanz dieses Jahrhunderts wurde nicht nur durch den technischen „Fortschritt" der Waffen und Tötungsmittel, sondern auch durch die ungeheure innere Mobilisierungsfähigkeit der modernen politischen Gesellschaften möglich, die sie von allen bisherigen Gesellschaftsformen unterscheidet. Die autoritäre oder totalitäre Mobilisierungsfähigkeit der „von oben" als und zur Masse manipulierten Bevölkerung ist nur die andere Seite ihrer demokratischen Politisierbarkeit „von unten". Das Zeitalter der Demokratie ist stets und unvermeidlich zugleich die Ära der „totalitären Erfahrung", die mit dem Ende von Stalinismus, Nationalsozialismus und italienischem Faschismus nicht aufhört, sondern ihre lokalen und regionalen Schwerpunkte in der „Ära des Nachkriegs-Totalitarismus" (Bracher 1987, S. 31) nur verschiebt. In der Bilanz von weit mehr als 100 Millionen politisch und gewaltsam zu Tode gebrachter Menschen innerhalb eines Jahrhunderts zeigt sich das Zerstörungspotential wie die ethische Bodenlosigkeit der modernen politischen Gesellschaften. Gleichzeitig ist dieses Jahrhundert in seiner Selbstbeschreibung durch seine besondere Humanität und den Fortschritt der Zivilisation ausgezeichnet.

Die noch weit in das Jahrhundert hineinreichende kolonialistische Mißachtung von politischen und ökonomischen Rechten und der Menschenwürde für hunderte Millionen von Menschen in der sogenannten Dritten Welt, der in diesem Jahrhundert systematisch betriebene Genozid, beginnend mit den Armeniern, der bis dahin unvorstellbare, sich über Jahrzehnte erstreckende politisch begründete Massenmord an ganzen Bevölkerungsgruppen oder vermeintlichen Oppositionellen im bolschewistischen Gulag (Furet 1998), schließlich die vom nationalsozialistischen Deutschland kaltschnäuzig geplante und betriebene Ausrottung des europäischen Judentums (Hilberg 1982) im Zuge eines zumindest nach Osten offen rassistisch begründeten Eroberungs- und Vernichtungskrieges (Heer/Naumann 1995) bilden die großen Stationen dieser entsetzlichen Geschichte. Sie hat damit aber nicht ihr Ende gefunden. Später hat sich ihr Zentrum nur nach Afrika, Asien und Südamerika verschoben. Krieg und Totalitarismus gehören keiner abgeschlossenen „Vorgeschichte" unserer Gegenwart an. Ganz entgegen dem in Westeuropa und Nordamerika vorherrschenden Eindruck von der friedlichen zweiten Hälfte des Jahrhunderts, hat das spezifisch moderne Morden und Kriegführen nicht aufgehört (Gantzel/Schwinghammer 1994), sondern sich als Bestandteil der Universalisierung „westlicher" Herrschafts- und Kriegsführungstechniken weltweit ausgebreitet. In ihrer Amalgamierung mit indigenen und hier keineswegs verniedlichten Gewalt- und Terrorpotentialen sind beispielsweise zeitweise in China zur Zeit der sogenannten Kulturrevolution, in Kambodscha und Laos, oder im Kongo, in Angola, Nigeria, Uganda, Ruanda und Burundi oder zu verschiedenen Zeiten in verschiedenen Staaten des südamerikanischen Kontinents politisch induzierte und organisierte, nach innen oder außen in Form von Kriegen, Terror, Folter und Massenvernichtung sich äußernde Gewaltexzesse aufgetreten, die ebenso vom durch und durch modernen Mobilisierungspotential dieses Gesellschaftstypus zeugen. Die Kriege und Konflikte am östlichen Rand des Mittelmeeres und über den Nahen Osten tief hineinreichend in den asiatischen Kontinent bleiben wegen des strategischen Charakters der Region für die westlichen Industrienationen eine permanente Bedrohung für die Weltsicherheit. Dabei haben sich zum Teil Formen der politischen Gesellschaft gebildet, die wie im iranischen „Gottesstaat" ganz neuartige totalitäre Züge tragen. Der „Fundamentalismus", der dabei, wie etwa derzeit in Afghanistan, sichtbar wird, ist kein aus der Vormoderne übrig gebliebener Traditionalismus, sondern eine der Moderne selbst völlig zugehörige neuartige Reaktionsform, die nahe Verwandtschaft mit dem weltanschaulich aufgeladenen, ja in bestimmten Strömungen quasi-religiösen deutschen Nationalsozialismus aufweist. „Fundamentalismus" bleibt auch keineswegs, wie es uns der Kreuzzug für den ideologischen Konflikt der Zivilisationen weismachen will, auf den Islam beschränkt. Auch in Nordamerika und Teilen Europas formen sich auf christlicher Grundlage mächtige „fundamentalistische" Bewegungen, deren Einfluß auf die Politik eines Tages zumindest innenpolitisch für Freiheit und Toleranz bedrohlich werden könnte, wie in einigen Einzelstaaten der USA schon heute zu sehen ist.

Die Kriegführung der westlichen Alliierten in 2. Weltkrieg, einerseits gerechtfertigt durch den Kampf für die Freiheit der europäischen Völker[37], nahm andererseits mit dem massiven Bombenkrieg gegen die Zivilbevölkerung und schließlich – für den totalen Krieg ein unauslöschliches technologisches Menetekel – mit dem Abwurf der beiden Atombomben auf die japanischen Großstädte Hiroshima und Nagasaki totalitäre Züge an. Seitdem ist *„unser Dasein unter dem Zeichen der Bombe"* (Anders 1980, S. 235, hervorgehoben i.O.) zu einer gefährlichen und verdrängten Routine geworden, aus der die Öffentlichkeit immer nur dann aufschreckt, wenn offenkundig wird, daß wieder ein zusätzliches Regime über diese *per se* genozidalen Waffen verfügt.

Kriege, in die die westliche demokratische Welt wie in Korea, Vietnam oder im Irak involviert war, standen an Grausamkeit und Zahl der Opfer den „außereuropäischen" wie etwa zwischen Indien und Pakistan nicht nach. Deren längst nicht mehr geheime Atomrüstung beruft sich ausdrücklich auf das Vorbild „westlicher Demokratien" – und wird das auch im Falle des Einsatzes dieser Waffen tun können. Schließlich hat nicht irgendein totalitäres Regime, sondern die führende westliche Demokratie, der selbsternannte weltweite Anwalt der Menschenrechte, das Beispiel gegeben und die allfällige „Rationalisierung" gleich mitgeliefert.

Auch das Europa der Nachkriegszeit ist nicht so gewaltfrei geblieben, wie es sich gerne stilisiert. Jedenfalls zeigen der mit größter Grausamkeit geführte mehr als siebenjährige Algerienkrieg Frankreichs an Europas unmittelbarer Peripherie (Elsenhans 1974, S. 372ff), die seit langem schwelenden, mal mehr mal weniger gewaltförmigen Konflikte beispielsweise in Nordirland, dem Baskenland oder auf Korsika und andere kleinere Konflikte, daß von Fall zu Fall nicht nur die gegen den Hegemonialstaat gerichteten Irredentisten, sondern auch die demokratisch legitimierten Regierungen oder ihre militärischen, polizeilichen oder sonstigen Organe zu einer Art des Gewalteinsatzes bereit sind, die mit dem unterstellten Zivilisationsniveau dieser Politik- und Gesellschaftsform normativ unvereinbar sind. Der unbestreitbar zivilisierende Faktor von Demokratie und Rechtsstaat bleibt in den politischen Gesellschaften unserer Tage also stets ein gefährdetes Gut, das durch ihre entgegengesetzten Potentiale jederzeit bedroht ist.

Viele dieser Konflikte und Kriege fördern zumindest partiell und zeitweise totalitäre Elemente auch in Politik und Gesellschaft. „Die Notwendigkeit, mit Gewalt vorzugehen, kann in der Tat zum wichtigsten Faktor bei der Verwandlung einer freien und verfassungsmäßigen Ordnung in eine autokratische werden" (Friedrich 1973, S. 26).

Die totalitäre Gesellschaft und der auf denselben Potentialen, Ursachen und gemeinsamen strukturellen Voraussetzungen beruhende totale Krieg, wie er erst im 20. Jahrhundert die Regel geworden ist, gehören gesellschaftlich und historisch zusammen. Beide beruhen auf einer tendenziell vollständigen Mobilisierung und Erfassung der Gesellschaftsmitglieder. Beide sind ganz und gar modern. So wie in der politischen Gesellschaft nichts unpolitisch bleiben kann, so gibt es im totalen Krieg für niemanden länger Schutz und Refugium, verschwindet die Differenz zwischen

---

37 Einschließlich des deutschen, das bis zum Ende unfähig und überwiegend auch unwillig blieb, sich selbst zu befreien.

Front und Hinterland, zwischen Militär und Zivilbevölkerung, zwischen Männern und Frauen, Erwachsenen und Kindern. Gebannt wird das schreckliche Potential und die Zerstörungsgewalt von Totalitarismus und Krieg in der politischen Gesellschaft nur durch gelingende Selbstbeschränkung – und immer nur auf Zeit. Da die moderne politische Gesellschaft, auch wenn sie ein demokratisches Regime besitzt, auf denselben Fundamenten wie der Totalitarismus aufsitzt, kann sie dessen Gefahr in sich immer nur zeitweise bannen. „Äußeren" Halt in Religion, Vernunft oder Moral gibt es für die Politik in der Kontingenz und Immanenz der politischen Gesellschaften nicht mehr, auch und gerade da, wo die Politik scheinbar mit der Religion verschmilzt oder selbst religiöse Züge annimmt, auch und gerade da, wo versucht wird, die Politik wie im Falle des Abwurfes der Atombomben auf die japanische Zivilbevölkerung ethisch zu rationalisieren. Wenn die Selbstbeschränkung der Politik politisch mißlingt, dann gibt es vor ihren modernen totalitären Potentialen im Frieden wie im Krieg keinen anderen sicheren Schutz.

„Es gibt auf diesem Gebiet keine Gewißheit... Daß die Vervollkommnung der Gewaltmittel schließlich den Grad erreicht hat, an dem die zur Verfügung stehenden Mittel im Begriff sind, ihr Ziel, nämlich die Kriegsführung, unmöglich zu machen, ist wie eine letzte ironische Reflexion auf die grundsätzliche Willkür und Unsinnigkeit, der wir überall begegnen, wo wir uns dem Bereich der Gewalt nähern. Wie wir aber dieses Un-sinns Herr werden sollen, wissen wir nicht" (Arendt 1987, S. 8f). Das ist wohl zu optimistisch, weil rational gedacht gewesen und von der vermeintlichen Ironie bleibt praktisch nichts übrig: Erstens wurde der Einsatz der Atomwaffen als angemessenes Mittel bereits „rationalisiert", und zweitens spricht nichts für die aus der zeitweiligen wechselseitigen „second-strike-capability" der Supermächte zu kurzschlüssig abgeleitete These, daß die atomare Kriegsführung für alle Zeiten unmöglich geworden sei. Diese These war zu optimistisch, ebenso wie es die über die von den „etablierten Atommächten" dauerhaft durchsetzbare „non-proliferation" war.

Offene Formen des Rückschritts in undemokratische und manifest terroristische Formen des Politischen, wie zeitweilig in Griechenland unter der Militärherrschaft oder in Chile nach der Ermordung Salvatore Allendes, sind zwar im westlichen Teil der Welt bisher die Ausnahme geblieben, aber in Verbindung mit den Erfahrungen des jüngsten Balkankrieges deuten sie ebenfalls auf die bloß graduellen Differenzen des Ausmaßes der Garantie von Menschenrechten zwischen verschiedenen Erscheinungsformen der politischen Gesellschaft hin. Schließlich hatte auch die Weimarer Republik schon einige Jahre als Demokratie bestanden, hatten auch in Deutschland die Bürger und Bürgerinnen von der demokratischen Freiheit gekostet, als sie sich in ihrer großen Mehrheit von ihr wieder abwandten. Innerhalb wie außerhalb Deutschlands hat man seitdem die besonderen Bedingungen oder gar den „Sonderweg" diskutiert, die dies allein ermöglicht haben sollen. Diese Diskussion schließt – psychologisch gesagt – ein gutes Stück projektiver Abwehr ein: Unterdrückt wird die Erinnerung, daß der Weg von der freiheitlichen Demokratie in die totalitäre Diktatur damals auch anderswo begeisterte Anhänger fand (Nolte 1968) – nur weniger erfolgreich war. Damit wird aber vor allem ein Frage- und Denktabu verteidigt, mit dem die freiheitliche Demokratie nicht nur politisch, sondern auch gesellschaftsstrukturell in einen vermeintlich unüberbrückbaren Gegensatz zur totalitären Gesellschaft gestellt wird. Diesem Tabu muß meine These provozierend erscheinen, daß es sich bei totalitärer Diktatur und freiheitlicher Demokratie um zwei nur politisch entgegengesetzte Regime *eines* Gesellschaftstypus handelt.

Auch die seit längerem etablierten westlichen Demokratien, weit davon entfernt, ihre eigenen Ideale bereits für alle Individuen auf ihrem Territorium gleichmäßig und regelmäßig zu realisieren, sind gegen totalitäre Anfechtungen nicht ein für alle Mal immun und greifen von Fall zu Fall in einzelnen politischen Fragen zu Mitteln der Politik, wie sie in ihrer Gesamtheit nur für totalitäre Gesellschaften üblich wären. Graduelle Abstufungen sind analytisch, graduelle Übergänge praktisch zwischen Demokratie und totalitärer Diktatur nicht ausgeschlossen, eben weil sie auf demselben Fundament ruhen. Die Exzesse der McCarthy-Periode in den USA, die rücksichtslose Verfolgung individueller Kommunisten nach dem Verbot der KPD in der Bundesrepublik Deutschland, die in mehr als 8000 politischen Prozessen individuelle Karrieren und Lebensläufe zerstörte, ohne daß die demokratische Öffentlichkeit davon viel Aufhebens machte (von Brünneck 1978), die heute allenthalben übliche und außer von belanglosen Minderheiten hingenommene Durchbrechung der Grundrechte wie des Brief- und Fernmeldegeheimnisses oder der Unverletzlichkeit der Wohnung – die Liste wäre lang, die man über totalitäre Tendenzen und Züge auch innerhalb demokratischer Regime anlegen könnte.

Zum Teil erschreckend große Unterstützungspotentiale für zeitgenössische Formen totalitärer Bewegungen existieren manifest und latent in vielen westlichen Demokratien und besitzen auf dem Untergrund von Massenarbeitslosigkeit, wachsenden Einkommensdifferenzen, der Ungleichheit von Lebenschancen und Risiken, aber auch angesichts der migrationsbedingten kulturellen und ethnischen Heterogenisierung der Wohnbevölkerungen eine gefährliche Sprengkraft für die politische Kultur und die demokratischen Institutionen.

Natürlich muß bei solchen Überlegungen von einer Historisierung auch des Totalitarismusbegriffs ausgegangen werden. Die zukünftigen Gefahren für die Freiheit in den politischen Gesellschaften des Westens und der übrigen Welt resultieren nicht aus Bewegungen der Vergangenheit. Hitler und Stalin, um nur die negativ herausragenden Figuren des Jahrhunderts zu nennen, sind keine Zukunftsmodelle. Ihre potentiellen Nachfolger und deren Bewegungen bilden sich nicht als Abziehbilder der Vergangenheit, sondern unter den jeweils aktuellen Bedingungen; sie sähen, kurz gesagt, zeitgenösssischer aus. Dies nicht zu begreifen, ist ein typischer Fehler eines gutgemeinten, politisch aber relativ blinden, weil nur an den Formen der Vergangenheit orientierten Antifaschismus und Antikommunismus, ebenso wie der entsprechenden nostalgischen Neuauflagen solcher Bewegugen.

So gefährlich die rückwärtsgewandten Neonazis in Deutschland, Österreich und anderswo im Einzelfall, vor allem mit ihren Gewaltakten gegen die ausländische Bevölkerung oder andere Minderheiten, sein mögen, so wenig ist in ihnen die totalitäre Gefährdung der Zukunft repräsentiert. Sie sind eher ein Problem der angemessenen Jugendsozialarbeit und der Polizei als der Politik. Mit ihrer beibehaltenen ideologischen Fixierung auf die weltrevolutionäre Rolle des Proletariats ähneln manche kommunistische Splitterorganisationen heute eher akademischen Rollenspielübungen von arbeiterbewegten Geschichtswerkstätten, während ein nicht geringer Teil der einkommens- und existenzbedrohten Arbeiter meist längst eher bei rechts und antirevolutionär orientierten zeitgenössischen Demagogen und Manipulateuren ihrer Ängste und Frustrationen gelandet ist.

Man kann das totalitäre Potential der gegenwärtigen und zukünftigen politischen Gesellschaften nur einigermaßen zutreffend abschätzen, wenn man im Sinne der bereits angesprochenen Historisierung den Totalitarismus begrifflich einerseits abstrakt genug erfaßt und andererseits sich empirisch offen gegen die kontingenten Formen seiner zukünftigen Erscheinung verhält. Dabei helfen auch die in der Vergangenheit zutreffend aus der Abstraktion des Vergleichs von Nationalsozialismus und Stalinismus gewonnenen „Merkmalskataloge" nicht viel weiter, wie sie vor allem von Carl J. Friedrich (1964) und seinen Zeitgenossen aufgestellt wurden und wie sie zum Beispiel in Deutschland aufgrund der Rechtsprechung des Bundesverfassungsgerichts seit den fünfziger Jahren zur Grundlage des behördlichen Verfassungsschutzes gemacht werden. Empirische Merkmale können sich aber zeitbedingt verändern, ohne daß damit der Begriff des Totalitarismus wesentlich berührt würde. Ein Beispiel soll das verdeutlichen. Seit Hannah Arendts großem Werk (1986), das in seinem historisch-phänomenologischen Ansatz noch immer beispielhaft für die Erforschung und Erfassung totalitärer Strömungen geblieben ist, ist es üblich geworden, die totale Kontrolle durch eine allmächtige Geheimpolizei sowie eine nach dem absoluten Führerprinzip organisierte Massenpartei beziehungsweise -bewegung für unabdingbare Merkmale totaler Herrschaft zu halten. Diese beiden Instrumente dienten in den genannten historischen Fällen zur vollständigen Kontrolle und Einschüchterung einerseits, zur vollständigen Mobilisierung der Bevölkerung andererseits. Das Wesentliche und Begriffsbestimmende sind aber nicht die historischen Instrumente, sondern die mit ihnen damals erfüllten Funktionen, hier also Kontrolle und Einschüchterung einerseits, Mobilisierung andererseits. Wäre es nicht möglich oder sogar wahrscheinlich, daß diese Funktionen sich angesichts der heutigen technologischen Mittel und kulturellen Bedingungen in Zukunft auch ohne eine sich in Massenaufmärschen und ähnlichen Inszenierungen darstellende Bewegung von Braun- oder Schwarzhemden und ohne eine Geheimpolizei nach dem üblichen Erscheinungsbild der ledertragenden Gestapo oder GPU organisieren ließen? Müßten wir nicht damit rechnen, daß Manipulation, Kontrolle wie Mobilisierung zukünftiger Formen totalitärer Herrschaft eher mit Hilfe der audiovisuellen Kommunikationstechnologie und auf der Basis von psychologisch fundierten Public Relations erfolgen würde als mit Formen der äußeren Organisation und Repression? Gerade die sich zunehmend unkontrolliert vernetzende Informationstechnologie stellt ein Steuerungs- und Kontroll*potential* dar, das in Verbindung mit entsprechenden politischen Intentionen Visionen eines „soften" Totalitarismus denkbar macht, bei dem das Ausmaß manifesten Terrors vermittels physischer Gewalt minimal, aber die das alltägliche Leben der Individuen kontrollierende und manipulierende Erfassung totaler als jemals zuvor wäre. Vollständige Bewegungs- und Aktivitätsprofile, in kleinsten Zeittakten analytisch erfaßt, werden heute schon im produktivitätssteigernden „controlling" industrieller Fertigungsprozesse oder bei der Leistungssteigerung an Büroarbeitsplätzen erdacht und ausprobiert. Die gegenwärtig so hochgelobte elektronische „Vernetzung" auch der privaten Bereiche der Menschen, ihres Konsum-, Mobilitäts-, überhaupt ihres gesamten Verhaltens, vereinfacht nicht nur für sie bestimmte ansonsten aufwendige Operationen, vom Einkaufen über die Erledigung von Bank- und Behördenangelegenheiten bis zur Abrechnung des Arztbesuches, sondern hinterläßt unweigerlich auch für andere zugängliche Spuren in den „Netzen". Gerade im Gesundheitssektor sind wir von der Situation des „gläsernen Patienten" nicht mehr weit entfernt. Das dabei über das einzelne Individuum prinzipiell lebenslang gesammelte „Wissen" kann zwar für den behandelnden Arzt in einer aktuellen Situation eine große Hilfe bieten, es steht aber bereits jetzt schon mindestens den Kassen und Versicherungen zur Verfügung, die daraufhin „Einstufungen" und „Risikoklassen" bilden, aufgrund derer sie die Menschen kategorisieren. Wer wagt die Prognose, daß dieses „Wissen", hier nur beispielhaft für andere Bereiche genannt, gegen den Zugriff und die Nutzung aus anderem Interesse geschützt bleiben wird?

Im Moment versuchen verschiedene demokratische Regime, darunter die USA und Deutschland, per Gesetz zu erzwingen, daß die Verschlüsselungscodes zur Datenübertragung bei einer staatlichen Behörde hinterlegt werden müssen, um gegebenenfalls den polizeilichen Verfolgungsorganen die inhaltliche Überwachung der Kommunikation zu ermöglichen. Der liberale rechtsstaatliche Grundsatz, daß auch beschuldigte Bürger und Bürgerinnen die staatlichen Verfolgungsorgane bei der Aufdeckung ihrer Schuld nicht unterstützen müssen, ohne Nachteile daraus zu erfahren, verkehrt sich hier in den gesetzlichen Zwang, selbst dafür Sorge zu tragen, daß die an sich grundrechtlich geschützte Kommunikation durch die Polizei und andere Verfolgungsbehörden gegebenenfalls kontrolliert und inhaltlich überwacht werden könnte. In Deutschland sind sich inzwischen alle großen Parteien darin einig, den sogenannten „großen Lauschangriff", die Überwachung der Kommunikation in der ehemals grundrechtlich vor dem Zugriff staatlicher Verfolgung geschützten Privaträumen zu gestatten. Mit dem in beiden Fällen zweifelhaften Argument einer effektiveren Bekämpfung der sogenannten organisierten Kriminalität wird hier in konstitutive Grundrechte eingegriffen, wird selbst im Falle der Überwachung konkret Beschuldigter immer auch die Verletzung der Grundrechte zahlreicher Nichtbetroffener in Kauf genommen und schließlich noch, wie im Beispiel der zu hinterlegenden Verschlüsselungscodes, der einzelne Bürger, die einzelne Bürgerin zur aktiven Mitwirkung an dem Eingriff in ihre Grundrechte verpflichtet. Das sind eindeutig totalitäre Tendenzen eines Verfolgungs- und Überwachungsdenkens, das auf Grundrechte keine Rücksicht mehr nimmt. Beispiele für solche Tendenzen gibt es in den verschiedensten Bereichen der westlichen Demokratien.

Schließlich bleibt es aber nicht bei der Gefahr der unkontrollierbaren und unbefugten Nutzung und Kontrolle des permanent erzeugten Datenmaterials in den Netzen und Datenbanken. Die Vernetzung erlaubt ja darüber hinaus den vom Nutzer nicht unbedingt mehr erkennbaren Eingriff von außen in den privaten Computer. Was heute bereits von weltweit operierenden Netzbetreibern und Softwareproduzenten *via Netz* als „Dienstleistung" angeboten wird, das regelmäßige „upgrading" und die „Pflege" der Betriebs- und Nutzerprogramme, erlaubt auch den nur noch für absolute Spezialisten bemerkbaren manipulativen Eingriff in die privaten Datenbestände und Programme. Damit ist prinzipiell eine neue Stufe der medialen Manipulationsmöglichkeit erreicht, die nicht mehr indirekt, wie bei den audiovisuellen Kommunikationsmitteln, das Bewußtsein der Nutzer durch beeinflussende

Informationsauswahl, den parteilichen Kommentar oder ähnliches zu verändern trachtet, sondern die direkt auf der Ebene des individuellen, wenn auch extern gespeicherten „Wissens" der Individuen ansetzen könnte. Was passiert zum Beispiel mit diesem Text in dem Moment, in dem ich ihn in meinem vernetzten Bürocomputer in der Universität lade? Glaube ich wirklich daran, daß mein harmloses *password* für Spezialisten ein unüberwindliches Hindernis darstellt? Wer könnte ein Interesse daran haben, dieses so langsam und mühsam entstehende Manuskript schon vor seiner bisher ja nur erhofften Publikation *via Netz* heimlich zu lesen und schließlich: Würde ich es noch bemerken, wenn eine unsichtbare Instanz, die man vielleicht früher „Zensur" genannt hätte, hie und da in meine Datei „korrigierend" eingriffe, bestimmte Wörter durch andere ersetzte, die Erwähnung gewisser Namen ausschlösse, unliebsame Zahlen und Daten veränderte? Nicht ausgeschlossen jedenfalls, daß es Texte und Dateien gibt, bei denen diese Fragen größere Besorgnisse auslösen. Heute werden schließlich Flugzeuge und Brücken auf diesem Wege konstruiert, und internationale Konzerne und Banken führen ihre Personal-, Betriebs- und Rechnungsdateien *via Netz* weltumspannend.

Auch Karl D. Bracher schreibt zur „Aktualität des Totalitären": „Die weitere Technisierung unseres Lebens perfektioniert auch die Fähigkeit zur Überwachung und Manipulierung immer noch mehr; Massenmedien und Datentechnik im Computer-Zeitalter gefährden zugleich die Freiheit im bürokratischen Wohlfahrtsstaat, der immer größere Erwartungen und damit auch Kompetenzen auf sich zieht" (1987, S. 37).

Zurück zu der grundsätzlichen Frage. Wir können heute wissen, daß die moderne repräsentative Demokratie und die totalitäre Herrschaft gemeinsame Grundlagen in der politischen Gesellschaft besitzen, daß diese beiden politisch so konträren Formen des Regimes sich wechselseitig graduell einander annähern können und daß wir zwar die grundlegenden Prinzipien von freiheitlicher Demokratie und Totalitarismus kennen, identifizieren und vor allem unterscheiden können, nicht aber die kontingenten und historisch wandelbaren Erscheinungsformen, die sie in der Zukunft jeweils noch annehmen könnten. Auch hier gilt also die historische Kontingenz der politischen Gesellschaft.

Sie hat ja nicht nur die bereits erwähnte Schreckens- und Elendsgeschichte des ausgehenden Jahrhunderts hervorgebracht; ihre „Ambivalenz" (Bauman 1992b) ist unübersehbar, denn auf der anderen Seite kann kein Zweifel an dem Zivilisierungspotential derselben politischen Gesellschaften bestehen, deren freiheitliche Formen für einen dieses Jahrhundert ebenso charakterisierenden beispiellosen Fortschritt in der massenweisen Befriedigung elementarer menschlicher Bedürfnisse in den Bereichen Gesundheit, Bildung und Erziehung, Wohlstand und soziale Sicherung und – last but not least – politischer Freiheiten und Rechte sorgten. Selbst ihre totalitären Formen weisen unter einem freilich sehr selektiv verstandenen Modernisierungsbegriff in der Anhebung des Versorgungsniveaus und der materiellen Wohlfahrt nicht unbeträchtliche „Erfolge" auf, wie sich nicht nur an der Geschichte der Sowjetunion und Chinas, sondern auch an vielen mehr oder weniger nach ihrem Beispiel geformten „Erziehungsdiktaturen" in allen Erdteilen zeigen ließe. Um so prägnanter tritt der elementare Gegensatz von politischer Freiheit und Unfreiheit freilich in der Folge in ihrem Innern auf und erzeugt eine konfliktreiche Spannung, die sich am ehesten im „Modernisierungsbereich" von Bildung und Erziehung aufzeigen läßt. Von Anfang der historischen Entwicklung der modernen industriellen Gesellschaft an beruht deren Fortschritt auch auf individueller, subjektiv angeeigneter Kompetenz, deren Verbreiterung sich die Politik im regelmäßig in staatliche Regie genommenen Schul- und Bildungswesen etwas kosten lassen mußte. Diese zur Modernisierung der Wirtschaft und Gesellschaft funktional notwendige subjektive Kompetenz ist aber individuell nicht ohne die Entfaltung von Wissen und Urteilskraft zu entwickeln, die über diesen instrumentellen Einsatz hinausreicht. Unvermeidlich entstehen je individuell, aber mit Wirkung für die ganze totalitäre Gesellschaft Bedürfnisse und Ansprüche, die sich in ihrem durch das unfreiheitliche politische Regime gesetzten Rahmen auf Dauer nicht befriedigen lassen. Ob sie sich dauerhaft unterdrücken oder manipulieren lassen, ist eine historisch allein nicht zu beantwortende Frage. Schließlich haben manche totalitäre Regime in unserem Jahrhundert bereits mehr als zwei Generationen überdauert und sind, wie im Falle der Sowjetunion, *nicht* an einer demokratischen Opposition gescheitert. Mit ihr ist zugleich das politisch über den Alltag weit hinausreichende theoretische Problem aufgeworfen, ob sich totalitäre Formen der politischen Gesellschaft überhaupt dauerhaft stabilisieren ließen. Zwar ist der Mensch prinzipiell der Schöpfer seiner historisch-gesellschaftlichen Verhältnisse – aber diese wirken sozialisierend auf ihn zurück. Theoretisch ausgeschlossen werden kann eine generationenübergreifende totalitäre Spirale jedenfalls nicht, deren Ergebnis schließlich viele Menschen ohne manifestes Freiheitsbedürfnis und ohne über den engsten persönlichen Gesichtskreis hinausreichende Spontaneität und schöpferische Phantasie wären. Von allen negativen Utopien, die wir kennen, scheint mir die *brave new world* am bedrohlichsten.

Die Widersprüchlichkeit und der häufig genug in die Wissenschaft hineinragende politische Gegensatz und Konflikt zwischen den freiheitlichen und unfreiheitlichen Varianten der politischen Gesellschaften dieses Jahrhunderts haben dazu beigetragen, die fundamentale Gemeinsamkeit dieses sich heute über die ganze Welt ausbreitenden Gesellschaftstyps zu verkennen. Vor allem die hinsichtlich des politischen *Regimetyps* polare Gegensätzlichkeit von freiheitlicher Demokratie und den verschiedenen Formen totalitärer Herrschaft ist als politischer Gegensatz und Konflikt in diesem Jahrhundert – mit gutem Grund – derartig wirkmächtig geworden, daß darüber die Erkenntnis der strukturellen und historischen Gemeinsamkeiten dieser sich zum Teil absolut bekämpfenden Regime vergessen oder übersehen werden konnte. Diese strukturellen Gemeinsamkeiten ergeben sich in Verbindung mit den vier im ersten Kapitel dargestellten Entwicklungen, aber sie werden im Laufe dieses Jahrhunderts auch im Zuge der Ausbreitung des kapitalistischen Weltmarktes und durch europäisch gebildete oder orientierte politische Eliten in Länder übertragen und gewissermaßen „exportiert", die diese langfristigen Prozesse nicht autochthon durchlaufen haben.

Typisch und beispielgebend dafür war die bolschewistische Machtergreifung und der nachfolgende Versuch, durch die Verbindung eines politisch radikalen Elitenprojekts mit der planvollen Mobilisierung von Unterstützungsmassen eine Gesellschaft schnell und politisch gesteuert zu modernisieren, deren bisherige interne Entwicklung diese Veränderungen allenfalls in Ansätzen hatte beginnen lassen. Noch nicht abgeschlossen ist das entsprechende Transformationsprojekt in China.

Die terroristischen und brutalen Formen, die diese Transformationsprojekte in die Moderne in den genannten beiden Fällen angenommen haben, erklären sich eben *nicht* aus dem Zusammentreffen einer vermeintlichen „Rückständigkeit" der Gesellschaften mit dem importierten politischen Veränderungswillen kleiner politischer Eliten. Das haben in erster Linie der deutsche Weg in den Totalitarismus und die zahlreichen, politisch mehr oder weniger „erfolgreichen" totalitär orientierten Bewegungen dieses Jahrhunderts eindeutig gezeigt. Was immer die unter Historikern geführte „Sonderwegsdebatte" zum deutschen Fall nun nach dem Urteil der Fachdisziplin ergeben haben mag und welche besonderen Bedingungen in Deutschland auch vorgelegen haben mögen, das für meine Argumentation zentrale Faktum scheint doch unbestreitbar: Die Errichtung des nationalsozialistischen Terrorregimes im Herzen Europas war keineswegs mit einem prinzipiellen Modernisierungsrückstand Deutschlands hinreichend zu erklären und hatte auch keinen Modernisierungsrückstand Deutschlands zur Folge. Es mußte dem Großteil der deutschen Bevölkerung auch nicht aufgezwungen werden, sondern wurde gerade umgekehrt auf der Basis einer bis dahin beispiellosen unterstützenden politischen Massenmobilisierung durchgesetzt und errichtet.

Damit wird auch der theoretisch entscheidende Zusammenhang zur Begründung des Begriffs der politischen Gesellschaft sichtbar gemacht: Sie ist *immer* durch eine Fundamentalpolitisierung der Gesellschaft charakterisiert. Dieses gesellschaftsbestimmende Maß an Politisierung haben die freiheitlichen und demokratischen Formen der politischen Gesellschaft mit den totalitären gemeinsam. Was sie trennt und im politisch-praktischen Urteil den polaren Gegensatz ergibt, ist nicht dieses Maß an Politisierung, sondern vielmehr der aus dem unterschiedlichen Grad an Demokratie resultierende Schutz der individuellen Rechte und der Menschenwürde der Gesellschaftsmitglieder. Außerdem äußert sich die Fundamentalpolitisierung das eine Mal dominierend in vielfältigen Formen der Partizipation, das andere Mal in eher manipulierter, gelenkter und tendenziell erpreßter politischer Beteiligung. Freiheitliche Demokratien erlauben politisch in gewissem Maße und auf verschiedenen Ebenen reale Entscheidungsbeteiligung, totalitäre politische Gesellschaften ritualisieren und inszenieren zumeist nur auf den Führer bezogene, hinsichtlich tatsächlicher Entscheidungsfragen aber folgenlose Beteiligung. Daher ergibt sich der von Peter Reichel am Beispiel des deutschen Nationalsozialismus aufgearbeitete Hang zur Ästhetisierung, zum „schönen Schein" der Politik in totalitären Regimen (Reichel 1991).

Die Gradualisierung der theoretischen Differenz zwischen freiheitlicher und totalitärer politischer Gesellschaft mag ebenso befremden wie die des Demokratiebegriffs. Die erste Gradualisierung, die historisch-empirisch gewissermaßen von einer Skala ausgeht, an deren einem Ende die vollkommen freiheitliche, an deren anderen Ende die vollkommen totalitäre politische Gesellschaft angesiedelt wäre, entspricht ebenso sehr wie ein Begriff von „Demokratie", der in der Beobachtung und Beurteilung tatsächlicher Gesellschaften ein „mehr" oder „weniger" zuläßt, insgesamt dem wirklichkeitswissenschaftlichem Zugriff der hier vertretenen Gesellschafts- und Politiktheorie. Natürlich lassen sich die jeweiligen Pole der Skalen zu vollkommenen Idealbegriffen von politischer Freiheit und Totalitarismus ebenso ausformulieren wie theoretisch ein Idealbegriff der Demokratie entfaltet werden kann. Erfahrungswissenschaftlich zeigen aber allein schon die wenigen in diesem Abschnitt eingangs eingeführten Beispiele, daß es politisch klug ist und sich deshalb auch wissenschaftlich lohnt, die in der Realität nun einmal eher zwischen den Skalenpolen angesiedelten Ausformungen der politischen Gesellschaft anhand einzelner Kriterien graduell unterscheiden zu können und auch für die verschiedenen Grade der Realisierung des Ideals einer vollkommenen Demokratie entsprechende Indikatoren zu verwenden (Schmidt 1995, S.215ff).

Die freiheitliche und die totalitäre Variante der politischen Gesellschaft, fundamentalpolitisiert wie sie beide nun einmal mehr oder weniger sind, unterscheiden sich grundsätzlich auch nicht durch das Ausmaß der politischen Unterstützung, das sie bei ihrer jeweiligen Bevölkerung genießen. Wie bereits am Fall des nationalsozialistischen Deutschlands deutlich gemacht und historisch evident, konnte sich dieses Terrorregime – schreckliche Einsicht! – ebenso wie jede andere moderne politische Gesellschaft, dauerhaft mindestens auf ein ausreichendes, leider aber mindestens in den ersten Jahren seiner Machtausübung darüber hinaus auf ein sehr weitreichendes Maß an politischer Unterstützung berufen. Dies im einzelnen in Erinnerung zu rufen, kann hier nicht meine Aufgabe sein. Erwähnt werden soll nur, daß schließlich die Einführung einer offen rassistischen Politik und dann auch Gesetzgebung und Verwaltungspraxis unmittelbar nach der nationalsozialistischen Machtergreifung einsetzte, daß die für Juden, Zigeuner, Homosexuelle, weiterere beliebig stigmatisierbare Gruppen und politische Gegner diskriminierenden Folgen dieser Politik für jedermann und jede Frau in Deutschland offenkundig waren und von den Nazis, aber eben auch von den staatlichen Behörden und Instanzen, der Mehrzahl der Betriebe, Institutionen und Organisationen mehr oder weniger offen propagiert und auf jeden Fall praktiziert wurden. Das Eigentum, die Möbel, der Hausrat der rechtlos gewordenen und enteigneten Juden wurde zum Beispiel in Hamburg öffentlich versteigert, die Herkunft des Versteigerungsgutes nicht kaschiert. Die Beteiligung an der „Arisierung" größerer Vermögen und Besitztümer galt nicht als ehrenrührig, die solchermaßen „rechtmäßig" erworbenen Besitztümer wurden auch nach dem Krieg nicht unbedingt rückübereignet. Die „Gleichschaltung", durch die der Pluralismus ausgelöscht und die totalitäre Gesellschaft tatsächlich verwirklicht wurde, war in hohem Grade eine von Sympathisanten vollzogene Selbstgleichschaltung – die bis hin zu den Kirchen und wissenschaftlichen Fachgesellschaften nur von kleinen Minderheiten in Frage gestellt wurde.

Die Erinnerung von Einzelheiten, die natürlich durch entsprechende Tatsachen aus anderen totalitären Regimen ergänzt werden können, helfen am Ende wenig, um zu der theoretischen Einsicht zu gelangen, daß unter modernen Bedingungen eine totalitäre Gesellschaft nur als Folge einer erfolgreichen Massenmobilisierung möglich wird. Sie ist nicht als Herrschaft weniger oder gar eines einzelnen über alle anderen zu verstehen. Terror und manifeste Gewalt sind in ihr entfesselt, aber sie können sie nicht konstituieren und begründen. Die totalitäre Diktatur der Moderne hat wegen dieser Massenmobilisierung unter kontingenten Bedingungen auch mit der antiken Form der Diktatur nichts gemein. Sie unterscheidet sich von der freiheitlichen politischen Gesellschaft prinzipiell nicht durch das Ausmaß an politischer Unterstützung oder sogar Beteiligung, sondern vor allem durch die bereits genannten Differenzen im Bereich der rechtlich gesicherten individuellen Freiheit.

Hier liegt der tiefste und wesentlichste Grund der Differenz, aus dem andere, wie zum Beispiel das Ausmaß an Pluralismus oder Konformität, erst erwachsen. Rechtlich garantierte und praktisch ausgeübte individuelle Freiheit führt unvermeidlich und aus logischen Gründen zu einer pluralistischen Gesellschaft; wer die letztere nicht will, wird die erstere angreifen. Wer ein „Zuviel" an Pluralismus, ob in der Gesellschaft oder in der Politik, beklagt, kritisiert bewußt oder unbewußt die Freiheit von Individuen, sich allein oder zusammen mit anderen zu entwickeln und zu betätigen. Zwar ist es richtig, daß die Steigerung von Individualisierung und Pluralismus für moderne politische Gesellschaften Integrationsprobleme und unter Problemlösungs- und Steuerungsgesichtspunkten zusätzliche Schwierigkeiten aufwirft. Darauf aber mit dem, wie kaschiert auch immer vorgetragenen, Ruf nach Einschränkung der individuellen Freiheit zu antworten, bereitet dem totalitären Regime den Weg, dessen höhere Problemlösungskapazität im übrigen für die zumeist diffizilen Zukunftsprobleme heutiger Industriegesellschaften keineswegs sicher wäre.

Wenn auch die moderne freiheitliche Demokratie mit der totalitären Diktatur die gesellschaftlichen Voraussetzungen teilt, so ist doch der politische Gegensatz zwischen ihnen absolut. Niemals kann ein Zuviel an Demokratie totalitäre Herrschaft begründen, solange unter ihr – wie durchgehend in diesem Buch – nicht bloßes Mehrheitsregiment, sondern die normativ unauflösliche Synthese von Menschen- und politischen Mitwirkungsrechten verstanden wird. Praktisch müssen allerdings die Bürger und Bürgerinnen diese normative Synthese errichten und verteidigen. Die reine Mehrheitsherrschaft, die „Tyrannei der Mehrheit", vor der seit Platon gewarnt wird, gehört einem vormodernen Politik- und Demokratieverständnis an, in dem die Menschenrechte und ihre normative Unverfügbarkeit nicht anerkannt sind. Nur unter diesen Bedingungen ist logisch die Verbindung von Demokratie und Diktatur denkbar. Umgekehrt zielt die menschenrechtlich begründete Demokratiekonzeption der Moderne seit den Menschenrechtserklärungen der amerikanischen und französischen Revolution lange vor der Erkenntnis des eigentlichen Wesens der politischen Gesellschaft auf deren konstitutionelle Hegung. Konkret nimmt diese Begrenzung des jeweils aktuell politisierten politischen Raumes durch das liberale männliche Bürgertum einen interessenbedingten einseitigen Verlauf, durch den Herrschaftsverhältnisse in der Wirtschaft wie in der Familie und zwischen den Geschlechtern aus der möglichen demokratischen Regulierung lange ausgeklammert blieben. Erst die sozialistische und dann die Frauenbewegung problematisierte angesichts ihrer Interessenlage im letzten Jahrhundert die historisch vom Liberalismus gezogene Grenze der Politisierung im jeweiligen Eigeninteresse. Die daraus resultierenden Konflikte und die zeitweise erfolgreichen kommunistischen Regime klärten jeden in der politischen Gesellschaft potentiell über den kontingenten Charakter dieser Grenzen auf, die heute für jede einsichtige Betrachtung ihren natürlichen oder funktionalen Charakter verloren haben.

Erst auf der dadurch möglich gewordenen reflexiven Erkenntnis aufbauend, daß die Politisierung keine anderen denn selbstgesetzte Grenzen besitzt, kann heute über ihre freiheitsverbürgende und problemlösende Reichweite gestritten werden.

Daß dabei der Freiheit als Kriterium der erste Rang gebührt, ergibt sich aus der Geschichte der Demokratie ebenso wie aus ihrer in diesem Jahrhundert deutlich gewordenen fundamentalen Gefährdung.

IV. Probleme des Regierens in der Demokratie

Vorbemerkung

Gegen meinen Sinn für Symmetrie und entgegen der systematisch berechtigten Erwartung, die Probleme des Regierens und der Demokratie zunächst für die totalitäre und dann für die freiheitliche Variante der politischen Gesellschaft zu behandeln, werde ich in diesem Kapitel lediglich eine Reihe von Problemen aufwerfen, die sich aus den spezifischen Gegebenheiten der politischen Gesellschaft für das Regieren in Demokratien ergeben.

Die totalitären Varianten, die tatsächlich schon gegebenen oder die möglichen und drohenden, lasse ich nicht aus Optimismus aus, sondern aufgrund fehlender Kompetenz. Zum Optimismus besteht aus meiner Sicht kein Anlaß, und ich selbst fühle mich fremd in einem Zeitgeist, der weltweit die Entwicklung zur – mehr oder weniger als westlich antizipierten und in diesem Sinne universellen – Demokratie für selbstverständlich und ihren Status in den „alten" westlichen Demokratien – einschließlich solcher „westlichen" Länder wie Indien, Japan und Südafrika – ein für alle mal für gesichert hält.

Hinsichtlich der real bestehenden, mehr oder weniger totalitären politischen Gesellschaften bedürfte es ergänzender Analysen, zu denen ich mich nicht in der Lage sehe. Aber wie könnte man nur einen Augenblick in dieser kommunikativ verdichteten „one world" vergessen, daß und wie heute mehr als ein Viertel der Menschheit unter totalitärer Herrschaft lebt?

Die Varianz ihrer Regimeformen reicht von China, dessen totalitäre Unterdrückung individueller Emanzipation und kollektiver Selbstbestimmung im Westen aus Geschäftssinn nur gar zu gerne als „nur noch vorübergehendes" Überbleibsel des mit dem Stalinismus gleichgesetzten Maoismus verniedlicht wird, in einer großen Landbrücke über die bevölkerungsreichsten Länder dieser Welt nach Westen; zum Beispiel nach Bangladesch und Pakistan, die sich ungeachtet mancher dem westlichen Einfluß geschuldeter Institutionen kaum noch diesseits der Schwelle zur totalitären Unterdrückung verorten lassen; weiter nach Westen hin das heute grausam von den Taliban beherrschte Afghanistan – für dessen Unterdrückung sich im demokratischen Westen niemand mehr zu interessieren scheint, seitdem der Unterdrücker nicht mehr „Sowjetunion" heißt –, dann die zahlreichen nur von der sowjetischen Fremdherrschaft befreiten Länder am Südrand der ehemaligen Sowjetunion; weiter Iran, Irak, Syrien; schließlich die im einseitigen Interesse an Öl und militärstrategischen Basen im Westen zumeist nicht offen kritisierten arabischen Clansherrschaften Arabiens, der Sudan, Libyen und die zahlreichen nur formal demokratischen Systeme des afrikanischen Kontinents und schließlich Nigeria, mit seinen fast einhundert Millionen Einwohnern nun seit fast drei Jahrzehnten unter einem der brutalsten Ausbeutungs- und Unterdrückungssysteme der Welt lebend. Was die westliche Politik in diesen Gesellschaften aus naheliegenden Interessen häufig an offener Verletzung der Menschenrechte, an Terror, individueller Rechtlosigkeit und planmäßiger Bereicherung ausbeuterischer Cliquen zu bemänteln sucht, das wird von den Optimisten und Apologeten der „wissenschaftlichen" Propagierung einer entstehenden oder zukünftigen zivilisierten oder sogar demokratischen Weltordnung einfach ignoriert. Man überläßt diese Regime lieber den Regionalspezialisten und Ethnologen, während man sich im akademisch feineren Oberstübchen der politischen Philosophie mit den „Begründungsproblemen" universeller Menschenrechte oder den Dilemmata von „universal citizenship" plagt.

Der nur mit mehr Sachkompetenz als meiner eigenen zu schreibende Teil hätte der Frage nachzugehen, in welchem Maße die Kategorien der politischen Gesellschaft auch auch für diese Gesellschaften Anwendung finden könnten. Ich kann hier nur die These formulieren, die von diesem Anspruch ausgeht.

Entgegen der modernisierungstheoretischen Grundannahme, daß letztlich alle Unterdrückung heute auf einem Modernisierungsrückstand und Verwestlichungsdefizit beruht und sich irgendwelchen traditionalen Überbleibseln verdankt, habe ich trotz meines beschränkten Wissens über diese außereuropäischen Gesellschaften Grund zu der Annahme, daß es sich bei ihnen gerade hinsichtlich ihrer unterdrückerischen Herrschaftsregime inzwischen um ganz „moderne" Verhältnisse handelt. Dabei scheint es in vielen dieser Gesellschaften zwar zu einem Nebeneinander des politischen Regimes mit seinen modernisierten Herrschaftstechniken und manchen anderen Gesellschaftsbereichen zu kommen, die vor allem außerhalb der städtischen Lebensformen und im Bereich der weltweit nach wie vor weitverbreiteten Subsistenzökonomie und ihrer Alltagskultur weiterexistieren. Aber gerade der politische Herrschaftsbereich selbst und die politische Führung sind durch und durch „modern" und weisen regelmäßig alle Merkmale einer politischen Gesellschaft auf. Angefangen von der modernsten Militär- und Polizeitechnik, die überall bei ansonsten großer Armut oder wirtschaftlichen Problemen zur Verfügung steht, über die Beherrschung und den Einsatz der in der politischen Gesellschaft so wichtigen Massenkommunikationsmittel bis zur spezifischen Massenmobilisierung und Politisierung der Bevölkerungen auch in den ansonsten zurückgebliebenen Bereichen sind diese Gesellschaften auf dem Entwicklungsstand der politischen Gesellschaft. Was ist „unmodern" an der Art und Weise, wie die kommunistische Partei Chinas seit den vierziger Jahren diese Gesellschaft durch politische Entscheidungen zu ihrer heutigen Gestalt entwickelt hat, welche der vier Entwicklungsdimensionen und welches Charakteristikum einer politischen Gesellschaft bliebe in China ohne Valenz? Was soll im heutigen Iran „traditional" oder „vormodern" sein, wo ein Großteil der Frauen unter dem aufgezwungenen Schleier über eine höhere Bildung im westlichen Sinne verfügt als in vielen anderen umliegenden Gesellschaften, und wo die Mullahs nicht nur die Schriften des Koran, sondern auch die modernen Business-Techniken via Internet studieren?

Ist es nicht gerade der Erfolg der Säkularität und gesellschaftlichen Pluralisierung, der den totalitären „Fundamentalismus" als herrschaftliche Reaktion in der politischen Gesellschaft hervorruft, und sind es in Gestalt der „Herrschaft der Mullahs" nicht auch einfach patriarchalische Dominanztechniken, die auf die Emanzipationsbestrebungen moderner Frauen reagieren?

Und die rechtlose und brutale Militärdiktatur Nigerias, mit deren Hilfe seit dreißig Jahren der Ölreichtum politisch angeeignet, umverteilt und zum großen Teile außer Landes geschafft wird, während das Entwicklungspotential der Gesellschaft brach liegt und die Institutionen nicht nur baulich verrotten – wo läge hier der Einwand, daß es sich nicht im großen und ganzen um eine moderne politische Gesellschaft handelte, in der Kontingenz und Dezision das Schicksal der Massen bestimmen?

Vieles spricht also meines Erachtens dafür, daß die Ausbreitung des Typus der politischen Gesellschaft und ihrer modernen Voraussetzungen im zwanzigsten Jahrhundert schon lange Nordamerika und den europäischen Kontinent überschritten hat. Zunächst der westliche Kolonialismus und später dann die häufig von den Kolonialherrschern noch „angelernten" einheimischen Eliten haben die Modernität der politischen Gesellschaft und das Wissen und die technischen und organisatorischen Instrumentarien zu ihrer Errichtung weltweit verbreitet.

Die politische Gesellschaft ist nicht an ein bestimmtes ökonomisches Entwicklungsniveau gebunden, und sie hat keinen bereits erfolgreichen Kapitalismus zur Voraussetzung; das ist ein weiterer essentieller Unterschied zu den dominanten Annahmen der üblichen Modernisierungstheorien, der ihre Ausbreitung begünstigt hat. Mindestens hinsichtlich der herrschenden Eliten in diesen semi- oder vollständig totalitären politischen Gesellschaften des 20. Jahrhunderts und unserer Tage müssen wir uns aber von der gefährlich optimistischen Vorstellung eines vermeintlichen Modernisierungs- oder Entwicklungsrückstandes befreien. Die Moderne ist heute zumindest auf der Ebene politischer Regime weltweit eingekehrt, und die totalitären und unterdrückerischen Regime machen uns nur auf ihre normative Ambivalenz aufmerksam, die aus der Kontingenz ihrer Fundamente resultiert.

Trotz dieser Tendenz zur weltweiten Ausbreitung beschränke ich mich im weiteren nun, wie gesagt, auf die Behandlung des Regierens in der Demokratie.

Daß Regieren und Demokratie freilich im folgenden immer in dieser Verbindung behandelt werden, hat systematische und normative Gründe zugleich, die in diesem Kapitel einsichtig werden sollten. Wenn so häufig in der Politikwissenschaft unserer Tage die „Demokratie" arbeitsteilig auf die input-Seite des politischen Prozesses, auf die Wege der politischen Willensbildung, der Rekrutierung für politische Ämter und der Legitimierung des politischen Regimes reduziert wird, dann wird damit gleichzeitig der normative Anspruch dieses Regimetypus halbiert, in dem historisch nicht das „Ob", sonder nur das „Wie" der Selbstregierung von Bürgern und Bürgerinnen umstritten war.

Dieser historische Anspruch sieht sich heute in der inneren wie äußeren Entwicklung zeitgenössischer politischer Gesellschaften nicht nur politischer Vernachlässigung von Bürgern und Eliten, sondern auch objektiven Problemen ausgesetzt, auf die er ideell wie institutionell nur unzureichende Antworten zu geben weiß. Mit dem fast zweihundert Jahre alten Repertoire der westlichen repräsentativen Demokratie, einem lokal stets verschieden ausgeprägten, gleichwohl nicht beliebigen Ensemble von Ideen, Institutionen und Normen, können vielleicht manche dieser neuartigen Probleme nicht mehr zureichend gelöst werden. Die „Lernfähigkeit" politischer Demokratien galt und gilt zu Recht im Vergleich zu undemokratischen politischen Regimen als einer ihrer entscheidenden Vorzüge. Damit war allerdings in der Vergangenheit mehr die Fähigkeit gemeint, innerhalb des vorhandenen institutionellen Rahmens inhaltlich zu lernen und neue Probleme zu verarbeiten, als die Demokratie selbst weiter zu entwickeln. Hier ist eher eine Tendenz zur Versteinerung, Verewigung und Traditionalisierung, wenn man an die Vereinigten Staaten von Amerika denkt, sogar zur Heiligung ihrer institutionellen Grundlagen zu beobachten.

Selbst dramatische Umbrüche, wie im Beispiel des Zusammenbruchs der DDR und der nachfolgenden deutsch-deutschen Vereinigung einerseits, dem Systemwechsel im gesamten ehemaligen sowjetischen Herrschaftsbereich andererseits, bringen keine wesentlichen Innovationen im Bereich politischer Institutionen. Ansätze dazu, wie die „runden Tische" des verhandelten Systemwechsels, erweisen sich als Symptome des Übergangs.

Heute könnte es demgegenüber zusätzlich zum inhaltlichen Lernen in neuen policy-Bereichen darauf ankommen, daß sich das Lernen politischer Gesellschaften auch in einem institutionellen und normativen Wandel der Demokratie selbst ausdrückt, einem „Lernen zweiter Ordnung", das die rechtlich gefaßten Institutionen wieder mehr in Einklang mit der veränderten Lebenspraxis und dem gewandelten Bewußtsein der Bürger und Bürgerinnen und nicht zuletzt der politisch Handelnden bringt. Immer unwahrscheinlicher und praktisch prekärer wird die stillschweigende Voraussetzung demokratischer Institutionen, daß sie selbst in Gesellschaften unverändert überdauern könnten, die unter dem Zwang rapiden Wandels und permanenter Innovationen in Bereichen wie Technik und Wissenschaft, Ökonomie, aber auch sozialer Beziehungen und ihrer fundamentalen Kategorien wie „Individuum", „Selbst", „Familie" und Beruf" stehen. Die Situation erinnert an die Beobachtung des „jungen Hegel" (Lukács 1954) am Beginn der Restaurationsepoche nach der Französischen Revolution – in dessen Rechtsphilosophie später lebenslang das Spannungsverhältnis zwischen bloßer „Positivität", später bloßem „Formalismus" des Rechts und der Verfassung einerseits und dem „Geist" und der lebenspraktischen „Sittlichkeit" in der Gesellschaft andererseits die entscheidende Rolle spielte – „daß hundertjähriges und wirkliches positives Recht mit Recht zugrundegeht, wenn die Basis wegfällt, welche die Bedingung seiner Existenz ist." (Hegel 1966, S.186) Die Basis, in diesem Fall also die „republikanische Gesinnung" der „alten Geschlechter", bildet die eigentliche Voraussetzung für den freiheitlich politischen Gehalt der formalen Rechts- und Verfassungsgrundsätze; als diese Basis erodierte verkam das zunächst formal und positiv weiterbestehende Recht zur leeren Hülle der cäsaristischen Diktatur (Meier, 1993).

Zu dem erforderlichen „Lernen zweiter Ordnung" gehörte als entscheidende Voraussetzung institutionelle Phantasie und die Fähigkeit, neue, problem- und normadäquate Formen des Politischen zu erfinden und in anerkannte politische Praxis umzusetzen. Solche „Erfindungen" stammen im Politischen freilich nicht oder in den seltensten Fällen aus den Gelehrtenstuben und „think-laboratories", sondern ergeben sich eher evolutionär aus allmählichen Verschiebungen und Verwerfungen der politischen Praxis selbst. Da, wo institutioneller Wandel intentional und legal in Erscheinung tritt, vollzieht er nicht selten nur noch nach, was in teils unbewußter Praxis längst mindestens für einen Teil der Handelnden oder in einem Funktionsbereich selbstverständlich geworden ist. Allerdings ist der demokratische Charakter dieses schleichenden Wandels nicht einfach garantiert und aus ihm kann sich ebenso der Abbau demokratischer Standards wie eine neuartige Weiterentwicklung der Demokratie ergeben.

Die nachfolgenden Abschnitte gelten mehr der kritischen Analyse von Problemen in heutigen demokratischen Gesellschaften als der bewußten Suche oder gar akademischen Konstruktion von „Lösungen". Das mag für einige kritikwürdig sein, hält sich aber nur an die Tradition einer kritischen Wissenschaft, die – aus Erfahrung klug geworden – weiß, daß ihre „Erfindungen" dazu tendieren, als rationalistische Utopien nur weiteren Seminarstoff für die politische Ideengeschichte anzuhäufen oder aber als Handlungsrechtfertigung politischer Hasardeure mißbraucht zu werden.

4.1 Macht ohne Verantwortung

Spätestens seit den Verfassungsentwürfen der griechischen Kolonialisierung Kleinasiens und Siziliens und seit der selbstbewußten politischen Praxis in Athen selbst und ihrer Reflexion in der entstehenden politischen Philosophie und dem alltäglichen politischen Denken der Bürgerschaft ist im westlichen Kulturkreis eine im Sinne dieser Tradition über sich selbst aufgeklärte Politik mit dem Anspruch verbunden, die zukünftigen Geschicke des gemeinschaftlichen Zusammenlebens bewußt politisch zu gestalten. Dieser Anspruch verschwand nach dem Niedergang und Zerfall des römischen Imperiums unter dem quietistischen Monopol christlicher Weltauslegung – abgesehen vielleicht von den innersten Zirkeln arkaner Beratung königlicher, fürstlicher und päpstlicher Machtausübung – für mehr als ein Jahrtausend hinter der Oberfläche mehr oder weniger duldsamer Frömmigkeit und Gottesergebenheit. Erst in der erneuten Rezeption klassischer antiker Texte und mit Hilfe der entstehenden, im Sinne von Francis Bacon, „neuen" Wissenschaft wurde seit der frühen Neuzeit die aktive politische Einstellung zur Welt nach und nach wiedergewonnen. Sie kulminierte fürs erste in den Schriften der Humanisten der Renaissance, die „von Anfang an in der Grundtendenz, die aus ihrer Anthropologie entspringt, deswegen weltfromm und menschengläubig", mit einem Wort „säkularisiert" ist (Weinstock 1989, S. 202).[38] Sie setzt sich entschieden dann bei den französischen Frühmaterialisten und schließlich der Aufklärung des 18. Jahrhunderts (Girsberger 1973) fort und findet ihren Höhepunkt und einen gewissen schwer zu übertreffenden Abschluß schließlich bei Kant und der deutschen Systemphilosophie, in der der frühe Rationalismus einer selbstkritisch werdenden Vernunft seit und nach Descartes und die zunehmende Verankerung des Erfahrungswissens in Experiment und systematischer Beobachtung als Grundlagen des Wissens auch und

---

38 Allerdings vertritt H. Weinstock mit seiner legendär gewordenen „Parole...Fort von dieser ganzen zuversichtlichen Menschenlehre zu einer tragischen Anthropologie!" (1989, S. 345) selbst ganz andere Auffassungen.

gerade in der Politik zusammenkommen. „Zukunft" und später dann vor allem im 19. Jahrhundert „Fortschritt" werden zu grundlegenden Kategorien des Politischen als Inbegriff aktiver Weltaneignung und Gestaltung oder gar der vermeintlichen Gewißheit vernunftgemäßer „Entwicklung". Die „Verzeitlichung" des Geschichtsbewußtseins geht einerseits mit einem tiefgreifenden und die Moderne leitmotivisch begleitenden „Krisenbewußtsein" einher (Koselleck 1979), eröffnet andererseits aber nach vorne, in die neuentdeckte „Zukunft" hin ungeheuerlich den Raum für Machbarkeitsphantasien und „Könnenbewußtsein", wie es sich in der „ersten Aufklärung" bei den Griechen schon einmal entwickelt hatte (Meier 1983). Karl Marx' berühmtes, das Sündenfallmotiv aus Genesis 3 spiegelndes Diktum, wonach die Menschen schon immer ihre Geschichte machten, wenn auch bisher ohne Bewußtsein und Vernunft, war ja mit dem Versprechen verbunden, es würde nunmehr eine Epoche der Geschichte beginnen, in der die Menscheit, endlich über sich selbst aufgeklärt, ihre Zukunft selbst bestimmen könne – wenn sie sich nur dazu entschiede und mit dem ganzen „ideologischen Ballast" der „Vorgeschichte", der „wie ein Alp" auf ihren Häuptern laste, kurzen Prozeß machte. Karl Marx stand mit dieser Grundauffassung ganz in der Kontinuität des 18. Jahrhunderts, auf den Schultern der Enzyklopädisten, Robespièrres ebenso wie Napoléons, und er teilte diese Ansicht bei allen sonstigen Differenzen mit so unterschiedlichen zeitgenössischen Denkern wie St. Simon und Comte einerseits, den deutschen Frühliberalen wie Dahlmann oder gar Julius Fröbel andererseits. Das entstehende moderne Kontingenzbewußtsein war, bis es dann durch Arthur Schopenhauer, Jacob Burckhardt und Friedrich Nietzsche recht publikumswirksam und folgenreich abgespalten wurde, noch recht eindeutig mit dem Vertrauen in die Kraft der Vernunft gepaart, und es blieb zunächst den vor allem ebenfalls von der Kontingenz ausgehenden neukatholischen Autoren der Gegenrevolution vorbehalten, ihrerseits einseitig wie Juan Donoso Cortés den „grand terreur" als das wahre Wesen der Moderne und die unvermeidliche Konsequenz der Kontingenz zu denunzieren: „Es handelt sich darum, zwischen der Diktatur der Auflehnung und der Diktatur der Regierung zu wählen (!)...zwischen der Diktatur , die von unten kommt, und der Diktatur, die von oben kommt" (1948, S. 48). Das ist nicht mehr die Berufung auf die alte „Legitimität" vorgegebener oder zumindest vorgefundener Ordnung, sondern das sind die Vorläufer der „konservativen Revolution" des 20. Jahrhunderts (Lenk 1989, S. 105ff).

Es ist notwendig, an diese ideen-, besser mentalitätsgeschichtlichen Hintergründe wenigstens in dieser skizzenhaften Kürze zu erinnern, um die historisch kontingente Amalgamierung besser zu verstehen, die seit dem 18. Jahrhundert zwischen der Fundamentalpolitisierung der Gesellschaft einerseits und dem steuerungspolitischen Zentrismus „staatlicher" Politik andererseits entstanden ist. Im ersten Kapitel dieses Buches wurde daran erinnert, daß sich das moderne Politikverständnis, insbesondere das Verständnis des Regierens, im wesentlichen bereits in vordemokratischen Zeiten und als Reflexion absolutistischer Fürsten- und Königsmacht ausbildete. Die Illusion, von einem Zentrum her die Politik in einem Territorium nach einheitlichen Gesetzen und Grundsätzen der Vernunft gestalten zu können, war angesichts des viel geringeren Komplexitäts- und Inklusionsgrades der Politik und ihrer im Vergleich zu heute sehr stark in der politischen Spitze konzentrierten Machtressourcen erklärlich, und sie erreichte am Ausgang des 18. Jahrhunderts, etwa in den aufgeklärten Polizey-Staaten Friedrichs II. und Jakobs II., einen gewissen vorläufigen Höhepunkt (Chapman 1972). An diese Vorstellung konnten die Machtstaatsphantasien des 19. Jahrhunderts bei der Durchsetzung des Nationalstaatsgedankens anknüpfen und die Vorstellung eines nach einheitlichen Prinzipien handelnden Kollektivsubjekts auch auf die äußeren Beziehungen zwischen den „staatlich" organisierten politischen Gesellschaften anwenden. Allerdings luden sich in der zweiten Hälfte dieses für die Gegenwart nachwirkenden Jahrhunderts gerade die ursprünglich aus der Aufklärung stammenden Rationalitätsansprüche mit agressiven sozialdarwinistischen und imperialistischen Vorstellungen auf, die wie die Vorstellungen Darwins selbst zwar nicht selten in der szientistischen Aufklärungstradition ihren Ausgangspunkt besaßen, die nun aber auf dem Hintergrund der sozialen Krisenfolgen der Industrialisierung und Verstädterung in ideologischen Weltanschauungen der verschiedensten Art geronnen.[39]

Entscheidend ist, daß sich von der frühen kameralwissenschaftlichen Sicht des absolutistischen Fürstenregiments über die aufklärerischen Vernunftskonstruktionen freiheitlicher Republiken, die vor allem Verwaltungs- und staatswissenschaftlich geprägte Sicht des Nationalstaates im 19. und frühen 20. Jahrhunderts bis hin zu den reformistischen Politiktheorien des *New Deal* und des Wohlfahrtsstaates wie ein roter Faden durchgehend die Vorstellung findet, daß durch die Politik von einem Zentrum her eine vernünftige Problemlösung und Gesellschaftsgestaltung möglich sei. Die zu den Anfängen der antiken Demokratie zurückreichende aktive Perspektive der Gestaltbarkeit der Gesellschaft wird in dieser modernen Genealogie festgehalten. Aber der das antike „Könnenbewußtsein" auszeichnende „tragische Aspekt" verschwindet ebenso wie die noch die frühe Neuzeit bestimmende Sündentheologie des Christentums aus dem politikbezogenen Empfinden. An deren Stelle tritt eine absolute Immanenz, wie sie in diesem Jahrhundert philosophisch durch Martin Heideggers Existenzialontologie (1993) und später durch den Existentialismus Jean-Paul Sartres[40] philosophisch rationalisiert wurde, aber auch den bestimmenden Ideologien des Jahrhunderts, nämlich Kommunismus, Faschismus beziehungsweise Nationalsozialismus und liberaler Demokratie zugrunde lag. Der Akzent verschiebt sich unter dem aufklärerischen Vernunftanspruch weiterhin von der im Hinblick auf die Ergebnisse immer kontingenten und insofern riskanten „Praxis" der Bürger hin zu den nun auf die Gesellschaften interventionistisch einwirkenden und entscheidenden Regierungen. Die Wissenschaftsgläubigkeit des 19. und 20. Jahrhunderts verstärkt noch die optimistische Immanenz und den Glauben an die Gestaltbarkeit der gesellschaftlichen Verhältnisse.

In der späteren nachträglichen Demokratisierung des vorbürgerlichen Regierungsmodells werden die zentralistischen Steuerungsinstitutionen („der Staat") und ihre zugehörigen ideologischen Konzepte dann zwar über Wahlen und andere Institutionen responsiv gemacht und an die Willensbildung der Bürger und später Bür-

---

39 Siehe dazu das bisher in 3 Bänden vorliegende eindrucksvolle archäologische Unternehmen von Wilfried von Bredow und Thomas Noetzel „zur Gegenwart des 19. Jahrhunderts im 20." (1991-96), das offenkundig angesichts seines für die akademische Ideengeschichte ungewöhnlich collagierten und essayistischen Charakters bisher nicht die Beachtung gefunden hat, die es verdiente.

40 „Aber es gibt auch einen anderen Existentialismus, der sich am Saum des Marxismus entwickelt hat und nicht gegen ihn gerichtet ist. Auf ihn berufen wir uns..." (Sartre 1964, S. 17).

gerinnen rückgebunden, aber das Aktivitäts- und Gestaltungsprivileg bleibt auch in der „repräsentativen Demokratie" bei den Machtzentralen. Aus den antiken Bürgern werden in der modernen Demokratie eher Klienten, „Konsumenten" politischer Angebote, deren Mitwirkung sich auf die Legitimierung und bestenfalls gelegentliche Kontrolle des Elitenhandelns beschränkt.

Diesen historischen Umschichtungen innerhalb der Politik entsprach nicht zufällig in der philosophischen Ausbildung des modernen Vernunftgedankens seit Descartes eine ebenso zentristische, mehr und mehr subjektorientierte Vorstellung der Vernunft. Das moderne Individuum wurde erkenntnistheoretisch ebenso wie praxisphilosophisch zunehmend aus seinen früheren Vermittlungszusammenhängen herausgelöst und argumentativ der „Welt" juxtapositivisch gegenübergestellt. Von dort, von diesem fiktiven Punkt außerhalb und über der Realität soll es, so das moderne Bewußtsein, sie forthin erkennen, sich ihrer praktisch bemächtigen und sie nach seinen Gesichtspunkten zum Besseren verändern können. Das Problem ist seitdem die Begründung der Vernunft selbst, denn sie „kann ihre eigenen Verfahren nicht ohne Zirkularität rechtfertigen", und sie ist deshalb „einfach nicht imstande, die Prämissen zu liefern, die unsere Ziele und unsere Mittel auswählen und begründen könnten" (Gellner 1995, S. 208 u. 210).

Das Verhältnis von „Staat/Regierung – Gesellschaft" und „Individuum – Welt" wird folgenreich in und seit der Aufklärung gewissermaßen isomorph konstruiert und damit die jeweilige Regierung unter den Anspruch gestellt, bei der Bewältigung ihrer Aufgaben nach den Maßstäben einer wie beim individuellen Subjekt zentriert gedachten Vernunft – oder heute auch Rationalität – zu verfahren. Diese analog zum individuellen Subjekt der Bewußtseinsphilosophie zentriert gedachte Vernunft soll freilich nicht „subjektiv" und damit partikularistisch bleiben, sondern zugleich eine die vielen subjektiven Partikularitäten transzendierende „Allgemeinheit" repräsentieren und in praktischen Entscheidungen problemlösend umsetzen. Hegels Philosophie des Staates ist der für die Moderne entscheidende Versuch dieser „Vermittlung". Ersteres ist dabei, weil vordringlich auf symbolischer Vermittlung und Legitimitätsglauben beruhend, einfacher einzulösen, als letzteres, denn es konnte den Individuen und Gruppen der zunehmend pluralisierten modernen Gesellschaft natürlich niemals vollständig einleuchten, daß jegliche Regierungsentscheidung, ja nicht einmal jede Verfassungsbestimmung im vermeintlich allgemeinen auch ihr besonderes Interesse erfolgreich vermittelt und verfolgt habe. Mit der Rationalisierung des Politischen durch den Interessenbegriff und die nachfolgende Organisation des politischen „Willensbildungsprozesses" in den repräsentativen Demokratien des 19. und 20. Jahrhunderts sind vielmehr auch die aus dem Konkurrenzkampf partikularer Interessen zeitweilig erfolgreich in die legitime Machtausübung gewählten Regierungen in dieses Spannungsverhältnis unauflösbar hineingestellt.

Es sei hier nur angemerkt, daß der in der deutschen Sprache übliche Begriff der „politischen Willensbildung" für die Kennzeichnung der input-Seite des politischen Prozesses noch auf der sprachlichen Ebene in der Verwendung des Begriffs „Wille" an die dargestellte Parallelisierung der Entstehung des modernen Subjekts und „des Staates" beziehungsweise des Regierens gemahnt.

Demokratische Regierungen sind einerseits Partei und auf Zeit legitimiert, ihre parteilichen Gesichtspunkte und Interessen, zwar im Rahmen des Rechts und der

Verfassung, aber doch mit dem ganzen Machtrepertoire des modernen Regierungsapparates, zu verwirklichen. In dieser Perspektive ist Regieren durchaus mit der Wahrnehmung von Herrschaft bestimmter Gruppen oder Individuen vereinbar. Andererseits repräsentiert die Regierung gerade in der politischen Gesellschaft den zentralen allgemeinen Selbststeuerungsmechanismus der ganzen Gesellschaft, auf den alle Erwartungen vernünftiger Problembewältigung projiziert werden. Aus dieser Sicht verblaßt der Herrschaftsgesichtspunkt, und mit der Betonung von „erfolgreicher" oder „effektiver" Gesellschaftssteuerung und Problembewältigung gewinnt eher eine technokratische Perspektive die Oberhand.

Dieses Spannungsverhältnis ist, wie gesagt, unauflöslich und die unterschiedlichen Perspektiven schlagen sich nicht nur in der theoretischen Reflexion und in den verschiedenen Schulen heutiger Politikwissenschaft nieder, sondern prägen real die politische Kultur der politischen Gesellschaften, mal mehr in diese, mal mehr in jene Richtung. Man kann vor diesem Hintergrund zum Beispiel die Differenzierung von eher korporatistischen und konsens- beziehungsweise proporzorientierten Ansätzen der Demokratietheorie von jenen des angeblich „klassischen" Elitenkonkurrenzmodells interpretieren, aber man wird dabei auch erkennen können, daß der abstrakten Dichotomisierung theoretischer Modelle wesentlich komplexere Mischungen in der Realität aller repräsentativen Demokratien gegenüberstehen. Das gilt insbesondere, wenn man sich nicht nur an die formelle Beschreibung politischer Institutionen hält, sondern die vielfältigen informellen Praktiken der Abstimmung und Verhandlung einbezieht.

Was im Absolutismus und auf ganz andere Weise auch in den totalitären Varianten der politischen Gesellschaft eine der Realität immerhin nahekommende Fiktion war, nämlich, daß sich die Selbststeuerung der politischen Gesellschaft als zentralistisch hierarchische Herrschaftsausübung begreifen ließ, ist in den zeitgenössischen pluralistisch ausdifferenzierten politischen Gesellschaften der Moderne vollends zur *science fiction* – und manchmal auch zum Irrglauben praktischer Politik – verkommen. Zwar gibt es überall in den repräsentativen Demokratien die zentralistische Institution des parlamentarischen „Gesetzgebers", in der nach dem parlamentarischen Legitimitätsglauben die „Volkssouveränität" ihren Sitz hat, und in den meisten Fällen bedürfen Gesetzgebungsakte allgemeineren Charakters auch der ratifizierenden Zustimmung dieser Versammlungen von gewählten Abgeordneten des wahlberechtigten Volkes. Auch geht in vielen Fällen die Regierung ganz konkret aus einer Mehrheitsentscheidung dieses Gremiums hervor oder bedarf zumindest seines mehrheitlichen „Vertrauens". Aber das bedeutet für eine empirisch orientierte Beobachtung der Politik – wie jeder bessere Journalist und erst recht jeder erfahrene Politiker weiß – keineswegs auch, daß die inhaltlichen Prozesse der Gesetzgebung und des Regierens nach diesem vor allem der Legitimierung des politischen Regimes dienenden Verfassungsmodelles verlaufen.

Die Unterscheidung zwischen Gesetzgebung und Regierung ist einmal bedeutsamer gewesen als das heute noch der Fall ist, wo das Regieren vermittels konkreter Maßnahmegesetzgebung zu den üblich gewordenen Steuerungstechniken parlamentarischer Mehrheitsregierungen geworden ist, nachdem Parlamente sich, in der Logik des Konkurrenzmodell demokratischher Elitenherrschaft nicht mehr *in corpore* als Kontrollorgane und Gegenüber der Regierung begreifen, sondern noch in sich den Konkurrenzkampf von Mehrheit und Minderheit austragen. Das erlaubt der Regierung, die heute in vielen Fällen die Initiative parlamentarischer Gesetzgebung an sich gezogen hat, mit „ihrer" Mehrheit das Parlament als Mittel des Regierens per Einzelfallgesetzgebung zu instrumentalisieren. Die zum Teil mehrfache Novellierung einzelner Gesetze im Laufe einer Legislaturperiode oder gar, wie im Falle der deutschen Steuergesetzgebung, innerhalb eines Jahres spricht hier eine deutliche Sprache.

Selbst diese gouvernementale Instrumentalisierung des ursprünglich und zumeist auch heute noch verfassungsmäßig als einzigem Gesetzgeber konzipierten Parlaments einmal dahingestellt, könnte man die zentralistisch-hierarchische Fiktion des Regierens auch dann nicht aufrechterhalten, wenn man von dem institutionenübergreifenden Mehrheitsherrschaftsmodell ausgeht. Es gibt in den heutigen politischen Gesellschaften angesichts ihrer institutionellen Ausdifferenzierung, angesichts ihrer pluralistischen Vielfalt und nicht zuletzt angesichts ihrer gewachsenen und wachsenden Einbindung in transgesellschaftliche und internationale Zusammenhänge zu jeder Zeit unterschiedliche Mehrheiten in unterschiedlichen Phasen und auf unterschiedlichen Ebenen des Regierens. Ein Dauerthema der Öffentlichkeit sind parteipolitisch differierende Mehrheiten in Zwei-Kammer-Systemen wie dem deutschen oder amerikanischen Föderalismus oder zwischen den parlamentarischen und den präsidialen Gewalten wie in den USA oder Frankreich. Sofern Mehrheiten institutionell repräsentiert und demokratisch zustande gekommen sind, besitzen sie auf Zeit ihre je eigene Legitimität. Die an der Fiktion der „Volkssouveränität" festgemachte Legitimitätsvorstellung der repräsentativen Demokratie ist auf diese Fragmentierung strukturell nicht vorbereitet und hat Schwierigkeiten, sich an die Preisgabe der zentralistischen Fiktionen sowohl hinsichtlich des repräsentierten „Volkes" wie einer einheitlichen und in sich konsistenten Legitimitätshierarchie innerhalb von Nationalstaaten anzupassen. Die vielfältigen Überlegungen zur Gewaltenteilung oder Dezentralisierung der Politik, etwa neuerdings im Mehrebenensystem europäischen Regierens neben den vorhandenen Institutionen und Akteuren auch noch den „Regionen"[41] eine Rolle zuzubilligen, verschärfen eher das Problem, als daß sie zu seiner Lösung beitragen könnten.

Die zentralstaatliche Regierung ist in allen politischen Gesellschaften unserer Tage wohl eine besonders sichtbare und mit in vielen Situationen entscheidenden Kompetenzen ausgestattete Regierung, aber sie ist beileibe nirgendwo die einzige und sie ist keineswegs, wie in dem zentralistisch-hierarchischen Modell der Gesellschaftssteuerung unterstellt, „souverän" oder unabhängig und handlungsfähig. Abgesehen von der Vielfalt der in der vergleichenden Politikwissenschaft empirisch sichtbar gemachten institutionellen Ausprägungen moderner repräsentiver Demokratien, mit der ich mich hier nicht im einzelnen beschäftigen kann, gilt die Erkenntnis, daß in modernen politische Gesellschaften mehrere Regierungen, mehrere

---

41 Wobei niemand so genau sagen kann, was eine „Region" rechtlich und verfassungspolitisch konstituiert und man deshalb voraussagen kann, daß analog zur Reklamierung politischer Selbstbestimmungsrechte im System der Nationalstaaten die Behauptung regionaler Identitäten und der damit in Zukunft innerhalb der Europäischen Union möglicherweise verbundenen Ansprüche neue Krisen- und Konfliktfelder ergeben könnten.

Ebenen des Regierens und eine sich daraus ergebende komplizierte Matrix der legalen Kompetenzverteilung und funktionalen Verflechtung existiert. Das gilt anerkanntermaßen für föderalistische Regime wie Kanada, Deutschland oder Indien. Das Problem bekommt durch die Europäische Union für die beteiligten Regime eine zusätzliche und institutionell neuartige Dimension. Auch in den sogenannten zentralistischen Systemen Englands oder Frankreichs muß man zum Beispiel die Ebene des kommunalen Regierens teilweise als eigenständig begreifen. Gerade im Zusammenhang mit der zunehmenden Verstädterung und der sich daraus ergebenden regionalen Agglomeration entstehen Riesenstädte, deren Stadt- oder Lokalpolitik in budgetärer und inhaltlicher Hinsicht Volumen und Relevanz mancher nationaler Regierungen übertrifft und deren indirekte Fernwirkungen weit ausgreifen. International oder regional weiter ausgreifend oder nicht, angesichts der zunehmenden Politisierung aller alltäglichen Problembereiche in der politischen Gesellschaft, wird die lokale Politik auf jeden Fall immer eingreifender und das Alltagsleben der Menschen durch sie stark beeinflußt. Es sind die Resultate dieses wissenschaftlich zumeist vernachlässigten lokalen Regierens, in denen die Menschen der Politik bei mehr Gelegenheiten und nachhaltiger begegnen als auf der nationalen oder zentralen Ebene. Regiert wird also immer auch in Dörfern, Städten und Landkreisen und nicht nur auf der nationalen Ebene, und auch die fernen Entscheidungen des zentralen politischen Regimes werden am Ende in lokalen Behörden umgesetzt. Damit sind die Orte und Akteure des Regierens keineswegs bereits abschließend aufgezählt.

Um das zu erkennen, muß man sich immer wieder des unabhängig von den jeweiligen Verfassungsfiktionen sinnvollen theoretischen und analytischen Begriffs des Regierens erinnern: Regiert wird dort und dann, wo und wenn in der politischen Gesellschaft autoritative Entscheidungen über die Geltung immaterieller oder die Zuteilung materieller Werte fallen, deren Bindungswirkung notfalls mit ausreichendem Sanktionspotential garantiert werden kann. Solche Entscheidungen werden auch durch Institutionen, Organisationen und Akteure innerhalb wie außerhalb des öffentlichen Sektors politischer Gesellschaften gefällt, die man gemeinhin nicht als „Regierungen" wahrnimmt.

Relativ unstreitig dürfte in der Politikwissenschaft noch die Einschätzung sein, daß es sich bei den heute üblichen, mehr oder weniger weisungsunabhängigen Geld- und Notenbanken auf der zentralen politischen Ebene um Teilbereichsregierungen handelt, die für ihr Politikfeld über eigenständige Regierungsgewalt verfügen. In den Auseinandersetzungen um die Einrichtung einer transnationalen Notenbank der Europäischen Union ist das vielen Bürgern und Bürgerinnen inzwischen klarer geworden. Mit ihrer Zins- und Geldmengenpolitik verwirklichen solche Banken politische Ziele und setzen weitreichende Restriktionen in zahlreichen anderen Politikfeldern, die davon indirekt betroffen werden. In dem Maße, in dem ihre Unabhängigkeit legal gesichert und faktisch durch andere Mächte respektiert ist, setzen diese Notenbanken auch für die demokratisch legitimierten Regierungen Bedingungen und Restriktionen des Entscheidens und Handelns.

Ebenso unstreitig dürfte sein, daß die obersten Gerichtshöfe in den meisten politischen Gesellschaften jedenfalls zum Teil auch als Normschöpfer und insofern eigenständige Gesetzgebungsorgane wirken, die mit ihren Entscheidungen eigenständig die „politische Willensbildung" auf bestimmte konkrete Ziele und Inhalte festzulegen vermögen. Eine solche Entscheidung ist im wesentlichen nicht das Ergebnis bloßer Gesetzesauslegung und juristischer Subsumtion, sondern in sie gehen vielfältige, auch sehr „pragmatische" Erwägungen ein, wie die empirische Erforschung von Gerichtsentscheidungen in den verschiedensten Zusammenhängen nachgewiesen hat (z.B. Wasby 1995). Die „juristische" Entscheidung hätte in vielen Fällen auch anders ausgehen können, und sie besteht keineswegs in der bloßen Gesetzesauslegung; sie hätte in den meisten Fällen ebensogut vom parlamentarischen Gesetzgeber getroffen können.

Es ist hinlänglich bekannt, daß sich das Nebeneinander und die relative Unabhängigkeit dieser Institutionen dem konstitutionellen Gedanken der Gewaltenteilung verdanken. Indem diese Mächte in ihrer „Gewalt" beschränkt, weil funktional spezialisiert sind, sollten sie dazu beitragen, das Entstehen einer übermächtigen und von niemandem mehr kontrollierbaren „Gewalt" an der Spitze des Regierungssystems entgegen zu wirken. Diese berühmt und folgenreich vor allem von James Madison in den *Federalist Papers* ausgearbeitete Argumentation richtete sich erfahrungsmäßig rückwärtsgewandt eindeutig noch gegen die Entstehung einer neuen, wenn auch demokratisch legitimierten absolutistischen „Gewalt" an der Spitze der Gesellschaft. Daß aber auch die Gewaltenteilung und Fragmentierung der Regierungsgewalten Verantwortungs-und Legitimationsprobleme aufwerfen könnten, wie sie heute sichtbar werden, war ihren historischen Konstrukteuren nicht bewußt oder in Abwehr der noch höchst akuten absolutistischen Bedrohung weniger wichtig.

Neben Zentralbanken und obersten Gerichtshöfen, bei denen es sich mit um die relevantesten und sichtbarsten Teilbereichsregierungen in den heutigen repräsentativen Demokratien handelt, gibt es aber zahlreiche weitere, die nur in der konkreten Analyse des politischen Prozesses einzelner Länder aufgespürt und identifiziert werden können. In vielen Ländern verfügen traditionell berufsständische Kammern über solche Regierungskompetenzen, indem sie zum Beispiel Berufs- und Ausbildungsordnungen oder die Ausübung bestimmter Gewerbe mit an Gesetzeskraft heranreichender Verbindlichkeit regeln. Auch die technische Normsetzung bei Konstruktions- und Sicherheitsstandards am Bau oder in zahlreichen Industrien ist in einigen Ländern Institutionen oder Berufsvereinigungen, wie in Deutschland dem Verband Deutscher Ingenieure oder dem Technischen Überwachungsverein, übertragen. Heute spielt innerhalb der Europäischen Union die Kommission eine immer wichtigere und in das Alltagsleben der Industrie wie der Bürger und Konsumenten im wahrsten Sinne des Wortes eingreifende Rolle. Gleichwohl dürften die wenigsten Bürger und Bürgerinnen der Mitgliedstaaten der Europäischen Union die ihnen in der Mehrzahl völlig unbekannte Kommission als eine ihrer Regierungen identifizieren oder gar anerkennen.

Während es sich bei allen bisherigen Beispielen noch um rechtlich konstituierte, insofern öffentlich installierte und politisch letztlich verantwortete Teilbereichsregierungen handelt, deren Kompetenzen mehr oder weniger klar umschrieben und deren Legitimität wenigstens insofern gegeben ist, stellen die vielfältigen informellen Kommando- und Koordinationszentralen des politischen Prozesses bereits Übergangsphänomene zu privaten Regierungen dar. Während zum Beispiel der innerste Machtbereich des formellen Regierens in einem politischen Regime wie der Bundesrepublik Deutschland durch die Verfassung, durch besondere Gesetze und schließlich durch die Geschäftsordnung der Bundesregierung im einzelnen penibel rechtlich geregelt zu sein scheint, fallen für die Gesetzgebung wesentliche Entscheidungen in sogenannten „Koalitionsrunden" oder „Küchenkabinetten", also informellen Institutionen, die zwar überall, wo es angesichts des Verhältniswahlrechts regelmäßig Koalitionsregierungen gibt, ihre eigene prozedurale Tradition und öffentliche Anerkennung gefunden haben, die aber dazu beitragen, daß neben der formellen Regierung eine weitere Macht- und Entscheidungsebene entsteht, die von den üblichen Sicherungen und Kontrollen der verantwortlichen Regierung abgekoppelt ist. Mitwirkungsrechte sind dann nur noch machtabhängig, Berichtspflichten aufgehoben, die Öffentlichkeit nicht garantiert, selbst offizielle Protokolle existieren nicht – und doch wird gerade hier regiert und entschieden.

Für föderalistische Systeme besonders typisch, aber nicht auf sie beschränkt, sind regelmäßige „Konferenzen" intergouvernementaler Zusammenarbeit, wie man sie im Prinzip auch auf der inter- und transnationalen Ebene findet. Strukturell ähnlich und mit denselben Problemen der Entscheidungsfindung und Legitimation konfrontiert, entfalten diese Quasi-Institutionen, wie zum Beispiel die deutsche Kultusministerkonferenz (KMK), die „Assembly of Governors" in Kanada oder auf ganz anderer, allerhöchster globaler Ebene die „G-7 Gruppe" der Regierungschefs der angeblich „wichtigsten Industrieländer"[42] ihr eigenes Prozedere, ihre eigenen Regeln und nicht selten auch ihre eigene Bürokratie.

Hinzu kommen als Ergebnis freiwilliger oder auferlegter Kooperation unüberschaubar viele innergesellschaftliche und internationale Regime, die für alles und jedes eine Kompetenz entfalten, Normen etablieren, Sanktionen androhen und somit ihren Teil zum Regieren in heutigen politischen Gesellschaften beitragen.

Die Aufzählung ist skizzenhaft und sie ist nicht vollständig, aber sie dürfte hinreichend sein, um angesichts der zuvor ebenso skizzenhaft dargelegten traditionellen Erwartungen an das Regieren von Gesellschaften nun die folgende Diagnose einsichtig zu machen: Die Regierungsgewalt ist in modernen politischen Gesellschaften gerade wegen ihrer Fundamentalpolitisierung heute so zersplittert, so diffus und unübersichtlich geworden, daß erstens eine rationale Programmierung im ganzen gar nicht mehr möglich ist und daß zweitens eine klare und eindeutige Zuordnung von Verantwortung nur in Ausnahmefällen gelingt. Wo diese aber nicht möglich ist, da entsteht eine gefährliche Legitimationslücke.

Rationale Programmierung wäre die Voraussetzung vernünftiger Politik und Problembewältigung im Sinne der kurz in Erinnerung gerufenen aufklärerischen Erwartungen an die Funktionserfüllung von Regierungen. Solche Erwartungen hegen Bürger und Bürgerinnen, und sie adressieren sie höchst selektiv und unterschiedlich ausdrucksstark zu verschiedenen Zeitpunkten vermittels der verschiedensten Kommunikationsarten an die jeweiligen Regierungen – keinesfalls im Sinne von Zuständigkeit immer richtig. Die Ausdrucksmittel der Bürger und Bürgerinnen sind ihrerseits verschieden und unterschiedlich konsequenzenreich; sie reichen von aktiver Einmischung in die Politik über Wählerstimmen, öffentlicher Mei-

---

42 Zur Zeit noch ohne China, das natürlich von seiner Wirtschaftskraft eher dazu gehörte als manche andere Mitglieder.

nungsäußerungen, Protest und Demonstrationen bis hin zur Steuer- und Abgabenschmälerung. Selbst bestimmte Formen der Kriminalität kann man dazu zählen.

Informierte Problembestimmung, eindeutige Prioritätensetzungen, rationale Mittelwahl, effektiver Ressourceneinsatz und Prozeß- wie Erfolgskontrolle, diese im individuellen Alltagsverstand wie der modernen Betriebswirtschaft gleichermaßen plausiblen Rationalitätsstandards mögen zwar für jede einzelne der oben angesprochenen Institutionen und Ebenen des Regierens mehr oder weniger in Anspruch genommen werden und Verwirklichung finden, aber für den gesamten *synergetischen Prozeß des Regierens* in der politischen Gesellschaft greifen sie nicht und könnten sie niemals wirksam werden. Dieser hier nur skizzierte und nachfolgend theoretisch postulierte, als Summe der Wechselwirkungen sich ergebende „synergetische Regierungsprozeß", aktuell von niemandem und keiner Einzelregierung ganz durchschaut, geschweige denn rational geplant und durchgeführt, gleicht mit seinen unüberschaubaren Wirkungsketten, in denen es zu unerwarteten Akzelerationen ebenso wie Blockaden kommen kann, eher biologischen Wachstums- und Wucherungs- oder Schrumpfungsprozessen als rationalen Handlungs- und Entscheidungsmodellen. Während jeder einzelne Akteur immerhin noch in gewissen Grenzen rational zu entscheiden und zu handeln vermag, ist die politische Gesellschaft dazu im ganzen nicht fähig. Sie existiert als Handlungssubjekt ebenso wenig wie eine Zentrale in ihr, mit der sie auf sich selbst zielgerichtet erfolgreich einzuwirken vermöchte. Gleichwohl wird ihre eigene Entwicklung durch die kumulierten Wirkungen im Prozeß des Regierens auf allen Ebenen maßgeblich bestimmt und bleibt die Politik in jeder Einzelentscheidung ihre letzte Möglichkeit zur Herstellung von Verbindlichkeit.

Auf diese Weise und maßgeblich als Folge der Zersplitterung und Fragmentierung des Regierungsprozesses entsteht die ungeheure und unüberbrückbare Kluft zwischen den Erwartungen an die Rationalität politischer Problemlösungen und den Wahrnehmungen und Erfahrungen ihres Scheiterns oder zumindest ihres suboptimalen Handelns und Entscheidens, die sich heute weltweit in der in Deutschland als „Politikverdrossenheit" bezeichneten Einstellung breitmacht.

Sie sucht aus der Sicht der Bürger und Bürgerinnen verständlicherweise einen eindeutigen Adressaten für Forderungen und Verantwortungszuschreibung, und genauso kontingent und zufällig oder einfach auch nur uninformiert, wie sich ihre Erwartungen mal an diese, mal an jene Regierung richten, genauso willkürlich werden einzelne Regierungen für dieses oder jenes auch zur Verantwortung gezogen oder sind bereit, die Verantwortung zu übernehmen. In der daraus notwendig resultierenden Willkürlichkeit nimmt politisches Handeln ohne die Möglichkeiten zur Verantwortung geradezu tragische, die häufig zu beobachtende Anmaßung durch Amtsträger gleichzeitig auch lächerliche Züge an.

In dem Maße, in dem diese Zuordnungen, besser Zuschreibungen von Verantwortung angesichts der komplexen Struktur und prozessuralen Vielfalt des politischen Prozesses in den pluralistischen Gesellschaften unserer Tage einen notwendigerweise konstruierten fiktiven Charakter gewinnen, der noch dazu im politischen Wettbewerb von allen Beteiligten und darüberhinaus von den Massenmedien jederzeit kräftig manipuliert wird, wird aber eine ganz entscheidende politische und ethische Basis klassischen Regierens unterminiert und *de facto* außer Kraft gesetzt, nämlich die persönliche Verantwortung. Im Unterschied zur Legitimität politischer Institutionen kann aber Verantwortung immer nur von Personen, konkreten Individuen übernommen werden. Allerdings schreibt Franz-Xaver Kaufmann zu Recht: „Selbst dort, wo Menschen sich heute anbieten, ›Verantwortung zu übernehmen‹, wie dies vor allem Politiker und Wirtschaftsführer gerne erklären, bleibt die Ernsthaftigkeit dieses Angebots oft fragwürdig" (1992, S. 11).

Von der Verantwortung hieß es einleitend im Vorwort dieses Buches, daß sie in der politischen Gesellschaft unserer Tage historisch ungeahnte Ausmaße angenommen habe. Man mag sich durchaus fragen, ob die Menschen, wie sie nun einmal sind und offenkundig bis auf weiteres auch bleiben werden, den hochtrabenden Postulaten, die der Philosoph aus dieser Lage ableitet, überhaupt noch gewachsen sein können (Jonas 1984). Gewiß erscheint aber als Ergebnis der bisherigen Analyse, daß selbst der sehr viel bescheidenere, allerdings gerade für demokratische Regierungen unverzichtbare Anspruch der persönlichen Verantwortung der Regierenden und der Regierungen als kollektiven Akteuren angesichts der beschriebenen Lage eigentlich ins Leere läuft. Aber wird nicht überall und allenthalben von den „Staatsmännern" persönlich die Verantwortung eingeklagt und übernommen? Es muß jedem informierten Zeitungsleser auffallen, daß diese rituelle Gestik des politischen Wettbewerbs, von seltenen Ausnahmen abgesehen, nur für den Erfolgsfall vorgeführt wird, während die „Verantwortung" für Mißerfolge neben den politischen Gegnern vor allem widrigen Umständen, sogenannten Sachzwängen und unvorhersehbaren Ereignissen zugeschrieben wird. In dieser politisch alltäglich vorgeführten halbierten Verantwortungsübernahme verbirgt sich das viel größere Unglück heutiger Politik, ihre Ohnmacht bei aller Macht kaum noch. Während sich die postulierte Verantwortungsübernahme im Erfolgsfall als eitle Anmaßung entpuppt, verrät paradoxerweise gerade ihre Ablehnung im politischen Scheitern mehr Einsicht in die Wahrheit der politischen Realität. So wenig wie für die beanspruchten politischen Erfolge ist eine Regierung in der Regel auch für ihr Scheitern verantwortlich.

Ich bin mir bewußt, wie sehr diese Gedanken zunächst als Freibrief für die jeweils Regierenden gelesen werden könnten. Deswegen gilt es die Ebene der Argumentation stets im Auge zu behalten. Prinzipiell kann in der politischen Gesellschaft alles politisch entschieden und damit auch anders als bisher geregelt werden, und in sehr vielen Fällen ist der verborgene Anteil an politischen Entscheidungen an der Entstehung des für normal gehaltenen *status quo* viel größer als gemeinhin angenommen. Wie schon in der Auseinandersetzung mit den Argumenten der Systemtheorie im Abschnitt über die Ausdifferenzierung politischer Gesellschaften festgestellt, darf das Wirkungsvermögen der Politik, vor allem das jetzt hier angesprochen kumulierte Potential fragmentierten Regierens nicht im ersten Schritt mit ihrem rationalen Problemlösungspotential gleichgesetzt, und dann aus dem Scheitern rationaler Politiksteuerung auf die Unwirksamkeit der Politik insgesamt zurückgeschlossen werden. Die Enttäuschung rationaler Politiksteuerung liegt vor allem darin, daß man die in der abstrakten politischen Theorie wie den politischen Mythen des Alltags heute noch weitverbreitete Illusion aufgeben muß, die ganze Gesellschaft werde von einer Regierung an ihrer Spitze regiert und rational gesteuert. Von diesem Mythos einer irgendwo in der Gesellschaft monopolisierten politischen Entscheidungsmacht überlebt in der Systemtheorie mit ihrem topographischen Modell der abgegrenzten Subsysteme noch ein unaufgelöster Rest, nur daß hier spiegelverkehrt zu den Allmachtsphantasien früherer Staatstheorien jegliches intendiertes politisches Einwirkungsvermögen des „politischen Systems" auf die anderen gesellschaftlichen Bereiche geleugnet wird; die Politik bleibt aber nach dieser Auffassung ein in der Gesellschaft gewissermaßen topographisch separierter Bereich. Um die empirischen Erfahrungen vor allem der vergleichenden Politikforschung, in der das Wirkungspotential der Politik für eine große Varianz in anderen gesellschaftlichen Funktionsbereichen verantwortlich gemacht werden konnte, kümmern sich die genannten Ansichten dabei recht wenig.

In Wirklichkeit scheitert aber die aufgeklärte Erwartung einer rationalen politischen Steuerung gesellschaftlicher Entwicklung nicht an mangelndem Wirkungsvermögen der Politik, sondern an der unaufhaltsam und unvermeidlich fragmentierten und differenzierten Institutionalisierung der Politik selbst, die keineswegs als eindeutig abgegrenztes Funktionssystem „ausdifferenziert" ist, sondern in sich selbst noch einmal so vielfach institutionell, kompetenzmäßig und regional gegliedert ist, daß sie zwar den ganzen Vergesellschaftungsprozeß mit ihren verbindlichen Regelungen und den Konflikten zu ihrer Erreichung durchdringt, aber selbst kein Zentrum der einheitlichen Programmierung und Koordination mehr besitzt. Nicht an fehlender Macht, sondern an fehlender Koordination und Vereinheitlichung bricht sich die Allmachtsphantasie einer „rationalen" politischen Gesellschafts*steuerung*.

Für die kritische und normative Zeitdiagnose der politischen Gesellschaft resultiert aus dieser Situation die womöglich schlimmste aller denkbaren Kombinationen: Während der politische Prozeß heute angesichts der zur Verfügung stehenden Ressourcen und kontingenten Bedingungen nahezu jedes denkbare und vielleicht sogar vorher von niemandem ausdenkbare Ergebnis hervorbringen kann, gehört die Vorstellung, in ihm könnte ein einheitliches Programm oder – emphatischer – eine allgemeine Vernunft wirksam werden, auf den ideologischen Müllhaufen der Geschichte.

Kann das bedeuten, daß die einzelnen handelnden Subjekte, Bürger und Bürgerinnen wie Politiker, aus der Verantwortung für ihr öffentliches Engagement entlassen werden sollten oder könnten? Das wäre offenkundig eine absurde und sozialethisch nicht hinnehmbare Schlußfolgerung. Es kann sich also nur darum handeln, die Verantwortung einzelner politischer Subjekte genauer einzugrenzen, sie von der Erwartung zu entlasten, für die gesamte Entwicklung der Gesellschaft Verantwortung zu tragen, um sie um so mehr für die im einzelnen getroffenen Entscheidungen oder Nichtentscheidungen in ihrem zurechenbaren Nahbereich zur Rechenschaft zu ziehen. Die Übernahme politischer Verantwortung wird für den einzelnen wie für Regierungen angesichts der Kontingenzbedingungen und Unkalkulierbarkeiten moderner politischer Gesellschaften zur „Sisyphusaufgabe", die nicht mit der Aussicht auf Erfolge, sondern nur im Bewußtsein ihrer unvermeidlichen Unabgeschlossenheit und jeweiligen Begrenztheit geleistet werden kann (Camus 1967). Obwohl gerade viele praktisch erfahrene Politiker dies sehr genau wissen dürften, werden sie durch die Dynamik des politischen Wettbewerbs und die Zwänge der öffentlichen Darstellung ständig in Versuchung geführt, den Mund zu voll zu nehmen. Gefährlich wird ein unaufgeklärtes hybrides Bewußtsein bei Bürgern wie Politikern, das die Potentiale der politischen Gesellschaft in dem Glauben entfesselt oder durch Hoffnungen oder Ängste aufstachelt, über die pragmatisch bessere Einzellösung hinaus die Gesellschaft im ganzen einheitlich und vernünftig und ein für alle Mal gestalten zu können. Gefährlich werden solche totalitären Ansprüche und Programme gleich welchen Inhalts, weil sie notwendigerweise mit der Pluralität der modernen Gesellschaft wie mit den sich darin ausprägenden politischen Freiheitsansprüchen des einzelnen Individuums in Konflikt gerieten. Hier würde nur eine ethisch begründete Selbstbegrenzung der politisch Aktiven helfen, in der sich eine entsprechende politische Kultur spiegelte, die ihnen die Sicherheit gäbe, daß gerade bei vorsichtiger und abwägender politischer Propaganda die Glaubwürdigkeit bei einem entsprechend aufgeklärten Publikum zunähme. Man könnte eine solche politische Kultur Max Weber weiterdenkend eine Kultur der reflexiven Verantwortungsethik nennen – reflexiv, weil sie auf dem allgemein geteilten Wissen beruhte, daß die notwendige Übernahme politischer Verantwortung unvermeidlich auch eine gewisse Anmaßung enthält. „Einen ganz trivialen, allzu menschlichen Feind hat daher der Politiker täglich und stündlich in sich zu überwinden: die ganz gemeine Eitelkeit, die Todfeindin aller sachlichen Hingabe und aller Distanz, in diesem Fall: der Distanz sich selbst gegenüber" (Weber 1958, S. 534). Die Haltung, die aus diesem Wissen resultierte, hätte man in früheren Zeiten „Demut" genannt. Auch nach der Vollendung der Säkularisation aller wichtigen öffentlichen Begriffe gäbe es keinen Grund, auf diesen und die dazugehörende Haltung zu verzichten. Von einer solchen politischen Kultur sind die westlichen Demokratien heute mehr denn je entfernt, wofür nicht zuletzt die audiovisuelle Mediatisierung der politischen Kommunikation, von der noch die Rede sein wird, eine entscheidende Ursache liefert.

Manche würden auf die Forderung nach einer reflexiven Verantwortungsethik, nach Selbstbegrenzung oder gar Demut heute entgegnen, sie propagiere einen noch weiteren „Interventionsverzicht des Staates" und weitere „Deregulierungen", durch die die „Standorte" noch mehr als bisher schon den – als negativ bewerteten – Wirkungen der „Globalisierung" ausgeliefert würden. Vor allem in neo-marxistischen oder neo-keneynesianischen Kreisen scheint die Vorstellung ungebrochen zu sein, daß das alte „Staat-Gesellschaft-Paradigma" theoretisch valide sei und daß es folglich darauf ankäme, „dem Staat" seine verlorene Interventionskapazität zurückzuerobern, damit „er" „für" seine Gesellschaft andere, bessere Bedingungen schaffen könne, als sie ohne seinen Eingriff und als Folge „externer" Einwirkungen entstünden.

Es gibt viele Gründe, warum eine solche Perspektive weder theoretisch noch erst recht praktisch politisch fruchtbar werden kann, die über das bereits zum „Staat-Gesellschaft-Paradigma kritisch Gesagte hinausgehen. Die Fiktion einer Gesellschaftstheorie, die auf der impliziten und unreflektierten Prämisse beruht, daß ihr zentraler Gegenstand „Gesellschaft" nur durch die kontingenten politisch gesetzten Grenzen, vor allem seit dem neunzehnten Jahrhundert der „Nationalstaaten", definiert und von anderen „Gesellschaften" abgegrenzt werden konnte, läßt sich heute ernsthaft nicht mehr aufrecht erhalten.

Allerdings scheinen viele, die angesichts der grenzüberschreitenden Prozesse und Wirkungen gesellschaftlichen und politischen Handelns diese Einsicht teilen, bereit zu sein, das Kind zugleich mit dem Bade auszuschütten. Das neue Zauberwort heißt „Globalisierung", das, häufig in Verbindung mit einer nur sehr vagen Beschreibung der angeblichen neuen „Weltökonomie" und „Weltgesellschaft", nun als die durchschlagende Ursache für das „Ende des Nationalstaates" und damit auch das Ende nationaler Wohlfahrtsregime und lokal oder regional abgrenzbarer Politik überhaupt erscheint. Forderungen nach „Erdpolitik" oder für die Anerkennung der sich manchen aufdrängenden Gleichung „global governance for a global order" sind schnell aufgestellt und erfreuen sich ungeachtet ihres geringen Wirklichkeitsgehaltes großer Popularität.

Im Zusammenhang dieses Abschnittes handelt es sich nur darum festzuhalten, daß in allen diesen häufig verwirrenden Diskussionen, in denen sich natürlich die im Abschnitt über den politischen Raum bereits zum Teil angesprochenen sehr realen politischen Probleme verbergen, zusätzlich zu den bereits angesprochenen Problemen weitere Faktoren und Bedingungen zur Fragmentierung politischer Verantwortung hinzutreten. Während bisher und für eine absehbare Zukunft die institutionalisierte Legitimierung politischer Macht an bestimmten *politischen* Grenzen haltmacht, tun das die von ihr ausgeübten Wirkungen nicht immer. Vor allem in sicherheits- und militärpolitischen, finanz- und wirtschaftspolitischen wie neuerdings umweltpolitischen Politikbereichen penetrieren die Wirkungen politischer Entscheidungen mächtiger politischer Regime naturgemäß die angrenzender oder funktional betroffenen kleinerer Mächte. Letztere müssen sich an ersteren ausrichten, wie „souverän" sie in formaler und völkerrechtlicher Hinsicht auch immer sein mögen. Daran ist historisch nichts neu. Wurde früher der Goldstandard mit Wirkungen für die ganze Welt in London bestimmt, so haben heute die Zinsentscheidungen der *Fed* globale Auswirkungen.

Neu ist allerdings, daß heute auch schwächere politische Mächte häufig versuchen, intern demokratisch verantwortetes Regieren zu installieren und zu praktizieren. Umgekehrt gesehen treten also – vor allem bei den schwächeren Mächten – zu den angesprochenen, strukturell bedingten internen Vertrauensverlusten synergetischen fragmentierten Regierens die extern verursachten Effekte hinzu, die insofern erst recht politisch nicht verantwortet werden können. Jenseits der Grenzen politischer Legitimationsregime etablieren sich internationale Regime, transnationale Akteure der verschiedensten Art und im Falle der Europäischen Union sogar eine transnationale Teilbereichsregierung, deren Entscheidungen in zahlreichen Politikfeldern an die Stelle national mehr oder weniger legitimierter Regierungen treten. Dadurch entsteht zusätzlicher Legitimationsbedarf auf einer weiteren politischen Ebene des Regierens.

Die Bürger und Bürgerinnen der heutigen politischen Gesellschaften, gewohnt und sozialisiert, von der jeweiligen eigenen Zentral- oder allenfalls noch Lokalregierung effektives Handeln und die Lösung von Problemen zu erwarten, erleben die Verantwortungs- und Kompetenzdiffusion zunehmend als Problemlösungsunfähigkeit und Ohnmacht dieser Instanzen. Ihre ursprüngliche, und wie wir wissen können, zum Teil unrealistische Erwartung wird enttäuscht und verkehrt sich bei nicht wenigen in ein generelles Urteil über die Wirkungslosigkeit von Politik überhaupt, die wiederum von „interessierten" Propheten zur Apologie des „freien Marktes" und zur Propaganda für weitere Deregulierung kapitalistischen Gewinnstrebens instrumentalisiert wird. Der Schluß von der Enttäuschung über die Ineffektivität der verantwortlich gemachten Regierungen auf die Unfähigkeit und Wirkungslosigkeit von Politik überhaupt ist falsch. Das zeitdiagnostische Urteil über einen generellen Bedeutungsverlust von Politik ebenso. In Wirklichkeit sind Bürger wie Politiker auf allen Ebenen und in allen Entscheidungs- und Funktionszusammenhängen ständig und unvermeidlich mit Restriktionen oder Veränderungen konfrontiert, die ihrerseits auf politische Entscheidungen und Handlungen zurückgehen. Allerdings entstammen sie verschiedenen „politischen Räumen", die sich territorial überlappen. Auch die Menschen, die in einem Territorium zusammenleben, können und müssen zum Teil sogar sich selbst längst als Zugehörige verschiedener sozialer und politischer Räume verstehen.

Die mit dem Nationalstaatsbegriff einhergehende, immer schon mehr imaginierte als realisierte Identität von sozialem, vor allem auch politischem Raum mit dem völkerrechtlich legal definierten Territorium („Hoheitsgebiet") wird angesichts der heutigen Mobilität von Menschen und Informationen gänzlich fiktiv (Sassen 1996). Menschen können heute ihr ganzes Leben als „ausländische" Einwohner Hamburgs verbringen, politisch gesehen türkische Staatsbürger sein, einem kurdischen „Kulturverein" angehören und eine saudi-arabisch finanzierte und beeinflußte Moschee besuchen. In einer durch den „space of flows" transnational gebildeten „Netzwerkgesellschaft" (Castells 1996) entstehen, vor allem in den großen städtischen Agglomerationszentren, „diasporic public spheres" (Appadurai 1996), die zusammen ein ent-territorialisiertes Netzwerk bilden, für das heute häufig die sogenannten „Auslandschinesen" in der Literatur das Beispiel abgeben.

Die in der deutschsprachigen Debatte seit den siebziger Jahren von Fritz W. Scharpf und Renate Mayntz aufgebrachte „Politikverflechtungsanalyse" mit ihrer systematisch inhärenten Diagnose der Verhinderung und Blockade programmatisch eindeutiger Politik hat analytisch in die richtige Richtung gewiesen und das traditionelle Bild eines bundesstaatlich regierten Landes problematisiert, das die theoretischen, vor allem aber normativ demokratischen Debatten immer noch prägt. Allerdings ist die Perspektive dieser Debatte viel zu sehr der institutionellen Komponente des föderalen Aufbaus der Bundesrepublik Deutschland und neuerdings der Europäischen Union und einer reformorientierten Steuerungsperspektive des Politischen verhaftet geblieben. Eine systematische und theoretisch tragfähige Verknüpfung mit der Neokorporatismusdebatte kam nur unzureichend zustande, vor allem auch deswegen, weil in Deutschland die Korporatismusdebatte viel zu sehr auf das Machtdreieck „Staat-Wirtschaft-Gewerkschaften" ausgerichtet blieb. Mit weniger verengtem Blick hätte sich sofort zeigen müssen, daß zusätzlich zu den institutionellen Fragmentierungen des politischen Prozesses im föderalen Aufbau die Beteiligung und Einbindung zahlreicher gesellschaftlicher Organisationen in den Politikformulierungs- und Entscheidungsprozeß bestimmter Politikfelder zur weiteren Zersplitterung und Komplizierung des politischen Prozesses und des Regierens über den rechtlich definierten Regierungsprozeß hinaus geführt hat. Dem hat sich nun seit einigen Jahren in einer neuartigen Verbindung der politikwissenschaftlichen Teildisziplinen „Regierungslehre", „Vergleichende Politikwissenschaft" und „Internationale Beziehungen" die Vorstellung des „Regierens im dynamischen Mehrebenensystem" (Kohler-Koch/Jachtenfuchs 1996) hinzugesellt, so, als sei dem dreistufigen föderalen Aufbau Deutschlands nunmehr eben nur eine weitere politische Ebene übergeordnet und damit lediglich das Koordinationsproblem noch größer geworden. Weiterhin gilt aber, daß eine Ergänzung um die in diesem Buch immer wieder angesprochenen weiteren Ebenen und Akteure des politischen Entscheidungsprozesses jenseits des rechtlich konstituierten institutionellen Politikrahmens dazu führen würde, vollständig den Überblick über Wirkungs- und damit eben auch Verantwortungszusammenhänge zu verlieren. Je mehr die zum Teil recht freischwebend geführte Globalisierungsdebatte hinsichtlich der politischen Zusammenhänge in Zukunft substantiiert zu werden vermag, desto mehr. Ein zu kompliziertes Mehrebenensystem, das einerseits die Zuordnung von Verantwortung nicht mehr möglich macht und das andererseits schließlich von den Bürgern und Bürgerinnen gar nicht mehr im politischen Alltag verstanden werden kann, kann auch nicht demokratisch sein. An diese einfache Wahrheit hat Giovanni Sartori (1992, S.3) angesichts der immer komplizierteren Modelle einer präskriptiv vorgehenden szientistischen Demokratietheorie in der heutigen Politikwissenschaft wohl vergeblich erinnert.

Was in dieser Debatte freilich häufig übersehen wird, ist, daß die Prozesse der „Globalisierung", in erster Linie realistisch noch als Relativierung von Grenzen zu konzipieren, diese nicht verschwinden lassen, sondern häufig nur verschieben oder in ihrer Durchlässigkeit qualitativ und quantitativ neu bestimmen. Das Paradox ist offenkundig: Während die Grenzen für Kapital und Waren immer durchlässiger werden, gilt das für Informationen – zum Beispiel in China oder dem Iran – schon nur in geringerem Maße. Am Beispiel der Visums- und (Anti-)Migrationspolitik der Europäischen Union und selbst der „klassischen" Einwanderungsländer USA und Kanada kann man schließlich aktuell beobachten, wie die wirtschaftliche Öffnung der Grenzen mit ihrer relativen Schließung für Menschen einhergeht. Besonders markant in dieser Hinsicht ist die Einbeziehung Mexikos in die NAFTA – bei gleichzeitiger Abschottung der Grenzen, die den Verhältnissen an der „Mauer", die bis vor einiger Zeit zwei deutsche Staaten und Ost und West voneinander abgrenzte, immer ähnlicher werden. Auch ohne „Schießbefehl" und Minenfelder gibt es dort längst zahlreiche Tote, von denen allerdings in der westlichen Öffentlichkeit weit weniger Aufhebens gemacht wird. Wenn die Europäische Union ihre jetzige Migrationspolitik aufrechterhalten will, dann wird sie um eine immer stärkere Grenzsicherung mit den absehbaren inhumanen Konsequenzen im Osten und Süden nicht herumkommen. Schon heute verunglücken bei der illegalen Überquerung des westlichen Mittelmeeres Flüchtlinge zu hunderten; aber – daß auf sie eines Tages geschossen werden wird, muß man in der Konsequenz der heute verfolgten Politik leider erwarten.

Auch die der Globalisierung pauschal zugeschriebene „Entgrenzung der Politik" ent-territorialisiert diese niemals vollständig, alle politischen und wirtschaftlichen Akteure bleiben irgendwo „grounded" (Sassen 1996, S. 13), und die Bedingungen des heute international fluktuierenden Finanzkapitals verdanken sich nicht irgendwelchen „systemischen" Zwangsgesetzen, sondern eindeutig in Raum und Zeit „lokalisierbaren" politischen Entscheidungen (Pauly 1997).

Was allerdings wie im zuletzt angesprochenen Beispiel schon in der wissenschaftlichen Analyse schwer fällt, nämlich tatsächlich empirisch triftig politische Willensbildungsprozesse im Einzelfall zu rekonstruieren, muß derzeit im politischen Alltagsbewußtsein – auf das es gerade in der Demokratie aber ankäme – vollends scheitern. Die in der politischen Bildung, wenn überhaupt zureichend, vermittelte Vorstellung des institutionellen Aufbaus und politischen Entscheidungsprozesses ist nicht nur hoffnungslos unterkomplex, sie wird auch für jeden aufmerksamen Politikbeobachter ständig in der Wirklichkeit widerlegt. Die tatsächlichen politischen Verhältnisse und Räume sind viel komplexer als die legal anerkannten Institutionen, einschließlich des „national" definierten politischen Willensbildungssystems.

Der institutionelle Aufbau, nicht nur formal und funktional, sondern vor allem auch unter dem Gesichtspunkt der symbolischen Repräsentation der demokratischen Verfassungsidee einer aus der Volkssouveränität emergierten und ihr gegenüber legitimitätspflichtigen Regierung, ist bis zur Unsichtbarkeit überwuchert und durchdrungen von den informellen Routinen und faktischen Prozessen der jeweiligen Abstimmung und Koordination von Akteuren, die an ihrem jeweiligen Ort eine gewisse Macht repräsentieren, insgesamt aber selbst in ein unüberschaubares vertikal und horizontal vermaschtes Geflecht von Kompetenzen oder Machtpositionen eingewebt sind.

Die *strukturell bedingte Verantwortungslosigkeit* aller relevanten Akteure, die medienverstärkte hybride Verantwortungsanmaßung durch populistische Politiker oder spiegelbildlich die Verantwortungszuschreibung eines Politik bloß konsumierenden Publikums und schließlich eine die normativen Ressourcen der demokratischen politischen Kultur zerfressende und zum egozentrierten Zynismus tendierende öffentliche und politische Moral sind die Folgen. In dieser bitteren Diagnose ist weder implizit noch indirekt intendiert ein Plädoyer für eine eher zentralistische, hierarchische oder gar die Autorität „der Spitze" verstärkende Strategie versteckt. Ganz im Gegenteil müssen wir uns noch viel stärker als in der Vergangenheit von den immer schon illusionären Vorstellungen und Theorien lösen, die mit einer staatlich geordneten und gesteuerten Gesellschaft früher verbunden waren. In Wahrheit war die politische Gesellschaft immer schon viel anarchischer und in ihrer nur vorgestellten und symbolisch vermittelten Gesamtheit auch irrationaler, als sich das die heute noch vertretenen politischen Ideologien und Theorien vorzustellen vermochten. Wo eine Rehierarchisierung von Politik und Herrschaft aus den in diesem Buch beschriebenen langfristigen Entwicklungsprozessen heraus unwahrscheinlich, wenn nicht unmöglich ist, laufen die in der zweiten Hälfte des 20. Jahrhunderts kumulierenden Politisierungsprozesse aller gesellschaftlichen Bereiche in immer mehr Gesellschaften, die Relativierung der politischen Grenzen und die Verlängerung und zunehmende Verflechtung einzelner Wirkungsketten politischer Entscheidungen sowie schließlich die Fragmentierung in immer mehr Teilbereichsregierungen auf ein Mehr an politischer Anarchie heraus, als sie die Menschen seit dem Beginn der Moderne je erfahren haben. Zugleich ist diese komplexe anarchische Situation in allen Zusammenhängen in einem Maße politisiert oder politisierbar, daß die utopischen Illusionen der historischen Anarchisten auf eine von ihnen sicher nicht erwartete und angestrebte Weise reale Gestalt annehmen.

4.2 Paradoxien politischer Freiheiten

Das erste Ziel, das Individuen oder Gruppen anstreben, wenn sie nach politischer Freiheit verlangen, ist die Minderung von Herrschaft. Ein solches Freiheitsverlangen scheint heute im politischen Alltag westlicher Demokratien ziemlich in den Hintergrund geraten, die historisch damit erhobenen Ansprüche in den Institutionen westlicher Demokratien erfüllt und aufgehoben zu sein. Es bleibt das Geschäft mehr oder weniger kleiner Gruppen von Engagierten, sich um einzelne Bedrohungen von Freiheiten zu kümmern oder vor neuen Gefährdungen, etwa durch die auch demokratischen Regierungen heute zur Verfügung stehenden Überwachungstechniken zu warnen. Im übrigen ist aus der herrschenden Sicht westlicher Demokratien diese Art von Freiheit grundsätzlich durch die Institutionen der Verfassung bereits gesichert. Ihre revolutionäre Durchsetzung gegen undemokratische Herrschaftssysteme gehört zu den historischen Gründungsmythen der meisten westlichen Demokratien, deren regelmäßige symbolische Inszenierung an bestimmten Feiertagen auch gegenwärtig legitimitätsbildend wirkt. Seitdem in der ehemaligen DDR im Herbst 1989, im Unterschied zu 1848, auch in einem Teil Deutschlands eine demokratische Freiheitsbewegung erfolgreich und ohne den vermeintlichen Makel eines verlorenen Krieges wie 1918 ihre politische Knechtschaft abschüttelte, steht auch in Deutschland neuerdings ein solcher Gründungsmythos zur Verfügung. Allerdings sieht sich die ungeteilte und ungebrochene Berufung auf ihn angesichts des neu eingerichteten Nationalfeiertages vor Schwierigkeiten und Verwerfungen gestellt. Aus der Sicht des Ostens mündete der Freiheitskampf nicht ohne weiteres in politischer Selbstbestimmung, sondern nur in der eher passiven Teilhabe an einem bereits mit eigenen Institutionen und Traditionen in die Jahre gekommenen demokratischen Regime, in dem man sich unvermittelt als verarmte und auf dauerhafte Subventionen angewiesene Provinz wiederfand. Von nicht wenigen im Osten wird dabei die demokratisch legitimierte westliche Dominanz als eine neue Form der Fremdbestimmung empfunden, die als Preis für die gewonnenen individuellen Freiheiten in Kauf genommen werden mußte.

Der Westen, der in den Tagen der großen Freiheitsdemonstrationen und des Falls der Mauer von der Rührung des unmittelbar beobachteten Freiheitswillens ergriffen schien, muß sich in seinen Versuchen, an dem neuen Gründungsmythos teilzuhaben, angesichts seiner erfolgreichen Weigerung, das ursprüngliche Grundgesetzversprechen nach endgültiger gemeinsamer freiheitlicher Verfassungsgebung zu erfüllen und das anfänglich nur vorläufige, inzwischen aber „erfolgreich erprobte" Grundgesetz zur demokratischen Disposition zu stellen, eher wie ein Trittbrettfahrer vorkommen. Während aus der Sicht vieler Ostdeutscher am 3. Oktober[43] der erfolgreiche eigene Freiheitskampf gerade noch so mitgefeiert wird, hat sich, allein schon mit der Wahl des Vereinigungsdatums, die westliche Perspektive der Inszenierung der neuen nationalen Einheit ganz in den Vordergrund geschoben.

---

43 Viele haben deshalb wohl auch gemeint, der 9. Oktober (wegen der ersten großen friedlich verlaufenen Freiheitsdemonstration und dem Ruf „Wir sind das Volk!") oder der 9. November (wegen des Falls der Mauer) wäre als Nationalfeiertag besser geeignet gewesen.

Sieht man aber von diesem Sonderfall innerhalb der westlichen Demokratien, durch den Deutschland nunmehr direkt oder indirekt einen erfolgreichen Freiheitskampf erlebt hat, einmal ab und kommt auf die allgemeinere Fragestellung zurück, dann sind die individuellen Freiheiten aus der dominanten Sicht des Westens eher überall sonst auf der Welt gefährdet – aber nicht im eigenen Haus. Folglich findet sich auch hier die im deutsch-deutschen Binnenverhältnis angesprochene beobachtende Anteilnahme, mit der die westlichen Gesellschaften die Freiheitsbewegungen in anderen Teilen der Welt mal mehr, mal weniger unterstützend begleiten. Mit der Einrichtung institutioneller und rechtlicher Verhältnisse, die denen westlicher Demokratien ähneln, wie heute in einigen Ländern des ehemaligen Ostblocks oder in Südafrika, ist dann aber aus westlicher Perspektive das politische Problem der Freiheitsstiftung auch schon wieder erledigt. „Westliche Demokratie" oder nach ihren Maßstäben gebildete Regime werden *per se* mit der verwirklichten politischen Freiheit gleichgesetzt. Dieses wohl nur im großen und ganzen berechtigte Selbstbewußtsein des Westens, in dem sich die herrschenden Eliten mit großen Teilen der Bürgerschaft einig zu sein scheinen, macht für momentane und mittelfristige Gefährdungen der Freiheit unsensibel und schläfert die demokratische Wachsamkeit, die zu ihrer Verteidigung und Sicherung jederzeit erforderlich bliebe, mehr als wünschbar ein. Ohne ein sich auch politisch äußerndes Freiheitsverlangen ihrer Bevölkerungen als permanent erneuertes aktives Element der politischen Kultur würde auch in westlichen Demokratien die Zukunft bereits einmal historisch erworbener Freiheiten nicht dauerhaft zu sichern sein. Neben den immer und auch in Demokratien vorhandenen Versuchen und Ansprüchen bestimmter Eliten, ihre Herrschaft auf Kosten anderer und zum eigenen Nutzen auszuweiten, werden die politischen Freiheiten auch durch langfristige Entwicklungen der politischen Gesellschaften und ihrer Organisationen und Institutionen objektiv bedroht. Für neuartige Gefährdungen der Freiheit müßten neue politische und institutionelle Antworten gefunden werden. Damit das aber geschehen kann, müssen diese Entwicklungen auch außerhalb engagierter Minderheiten in weiten Kreisen der Bürgerschaft als Bedrohung ihrer Freiheit wahrgenommen und empfunden werden. Ohne ein waches politisches Freiheitsverlangen gibt es auch keine Wahrnehmung der Gefährdung der Freiheit. Die Zukunft der politischen Freiheit hängt insofern auch von subjektiven Dispositionen und der beständigen Reproduktion und Weiterentwicklung einer politischen Kultur ab, die entsprechende Präferenzen setzt. Niemand sollte sich darauf verlassen, daß sich diese subjektiven Voraussetzungen von selbst verstehen. Von den wenigen Beispielen des Scheiterns von Demokratien, die wir historisch kennen, darunter am prominentesten die Weimarer Republik, läßt sich lernen, daß sie am Ende erfolgreich nicht durch noch so gute Institutionen gesichert werden können, sondern nur durch eine ausreichende Zahl von Demokraten, die bereit sind, sie mit ihrem Freiheitswillen zu verteidigen.

Die mit dem bisher angesprochenen Freiheitsverlangen angestrebte Minderung von Herrschaft oder ihrer unmittelbaren Auswirkungen auf das Individuum kann vor allem auf zwei Arten vollzogen werden, für die es genügend historische Beispiele gibt und die in der Fachliteratur hinlänglich bekannt sind. Das ist einmal die Ausgrenzung von Sphären der gesellschaftlichen oder individuellen Freiheiten, und das ist zum anderen die gemeinsame Selbstbestimmung.

Durch die rechtliche Ausgrenzung bestimmter Bereiche oder Sphären (Walzer 1992) werden Freiheiten konstituiert, die dadurch vor dem legitimen Eingriff durch herrschaftliche Akte prinzipiell oder in bestimmten Grenzen geschützt werden, ob es sich nun um die Religionsfreiheit, die Meinungsfreiheit oder die Freiheit des Eigentums handelt. Dem enspricht der klassische Begriff von „Freiheiten" („liberties"), wie sie als Privilegien für „free men" – beileibe nicht für alle – in jener berühmten Magna Carta von 1215 vom englischen König ertrotzt wurden. Der ebenso berühmte Habeas Corpus Act 1679 und die Bill of Rights von 1689 setzen diese Tradition fort, und nach und nach wird der Kreis der „Privilegierten" größer. Sie mündet und kulminiert schließlich in der im genuinen Sinne liberalen Tradition nunmehr endlich allgemeiner und „unveräußerlicher" Menschen- und Grundrechte moderner Verfassungen – und ihrer Grenzen.

Diese Freiheiten stehen wie alle anderen Freiheiten in einer historisch spezifischen Relation zur fortgesetzten Existenz von Herrschaft, ohne die dieser Begriff von Freiheit keinen Sinn behielte. Zygmunt Bauman schreibt, freilich ohne zwischen politischer und anderen Freiheiten ausreichend zu differenzieren: „Freedom was born as a privilege and has remained so ever since" (1988, S. 9). In seiner berühmten Unterscheidung hat Isaiah Berlin diesen Freiheitsbegriff „negativ" genannt – aber keineswegs auch negativ bewertet: „Liberty in this sense means liberty *from*; absence of interference beyond the shifting, but always recognizable, frontier" (1997, S. 395) „between the area of private life and that of public authority" oder Herrschaft (1997, S. 394). Er hat im Unterschied zu vielen anderen in seiner zu Zeiten des Kalten Krieges gehaltenen Antrittsvorlesung auch keinen Zweifel daran gelassen, um was es sich bei der immer nur teilweise, immer nur vorläufig und keineswegs immer für alle gleichmäßig ausgegrenzten Herrschaft ihrem Wesen nach handele, nämlich: um „being coerced, or, it may be, being enslaved... Coercion implies the deliberate interference of other human beings within the area in which I could otherwise act" (1997, S. 393). Regieren und ganz allgemein die Politik, auch die demokratische, beruht prinzipiell auf solcher Einmischung in die Freiheit von Menschen. Jede geltende Regelung begrenzt die individuelle Freiheit, selbst wenn einige dieser Regelungen ihrerseits wiederum Freiheiten konstituieren. Jedes Gesetz, auch das demokratisch zustande gekommene, enthält in den klaren Worten Max Webers einen „Befehl". Alles Regieren ist nach Thomas Ellwein letztlich darauf gerichtet, das Verhalten von Menschen zu ändern und an bestimmten Regeln und Vorschriften auszurichten, um damit bestimmte Ziele zu verwirklichen (1987, S. 203). Das geschieht nicht nur durch positiven Anreiz, Überredung, Einsicht und Konsens, sondern beruht auch auf der latenten und stets allgegenwärtigen Androhung von Sanktionen. Ähnlich wie Max Weber, wenn auch eher beiläufig, erinnert Isaiah Berlin daran, daß politische Herrschaft auf Zwang und in letzter Instanz auf Zwangsgewalt beruht, gegenüber der sich die Sphären politischer Freiheit stets neu zu behaupten haben.

Die Frage ist also immer aufs neue zu stellen, wie und bei welcher Gelegenheit von wem diese Zwangsgewalt eingesetzt wird und welche Ziele damit verwirklicht, welche Interessen dadurch begünstigt werden; dies vor dem Hintergrund der Gefahr, daß der Einsatz von Zwangsgewalt durch die Situation oder wegen der angestrebten Ziele nicht mehr zu rechtfertigen ist, oder daß er sich gar gegen bestimmte

Gruppen ganz zu verselbständigen droht. Es sind in repräsentativen Demokratien an erster Stelle die jeweiligen politischen Eliten, die den Eindruck zu erwecken versuchen, in dieser Regimeform sei jede Herrschaft abgeschafft und ihr mißbräuchlicher Einsatz durch die vielfältigen institutionellen Sicherungen von vorneherein ausgeschlossen. Es ist klar, daß dies im Vergleich zu undemokratischen Regimen relativ zutreffend ist und daß den Gefährdungen der Freiheit in Demokratien durch die Bürger besser begegnet werden kann als unter anderen Bedingungen. Aber die besten Institutionen helfen gegen neue Entwicklungen herrschaftlicher Techniken ohne wachsame und freiheitsliebende Bürger und Bürgerinnen wenig, und das Mißtrauen gegen die zur Regierung bestellten Amtswahrer gehört in den Demokratien seit alters her und weiterhin zu den notwendigen Bürgertugenden (Minogue 1995, S.6).

Die modernen westlichen Demokratien berufen sich mit ihrem spezifischen politischen Regime aber zusätzlich auf eine politische Philosophie und Tradition, die nicht allein von diesem historisch jüngeren liberalen Freiheitsbegriff geprägt ist, sondern in der in historischer Verstrickung und prinzipiell in einem Spannungsverhältnis zu ihm die politische Freiheit auch als gemeinschaftliche *Selbstbestimmung* in der antiken Tradition, vermittelt und „modernisiert" vor allem durch Rousseau und Kant, also „positiv" verstanden wird. Nach Hannah Arendt besteht das Wesen der politischen Freiheit in der gemeinsam ausgeübten Selbstbestimmung, im diskursiven Meinungsaustausch und darauf aufbauendem Zusammen-Handeln, aus dem alle öffentliche Macht resultiert (Arendt 1993). Ob nun *alle* öffentliche Macht, mag umstritten bleiben, aber klar ist, daß die freiheitliche Macht der Bürgerschaft außerhalb revolutionärer Umstürze nur auf diesen Ressourcen beruhen kann.

Der Grundgedanke ist in dem philosophischen Republikanismus Kants wahrscheinlich am reinsten ausformuliert worden und läuft darauf hinaus, daß die politische Freiheit sich in der aufgeklärten Einsicht und Fügsamkeit in die vernünftige Notwendigkeit, in den „zwanglosen Zwang" vernunftorientierter Argumentation und Deliberation, wie es heute bei Jürgen Habermas „diskurstheoretisch" heißt, realisiert. Dieser moderne Republikanismus geht von dem richtigen Gedanken aus, daß sich die Sicherung der Freiheiten nicht allein auf einmal garantierte Rechte verlassen kann, sondern „...daß im Zeichen einer vollständig säkularisierten Politik der Rechtsstaat ohne radikale Demokratie nicht zu haben und nicht zu erhalten ist. ... Letztlich können die privaten Rechtssubjekte nicht in den Genuß gleicher subjektiver Freiheiten gelangen, wenn sie sich nicht *selbst*, in gemeinsamer Ausübung ihrer politischen Autonomie, über berechtigte Interessen und Maßstäbe klarwerden und auf die relevanten Hinsichten einigen, unter denen Gleiches gleich und Ungleiches ungleich behandelt werden soll" (Habermas 1992, S. 13, hervorg. i.O.).

Praktisch und politisch gewendet bedeutete das, daß die in freiheitlicher demokratischer Willensbildung gefundenen Gesetze moderner demokratischer Republiken zwar dem einzelnen Individuum in seinem kontingenten Wollen und Handeln im Einzelfall als Zwangsgewalt gegenüber treten und seine „negative" Freiheit verletzen können, daß in ihnen aber gleichwohl prinzipiell seine politische „positive" Freiheit aufgehoben ist, insofern alle Bürger und Bürgerinnen ein gleichberechtigtes Mitwirkungsrecht an der Entstehung dieser Gesetze besitzen und deren Vernünftigkeit unterstellt ist. Gerät das Individuum mit diesen Gesetzen in Konflikt, so eigentlich nach republikanischer Vorstellung auch in einen Widerspruch mit sich selbst beziehungsweise mit seiner früher ausgeübten politischen Freiheit. Kant hat aus diesem Grunde konsequenterweise das Widerstandsrecht in der demokratischen Republik verneint. Jürgen Habermas, obwohl in dieser Tradition stehend, aber mehr Widersprüche in seiner politischen Philosophie aushaltend, hat sich zurückhaltend positiv zum „zivilen Ungehorsam" geäußert.

Doch ungeachtet aller philosophischen Vermittlungsversuche bleibt das praktisch-politische Spannungsverhältnis zwischen positiver und negativer Freiheit unübersehbar, und je mehr Ansprüche kollektiver Selbstbestimmung inhaltlich konkretisiert und über den politischen Prozeß als Gesetzesvorschrift oder einzuhaltende Regel positiviert werden, desto enger werden die Spielräume, innerhalb derer sich individuelles Verhalten frei, unorthodox und überraschend entfalten kann.

Die moderne demokratische politische Gesellschaft steht mithin normativ unter dem steten Zwang der Ausbalancierung dieser beiden für sie gleichermaßen konstitutiven Freiheitsbestimmungen. Totalitäre Gesellschaften negieren definitionsgemäß individuell garantierte Ansprüche auf negative Freiheiten, was empirisch nicht bedeuten muß, daß nicht bestimmte Gruppen sie *de facto* auch in ihnen in Anspruch nehmen können. Sie berufen sich zugleich auf die Verwirklichung positiver politischer Freiheiten und versuchen damit, ihren demokratischen Charakter zu begründen. Der Ausdruck „Volksdemokratie", im Gegensatz zu einer auf den Freiheiten von Individuen beruhenden Demokratie, repräsentierte solche Ansprüche in den Herrschaftssystemen nach sowjetischem Muster oder im heutigen China und Cuba. Angesichts der einseitigen Aufhebung des Spannungsverhältnisses zwischen negativer und positiver Freiheit bleibt der dort erhobene Anspruch der Verwirklichung positiver Freiheit durch gemeinschaftliche Selbstbestimmung die bloße ideologische Verklärung einer herrschaftlichen Usurpation der Interpretation aller konkreten Inhalte dieser Selbstbestimmung durch die machtgestützte Diktatur der Partei oder ihres Anführers. Die Verwirklichung republikanischer Selbstbestimmung bleibt unaufhebbar an die prozedural definierte politische Mitwirkungs*freiheit* von Individuen in einem demokratischen Willensbildungsprozeß mit echten Alternativen normativ rückgekoppelt, aus dem allein politische Legitimität resultieren kann.

Die erhöhte Kontingenz demokratischer politischer Gesellschaften, eine zur Modernität der politischen Gesellschaft durch die Art des politischen Regimes *zusätzlich* hinzugefügte Dimension veranstalteter Kontingenz, hat nicht zuletzt in diesen prozedural in Wahlen und Abstimmungen ermöglichten „echten" Alternativen ihre Ursache. Das Resultat, daß der permanente politische Entscheidungsprozeß normalerweise ganz unspektakulär mittelfristig das Pendel mal eher in jene, mal eher in die andere Richtung der Verwirklichung politischer Freiheit ausschlagen läßt, kann in den politischen Alltagsauseinandersetzungen sowohl dramatisiert werden, wie dies in den Konflikten um die Zukunft des Sozialstaates und die sogenannte Deregulierung derzeit geschieht, als auch über längere Phasen ganz unauffällig in die unproblematisierte politische Kultur eingeschrieben bleiben. Allerdings bedeutet die institutionalisierte Ermöglichung von Alternativen nicht schon, daß diese im politischen Willensbildungsprozeß westlicher Demokratien auch immer gleich zur Verfügung stehen. Ihr Ausbleiben kann ganz verschiedene Gründe haben. Bereits in den sechziger Jahren wurde für die westlichen Demokratien von Autoren wie Otto Kirchheimer der „Verfall der Opposition" (1967) variantenreich bis hin zur

These der Herrschaft einer bloß noch „pluralen Fassung einer Einheitspartei" (Agnoli/ Brückner 1968) durchdekliniert.

Das unauflösliche Spannungsverhältnis zwischen nur gemeinschaftlich zu verwirklichender politischer Selbstbestimmung und individueller Freiheit, wie es in der Gleichzeitigkeit und gleichen Geltung garantierter – damit der aktuellen politischen Willensbildung entzogener – Grund- und Menschenrechte einerseits, der kontingenten Praktizierung demokratischen politischen Mitwirkungsrechte andererseits zum Ausdruck kommt, könnte sich aber auch durch eher subtile und langfristige Veränderungen der politischen Kultur zunehmend nach einer Seite hin auflösen. Dafür gibt es heute zahlreiche Anzeichen.

Fixiert auf die momentan zu beobachtende relative, politisch entschiedene und politisch zu verantwortende Deregulierung wirtschaftlicher Transaktionen und die Rücknahme ehemals garantierter Wohlfahrtsleistungen verbinden viele zeitgenössische Beobachter den ideologisch derzeit dominierenden „Neo-Liberalismus" mit der Vorstellung oder sogar Propagierung eines Zugewinns an individueller Freiheit und Verantwortung. Der in diesen politischen Strategien, heute „jenseits von rechts und links", von Regierungen aller Couleur verfolgte Kurs stellt sich vielen als alternativlos dar. Gegenüber den vermeintlichen Sachzwängen der „Globalisierung" und der sich verschärfenden Weltmarktkonkurrenz habe die Politik abzudanken. Die aus dieser Perspektive resultierende Politik (sic!) geht mit massiven Umverteilungen einher – oder nimmt sie wissentlich in Kauf –, die sich in der für die politischen Laien häufig wenig verständlichen Sphäre der Besteuerung als eine Umschichtung von direkten einkommensbezogenen zu indirekten konsumbezogenen Steuern vollziehen. Finanzpolitisch steigen dadurch tendenziell die öffentlichen Budgets weiter, aber verteilungspolitisch werden größere Einkommen relativ weniger belastet als geringere und selbst einkommenslose oder von Transferleistungen lebende Personen werden über die indirekten Steuern am Steueraufkommen stärker beteiligt als vorher. Bei den letzteren nimmt die öffentliche Hand freilich, was sie zuvor selbst gegeben hat – und der einzige Effekt höherer indirekter Besteuerung liegt bei diesen im historischen Vergleich einmalig großen Gruppen in einer Einschränkung ihrer sowieso schon beschränkten Fähigkeit zum Konsum, zur Teilnahme am gesellschaftlichen Leben – und in der Zunahme von Armut.

Es ist allerdings eine offene Frage, ob die derzeitigen finanz- und wirtschaftspolitischen Strategien, mit denen nationale Regierungen in der vielbeschworenen Standortlogik „nationaler Wettbewerbsstaaten" (Hirsch 1995) auf gestiegene weltweite Konkurrenz reagieren – eine Konkurrenz, die politisch (sic!) vor allem über die Verringerung von Steuern und Abgaben auf Kapitaleinsatz, über Abbau öffentlicher Wohlfahrtsleistungen und über die mehr oder weniger versteckte Subventionierung eigener Industrien ausgetragen wird – tatsächlich hinsichtlich der Entwicklung der politischen Freiheit und Selbstbestimmung die mittel- und langfristig trendsetzenden Aktivitäten darstellen, wie es zumeist und auch bei Joachim Hirsch unterstellt wird. Damit meine ich weniger das interessenpolitisch und advokatorisch vorgebrachte zutreffende Argument, daß eine Entlassung in die Selbständigkeit, die auf der Aufkündigung von Solidarität beruht und häufig in der Armut endet, wenig Aussichten für den Gebrauch der Freiheit und damit für die Zukunft der Demokratie bietet. Dieses Argument trifft nur insofern zu, als der Umbau von Wohlfahrtsregimen tatsächlich jene trifft, die zur Selbsthilfe auf angemessenem Niveau dauerhaft nicht in der Lage sind. Allerdings kann sich hinter diesem moralischen Argument auch die kaum zu rechtfertigende Verteidigung selektiver Begünstigungen durch Wohlfahrtsregime verbergen, die diese längst in vielen Bereichen zu einer Lebensstandardsicherung für große Gruppen bis hinein in den Mittelstand hat werden lassen. Daß selten die Ärmsten gegen den Abbau von Wohlfahrtsleistungen am lautesten protestieren, hängt nicht nur mit ihrem strukturellen Mobilisierungsdefizit zusammen, sondern auch damit, daß sich hinter dem advokatorischen Protest anderer Gruppen mächtige Eigeninteressen mobilisierend auswirken. Nach diesem Muster haben schon immer die Ärzte vor allem für bessere Patientenversorgung und die Lehrer für bessere Bildung ihrer Schüler recht erfolgreich und nur scheinbar selbstlos gekämpft. Die teilweise berechtigte, teilweise umstrittene Kritik an den derzeitigen Auswirkungen „neo-liberaler" Politik einmal dahingestellt, stellt sich die Frage, ob die damit unterstellte generelle Entwicklung tatsächlich so abläuft, ob es sich dabei überhaupt um die „Abschiedsfeste des Politischen" (Beck 1997, S. 134) oder auch nur ihren partiellen Rückzug handelt. Julian Nida-Rümelin hat ganz gegen das neo-liberale Credo darauf hingewiesen, daß der „Traum von Ende der Politik", der mit dem neoliberalen Globalisierungsdiskurs und – füge ich hinzu – immer schon mit einem Teil des ökonomistisch reduzierten Marktliberalismus einhergeht, selbst „totalitäre Züge" trage (1997, S. 18).

Während die sogenannte Deregulierung bestimmter politischer Bereiche auf nationaler Ebene in der Tat auf der Tagesordnung steht, steigt ja zugleich auf nationaler, transnationaler und internationaler Ebene die Zahl die Regelungen und „internationalen Regime" an. Es ist empirisch keineswegs ausgemacht, ob es im Ergebnis ungeregelter zugeht. Auf die theoretischen Implikationen der Dialektik politischer Regulierung der Deregulierung wurde am Beispiel Großbritanniens schon hingewiesen; auch die „Deregulierung" will geregelt, politisch entschieden und im Rahmen des üblichen politisch legitimiert sein. Auch innerhalb der in ihrer Steuerungsautonomie relativierten nationalen Regime nimmt die Zahl der Eingriffe und die Regelungsdichte für die Bürger und Bürgerinnen nicht ab, sondern zu. Manche Beobachter fixieren ihren Blick auf bestimmte Politikfelder und schließen daraus auf einen generellen Trend der Entpolitisierung und Deregulierung. Davon kann aber empirisch gar keine Rede sein, wenn man sich etwa Bereiche wie Gesundheit, Wohnen und Städtebau, Verkehr, Erziehung und anderes ansieht.

Unbezweifelbar richtig ist natürlich die Beobachtung, daß die faktische Regelungsautonomie nationaler Regierungen in bestimmten Bereichen abgenommen hat und weiter abnimmt. Gleichzeitig aber wirken sich auch in national organisierten politischen Gesellschaften anderswo getroffene Entscheidungen massiv aus. Ein gutes Beispiel dafür liefert die von Fritz W. Scharpf am Beispiel der Europäischen Union entdeckte Logik der „negativen Integration" (1996, S. 110ff). Der einseitige Blick auf den Kompetenzverlust der national organisierten Politik versperrt, wie bereits gesagt, den Blick dafür, daß das Netz „europäischer" Direktiven und Regelungen immer dichter wird und daß es sich dabei ebenfalls um Politik, um gouvernementale Politik handelt.

Auf die mit dieser transnationalen Politik verbundenen Gefahren für die Demokratie bin ich schon verschiedentlich eingegangen. Die These über die politische

Gesellschaft behauptet aber nicht die Ausweitung demokratischer Politik, sondern die der Politisierung, gleich in welcher Form. Für die Demokratie müßten wie immer die Bürger und Bürgerinnen selbst sorgen; ob ihnen das auf der transnationalen Ebene gelingen kann, ist eine Frage, die ich mit Skepsis betrachte, und bei der ich wenig Vertrauen in die von Kollegen vollmundig propagierten Modelle einer „Cosmopolitan Democracy" (Held 1995, S. 219f) oder auch nur einer „demokratischen Zivilgesellschaft" (Heinelt 1998; Schmalz-Bruns 1997) auf gesamteuropäischer Ebene setze.

Zunächst einmal gibt es aber keinen Grund, warum politische Entscheidungen und Regelungen oberhalb oder zwischen nationalstaatlichen Regierungen vor den vielbeschworenen Globalisierungsfolgen ohnmächtig bleiben sollten. Bestimmte Bedingungen vorausgesetzt, verfügt die Politik ganz im Einklang mit der Grundthese über die politische Gesellschaft prinzipiell auch auf der transnationalen Ebene über das letzte Wort und die entsprechenden Sanktionsmittel. Auch international koordinierte Politik ist Politik, auch demokratisch nicht legitimierte Politik ist Politik, und der Abbau von Sozialstaat und Demokratie wäre nicht wünschenswert – aber nicht ihr Ende.

Wenn dem entgegengehalten wird, die transnationale Politisierung erforderte neue Institutionen und die erfolgreiche Kooperation nationaler Regierungen und anderer Akteure, deren Zustandekommen eher unwahrscheinlich sei, so muß man an die gar nicht soweit zurückliegende Entstehungsgeschichte nationaler Regime und ihrer Institutionen erinnern. Auch sie erforderten zunächst einmal eine aus damaliger Sicht häufig unwahrscheinlich erscheinende überregionale Koordination und Institutionenbildung, die sich allerdings nicht immer gewaltfrei und auf dem Verhandlungswege herstellte. Die üblichen Einwände gegen die Möglichkeit transnationaler Politik sind auf der prinzipiellen Ebene weniger überzeugend als die mit dem faktisch bereits entstehenden transnationalen politischen Raum verbundenen Gefahren für die Zukunft der Demokratie. Jedenfalls ist schon unter den gegebenen Bedingungen kaum einzusehen, warum politische Regulierung und Kontrolle vor den heute relativ frei fluktuierenden internationalen Finanzströmen dauerhaft haltmachen sollten. Vielfach wird bereits der Ruf nach einer politischen Regelung und rechtlichen Hegung dieser Transaktionen laut oder wissenschaftlich begründet. Es gibt keinen theoretisch erkennbaren Grund, warum, entsprechenden politischen Willen vorausgesetzt, eine Kooperation zwischen den maßgeblichen Regierungen eine solche politische Regulierung oder sogar Besteuerung nicht sollte durchsetzen und implementieren können. Die Politik ist daran schon heute nicht durch mangelnde Macht und fehlende Handlungsmöglichkeiten gehindert, sonder eher durch fehlenden politischen Willen oder allenfalls unzureichenden politischen Konsens auf internationaler Ebene.

Unabhängig davon, ob es und wann es in diesem heute die Diskussion dominierenden Bereich zu intensiverer politischer Beeinflussung oder gar der manchmal geforderten und technisch keineswegs unmöglichen Besteuerung von sogenannten „Spekulationsgewinnen" kommen wird, ist die Frage, ob sich in diesem momentan vieldiskutierten Problemkreis überhaupt der vorherrschende Charakter der Epoche und ihrer Entwicklung niederschlägt. Man könnte ebenso plausibel annehmen, daß die Politisierung und nachfolgende Institutionalisierung und Regelung auf der transnationalen und internationalen Ebene entwicklungsbedingt nur hinterherhinkt, daß die Einrichtung dieser relativ neuen Politikebene mehr Zeit braucht, wie ihre generelle Politisierbarkeit weiterhin bestreiten.

Relativ unabhängig von der Beantwortung dieser Frage ist der in diese aktuellen Zusammenhänge häufig argumentativ nicht hineingestellte und doch so offenkundig säkulare Trend zunehmender *politischer Selbstbestimmung* von Individuen und Gruppen, der sich innerhalb des sich herausbildenden vielfältig fragmentierten und geschichteten Systems polyzentrischen Regierens in den politischen Gesellschaften unserer Tage in einer permanenten Zunahme und eben nicht Abnahme verbindlicher Regelungen äußert. Niemand kann empirisch übersehen, daß es in ihnen bereits jetzt zu einer historisch einmaligen „Regelungsdichte" gekommen ist. Alles spricht dafür, daß dieser Trend anhält und daß die Maschen des Netzes, das dadurch über Verhalten und Leben der Individuen geworfen wird, in Zukunft immer enger geknüpft werden. Das ist die schier unvermeidliche Folge einer immer weiter ausgreifenden Problembearbeitungsreichweite des politischen Prozesses, die ich oben als Inklusion beschrieben haben. Zu ihrer Dynamik tragen paradoxerweise Selbstbestimmungspraktiken und -strategien einer in wachsender Differenzierung aktivierten politischen Gesellschaft bei.

Mir kommt es auf die „Dialektik" an, die heute zwischen den Ansprüchen auf individuelle oder gruppenmäßige Selbstbestimmung und der rasanten Zunahme verbindlicher politischer Regelungen oder dem Bedarf danach besteht. Dieser Zusammenhang ist neben der fortbestehenden Vertretung und politischen Regulierung materieller Interessen eine der wesentlichen dynamischen Ursachen für die Zunahme von Gesetzen und Beschränkungen, die aus der Sicht der jeweiligen Protagonisten selbstverständlich mit gutem Gewissen und in bester Absicht eingeklagt und durchgesetzt werden. In diesem Feld der immateriellen Normsetzung führt die partizipatorische Welle der letzten dreißig Jahre, die unter normativen Gesichtspunkten eines entsprechenden Demokratiebegriffs positiv zu sehen ist, in ein Dilemma: Die erfolgreiche Praktizierung politischer Teilhabe bringt mindestens die negativen Freiheiten in Gefahr oder schränkt den öffentlichen oder sogar privaten Raum ihres Gebrauchs definitiv ein. Diesmal sind es aber nicht herrschende Eliten von oben, sondern es ist die nichtintendierte Wirkung demokratischer Partizipation von unten, die in der Kumulation vieler Einzelregelungen diese Wirkung hervorbringt. Nicht zuviel Partizipation als solche, sondern eine bestimmte Art der Partizipation, die die verbindliche Entscheidung und Regelung in einer vorher nicht durch sanktionsbewährte Normen charakterisierten Situation erzwingt, kann selbst für die Demokratie oder die Freiheit in ihr zur Gefahr werden.

Die politische Identität, die sich nicht selten in der selektiven Politisierung einer bestimmten Frage oder Problemstellung äußert, kommt ja keineswegs nur als Ruf nach negativen Freiheiten daher, sondern klagt im politischen Prozeß die rechtliche Verallgemeinerung der eigenen Präferenz oder des selbst für richtig Gehaltenen ein. Dafür gibt es zahlreiche Beispiele. Überall in der westlichen Welt ist dafür der scharfe und grundsätzliche politische Konflikt über die Rechte der Frauen, über Schwangerschaft oder Abbruch selbst entscheiden zu dürfen, ein zentrales Beispiel. Beide Seiten wollen dabei grundsätzlich die staatliche garantierte Regelung – daß es in einer freien Gesellschaft weitgehend ungeregelt und auf der Basis der Verantwortung der jeweils Beteiligten gehen könnte, glaubt keine Seite mehr. Das für einen solchen Zustand ungeregelter persönlicher Verantwortung notwendige Maß an gesellschaftlicher und politischer Toleranz ist in den heutigen politischen Gesellschaften unvorstellbar geworden. In ihnen tritt jede Gruppe zunehmend mit dem Anspruch an, die eigenen Normen verbindlich zu machen, so daß ein eigenartiges und sehr gefährliches Spannungsverhältnis zwischen der zunehmenden Pluralisierung einerseits, dem geradezu fundamentalistischen Bedürfnis nach eindeutiger sanktionsbewehrter Normierung andererseits sich immer mehr aufschaukelt.

Beispiele dafür sind zahlreich und nicht beliebig, und immer geht es um dasselbe Muster: Eine aktive Gruppe, die sich gar nicht selbst unbedingt aus Betroffenen rekrutiert, fordert die Durchsetzung und Anerkennung eines bestimmten Verhaltensgrundsatzes in Form eines Gesetzes, die Medien unterstützen dies, die Frage wird politisiert, und die maßgeblichen Akteure beziehen kontrovers Stellung – am Ende kann sich keiner mehr vorstellen, daß es ohne verbindliche Entscheidung ginge.

So werden auch jenseits des einsehbaren Jugendschutzes Pornographie oder, wie derzeit in Kalifornien, selbst das Rauchen im Freien zu politisch umkämpften und regelungsbedürftigen Fragen. Kein Zufall, daß die Universitäten besonders umstrittene Kampfplätze geworden sind: Darf die Wissenschaft auch weiterhin neugierig und um der Erkenntnis willen alles fragen und in Frage stellen? Längst wird auch die am Anfang der modernen Freiheits- und Demokratiebewegung stehende Meinungsfreiheit nicht mehr nur durch die subtilen Formen sozialer Sanktionen bedroht, sondern *political correctness* wird allenthalben vergesetzlicht. Man könnte einen langen Katalog von Themen und Fragestellungen aufstellen, die als solche keineswegs neu, in jüngster Zeit aufgrund erfolgreicher Kampagnen bestimmter Akteure oder der Medien irgendwo in den westlichen Demokratien zu zentralen politischen Konfliktstoffen geworden sind, und bei denen die Akteure politische Entscheidungen einklagen, die direkt auf die Einschränkung der individuellen Freiheiten oder auch der Wissenschaftsfreiheit hinauslaufen. Wer diese will und für verteidigenswert hält, der muß unsinnige Fragestellungen oder moralisch schwer erträgliche Auffassungen aushalten können. Das Motiv der Frage nach der Zahl der von den Nazis ermordeten Juden mag in vielen Fällen abschrecken, aber sollte die Frage oder auch eine umstrittene Antwort auf sie allein schon deshalb sanktioniert werden?

Die individuelle Würde schützt gegebenenfalls der Beleidigungsparagraph des Strafgesetzbuches; also muß sich kein individueller Soldat den Mordvorwurf gefallen lassen. Aber die in der Geschichte von vielen klugen Köpfen geäußerte pazifistische Meinung verbieten zu wollen, die in dem Satz „Soldaten sind Mörder" zum Ausdruck kommt, stellt einen Angriff auf die Meinungsfreiheit dar.

Immer neuer Regelungsbedarf entsteht, immer mehr Akteure mischen mit, immer komplexer und von der Wirkungsabschätzung her diffuser werden die Zusammenhänge. Hilft das Gesetz gegen die „Auschwitzlüge" wirklich gegen das Erstarken des Rechtsextremismus, oder ein Pornographieverbot bei Gewalt gegen Frauen oder Kinder – oder ist es umgekehrt? Gut gemeint heißt noch nicht richtig gezielt. Ist die wissenschaftliche Frage nach anlagebedingter unterschiedlicher „Intelligenz" oder dem, was man mit entsprechenden Tests einigermaßen zuverlässig zu erfassen glaubt, als solche schon unmoralisch oder demokratiefeindlich? Und muß die wissenschaftliche Forschung überhaupt demokratiekonform sein?

Jede dieser gewiß im einzelnen provozierenden Fragen verweist auf heute gesellschaftlich brisante und umstrittene Kontroversen, bei denen einzelne Protagonisten mehr oder weniger erfolgreich verlangen, daß *politisch* über die „richtige" Antwort oder das „richtige" Verhalten oder sogar über die Erlaubnis zu fragen entschieden werden soll.

Auf jeden Fall aber schaffen positive Wertfeststellungen in Gesetzesform, die solche gesellschaftlichen Kontroversen vorläufig beschließen, Grenzen für die Freiheit, die im Zusammenwirken der zahlreicher Einzelregelungen die Individuen mit unzähligen Verhaltensvorschriften und Verboten geradezu einmauern. Man denke in Deutschland etwa an die keineswegs immer funktional begründbaren Vorschriften lokaler Bebauungsordnungen mit ihren vielfältigen, lokal aber zur Eintönigkeit beitragenden „ästhetischen" Vorschriften oder erst recht an die in deutschen Ländern nach wie vor verbreiteten staatlichen „Gartenordnungen" mit ihren eigenwilligen Festlegungen und Definitionen von „Unkraut".

Als Teil der wachsenden Selbstbestimmung ist „Individualisierung" mit ihren paradoxen Effekten der Gleichzeitigkeit und wechselseitigen Bedingtheit von „Wahlfreiheit und Wahlzwang" (Beck/Beck-Gernsheim 1994) als eine Folge der Modernisierung heute in aller Munde. Dabei wird häufig aber übersehen oder nur als politische Strategie und Problem politischer Minderheiten betrachtet, daß diese „Individualisierung" sich eben nicht nur im Bereich negativer Freiheiten und in gesellschaftlichen Prozessen oder in der Sphäre von Freizeit und Konsum äußert, sondern daß sie in Form von „Identitätspolitiken" (Schmidtke 1996) und in Stategien der politischen Durchsetzung bestimmter Normen und Interessen ihren politischen Niederschlag in einer immer weiter wachsenden Zahl normativer Regeln findet.

Die Politikwissenschaft macht in ihren Untersuchungen viel zu wenig Gebrauch von der vollen Bedeutung der auch in diesem Buch verwandten abstrakten Bestimmung von Politik als der verbindlichen Entscheidung über die Verteilung materieller *und die Geltung immaterieller Werte*, über die Geltung von Normen also. Ich habe bisher immer wieder zu zeigen versucht, wie sehr entgegen den zum Teil ideologischen Annahmen über das Verhältnis von Politik und Wirtschaft, die das heutige Selbstverständnis liberaler Demokratien in kapitalistischen Gesellschaften formen, politische Entscheidungen und die durch sie bedingte sekundäre Verteilung die gesellschaftlichen Lebenschancen und die Verteilung des gesellschaftlichen Reichtums beeinflussen. In dem Ausmaß und der Relevanz dieser politischen Verteilung des gesellschaftlichen Reichtums offenbart sich die politische Qualität der politischen Gesellschaft, wie bereits mehrfach festgestellt.

Aufgrund der zunehmenden Politisierung zahlreicher anderer Fragen wird die auch politisch bedingte und verantwortete materielle Verteilung nicht relativiert, aber weitere und neuartige Dimensionen treten hinzu. Daß die Anerkennung von Normen heute immer weniger vorpolitisch durch eine gemeinsame Kultur in einer relativ homogenen Gesellschaft den Individuen einsozialisiert wird und als unkontroverses Konsenspotential „geteilter lebensweltlicher Horizonte" im Sinne Jürgen Habermas' fungieren kann, ist eine weithin geteilte Einschätzung. Dadurch wird die politische Entscheidung in den verschiedenen Zusammenhängen und auf den unterschiedlichen Ebenen des gesellschaftlichen Prozesses zunehmend die einzige Möglichkeit, das wenigstens funktional oder operational ausreichende Minimum an für alle Beteiligten verbindlicher Geltung erst zu erzeugen. Allerdings kommt über die politisierte Selbstbestimmung der Individuen und der kollektiven Akteure einer pluralisierten Gesellschaft eine Dynamik hinzu, die weit über das funktionale Minimum hinausgreift, wie schwierig es auch praktisch im einzelnen wäre, ein solches Minimum zu bestimmen. Hierin sehe ich, viel eher als in der aktuell so vieldiskutierten „Deregulierung", wie ungleich deren soziale und wirtschaftliche Folgen auch immer einzelne Gruppen betreffen mögen, die allgemeinere Entwicklungstendenz politischer Gesellschaften, die langfristig gerade auch dann anhalten wird, wenn die innenpolitisch und ideologisch derzeit dominante Deregulierungsstrategie wieder durch mehr aktive politische Regulierung der entsprechenden Bereiche abgelöst werden wird.

Sie wird in dem Maße beschleunigt und verstärkt und die Integrationsprobleme verschärfen sich, in dem die Individuen in den verschiedensten Zusammenhängen ihre persönlichen Identitätsvorstellungen reflektieren und sie in die politischen Entscheidungsprozesse mit dem Anspruch auf allgemeinere Geltung einbringen. Man könnte auch sagen: In dem Maße, in dem die Pluralisierung zu, aber die gesellschaftliche Toleranz abnimmt. Dies ist in den letzten drei Jahrzehnten mit wachsender Bedeutung und sich intensivierenden Effekten auf die politische Verfaßtheit westlicher Demokratien als Ergebnis so unterschiedlicher politischer Bewegungen und *claims* wie der Umweltbewegung, der Frauenbewegung und des Feminismus, einer zumeist, aber nicht immer und notwendigerweise, mit Migrationsprozessen zusammenhängenden Ethnisierungtendenz, einem religiösen Fundamentalismus christlicher oder anderer Provenienz, sowie der Politisierung von Gruppen- und Minderheitenidentitäten und so fort zu beobachten. Die kulturell immer pluralistischere oder heterogenere politische Gesellschaft, deren Regierungs- und allgemeiner Entscheidungsprozeß immer polyzentrischer, fragmentierter und inhaltlich im Sinne von rechtlichen Kompetenzen und horizontal wie vertikal segmentierter wird, wird also zusätzlich auf allen Ebenen und in immer mehr Zusammenhängen mit den selbstbestimmungsorientierten Partizipationsansprüchen von Gruppen und Individuen konfrontiert. Umwelt, Gesundheit, Wissenschaft, Erziehung und Daseinsvorsorge gehören zu den gesellschaftlichen Problembereichen, in denen mehr und mehr Gruppen erfolgreich spezifischen Regelungsbedarf anmelden und durchsetzen und in denen es infolgedessen zu der bereits beschriebenen „Verrechtlichung" aller sozialen Abläufe und Beziehungen kommt, die aus ihrer vorangegangenen Politisierung resultiert. Das ungeachtet der Begründbarkeit von Einzelregelungen insgesamt ein wachsendes Steuerungs- und Rationalitätsdefizit entsteht, ist dabei so nachvollziehbar wie kaum zu vermeiden. Was immer die Regelungen im Detail positiv bezwecken oder gar bewirken, insgesamt tragen sie doch zu dem kumulierten Ergebnis einer zwanghaft vor- und durchstrukturierten Lebensweise bei, deren Auswirkungen auf den durchschnittlichen Sozialcharakter mittelfristig prägend wirken müssen. Statt einer gesellschaftlich gestützten und bewußt gestalteten Sozialisation zur Toleranz ist der jetzigen Dynamik eine politisch instrumentalisierbare Unduldsamkeit inhärent, die sich in der Rigidität der Durchsetzung einzelnner Forderungen offenbart. Deren prinzipiell freiheitsbegrenzender Zwangscharakter wird offenkundig für viele Menschen dadurch verdeckt, daß sich ihnen in bestimmten Bereichen vor allem des Konsums und der mit der generell gestiegenen Mobilität zusammenhängenden Freizügigkeit immer neue Optionen eröffnen, wie sie in traditionelleren Verhältnissen nicht gegeben waren. Wo sich aber das individuelle oder kollektive Selbstbestimmungsverlangen in solchen Bereichen erschöpft, während in den meisten öffentlichen Angelegenheiten eher eine phlegmatische Duldsamkeit oder gar eine von vermeintlich realistischem Durchblick gespeiste „Politikverdrossenheit" zu überwiegen beginnt, da sind die demokratischen Freiheiten für die Zukunft schlecht gesichert.

Eine weitere Folge dieses sich punktuell und disaggregiert wirksam äußernden Selbstbestimmungsverlangens ist die weithin beobachtete abnehmende Integrations- und Aggregationskraft früher eindeutiger die Politik bestimmender Großorganisationen wie Parteien oder Gewerkschaften und die Relativierung der Geltungsansprüche zentraler politischer Institutionen wie des Parlaments oder des höchsten Gerichts. Es dürfte klar geworden sein, daß die Abwendung der Bürger und Bürgerinnen von diesen bürokratisierten Großorganisationen hier nicht mit einem Rückgang des politischen Engagements insgesamt gleichgesetzt wird, wie dies eher aus der Perspektive der Großorganisationen selbst zu geschehen pflegt. So, wie aus der sinkenden Zahl der Kirchenmitglieder nicht ohne weiteres auf die Abnahme religiöser Einstellungen und Bedürfnisse geschlossen werden kann, so bedeutet ein Parteiaustritt oder die Wahlenthaltung nicht immer das Ende politischen Engagements.

Die vielbeschworene „Politikverdrossenheit" äußert sich in mittel- oder langfristiger Betrachtung empirisch keineswegs in einem Rückgang politischer Beteiligung oder Beteiligungsforderungen, sondern eher in einer Verschiebung und Verlagerung für deren Anknüpfungspunkte, die angesichts der beschriebenen Fragmentierung des polyzentrischen politischen Prozesses aus der Sicht der Bürger und Bürgerinnen völlig rational und leicht erklärbar ist. Was aus ihrer Sicht der Regelung bedarf, kann mit den, wie man weiß, expressiv schwachen und für einzelne *issues* und Interessen zu diffusen Mitteln der Stimmabgabe bei Wahlen, erst recht auf höheren Ebenen, kaum genau ausgedrückt und punktgenau beeinflußt werden. Die verschiedenen Lobbyorganisationen für spezielle etablierte Interessen wußten das schon immer; zunehmend lernen es die Bürger und Bürgerinnen und starten ihre gezielten Initiativen oder Aktionen. Bei ihnen sinkt die Bereitschaft, sich „ganz und gar" oder dauerhaft zu binden. Auch die Organisationen selbst ändern sich folglich. Die traditionelle Organisationszugehörigkeit oder gar „Loyalität" findet in den sich modernisierenden Plattform- und Kampagnenparteien kein Widerlager in einer langfristig wirksamen Weltanschauung oder gemeinsam geteilten Grundorientierung mehr. Ob man sich heute unter diesen viel kontingenteren und aus der Sicht des Individudums als solchen reflektierten Bedingungen für eine Partei oder Gewerkschaft oder eine Kirche dauerhaft einsetzt, wird zunehmend eine von rationalem Kalkül und momentaner Situationsdeutung, aber auch von dem eigenen Selbstbestimmungsverlangen und der altruistischen Orientierung an Prinzipien und vielleicht sogar „nur" von einem identitätsbezogenen expressivem Ausdrucksverlangen der Individuen abhängige Entscheidung, die immer nur vorübergehend das eigene Unterstützungspotential oder die eigene Mobilisierungsbereitschaft für eine bestimmte Angelegenheit aufzubringen bereit ist. Vorübergehendes Engagement zu wechselnden Themen gegenüber dauernder Mitgliedschaft in Organisationen, Orientierung an *single issues* oder Kandidaten gegenüber integriertem Programm, Spendenbereitschaft gegenüber Mitgliedsbeitrag und dauerhafter Einzugsermächtigung, Synkretismus gegenüber Weltanschauung – europäische Parteimanager und Kirchenfunktionäre wissen das längst, wenn sie die Krise der großen Mitgliederorganisationen Europas diskutieren – nordamerikanische *fundraiser* und *campaign manager* wußten das aus bestimmten Gründen immer schon.

Ulrich Willems hat vor Jahren im Rahmen eines gemeinsamen Forschungsprojektes über moral- oder prinzipiengeleitetes politisches Handeln den Begriff des „considering choosers" geprägt (Willems 1998) und damit das einseitige Erklärungsmodell von „rational choice" Ansätzen für individuelles Handeln konstruktiv kritisiert und erweitert, das wirklichkeitsfremd stets von rationalen Handlungsmotiven und einer klaren Präferenzordnung ausgeht. In der kulturell und ökonomisch komplexen Wirklichkeit moderner politischer Gesellschaften können zahlreiche Individuen und die durch sie gebildeten Gruppen und Organisationen kontinuierlich und auch in Verletzung eigener unittelbarer ökonomischer Interessen sich für bestimmte Ziele und Prinzipien einsetzen, weil sie dieses politische Engagement als Teil ihrer individuellen Identität ansehen, weil sie aber gleichzeitig das Ziel verfolgen, den Prinzipien ihrer eigenen kulturellen Selbstbestimmung allgemeine Geltung zu verschaffen. Das ist die Grundfigur dessen, was man heute „Fundamentalismus" nennt und manchmal unzutreffenderweise für ein vormodernes Phänomen hält.

So kommt es in den politischen Gesellschaften unserer Tage nicht nur zu politischen Verteilungskämpfen eher traditioneller Art, sondern zunehmend und mit sich aus erkennbaren Ursachen verschärfender Tendenz zu Auseinandersetzungen über Werte oder Identitätskonstrukte, die mit den zur Verfügung stehenden Instrumentarien politischer Gesetzgebung und des Regierens zu allgemein verbindlichen Normen gemacht werden sollen.

Der politischen Freiheit, jene stets neu auszubalancierende Gleichung zwischen individuellen Freiräumen und gemeinsam ausgeübter politischer Selbstbestimmung, bekommt die heutige doppelte Schieflage auf die Dauer nicht. Sie wird durch verschiedene Entwicklungen von beiden Seiten her bedroht. Einerseits wird der Bereich der negativen Freiheiten heute über die sogenannte Deregulierung überdehnt, die Investoren- und Konsumentenautonomie wirtschaftlicher Märkte zum wichtigsten Realisierungsbereich individueller Freiheiten deklariert und fälschlich zum allgemeinen Modell politischer Freiheit überhaupt hochstilisiert. Dabei müßte unter republikanischen Ansprüchen der kategorische Imperativ gerade im Bereich der sogenannten Freiheiten auf ökonomischen Märkten besondere Geltung beanspruchen können, greifen doch die Entscheidungen individueller oder organisierter Wirtschaftssubjekte in vielen Fällen besonders drastisch in die Freiheiten anderer Bürger und Bürgerinnen ein. Die im deutschen Grundgesetz bisher ohne große operational meßbare Wirkung normierte „Sozialpflichtigkeit des Eigentums" will im Grunde genommen nichts anderes sagen. Andererseits ist die demokratische politische Gesellschaft in ihrer derzeitigen Verfassung relativ schutzlos dem Prozeß der von der Sache her grenzenlosen Transformation spezifischer selektiver Politisierungsprozesse in allgemeine verbindliche Regelungen ausgesetzt. Da die Disaggregation der politischen Gesellschaften auf der Akteurs- und Themenseite zunimmt und damit die früher durchaus manchmal problematischen Selektivitäten politischer Willensbildung tendenziell abnehmen, da dies zusätzlich in einem immer tiefer gestaffelten und komplexer strukturierten institutionellen und territorialen Mehrebenensystem politischer Willensbildung und des jeweils nur partikularen Regierens geschieht, finden sich schließlich die Bürger und Bürgerinnen in einer politischen Wirklichkeit wieder, die nur noch sehr wenig mit dem republikanischen Legitimationsmodell zu tun hat. Zwar ist die zunehmende zwanghafte Verregellung ihrer Lebenswelt auch Ausdruck ihres kumulierten erfolgreichen politischen Engagements, aber sie werden Mühe haben, sich darin noch als ihr eigener Gesetzgeber wiederzuerkennen. Was könnte helfen?

Eine institutionelle Begrenzung der Wirkung bürgerschaftlichen Mitwirkens jedenfalls nicht, weil es damit zugleich zu einer ungleich schärferen und direkteren Beschränkung politischer Freiheit käme. Es kann unter normativen ebenso wie unter Realisierungsgesichtspunkten nicht darum gehen, den politischen Prozeß aus der Gesellschaft herauszulösen oder gar in der Manier Carl Schmitts vom Ende der zwanziger Jahre für die „Rettung des Leviathans vor der beutemachenden Gesellschaft" zu plädieren. Für eine Abkopplung und Autonomisierung politischer Institutionen, wie sie auch in den politischen Schriften Niklas Luhmanns teilweise analytisch fälschlich unterstellt, teilweise politisch direkt empfohlen wird (1981), fehlen die gesellschaftlichen Voraussetzungen. Außerdem werden die politischen und demokratischen Kosten einer solchen Strategie, jedenfalls bei Luhmann, nicht offen ausgesprochen: Sie bestünden zwangsläufig in einem Demokratierückbau und in der Verstärkung der sowieso schon starken Tendenz zur Herrschaft politischer und technokratischer Eliten.

Gesucht wäre eher eine politische Kultur der Selbstbeschränkung und des allgemein geteilten Verständnisses für die politische Größenordnung und Regelungsbedürftigkeit von Problemen sowie eine in der Gesellschaft besser verankerte oder wieder entfachte Toleranz. Von der ist heute im Kontext der Diskussion von Multikulturalismus so viel die Rede, als ob es nur um die Tolerierung fremder Kulturen von Migranten ginge. In Wirklichkeit ist die Toleranz in den politischen Gesellschaften unserer Tage schon im Innern und schon dann gefährdet, wenn jede gesellschaftlich kontroverse Frage als politisch endgültig regelungsbedürftig angesehen wird. Angesichts der aufgezeigten Grundlagen der modernen politischen Gesellschaften, in denen es zunächst einmal keine prinzipiellen Schranken der Politisierung gibt, könnte eine politische Kultur der sorgsamen und vorsichtigen Politisierung – wie alle Institutionen und Einrichtungen der Demokratie – nur das immer wieder zu erneuernde und zu bekräftigende Ergebnis des demokratischen Prozesses selbst sein. Allerdings könnte auch hier eine besser institutionalisierte politische Bildung, ja eine bewußte Erziehung zur Demokratie hilfreich sein, die den paradoxen Wirkungen der partizipatorischen Selbstbestimmung durch Aufklärung entgegenwirkt. Politische Bildung, wenn sie auf Mündigkeit zielt und kognitiv und normativ entsprechend ausgelegt wäre, ist das einzige demokratieadäquate Mittel, um dauerhaft die wichtigste Voraussetzung für die Zukunft eines angemessenen Verständnisses demokratischer Freiheiten zu sichern. Sieht man sich allerdings den gegenwärtigen Mangel an entsprechenden Bemühungen in den westlichen Demokratien an, so darf man daran Zweifel anmelden, ob die für die heutige Politik und Erziehung verantwortlichen Eliten das genauso einschätzen.

4.3 Gerechtigkeit und Leistung

In früheren Teilen dieses Buches ist deutlich geworden, daß, bei aller Anerkennung politischer Gleichheit, die demokratischen Regime heutiger politischer Gesellschaften, ausnahmslos auf der Basis kapitalistischer Marktwirtschaften operierend, große soziale und ökonomische Ungleichheit tolerieren. Offenkundig werden diese Ungleichheiten im gesellschaftlichen und politischen Alltag nicht ständig und vor allem nicht mehrheitlich als ungerecht empfunden. Die Ungleichheit hat vielfältige Formen und Dimensionen, aber in irgendeinem Sinne hängen fast alle diese Formen der Ungleichheit am Ende doch mit der Ungleichheit des materiellen Einkommens und Vermögens zusammen, über das eine Person oder eine zusammenlebende Gruppe von Personen regelmäßig verfügen kann.[44] Alle Versuche, durch sozialpolitische Programme den offensichtlichen ursächlichen Zusammenhang zwischen Einkommensungleichheiten und beispielsweise Bildungschancen, Berufschancen, Gesundheitsversorgung, sogar Gesundheit und Lebenserwartung wenn nicht aufzulösen, so doch wenigstens zu mildern, haben immer nur zu einem begrenzten Ergebnis geführt. Das heißt natürlich nicht, daß nicht andere Ursachen und Quellen der Ungleichheit, wie zum Beispiel Geschlechts- oder Minderheitenzugehörigkeit, zusätzlich auftreten. Wegen ihres hervorragenden Stellenwerts will ich mich hier vor allem auf die Einkommensungleichheiten beschränken und der Frage nachgehen, wieso sie in den heutigen demokratischen Gesellschaften so ohne weiteres toleriert werden. Die darüber hinaus für die Zukunft bedeutsame Frage lautet: Welches Maß an Ungleichheit kann eine demokratische Gesellschaft dauerhaft ertragen, insbesondere dann, wenn unter den modernen Bedingungen der politischen Gesellschaften immer deutlicher wird, daß der Anteil der durch politische Entscheidungen verursachten oder durch Nichtentscheidungen geduldeten Ungleichheit groß ist und zu wachsen scheint – und das in politischen Gesellschaften, die der rechtlichen und politischen Gleichheit ihrer Bürger und Bürgerinnen in vielerlei Hinsicht einen hohen Wert beimessen? Kann man realistisch davon absehen, daß vor allem die extreme Ungleichheit in der materiellen Ausstattung auch die gewollte politische Gleichheit beeinträchtigt, indem sie – wie man zutreffend sagt – „manche gleicher macht als andere"?

Die Frage nach der Ungleichheit ist der konkreteste Ansatzpunkt für die viel schwierigere nach der Gerechtigkeit. Wie immer die Antworten ausfallen, so könnte man doch sagen, daß alle historisch und gegenwärtig bedeutsamen Moraltheorien oder Theorien der Gerechtigkeit in der Frage der Gleichheit eines ihrer zentralen Probleme haben – wenn sie darauf auch mit jeweils anderen Antworten reagieren. Intuitiv – und diese Intuition ist natürlich in einem langen Prozeß historisch und kulturell vermittelt – werden Gleichheit und Gerechtigkeit stets, als wenn nicht zunächst identisch, so dann doch inhaltlich sehr nahe beieinander liegend empfunden. Dann kann man an der Ungleichheit als einer wesentlichen Erscheinung realer Gesellschaften und als einem anscheinend schwer aus der Welt zu schaffenden *factum brutum* doch nicht vorbeigehen, und als Folge kehrt sich in den meisten Gerechtigkeits-

---

44 Ein unverdächtiger Zeuge, Roman Herzog, nennt in seiner „Staatslehre" die Vermögensverteilung in Deutschland „*das* beherrschende Problem" (1971, S. 67, hervorg. i.O.).

theorien der intuitive Anfangsimpuls um: Nun wird es zur Aufgabe der Gerechtigkeitstheorien, gerade für die Ungleichheit eine moralische Rechtfertigung zu finden. Diese Umkehr kann man sehr schön an der nach einhelligem Urteil heutzutage wissenschaftlich einflußreichsten Theorie von John Rawls (1979) beobachten, bei dem die oben angesprochene „Intuition" explizitermaßen eine wenig beachtete grundlegende Rolle spielt. In dem rein fiktiven und theoretischen Urzustand, in dem alle „hinter dem Schleier des Nichtwissens" nach einer gemeinsamen Grundlage für ihr Zusammleben suchen, von dem auszugehen Rawls vorschlägt, hält er es unmittelbar für plausibel, von einer „anfänglichen Situation der Gleichheit zur Bestimmung der Grundverhältnisse ihrer Verbindung" (1979, S. 28) auszugehen. Außer dieser Gleichheit wissen die Beteiligten nichts über ihre oder der anderen spätere Position in der Gesellschaft – wenn sich der „Schleier" erst gehoben haben wird und die vereinbarten Gerechtigkeitsprinzipien zu wirken beginnen. Alles andere wäre ihm, wie den meisten seiner Leser und Leserinnen, „ungerecht" vorgekommen; man sieht, solange keine reale historische Gesellschaft im Spiel ist, erscheint Gleichheit intuitiv als wesentlicher Bestandteil einer Situation, die als gerecht ausgegeben oder empfunden wird. Wenn man des weiteren bei Rawls liest, daß seine „Theorie der Gerechtigkeit als Fairneß...die Gesellschaft als ein Unternehmen der Zusammenarbeit zum gegenseitigen Vorteil" (1979, S. 105) betrachtet, dann beginnt man allerdings zu zweifeln, ob mit diesem idyllischen Gesellschaftsbegriff, auch nachdem der „Schleier" gefallen ist, jemals von gesellschaftlichen Verhältnissen die Rede sein kann, die in der Wirklichkeit politischer Gesellschaften vorkommen; „Zusammenarbeit zum gegenseitigen Vorteil" dürfte wohl in den selteneren Fällen deren Zustände und Entwicklungen bestimmen. Sehen wir uns deren Realitäten etwas genauer an, bevor wir auf die von Rawls vorgeschlagenen Prinzipien zurückkommen.

Diese Gesellschaften mit einer kapitalistischen Eigentumsordnung und Marktwirtschaft basieren auf dem Selbstverständnis, daß zunächst einmal jeder mündige Mensch für seine materielle Reproduktion durch Arbeit oder Vermögensertrag selbst zu sorgen hat, und daß das Einkommen, das auf diese Weise jeweils erzielt wird, dem jeweiligen Individuum aufgrund seiner Leistung zusteht. Kurz gesagt ist das sogenannte „Leistungsprinzip" gleichzeitig das vorherrschende Gerechtigkeitsprinzip. Ein sozial oder politisch verursachter Ausgleich soll nach dieser Auffassung nur dort erfolgen, wo „unverschuldet" die Leistung eines Individuums zeitweilig oder dauerhaft nicht zum Lebensunterhalt ausreicht. Aus der Umkehrung des Gedankens vom „unverschuldeten" Leistungsausfall ergibt sich noch einmal die Bestätigung der herrschenden Auffassung: Was einer verdient oder besitzt, soll er seiner erbrachten Leistung verdanken.

Für immer mehr Menschen in den westlichen Demokratien werden heute in ihrer Art wie Höhe politisch bestimmte Transfereinkommen gegenüber den durch Arbeits- oder Kapitaleinsatz selbst erzielten Markteinkommen existenzbestimmend. Nur eine Minderheit der Bevölkerung insgesamt, nur ein Teil der Erwerbsbevölkerung erzielt sein Einkommen selbstbestimmt. Zwar gibt es im Zuge der entschiedenen Deregulierungspolitik nach US-amerikanischem oder britischem Muster der achtziger und neunziger Jahre parallel dazu auch eine nicht unbeträchtliche Zunahme neuer Arbeitsplätze, vor allem im Bereich von keineswegs immer nur billigen

Dienstleistungen und der mit der Umwandlung von Produktion und Verwaltung einhergehenden elektronischen Infrastrukturveränderung. Die mit der „Globalisierung" zum Teil verbundene Verlagerung unproduktiver Arbeitsplätze in die lohnkostengünstigeren Standorte der sogenannten Dritten Welt und die unter dem internationalen Konkurrenzdruck weiter rasch wachsende Produktivität der verbleibenden Sektoren in den westlichen Industriegesellschaften machen ein Strukturproblem zunächst noch des westlichen Gesellschaftsmodells immer deutlicher, für das politische Lösungen noch ausstehen. Während dieses Modell politisch und legitimatorisch bis auf weiteres davon auszugehen scheint, daß sich die Verteilung des gesellschaftlichen Reichtums primär über Märkte und nur sekundär und kompensatorisch über politisch institutionalisierte Formen des Transfereinkommens vollzieht, ist längst eine Tendenz in ihren Folgen sichtbar geworden, die dies für immer mehr Menschen zur Illusion macht. Sie sind die größte Zeit ihres Lebens ganz oder teilweise auf Transfereinkommen oder auf private Unterstützung angewiesen, um einen gewissen Lebensstandard in den verschiedenen Lebensphasen erreichen oder durchhalten zu können. Ihr Lebensstandard wird weniger nach dem Leistungsprinzip auf dem Arbeitsmarkt und mehr durch die Politik bestimmt. Für sie selbst kann es konsequenterweise keinen Erfahrungs- und Erlebniszusammenhang zwischen ihrer eigenen Leistung und ihrem Einkommen geben. Auch in der Fremdwahrnehmung gilt ihr Lebensstandard, wie hoch oder niedrig auch immer, als „unverdient". Das Wort von „Sozialschmarotzern" oder „Parasiten" ist auf diesem Hintergrund von politischen Rattenfängern schnell in Umlauf gebracht.

Auf die Dauer wird aber der Widerspruch zwischen einer marktzentrierten Leistungsethik und der permanenten Existenz eines nicht geringen Anteils der Bevölkerung ohne Markteinkommen, ja ohne Chance auf ein ausreichendes Markteinkommen, legitimatorisch nicht funktionieren können. Da sich die Nachfrage nach Arbeit in den modernen politischen Gesellschaften des Westens kaum jemals wieder auf dem sogenannten Vollbeschäftigungsniveau einpendeln wird, kann sich die Anpassung nur als Veränderung des gesellschaftlichen Normbewußtseins vollziehen, muß also mit einer Erosion der markt- und arbeitszentrierten Leistungsethik gerechnet werden. Konsequenterweise müssen die materiellen Verteilungswirkungen politischer Entscheidungen stärker hervortreten und zwar sowohl jenen bewußt werden, die von ihnen profitieren, wie jenen, die sie mit ihren Steuern und Abgaben bezahlen müssen. Die Wahrnehmung der Politik als Verteilungskampf des gesellschaftlichen Reichtums wird sich aus beiden Richtungen verstärken, die Konfliktintensität zunehmen. Der vor einigen Jahren lauthals auf der Basis einiger weniger Indikatoren propagierte „Wertewandel" hin zu postmateriellen Einstellungen dürfte sich angesichts dieses Trends als wenig durchschlagend und stabil erweisen und sich, wenn überhaupt nachhaltig in der Zukunft, dann eher auf seiten der Transferempfänger niederschlagen.

Die Faktoren, die den zugrunde liegenden Trend bestimmen, sind seit längerem bekannt und werden diskutiert, führen aber insgesamt bisher nicht zu den erkennbar notwendigen und tiefgreifenden Stukturreformen der Einkommens- und Wohlfahrtsregime in den hier interessierenden westlichen Demokratien. Solange die marktzentrierte individualisierte Leistungsethik maßgeblich als gesellschaftliche wie als individuelle Rechtfertigung für Einkommensungleichheiten anerkannt ist, gilt das Angewiesensein auf Transfers weiterhin als minderwertig. Solange werden solche Gesellschaftsstrukturreformen als Ergebnis bewußter Politik auch nicht möglich sein. Je mehr sich der Widerspruch allerdings vertieft und die Zahl der Transferempfänger zunimmt, desto mehr bekommt die individuelle Leistungsethik den Charakter eines bloßen ideologischen Schleiers, durch den die massiven Verzerrungen des zugrunde liegenden Leistungsprinzip nur noch mühsam verhüllt werden.

Einer der wichtigsten Faktoren für diesen Trend der grundlegenden Veränderung des gesamten Erwerbssystems ergibt sich aus der demographischen Verschiebung bei der Geburtenhäufigkeit pro Frau und der durchschnittlichen Lebenserwartung. Erstere hat sich in fast allen westlichen Gesellschaften mehr oder weniger – statistisch gesehen – etwa bei einem Kind pro Frau angesiedelt, letztere hat sich allein in der zweiten Hälfte dieses Jahrhunderts in einigen OECD-Ländern um schier unglaubliche 20 Jahre und mehr erhöht. Die Durchschnittslebenserwartung scheint sich nach entsprechenden Prognosen in Kürze in vielen westlichen Gesellschaften nahe bei 80 Jahren einzupendeln. Das Durchschnittsalter westlicher Gesellschaften wird durch Migration zwar gesenkt, aber diese verhindert die sozialpolitisch problematische „Überalterung" momentan nur geringfügig und langfristig keineswegs. Der Abstand zu den ärmsten Ländern der Welt beträgt heute bei der durchschnittlichen Lebenserwartung knapp dreißig Jahre – nicht die Natur, sondern gesellschaftliche und politische Bedingungen bestimmen die relative Dauer des Lebens, wie schon in der Einleitung bemerkt. Daß der Trend auch umkehrbar ist, zeigt offenkundig die Entwicklung in Rußland, wo nach Presseberichten die durchschnittliche Lebenserwartung in den neunziger Jahren um einige Jahre abgenommen haben soll.

Gleichzeitig hat sich durch Verlängerung der vorberuflichen Bildungsphase einerseits und das im langfristigen Trend relativ zum Lebensalter deutlich gesunkene Ruhestandsalter andererseits der durchschnittliche Anteil der Phase aktiver Erwerbstätigkeit an der individuellen Biographie stark verkürzt. Immer mehr Menschen in den westlichen Industriegesellschaften arbeiten weniger als die Hälfte ihrer Lebensspanne, nicht wenige noch deutlich darunter. Insbesondere die Ruhestandsphase dehnt sich – durch gestiegene Lebenserwartung und den sogenannten Vorruhezustand gewissermaßen an beiden Rändern – bemerkenswert schnell aus. Gleichzeitig nimmt die Zahl der früher sogenannten relativ dauerhaften Vollerwerbsarbeitsplätze zwar absolut relativ schwach zu, in bezug auf die schneller steigende Nachfrage aber rasant ab. Die Nachfrage ist in den westlichen Demokratien in den drei letzten Jahrzehnten am stärksten durch die veränderten Bildungsbiographien und das damit verbundene Erwerbsverhalten von Frauen gestiegen. Hinzu kommt in einigen Gesellschaften die migrationsbedingte Nachfrage nach Arbeitsplätzen. Schließlich entsteht parallel zum Rückgang der Vollerwerbsarbeitsplätze ein immer größerer Sektor der Teilzeitbeschäftigung, auf dem überwiegend Frauen und berufliche Neueinsteiger unterkommen. Es ist klar, daß, wenn man entsprechend umrechnet, sich Teilzeitarbeit auf die Dauer der individuellen Gesamterwerbstätigkeit mindernd auswirkt. Das hat wiederum wegen der bereits angesprochenen Verknüpfung mit den Alterssicherungssystemen individuell teilweise prekäre Konsequenzen: Längere Phasen der Teilerwerbstätigkeit, niedrigere Einkommen und häufig unfreiwillig vorgezogener Ruhestand führen, vor allem in der

Kombination der Faktoren, wenn nicht direkt in die Altersarmut, so doch in vielen Fällen zur verstärkten und auf immer längere Zeiten ausgedehnten Angewiesenheit auf zusätzliche Transfereinkommen, um vor allem die altersbedingt steigenden Gesundheits- und Pflegekosten abdecken zu können.

Diese hier nur in ihren gröbsten Umrissen skizzierte Entwicklung schafft angesichts der bisher mehr oder weniger für „normal", das heißt für gerechtfertigt gehaltenen ökonomischen und politischen Verteilungsstruktur und der Relation zwischen Markt- und Transfereinkommen wachsende Probleme, nicht nur der Finanzierung, sondern auch der Akzeptanz und Legitimierung. Die wichtigste Konsequenz ist, daß in der relativ zur gesamten Biographie immer kürzer werdenden Arbeits- und Berufsphase in einer immer größeren Zahl von Fällen nicht ausreichende Vermögen oder Renten- oder Versicherungsansprüche akkumuliert werden können, die für die langen Phasen der erwerbsfreien Biographie zur temporären Umverteilung zur Verfügung stünden und einen ausreichenden Lebensstandard gewährleisten können. Das Problem ist für kapitalstockbasierte wie für umlagefinanzierte Alterssicherungssysteme im Prinzip genau dasselbe. Die heute in Deutschland als Allheilmittel diskutierte Umstellung des primär umlagefinanzierten „Generationsvertragsmodells" auf akkumulierte Fonds aus individuellen Beiträgen zur Alterssicherung mag unter vielen Aspekten vorteilhaft sein. Es liegt mit seiner Versicherungslogik auch ganz im Trend der hier dargestellten individualisierten Leistungsethik und würde eine zentrale Institution strukturell verankerter Solidarität relativieren oder gar langfristig ersatzlos verschwinden lassen. Das hier angesprochene Problem, daß bei immer kürzeren Anteilen der Arbeitszeit an der Biographie die Einkommen und letztlich die Produktivität nicht ausreichen, um die restliche Lebensspanne voll und auf ähnlichem Niveau zu finanzieren, wird mit dem einen Modell so wenig wie mit dem anderen gelöst. Auch für die US-amerikanischen Rentenfonds stehen in zwanzig Jahren Finanzierungsprobleme ins Haus, die mit den jetzigen Methoden nicht mehr zu lösen sein werden.

Zwar könnte durch eine Absenkung der Konsumquote und entsprechende Erhöhung der Sparquote während der Phase aktiver Erwerbstätigkeit in vielen Fällen sicher heute noch eine gewisse individuelle Umverteilung zwischen den Lebensphasen erfolgen, aber insgesamt ist die Produktivität der Erwerbsarbeit doch nicht in einem Maße gestiegen, das mit der Anhebung des Konsumniveaus und der zeitlichen Ausdehnung der erwerbslosen Anteile der individuellen Biographie gleichzeitig Schritt halten könnte. Bei der großen Mehrheit der Erwerbseinkommen im unteren Bereich der Einkommenspyramide gibt es kaum Spielraum für eine ausreichende Erhöhung der Sparquote. Die logisch denkbare Lösung einer zeitlichen Ausdehnung der durchschnittlichen Erwerbsbiographie durch die Hinausschiebung des Ruhestandsalters läßt sich für bestimmte Gruppen und Berufe verwirklichen, insgesamt aber scheitert die Lösung des angesprochenen Problems an der Knappheit der insgesamt vorhandenen Nachfrage nach angemessen bezahlter kontinuierlicher Erwerbsarbeit. Eine Verlagerung des Ruhestandsalters nach hinten führt notwendigerweise zu einem Verdrängungswettbewerb mit Berufseinsteigern in einem sowieso schon durch zu geringe Nachfrage charakterisierten Gesamtarbeitsmarkt. Die andere logisch denkbare Lösung, als „Umverteilung der Arbeit durch individuelle Arbeitszeitverkürzung" von den deutschen Gewerkschaften lange Zeit lauthals, inzwischen mit größerer Zurückhaltung propagiert, führt entweder zu entsprechend geringeren individuellen Einkommen und damit zu einer mittelfristigen Verschärfung des diskutierten Problems, oder sie führt bei dem in einigen Fällen praktizierten „vollen Lohnausgleich" zu einer entsprechenden Verteuerung der Arbeit, die auf den sich in vielen Bereichen internationalisierenden Arbeitsmärkten und angesichts der Mobilität der Investoren unter Konkurrenzbedingungen nur zum Verlust weiterer Arbeitsplätze führen kann.

Die kapitalistische Arbeitsgesellschaft steckt in einem Teufelskreis, den sie augenscheinlich mit den bisher üblichen Mitteln, die auf konjunkturelle und temporär geringere Nachfrage nach bezahlter Erwerbsarbeit ausgerichtet waren, nicht durchbrechen kann.

Wenn der „Arbeitsgesellschaft die Arbeit ausgeht", so schon der damals von einigen noch bespöttelte Titel des Deutschen Soziologentages zu Anfang der achtziger Jahre, dann sind nicht nur Lebensstandard und Alterssicherung der unmittelbar betroffenen Bevölkerungsgruppen in Gefahr, sondern dann ist langfristig auch die sozialethische Rechtfertigung der arbeitsbasierten Leistungsgesellschaft bedroht, eine Bedrohung, die in der politischen Gesellschaft neue Formen und neue Ausmaße annehmen kann.

Wenn in solchen Zeiten plötzlich von unterschiedlichster Seite die Aufwertung der entgeldtfreien ehrenamtlichen „Gemeinwohlarbeit" oder die sogenannte „Bürgerarbeit" propagiert wird, dann mag das unter den verschiedensten Gesichtspunkten gut gemeint sein und zur Lösung bestimmter Probleme momentan auch beitragen, es kann sich aber auch als ein ideologisches Ablenkungsmanöver von den hier diskutierten Problemen auswirken. Ein erhebliches Maß an ehrenamtlichem Engagement hat es in bestimmten gesellschaftlichen Bereichen immer schon gegeben. Per Definition leistet diese Beschäftigung keinen Beitrag zur Absicherung individueller Einkommen, erbringt sicher aber in vielen Fällen eine sinnvolle und nützliche gesellschaftliche Leistung, die im Prinzip auch als Erwerbseinkommen erbracht und bezahlt werden könnte. In einigen Bereichen, wie beispielsweise traditionell bei der Kinderbetreuung, im Pflegebereich oder bei der Feuerwehr, kommt es immer schon zur direkten Konkurrenz ehrenamtlicher Tätigkeit und professioneller Berufstätigkeit. Der gesellschaftliche und moralische Wert des freiwilligen Ehrenamts ist unbestritten, auch in volkswirtschaftlicher Hinsicht. Das heißt aber nicht, daß von dieser Seite aus eine Lösung des hier diskutierten Problems gefunden werden könnte. Im Moment scheint sich der öffentliche Sektor politischer Gesellschaften durch eine Aufwertung und mehr ideelle als materielle Förderung des ehrenamtlichen und Selbsthilfesektors vom wachsenden Verteilungsdruck entlasten zu wollen. Nach der hier zurunde liegenden Logik der politischen Gesellschaft kann er damit nur erfolgreich bleiben, wenn gleichzeitig mit dieser ideellen Aufwertung die Konstituierung durchsetzungsfähiger organisierter Akteure im Selbsthilfesektor verhindert wird. Vieles spricht aber dafür, daß auch in diesem sich nach und nach überregional konstituierenden Sektor zunehmend erfolgreich bestimmte Gruppen aktiv an den Verteilungskämpfen teilnehmen, so daß es netto zu keiner finanziellen Entlastung, wohl aber zur weiteren Fragmentierung und Verteilungsungerechtigkeit kommen wird. Denn es steht zu vermuten, daß bisher nicht unbedingt die durch Arbeitslosigkeit aus ihren bisherigen Berufen und ihrem Erwerbsleben herausgerissenen Bürger und Bürgerinnen zu dieser ehrenamtlichen Arbeit überdurchschnittlich viel beitragen oder dazu durch ihre Lage individuell motiviert sind. Daß ausgerechnet sie über das Organisations- und Mobilisierungspotential verfügen könnten, in den Verteilungskämpfen erfolgreicher als vor ihrer Arbeitslosigkeit mitzumischen, ist ebenso unwahrscheinlich, so daß auch von dieser Seite her sich eine Lösung des Grundproblems nicht abzeichnet.

Der Gedanke, die vollständig auf Transfereinkommen Angewiesenen zur „Gegenleistung" in der Form von nützlicher Gemeinwohlarbeit zu bringen, liegt im Rahmen der noch offiziell dominanten Leistungsethik nahe; er kann in der Form von Zwang oder über materielle Anreize verwirklicht werden. Dadurch entsteht zwar Beschäftigung und ihr im besten Fall gesellschaftlich nützliches Ergebnis, aber solange es dabei nicht zu produktiver Erwerbstätigkeit mit eigener Wertschöpfung kommt, die einen individuellen Eigenbeitrag zum Lebensunterhalt beziehungsweise zur Alterssicherung ermöglicht, wird prinzipiell der Charakter des politisch gewährten Transfereinkommens nicht verändert. Auf diesem Wege entsteht also auch kein Ausweg aus dem oben beschriebenen Teufelskreis.

Weiterhin müssen Abgaben und Steuern auf Vermögensertrag, ausreichend produktive Erwerbstätigkeit und aus dem einen oder anderen finanzierter Konsum durch indirekte Steuern jene zusätzlichen Mittel aufbringen, die in der Form von Transfereinkommen, aufgrund politischer Entscheidungen, wie auch immer anschließend wieder, ob mit oder ohne Gegenleistung, verteilt werden können. Je geringer individuell und auf die gesamte Bevölkerung bezogen in Jahren der Anteil derjenigen ist, die ihren Lebensunterhalt selbst erwirtschaften, um so höher muß das Vermögens- oder Erwerbseinkommen der anderen belastet werden, und um so mehr entsteht gesamtgesellschaftlich dauerhaft eine Lage, die mit der markt- und individuumszentrierten Leistungsethik unvereinbar ist.

Das ganze marktförmige und politische Verteilungssystem mit seinen daraus resultierenden großen individuellen Einkommensdifferenzen, ja die Herrschaft selbst wurde bisher vor allem durch diese Idee der „Leistungsgesellschaft" gerechtfertigt. Das gilt ebenso für die von gestaffelten Beiträgen abhängigen öffentlichen Rentensysteme, die frühere Erwerbseinkommen mehr oder weniger direkt in spätere Ruhestandsbezüge übersetzen, wie für private Versicherungen oder Fonds, bei denen die Beitragshöhe unmittelbar die spätere Ausschüttung bedingt. Das gilt aber auch für Einkommens- oder Vermögensdifferenzen und die Wahrnehmung politischer oder gesellschaftlicher Machtpositionen. Karl Otto Hondrich hat vor Jahren eine „Theorie der Herrschaft" vorgelegt (1973), die auf diesem gesellschaftlich herrschenden Prinzip der Leistungsgesellschaft nicht nur aufbaut, sondern es auch rechtfertigt. Unter der Prämisse, daß für die Genese wie Anerkennung von Macht „bedürfnisbefriedigende Leistungserbringung" die entscheidende Grundlage bildet, formuliert er zur Gegenwartsgesellschaft: „Mir scheint, daß auf der gegenwärtigen Stufe der Entfaltung der Produktivkräfte...der Begriff der Leistung als Bereitstellung von Mitteln der Bedürfnisbefriedigung das soziale Phänomen erfaßt, das am ehesten zur Erklärung (der Herrschaft, M.G.) geeignet ist" (1973, S. 89).

Jedes Individuum ist nach dieser gesellschaftlich normierten Meritokratie zunächst einmal für seine materielle und sonstige lebenslange Ausstattung mit Ressourcen, aber auch für seine Stellung in der gesellschaftlichen und politischen

Hiercharchie selbst verantwortlich. Statusdifferenzen wie Hierarchie selbst sind, weil aus „Leistungserbringung" hervorgegangen, im Prinzip gerechtfertigt, „Gleichheitsnormen, die für relativ statische Stammesgesellschaften niedriger Entwicklungsstufe charakteristisch sind", offenkundig vormoderne Relikte. Sie belegen ein „Hinterherhinken der Machtverhältnisse hinter originärer Leistungsverschiebung" (Hondrich 1973, S. 93).

Die Auflösung des Widerspruchs, der sich aus dieser Meritokratie zu den politischen und gesellschaftlichen Gleichheitsnormen der Demokratie ergibt, kann nach Hondrich nur „durch fortwährende Steigerung der Spezialisierung, die tendenziell alle Gesellschaftsmitglieder funktional unabkömmlich und gleichwertig macht, erreicht werden" (Hondrich 1973, S. 209). Hier fragt man sich freilich spätestens, ob die ideologischen oder aber utopischen Aspekte dieser „Theorie" überwiegen, der empirische Triftigkeit jedenfalls heute völlig abgeht. Die aus der „Unabkömmlichkeit" angeblich resultierende „Gleichheit" erinnert entfernt an Lenins Phantasie über die dereinst im Kommunismus vielleicht einmal regierende Köchin; gravierender ist allerdings, daß es nicht nur Arbeitslosen schwer fallen dürfte, die Notwendigkeit ihrer „Spezialisierung" für die Gesellschaft in einen Gleichheitsstatus der Teilhabe an der Herrschaft zu übersetzen. Mit solchen Gedanken wird eher bestehende Ungleichheit und Herrschaft als „leistungsgerecht" und das sogenannte „Leistungsprinzip" selbst gerechtfertigt, als über die tatsächliche Verteilungsgerechtigkeit der politischen Gesellschaft aufgeklärt.

Lediglich die ungleiche materielle Ausstattung der Familien mit ihren im Mikrobereich unmittelbar wirksamen Umverteilungs- und Solidarstrukturen stand auch aus dieser Sicht schon immer im logischen und faktischen Widerspruch zum meritokratischen Grundgedanken. Geerbter Wohlstand widerspricht individueller Leistungsethik. Von diesen Verhältnissen abgesehen sollte danach in der angeblich relativ offenen Chancenstruktur das Individuum durch aktives Wettbewerbsverhalten in Ausbildung und Erwerbsleben am Ende den Lebensstandard erreichen und sichern können, den es „verdient". Oder auch umgekehrt: Was einer am Ende hat, soll als Hinweis auf seine erbrachte Lebensleistung verstanden werden und damit gerechtfertigt sein. Transfereinkommen sind im Lichte dieser individuellen Leistungsethik stets nur kompensatorisch und in zweiter Linie vertretbar; das heißt nur dann, wenn das Individuum seiner eigenen Verpflichtung zur Daseinsvorsorge durch Erwerb unverschuldet nicht nachkommt oder nicht nachkommen kann, gelten Wohlfahrtsleistungen als legitimiert. Es ist wichtig, diese wenigen Sätze nicht mit der Beschreibung realer Verteilungsprozesse in den heutigen politischen Gesellschaften und ihren Wohlfahrtsregimen zu verwechseln. Daß ein Verteilungsmodell auf eine bestimmte Weise gesellschaftlich gerechtfertigt wird, heißt noch lange nicht, daß es auch so funktioniert. Andererseits darf die Kluft zwischen allgemeinem Legitimationsglauben und realer Erfahrung oder detailliertem Wissen über den Ablauf dieser Prozesse auch nicht zu groß werden. Ein gewisser Schein muß aus Akzeptanzgründen stets gewahrt bleiben, sonst kann gesellschaftliche Integration und Herrschaft nicht funktionieren.

Für die Rechtfertigung dieses Verteilungsmodells war bisher vor allem die individuelle und strukturell gewährleistete Chancengleichheit ausschlaggebend. Allein ihre relativ glaubhafte Unterstellung sollte am Ende die resultierenden Differenzen in Einkommen und Lebensstandard rechtfertigen und politisch legitimieren können. Wo mit Aussicht auf Erfolg argumentiert werden kann, daß individuelle Mitglieder bestimmter Gruppen allein aufgrund ihrer Zugehörigkeit verminderte Chancen besitzen, wird dies, solange die beschriebene Leistungsethik ausreichende soziale Geltung besitzt, als „ungerecht" empfunden und kompensatorische Förderung als im Einklang mit individueller Leistungsethik für berechtigt gehalten. Das war historisch der legitimatorische Ansatzpunkt für *affirmative action* zunächst zugunsten der Schwarzen in den USA der sechziger Jahre, dann der Frauen und schließlich einer zunehmenden Zahl von anderen Gruppen, die sich erfolgreich auf diese „Logik" berufen konnten. Auch die in den sechziger und siebziger Jahren in der deutschen Bildungspolitik anerkannte „kompensatorische Erziehung" beruhte unter grundsätzlicher Anerkennung des Leistungsprinzips auf dem Gedanken, daß es gewissermaßen zu einem Ausgleich des *handicaps* kommen müsse, bevor Chancengleichheit und damit fairer Wettbewerb einsetzen könne. Ziel solcher „positiven Diskriminierung" war gerade, die Anerkennung der individuellen Leistungsethik zu verteidigen und für transindividuell gehaltene negative Bedingungen ihrer Verwirklichung für bestimmte Gruppen im Wettbewerb auszugleichen. Positive Diskriminierung sollte also durch gezielte Ungleichbehandlung Chancengleichheit im Leistungswettbewerb realisieren – was immer inzwischen daraus geworden ist.

Unvermeidlich schreibt sich in das jeweilige gesellschaftliche Selbstverständnis also noch in scheinbar anderen Logiken folgende Praktiken die historisch vorherrschende Idee von Gerechtigkeit ein. In allen bekannten Gesellschaften lassen sich die Elemente einer allgemein anerkannten Gerechtigkeitsvorstellung aufspüren, die nicht immer die der individuellen Leistungsethik der kapitalistischen Gesellschaften der Neuzeit sein mußte. Gesellschaften können sich real nicht ohne eine solche, wie diffus auch immer, in der politischen oder allgemeinen Kultur verankerte Vorstellung von Gerechtigkeit reproduzieren. Die jeweilige Idee von Gerechtigkeit kann freilich höchst unterschiedlich ausfallen – von „Jedem das Gleiche" bis „Jeder das Ihre" –, und in der Dominanz einer bestimmten Vorstellung schlägt sich natürlich die Definitionsmacht gesellschaftlich erfolgreicher Akteure und Gruppen nieder. Die Frage ist, ob die heute herrschende angesichts der beschriebenen Entwicklungstrends in der politischen Gesellschaft noch lange Bestand haben kann und wird.

Die Art, wie heute der gesellschaftliche Reichtum am Markt wie im politischen Verteilungsprozeß verteilt und angeeignet wird, teilt die Gesellschaften in immer weniger exorbitante Gewinner und in immer größere Zahlen individueller Verlierer ein. Die Entwicklung politischer und rechtlicher Gleichheit in der modernen Demokratie geht, gerade in der zweiten Hälfte des ausgehenden Jahrhunderts, mit einer ungeheuren Differenzierung und Spreizung der Einkommens- und Vermögensschere einher. Das gilt, wie gesagt, für beide Dimensionen des Verteilungsprozesses gleichermaßen, auch wenn die individuellen Proportionen verschieden sein mögen.

Am Markt erzielen heute kleine Personengruppen aus bestimmten Erwerbstätigkeiten oder Vermögensanlagen Einkommen, die noch vor wenigen Jahren als schier phantastisch gegolten hätten. Manager von Unternehmen, die über Gehälter und Provisionen in wenigen Jahren zweistellige, in nicht wenigen Fällen dreistellige Millionenvermögen „verdienen", sind keine Seltenheit mehr; immer häufiger werden Managementgehälter durch erfolgsorientierte Anteilsübereignungen ergänzt. Die Zahl der Milliardäre steigt wegen verschiedester Ursachen und aus einer gewissen Automatik heraus, die in den gegenwärtigen Verhältnissen angelegt ist. Viele von ihnen profitieren einfach von ererbten und sich inzwischen scheinbar wie von selbst im Wert permanent steigerndem Vermögen. Hier stimmt die Parole Schelskys wirklich: „Die Arbeit tun die Anderen" – zumeist ohne dabei reich zu werden. Bestimmte Berufssportler „verdienen", beispielsweise in der amerikanischen Basketball-Liga, ebenso in kurzer Zeit zweistellige Millionenvermögen, wie internationale Showgrößen, Fernsehstars oder Bestsellerautoren. Im Anlagemanegement, im internationalen Finanz- und Derivatenhandel des „Kasion-Kapitalismus" entstehen innerhalb von Sekunden und per Mausklick Arbitragegewinne in Millionenhöhe, bei denen entsprechende Provisionen kassiert werden. Als kürzlich die amerikanische Tabakindustrie einen Schadensersatzprozeß führte, fielen wegen der juristisch fiktiv festgestellten Schadenssumme oder dem in Deutschland sogenannten „Streitwert" Rechtsanwaltsgebühren von mehreren hundert Millionen Dollar für die öffentliche Hand an. Es gibt mithin einen ganzen Sektor kapitalistischen Wirtschaftens, in dem die beschriebene individuumsbezogene Leistungsethik aus den Fugen geraten ist. Auch wenn niemand die großartigen Leistungen eines Bill Gates leugnen wollte, so ist die Entstehung eines Privatvermögens von inzwischen über 40 Milliarden Dollar in wenigen Jahren doch mit ihnen nicht mehr zu rechtfertigen; der Begriff selbst wird in solchen Zusammenhängen völlig abstrakt und lebensfern. Kein Mensch kann sich aus seiner durch Stundenlöhne oder Ausbildungsabschlüsse geprägten Alltagserfahrung über den Leistungsbegriff und angemessene Einkommen einen täglichen Vermögenszuwachs um mehr als eine Million Dollar „erklären". Es ist einfacher, solche Umstände zu bewundern, als sie als gerecht zu empfinden. Solche Versuche sind vollends obsolet, wenn man an die sich permanent in solchen Ausmaßen erhöhenden Vermögensbestände mancher Angehöriger von sogenannten Potentatenfamilien in ölreichen Gegenden erinnert.

Die durch die Medien erzeugte und permanent erneuerte internationale Sichtbarkeit dieses hybriden Reichtums ist für sich genommen ein gesellschaftliches Faktum. Über sie werden weltweit und gesellschaftsübergreifend Maßstäbe, Idole und Träume erzeugt und vermittelt, die in der unterschiedlichen Alltagskultur vor allem im Bereich von Fernsehen, Illustrierten und Hollywoodfilmen wieder und wieder in kitschige Bilder umgesetzt werden. Ihre untergründige sozialpsychologische Wirkung mindert das nicht. Es bleibt nicht bei Idolen und Träumen. Manche mögen sich angeregt fühlen, es den Superreichen gleichzutun – mit Arbeit und Qualifikation allein können freilich selbst die am höchsten Motivierten es nicht schaffen. Die Umstände solchen Erfolgs und Reichtums liegen jenseits individuell beeinflußbarer Faktoren – und damit auch jenseits der geltenden individuumsbezogenen Leistungsideologie.

Nicht nur träumerische Identifikation mit motivationsförderndem Leistungswillen, sondern auch Wut und Neid können mit dem voyeuristischen Mediengenuß eine leichte Verbindung eingehen und finden dort angesichts der eigenen materiellen Lage bei vielen heute schnell und immer wieder neue Nahrung.

Dieselben Medien vermitteln zugleich mehr oder weniger realistisch ein Bild vom Ende der traditionellen Arbeitsgesellschaft, in der selbst die, die das Glück haben, einen dauerhaften Arbeitsplatz zu bekommen, vielleicht zu Wohlstand, nicht aber zu Reichtum gelangen können. Erst recht müssen sich diejenigen irgendwann getäuscht fühlen, die keine bezahlte Arbeit mehr finden.

Die Zahl der Arbeitssuchenden in Westeuropa geht längst in die Millionen und nimmt auch bei steigendem Wirtschaftswachstum kaum ab, sondern steigt strukturell und langfristig an. Die Gleichzeitigkeit von Massenarbeitslosigkeit und extremem Reichtum wird zum dauernd in den Medien sichtbaren „Normal"zustand. Das kann für das gesellschaftliche Selbstverständnis nicht ohne Folgen bleiben. Die Arbeitslosen werden auf Transfereinkommen oder auf prekäre Erwerbstätigkeit verwiesen, die ihnen nicht mehr einen früher für ein bestimmtes Ausbildungsniveau selbstverständlichen Arbeitsplatz und später dann die entsprechende Alterssicherung gewährleisten. Ihr Schicksal hängt weniger vom Markt als von politischen Entscheidungen ab.

Das ist, wie oben angedeutet, kein momentanes konjunkturelles Phänomen. Die westlichen Gesellschaften werden niemals mehr zu jenem Niveau nach den früheren Maßstäben realisierter Vollbeschäftigung auf der überwiegenden Basis von dauerhaften Vollerwerbstätigkeiten zurückkehren. Immer weniger individuelle Einkommen von Alleinverdienern werden darüberhinaus wie früher als Familieneinkommen taugen, das bedeutet, die oben angesprochenen privaten Transfers für Ehegatten und Familienangehörige werden abnehmen. Unabhängig von den angesprochenen soziokulturellen Veränderungen im Familienbereich und der Frage, was hier Ursache und was Wirkung ist, wird es objektiv ein „Privileg" von immer weniger Beschäftigten werden, wie man früher sagte, eine Familie ernähren zu können. Die Zahl der „Doppelverdiener" in Familien und Lebensgemeinschafenn nimmt zu. Angesichts der Zahl der prekären Beschäftigungsverhältnisse nimmt auch die Zahl derjenigen zu, die mehr als ein Arbeitsverhältnis oder staatliche Subventionen benötigen, um angemessen über die Runden zu kommen.

Es zeichnet sich eine sozialstrukturelle Dreiteilung der Gesellschaften ab, in der eine kleine, aber sehr sichtbare und medienbestimmende Minderheit von wenigen Prozenten der Gesamtbevölkerung extremen Reichtum oder aber sichtbaren Wohlstand akkumuliert. Medienvermittelt bestimmen sie maßgeblich das normative Selbstbild der Gesellschaft; selbst die Werbung für die ärmeren Schichten orientiert sich am Lebensstil der Reichen. Die Vermögenskonzentration, vor allem im Bereich der wirtschaftlichen Aktivvermögen, spitzt sich eklatant zu. Unter dieser nur wenige Prozent der Bevölkerung umfassenden Oberschicht findet sich die im Vergleich zu früher schrumpfende Gruppe derjenigen mit relativ dauerhaften und stabilen Erwerbsbiographien, die sich in sich noch einmal durch eine hohe Spreizung der Einkommenshöhe auszeichnet; sie umfaßt Ministerialbeamte ebenso wie Hausmeister, und nur die Kontinuität ihrer Arbeitsbiographie und die Tatsache, daß sie überwiegend von Erwerbseinkommen und nicht von Transfers leben, konstituiert diese im Lebensstil wie -standard so ungleiche Kategorie. Schließlich folgt die rapide wachsende Zahl derjenigen, deren Beschäftigung dauerhaft prekär bleibt und die in allen Phasen ihres Lebens mehr oder weniger auf zusätzliche Transfereinkommen angewiesen bleiben.

Eine solche auf die Herkunft der materiellen Grundlagen des Lebens gezielte, sicherlich grob vereinfachende Perspektive auf die soziale Gliederung will selbstverständlich andere Differenzierungen in Milieus und Lebensstile nicht leugnen. Im Vergleich zu früheren Klassen- und Schichtungsmodellen der modernen Industriegesellschaft beschreibt das eher drei eindimensionale, nämlich allein nach den materiellen Reproduktionsbedingungen differenzierte, typische Lebenslagen in den heutigen politischen Gesellschaften. Diese Art der Einteilung zeigt eine strukturell klar unterscheidbare Interessenlage in der Angewiesenheit auf den Ausgang politischer Verteilungskämpfe in der politischen Gesellschaft auf. Potentiell ist die Gruppe der Reichen und Vermögenden nur durch politische Umverteilung bedroht; ebenso, wie die Gruppe der vom Transfer Abhängigen nur auf die Politik hoffen kann.

Im Vergleich zu den früheren Gliederungen sind diese in sich viel weniger homogen und weisen wenig weitere gemeinsame Merkmale auf. Schon bei der mittleren Lebenslage ist es zweifelhaft, ob man angesichts der durch die extrem unterschiedliche Höhe der materiellen Sicherung bedingte Differenzierung der Konsum- und Gestaltungsmöglichkeiten des individuellen Lebens überhaupt noch von einer gemeinsamen Lebenslage sprechen sollte. Die einzige Gemeinsamkeit zwischen der unbefristet angestellten Schreibkraft im öffentlichen Dienst und dem Eigentümer einer gutgehenden Facharztpraxis oder Apotheke ist, daß ihre materielle Lebenslage durch die Dauerhaftigkeit ihrer Erwerbsbiographie und das dadurch erzeugte Einkommen bestimmt ist. Allerdings „verdienen" alle Individuen, die diese Lebenslage teilen, im Sinne der dargestellten Leistungsethik durch ihre Arbeit ihren Unterhalt ganz oder überwiegend und dauerhaft selbst. Das unterscheidet sie von den anderen beiden Lebenslagen und macht sie zu den prädestinierten Repräsentanten der überkommenen individualisierten Leistungsethik. Aus ihrer Perspektive müssen sowohl die durch individuelle Arbeitsleistung nicht mehr erklär- und rechtfertigbaren Einkommen der Superreichen wie die Transfergewinne der vielen anderen als „ungerecht" erscheinen. Tendenziell erscheinen in der Logik der früheren Arbeitsgesellschaft heute gerade die mit einer dauerhaften Normalarbeitsbiographie als die „Dummen". Während die mit den besseren Einkommen und sich in Konsum und Lebensstil nach „oben" Orientierenden ständig erfahren müssen, daß man durch eigene Arbeit nicht reich genug werden kann, um dem in den Medien propagierten Lebensstil und den entsprechenden Idealen der Superreichen erfolgreich nacheifern zu können, fühlen sich die eher am unteren Ende der Einkommensskala Angesiedelten bei aller dadurch bedingten materiellen Versagung, die ihr Leben begleitet, noch zusätzlich dadurch förmlich betrogen, daß sich ihr Lebensstandard von dem arbeitsloser Transfereinkommensbezieher scheinbar nur wenig abhebt.

Wiederum kommt es dabei weniger auf Fakten und genaue statistische Daten an, als vielmehr darauf, wie viele Menschen ihre eigene Lage und die anderer entsprechend erleben, wahrnehmen und bewerten. In den politischen Gesellschaften entwickelt sich heute angesichts der hier nur skizzenhaft beschriebenen und trendverstärkend zugespitzten Verhältnisse mit ungewissem Ausgang eine Desillusionierung der grundlegenden Gerechtigkeitsvorstellung der Leistungsgesellschaft, die sich wie eine politische Gewitterwolke zusammenbraut, der es allerdings noch völlig an klaren Konturen gebricht. Angesichts der großen inneren Heterogenität der angedeuteten Lebenslagen und der Vielfalt der Motive, die heute zu politischen werden können, ist an ihre einfache Übersetzung durch Aggregation in repräsentative Großorganisationen nicht mehr zu glauben. Man darf deshalb nicht in den traditionellen Kategorien sozialstrukturell gestützter *cleavages* denken, wenn man nach der Politisierbarkeit dieser Lebenslagen fragt; Klassenparteien gehören der Vergangenheit an.

Schon eher könnten die in Europa in unterschiedlicher Form auftretenden sogenannten „Protestparteien" und ihr gelegentlicher Wahlerfolg als Symptom gelten, wie in solchen diffusen Interessenlagen politische Motive kontingent, *ad hoc* und den Bedingungen der politischen Gesellschaft angemessen gebündelt und zur politischen Wirksamkeit gebracht werden könnten. Die Kampagnenform und nicht die dauerhafte Organisation ist typisch für die politische Gesellschaft. Sie kommt ohne verfestigte Strukturen aus und läßt sich unter den Bedingungen der heutigen Mediengesellschaft professionell auf fast jedes Thema anwenden. Spezialisten stehen bereit und bieten zum Beispiel in Kalifornien bei der Mobilisierung von Unterschriften für Referenden ihre Dienste auf der Basis von Erfolgshonoraren an: ein Dollar pro Unterschrift.

Strukturell gibt es Gemeinsamkeiten in der Mobilisierung von themenorientierten neuen sozialen Bewegungen, punktuellem Protest und kampagneförmigen Protestparteien.

Solcher „Protest" integriert im Falle der europäischen Rechtsparteien heute schon eine ganze Reihe von Motiven in jeweils erfolgreichen politischen Kampagnen – und zwar in erster Linie stets gegen etwas: Wie schon gesagt, gegen „Sozialschmarotzer", gegen die „Ausländer", die „Eurokraten" oder das „Eurogeld", eine zu lasche Politik gegenüber „Kriminellen" und anderes. Die öffentliche Wahrnehmung und Diskussion, die solchen erfolgreichen Kampagnen folgt, konzentriert sich bei den Etablierten fast immer, gelegentlich auch mit bloß geheuchelter moralischer Entrüstung, auf die fremdenfeindlichen Aspekte. Aber dieser Protest hat darüber hinaus europaweit einen deutlichen Unterton, der sich auch gegen die „Etablierten"[45] selbst und ihr „System" richtet, in dem die Wähler und Unterstützer solchen Protestes zu kurz zu kommen glauben. Umverteilung ist ein kaum noch latentes Motiv dieses Protestes, vor allem, wenn er sich mit dem bis weit in sogenannte bessere Kreise reichenden Protest gegen zuviel „Bürokratie", zuviel „Steuern", zuviel „Verschwendung", zuviel „Sozialstaat" verbindet. Hier kann es zu eigenartigen unartikulierten Koalitionen und Gegensätzen kommen. Während die Erwerbstätigen mit regelmäßigem Einkommen gleich welcher Höhe danach trachten, im politischen Verteilungskampf Abgaben und Steuern zu verringern, wehren sich die Nichterwerbstätigen, ob Studierende oder Rentner, gegen die Reduzierung ihrer Transfergewinne. Die zugrunde liegende Logik und die Perzeption der politischen Gesellschaft ist aber in beiden Fällen dieselbe. Politischer Wettbewerb erscheint als Verteilungskampf, in dem über die eigenen Einkommen mitentschieden wird. Das ist, wie bereits in diesem Buch wiederholt gesagt, trotz ihrer privatkapitalistischen Grundlage typisch für die politische Gesellschaft.

Allerdings wird durch die Massivität, in der eine immer größere Zahl von Menschen nicht nur vorübergehend vom Ausgang dieser politischen Verteilungskämpfe

---

45 Im deutschen Bundestagswahlkampf 1998 warb eine solche rechte Protestpartei mit dem auf Plakaten hervorgehobenen Slogan: „Kürzt die Gehälter von Bonzen und Politikern!"

betroffen ist, zunehmend der ideologische Charakter der individualisierten Leistungsethik der Arbeitsgesellschaft für mehr und mehr Menschen offenkundig. Im Grunde sieht schon heute mehr oder weniger jeder, daß in der politischen Gesellschaft zwei nach verschiedenen Prinzipien funktionierende Verteilungsprozesse des gesellschaftlichen Reichtums strukturell und langfristig über die individuelle Lebenslage entscheiden, die man abgekürzt Markterfolg und politischen Erfolg nennen könnte. Die ihnen zugrunde liegende Gerechtigkeitsvorstellung ist, zumindest in demokratischen politischen Gesellschaften, unterschiedlich, und zwischen den beiden Normen baut sich ein Gegensatz auf, der auch zum politischen Konflikt werden könnte. Die demokratische politische Gesellschaft geht nicht wie die individuelle Leistungsethik des Marktes von Chancengleichheit, also auch von als Ergebnis der Verteilung gerechtfertigter Ungleichheit aus, sondern von politischer Gleichheit. Diese ist zunächst rein politisch verstanden, und solange der politische Prozeß in der Demokratie im wesentlichen als von dem ökonomischen Verteilungsprozeß des gesellschaftlichen Reichtums entkoppelt betrachtet wird, kommt es nicht zum Spannungsfeld und potentiellen Konflikt. Von dieser Entkopplung kann aber, wie gesagt, aufgrund der dargestellten Entwicklung und der quantitativen wie individuellen Dimensionen des politischen Umverteilungsprozesses nicht mehr die Rede sein. Ein anderes Rechtfertigungskriterium als das der Gleichheit steht aber im politischen Raum bisher nicht zur Verfügung. Der Wohlfahrtsstaat begann in bestimmten Bereichen wie der Armenfürsorge ursprünglich mit dem Kriterium „Bedürftigkeit", nahm also bei seinen Entscheidungen Aufweichungen von der Gleichheitsnorm sozialethisch begründet in Kauf. Darauf blieb er schon in seinen Anfängen, zum Beispiel beim Ausbau des öffentlich finanzierten Bildungs- und Gesundheitswesens nicht beschränkt. Heute macht die auf „Bedürftigkeit" normativ basierende Umverteilung nur einen geringen Teil der gesamten politischen Transferbudgets aus, während Bereiche dominieren, für die am Ende vereinfacht gesagt Wählerstimmen, das heißt politische Unterstützung den Ausschlag gibt. Hier spielt seltener „Bedürftigkeit" als im gesamtgesellschaftlichen Interesse angeblich förderungswürdige Anliegen eine Rolle. Zum Beispiel die Studiengebührenfreiheit in Deutschland: An die Stelle der „Bedürftigkeit" als legitimierendes Prinzip tritt die Vorstellung eines mit der Gleichheit direkt gekoppelten individuellen Rechts. Die Mehrheit der deutschen Studierenden hält Gebührenfreiheit für ihr Recht, so wie die Mehrheit der Opernbesucher die Subvention ihres Platzes. Anders als bei dem durch Schulpflicht jedem Gesellschaftsmitglied irgendwann zukommenden Vorteil ein Grundbildung, stehen die Vorteile einer nicht kostenlosen, aber gebührenfreien Universitätsbildung aber nur weniger als fünfzig Prozent der Bevölkerung zur Verfügung. Warum sollten also die anderen zustimmen, daß die Kosten dafür öffentlich übernommen werden sollten, wenn ihnen nicht der Vorteil dieser Umverteilung klar gemacht wird?

Hier möchte ich auf John Rawls und das von ihm für demokratische Gesellschaften zur Rechtfertigung von Ungleichheiten vorgeschlagene „Unterschiedsprinzip" zurückkommen. Rawls fordert zur Erfüllung der Gerechtigkeit einer Gesellschaft, daß in ihr die Mitglieder erstens gleiche Rechte und Freiheiten haben. Wie wir gesehen haben, ist das in den westlichen politischen Gesellschaften weitgehend und im Prinzip (!) der Fall – führt aber zu extremer Ungleichheit mit unerwünschten Folgen. Ungleichheit kann nach Rawls nur dann gerechtfertigt sein, wenn folgende Kriterien erfüllt sind: „Soziale und wirtschaftliche Ungleichheiten sind so zu regeln, daß sie sowohl (a) den am wenigsten Begünstigten die bestmöglichen Aussichten bringen als auch (b) mit Ämtern und Positionen verbunden sind, die allen gemäß der fairen Chancengleichheit offen stehen" (1979, S. 104). Das Prinzip sieht auf den ersten Blick anders aus als das bisher dargestellte leistungsethische: Nicht weil jemand den Reichtum oder Vorteil „verdient" hat, soll er gerechtfertigt sein, sondern weil er den „weniger Begünstigten" einen Vorteil bringt. Man müßte sich also vorstellen können, daß die extremen Vorteile individuellen Reichtums, die wir in heutigen Gesellschaften vorfinden, tatsächlich so interpretiert werden könnten, daß „sie den am wenigsten Begünstigten die bestmöglichen Aussichten bringen..." Aber gibt es eine solche erkennbare Begünstigung als Folge individuellen Reichtums in jedem Fall oder auch nur in den meisten Fällen? Bei den Studienplätzen könnte man noch argumentieren, daß die gut ausgebildeten Eliten, als Ärzte und Lehrer zum Beispiel, den anderen weniger Glücklichen oder Begabten hernach zugute kommen – aber werden sie dafür nicht wiederum durch ein hohes Einkommen belohnt, so daß sich die Begünstgigung gleichsam verdoppelt. Und kann man wirklich von allen Studiengängen sagen, daß ihr gesellschaftlicher Wert in einer Leistung besteht, die anderen als die Studierenden begünstigt? Und wie steht es mit den Opernplätzen? Man sieht, legt man Rawls idealistischen Maßstab an heutige politische Gesellschaften und die in ihnen vorherrschenden primären und sekundären Verteilungsprozesse an, so erscheinen diese ganz überwiegend schlicht als ungerecht. Es ist wichtig hervorzuheben, daß das in hohem Maße auch für die zum großen Teil sozialpolitisch motivierten Transfers gilt, von denen nur ein Bruchteil, in Deutschland etwa in Form der Sozialhilfe und zum Teil beim Wohn- und Kindergeld, den wirklich „am wenigsten Begünstigten" zukommt.

In den Prozessen, in denen heute tatsächlich darüber politisch entschieden wird, verfügt jedes Gesellschaftsmitlied zwar nur über eine Stimme, deren Koalitions- und damit Durchsetzungschancen sind aber gerade in Verteilungsfragen recht verschieden. Ein Gesetz, das die steuerlichen Privilegien von Erben großer Millionenvermögen sichern soll, kann man sich zum Beispiel als Ergebnis der heute so viel beschworenen „deliberativen Demokratie" ebensowenig vorstellen, wie als Ergebnis einer offen ausgetragenen politischen Mehrheitsentscheidung in einem demokratischen Referendum. Millionäre sind wie andere strukturelle Minderheiten auf andere Mechanismen zur Durchsetzung ihrer Verteilungsinteressen in der politischen Gesellschaft angewiesen. Die können sich in der demokratischen politischen Gesellschaft allerdings nur solange mit Erfolg behaupten, wie sie nicht politisiert und damit letztlich zum Inhalt öffentlich diskutierter Mehrheitsentscheidungen werden.

Allerdings stehen den Verlierern in diesen Prozessen, wenn sie hoffnungslos werden, auch noch andere Mittel und Wege zur Verfügung, als die für sie schwer zugänglichen der demokratischen Mehrheitsbildung. Wut und Verzweiflung, die aus einer als unhaltbar, widersprüchlich und ungerecht empfundenen Verteilung von Lebenschancen und gesellschaftlichem Reichtum erwachsen, müssen nicht in individueller Depression und Apathie resultieren, sondern können individuell wie gemeinsam mit anderen auch Gewaltphantasien beflügeln. Das geschieht um so leichter und um so mehr in einer Gesellschaft, die in ihren Massenmedien und der in ihnen inszenierten Massenkultur Gewalt permanent als ein Mittel darstellt, das zum Erfolg führt. Gewalteinsatz und bedingungslose Erfolgsorientierung sind die Eigenschaften allzu vieler Medienhelden unserer Tage, aus denen sich nicht nur Jugendliche ihre Modelle für den Alltag abholen. Die resultierende Gewalt kommt im Alltag im Unterschied zu den Medien überwiegend ganz unspektakulär und individualisiert zum Ausbruch, wodurch wird sie gar nicht als politisches Phänomen begriffen wird. Der Begriff der „politisch bedingten" Gewalt bleibt auf wenige, zumeist spektakuläre Aktivitäten, allen voran auf den Terrorismus begrenzt; er findet darüber hinaus manchmal von beiden Seiten her zweifelhafte Anwendung im Zusammenhang mit Demonstrationen und politischem Protest, wo das eine Mal der zumeist passive Widerstand der Demonstranten, etwa wenn sie Bahngleise blockieren, das andere Mal der den Weg räumende Polizeieinsatz als „politische Gewaltanwendung" perhorresziert wird. In gewisser Hinsicht sind beide Perspektiven beschränkt, aber richtig. Hinter dieser die Öffentlichkeit und die Medien aus gegebenem Anlaß immer wieder beschäftigenden Diskussion verschwindet aber die für die Zustände und Entwicklungen der politischen Gesellschaft wichtigere Frage, ob und wie sich in der sogenannten normalen Kriminalität in Form von Gewalt gegen Sachen oder Personen nicht auch ein politischer Anteil verbirgt. Ist Drogenkonsum – und damit in Deutschland der kriminelle Verstoß gegen das Betäubungsmittelgesetz – nicht auch eine zwar selbstzerstörerische, aber zugleich gegen Prinzipien der herrschenden Gesellschaft und Moral angehende Form des Protestes? Hat die nach den Zahlen dominante Eigentumskriminalität nicht eine über die individuelle Bereicherung hinausgehende politische Dimension, die gegen die legale Bereicherung und den eigenen Ausschluß von ihr protestiert? Ist die Gewalt gegen Ausländer nur kriminell, oder nicht doch nach Intention, Wirkung und Wahrnehmung eine politische Aktion? Beim letzten Beispiel dürften wieder viele innerlich zustimmen, aber wieso bei den anderen nicht oder weniger?

Ob man die ubiquitäre Gewalt von Männern gegen Frauen und Kinder in unseren „zivilisierten" Gesellschaften als politisch oder unpolitisch begreift, wird nicht allein von dem Verhältnis bestimmt, das man zur feministischen Theorie des Patriarchats einnimmt. Der transindividuelle, gesellschaftliche und damit heute auch politische Charakter dieser Gewalt liegt auf der Hand.

Gewaltausübung, die als legitim gilt oder mehr oder weniger offenkundig geduldet wird, gibt immer einen Hinweis auf Herrschaftsverhältnisse und Machtungleichheiten; wer an ihr unsanktioniert Anteil hat, hat auch Anteil an Herrschaft.

Kriminalität oder Gewalt waren immer auch eine Art der politischen Gegenwehr der Armen oder Ausgeschlossenen, denen keine anderen Mittel zur Verfügung standen. Gewiß gibt es gerade heute auch eine viel zu wenig beachtete „Weiße-Kragen-Kriminalität" der Wohlhabenden, die kaum als Protest gegen die herrschenden Verhältnisse gedeutet werden kann – aber ist der massenhafte Steuerbetrug der oberen Einkommensbezieher nicht doch auch ein politischer Protest, für den sogar gewisse Medien und Politiker gelegentlich Verständnis aufbringen?

Je mehr die Verzweiflung über die Ungerechtigkeit und Auswegslosigkeit der heute dominanten Verteilungsmechanismen des gesellschaftlichen Reichtums bei den Verlierern die Form von Kriminalität und scheinbar idiosynkratischer Gewaltausübung annimmt, um so mehr kommt darin auch eine gefährliche Dimension des politischen Protestes zum Ausdruck, dem zu seiner politischen Manifestation und Artikulation nur die Bündelung und Instrumentalisierung durch entsprechende politische Unternehmer oder die Massenmmedien fehlt.

4.4 Politisierte Nichtbürger

Manchmal entstehen Situationen, in denen Binsenweisheiten ausgesprochen und wieder ins Bewußtsein gehoben werden müssen. Eine solche Binsenweisheit ist die Erkenntnis, daß alle Politik letztlich eine menschliche Veranstaltung ist.

Zunächst einmal bilden individuelle Personen, ihre Wünsche, Interessen und Ziele, aber auch ihre Gefühle und Instinkte, Liebe, Haß, Opferbereitschaft, Ehrgeiz, Raffgier, schließlich das Maß ihrer Tugenden und das Ausmaß ihrer Dummheit und vieles mehr die Ausgangssituation für ihr jeweiliges Entscheiden und Handeln in konkreten Situationen. Ohne dieses Entscheiden und Handeln konkreter Personen gäbe es nicht, wovon in der Wissenschaft abstrahierend nachfolgend überwiegend die Rede ist: Strukturen, Normen, Organisationen, Institutionen usw.

Ungern stellen die Sozialwissenschaften im allgemeinen, die Politikwissenschaft im besonderen, darüber hinaus überhaupt in Rechnung, was sich in den Personen unbewußt oder verdeckt durch oberflächliche Rationalisierungen an Trieben und Neurosen auswirken mag.

Dann aber kommen die emergenten Aspekte und synergetischen Effekte des Zusammenlebens und Zusammenagierens von Menschen in allen möglichen Formen und Stadien von Gruppen, Bewegungen, Organisationen und aufgeregten Massen hinzu, die, anders als ein berühmter Buchtitel suggerierte, keineswegs immer einer dechiffrierbaren „Logik" (Olson 1965) folgen.

Von alledem erfährt man im *mainstream* der politikwissenschaftlichen Veröffentlichungen kaum etwas. Insbesondere die sogenannte Politische Theorie neigt heute zu radikal vereinfachten und im wahrsten Sinne des Wortes lebensfremden Annahmen über die Beschaffenheit der Menschen. Überhaupt vermeidet sie dieses Wort zugunsten des Begriffs „Subjekt", ein Status, den sie generell eher präskriptiv unterstellt oder normativ entwirft, als erfahrungsmäßig überprüft. Diese „Subjekte" der politischen Theorie werden erstaunlich simpel konstruiert: mal eher rein zweckrationalistisch als ständige Optimierer individueller Präferenzen gleich welcher Art, mal mehr als vernunftorientierte Kommunikationsteilnehmer, die sich vor allem von Argumenten und Begründungen beeindrucken lassen. Wie im ersten Ansatz mit dem dominierenden Interessenbegriff und der sich daraus ergebenden Konkurrenz von Ferne die Hobbes'sche Version des Menschenbildes nachklingt, so im zweiten die Rousseau'sche Auffassung, daß der Mensch „eigentlich" gut sei und zur Harmonie und Übereinkunft neige, woran ihn eher die im Sinne Hegels oder Marx' bisher unversöhnten Verhältnisse hinderten.

Über diese „Subjekte" als Bestandteil von Datenaggregaten erfährt man in der empirischen politischen Soziologie einiges mehr: Ihre Einstellungen, ihr Konsum- und Wahlverhalten – dies nicht zuletzt wegen der zahlungskräftigen Nachfrage nach dieser Art Wissen – werden genauso sorgfältig beobachtet und erfaßt, wie zu Zwecken der Klassifikation und des Studiums der „Sozialstruktur" eine ganze Reihe von relativ stabilen Merkmalen. Einkommen und Bildungsgrade, Biographieverläufe, Lebensstile, kulturelles Kapital und sich wandelnde Strukturen, etwa der Geschlechter- und Familienverhältnisse werden so beschrieben. Hinsichtlich der Politik zentriert sich alles auf das Wahlverhalten und die damit verbundenen Merkmale, Einstellungen und Bewertungen – und wie jeder Medienbenutzer weiß, sind die prognostischen Kapazitäten der Sozialwissenschaften für bestimmte Verhaltensalternativen in großen Aggregaten beträchtlich. Diese wissenschaftlichen Erfolge bei der Prognose und – im doppelten Wortsinne – Kalkulation menschlichen Verhaltens schaffen ein trügerisches Fundament für die Ansicht, die sich die Sozialwissenschaften im allgemeinen und die Politikwissenschaft im besonderen von der Lebenssituation heutiger Menschen und ihrem Befinden verschaffen. Sie sind mit Methoden nur unzureichend zu erfassen, die nur einzelne Aspekte korrelieren und an der Oberfläche des Abfragbaren und Beobachtbaren kratzen können.

Umgekehrt setzt sich natürlich jede Deutung, die mehr und anderes verstehen will, angesichts des zumindest innerhalb der Wissenschaften dominierenden methodischen Szientismus sofort dem Vorwurf der Spekulation aus. Wenn dieser Szientismus dazu führt, daß bestimmte wichtige Fragen nur deshalb nicht mehr gestellt werden dürfen – obwohl sie eine lange Tradition besitzen –, weil für ihre Beantwortung nach einseitigen Maßstäben keine geeigneten Methoden zur Verfügung stehen, dann wird in Kauf genommen, daß sich wichtige und zentrale Themen politischen Denkens von der Wissenschaft abkoppeln und anderswo verhandelt werden.

Über all die heute dominierenden sozialwissenschaftlichen Routinen gerät eine solche alte Frage des politischen Denkens und der Anthropologie aus dem Blick, die für das Leben der Menschen, für die Formen der Politik und insbesondere für die Zukunft der Demokratie aber auch weiterhin von existentieller Bedeutung wäre, nämlich die nach dem jeweils angemessenen Maß der menschlichen Einrichtungen – und damit notgedrungen auch die nach dem Maßstab. Daß die Institutionen und Organisationen den Menschen dienen sollen und nicht umgekehrt, ist wohl heute eine anerkannte normative Trivialität. Daß sie ihre Eigendynamik entfalten und sich auch von den Menschen und ihren Bedürfnissen entfernen, mehr noch, sich über sie zu neuen „Herren" aufschwingen können, ist unter dem Titel „Entfremdung" ein ehrwürdiges Thema der klassischen Soziogie auch jenseits marxistischer Verengungen gewesen. Vor allem aber ist es eine wiederkehrende gesellschaftliche und politische Erfahrung der Menschen in ihrem Alltagsleben. „Den Menschen" gibt es nicht als Abstraktum, nicht als unhistorische Größe. Welcher Art von Menschen also sollen heute die Einrichtungen der Demokratie in den politischen Gesellschaften dienen?

Die Geschichte des politischen Denkens handelte stets ebenso von der umgekehrten Frage, deren politische Brisanz in dem Maße zunahm, in dem die Kontingenz und Gestaltbarkeit politischer Verhältnisse in der Moderne zunahm: Für welche Art von Menschen werden eigentlich welche Art von öffentlichen Einrichtungen geschaffen? Welche Ziele sollen damit erreicht werden? Letztlich: Was ist der Mensch, und was kann, was soll er im Laufe seines gesellschaftlichen Lebens werden? Wilhelm Hennis hat die Frage nach dem Zusammenhang eines gewissen durchschnittlichen Sozialcharakters und seiner spezifisch geprägten Lebensführung mit den sozialen Strukturen und Institutionen einer spezifischen historischen Gesellschaftsform als die grundlegendste Fragestellung Max Webers herausgearbeitet (Hennis 1987). Zu Recht war bei Max Weber die Perspektive erweitert, erfaßte vor allem Religion und Wirtschaftsweise in ihrem Zusammenhang als die entscheidenden prägenden Kräfte. Zumindest erstere hat unter den Bedingungen des 20. Jahrhunderts an sozialisierender Kraft verloren, und letztere steht in der politischen Gesellschaft heute unter dem Vorbehalt politischer Gestaltung. Wenn diese im Moment eindeutig auf die „Freisetzung" kapitalistischen Wettbewerbs und individueller Konkurrenz setzt, dann verfolgt sie damit heute auch ein dominantes Menschenbild als zumindest implizites Ziel.

Die Soziologie tendiert dazu, die Beziehung zu einseitig kausal zugunsten der Prägekraft der objektiven Faktoren aufzulösen. Die Politikwissenschaft in der langen Tradition des politischen Denkens fragt nicht zuletzt in praktischer Absicht auch danach, ob und wie sich die Strukturen und Institutionen des politischen Lebens angemessen den sich entwickelnden Ansprüchen und Vorstellungen der Menschen angepaßt haben oder anpassen lassen. Diese Frage hat unter den modernen Bedingungen der politischen Gesellschaft immer mehr Brisanz gewonnen. Die Definition der „Angemessenheit" kann nur im politischen Streit ermittelt und nur durch legitime Entscheidungen jeweils vorläufig festgestellt werden. Beiden Perspektiven ist eine historische, dynamische Anthropologie eigen, nach der die Menschen zusammen mit den gesellschaftlichen Bedingungen ihrer Existenz sich wandeln. „Der Mensch" am Ende des 20. Jahrhunderts gleicht auch und gerade in den westlichen Demokratien nicht mehr in allem seinen Vorfahren aus der Zeit der bürgerlichen Revolutionen oder der Etablierung repräsentativer Demokratien im 19. und beginnenden 20. Jahrhundert. Trotzdem lautet die stereotype Antwort nach dem politischen Menschenbild der Demokratie in der politischen Theorie, der politischen Bildung und nicht zuletzt der politischen Sonntagsrede immer noch: ein „Bürger" im Sinne des französischen Wortes *citoyen*. Aber was ist heute ein „Bürger" oder eine „Bürgerin", welches Modell, welche Vision liegt dieser Antwort zugrunde, und in welcher Beziehung steht die Antwort zu dem empirischen Wissen über die Entwicklung der vielfältigen Sozialcharaktere in den modernen pluralistischen politischen Gesellschaften. Können die Menschen unter den heutigen Bedingungen der politischen Gesellschaft überhaupt noch „Bürger" und „Bürgerinnen" im Sinne dieses Modells sein? Sind sie nicht inzwischen ganz andere Menschen geworden als ihre gehrocktragenden männlichen Vorbilder aus dem 19. Jahrhundert, die sich aufgrund einer ganz anderen ökonomischen, sozialen und bildungsbedingten Lage erlauben konnten, neben ihren anderen Rollen die des politischen Bürgers, des *citoyen* in einer ganz anderen Welt mit ganz anderen Problemen und Einrichtungen zu übernehmen? Wenn sich aber die Menschen und die Bedingungen, unter denen sie sich an der Politik beteiligen können, seitdem so radikal geändert haben, müßte sich dann nicht auch das präskriptive Modell der politischen Rolle entsprechend ändern?

Schon um diese in der Geschichte der politischen Philosophie seit den Griechen selbstverständlichen Fragen nach dem adäquaten Menschenbild in Erinnerung zu rufen, muß man innere Widerstände überwinden, die durch die heute übliche wissenschaftliche Sozialisation und Professionalisierung wenn nicht geschaffen, so doch massiv verstärkt werden. Nur Spezialisten der Ideengeschichte behandeln sie heute noch, dann aber als historisches Material. Auch in der akademischen Philosophie, ja selbst immer mehr in der universitären Theologie unserer Tage gelten diese Fragen als erledigt. Im doppelten Sinne erledigt: Man kann sie mit den heute anerkannten wissenschaftlichen Methoden nicht erforschen, man kann sie nicht validieren, replizieren und intersubjektiv gültig beantworten. Dann aber scheinen sich alle modernen Wissenschaften im Alltag ihrer spezialistischen Beschäftigungen irgendwie darauf zu verlassen, daß es als Ergebnis der kulturellen Entwicklung, die in eben dieser Ideengeschichte reflektiert wird, doch so etwas wie ein inzwischen herausgebildetes Fundament gäbe, in dem diese Fragen wenn schon nicht „wissenschaftlich" beantwortet, so dann doch wenigstens praktisch erfolgreich gelöst und festgeschrieben wurden. Dieses „Fundament" ist in den letzten drei oder vier Jahrhunderten nach und nach eher politisch und juristisch als philosophisch und wissenschaftlich institutionalisiert worden, und tatsächlich schlagen sich in ihm die erfolgreichen Kämpfe von Generationen um die Anerkennung bestimmter Prinzipien nieder. So kommt es dazu, daß auch wissenschaftliche Texte diese „letzten" Fragen kaum noch explizit stellen, sondern implizit unter Verweis auf Verfassungen und *jus cogens* für ausreichend beantwortet halten.

Es ist ja auch offenkundig, daß, sagen wir in den berühmten Sätzen der amerikanischen *Declaration of Independence*, ein Menschenbild zugrunde gelegt wird, das als Ergebnis der historisch erlebten und reflektierten Entwicklung nunmehr endlich als umfassend, allgemein und normativ unübertrefflich angesehen wurde. Die „Menschenwürde" dieses, jedes modernen Individuums läßt sich danach vor allem in den Begriffen seiner Freiheit, Gleichheit, seines Rechts auf Leben und die individuelle Verfolgung seines Glücks kodifizieren. Die französische bürgerliche Revolution fügt Freiheit und Gleichheit noch die Solidarität hinzu, wodurch noch deutlicher wird, daß es sich bei diesen Parolen nicht einfach nur um negative Freiheiten handelt, sondern auch um Tugenden. In der Verteidigung der Freiheit, in der Anerkennung der Gleichheit und in der Ausübung der Solidarität soll sich der Bürger politisch betätigen und sich verwirklichen. Der bloß passive Genuß seiner Rechte macht ihn nicht zum Bürger, das Wirklichwerden dieses präskriptiven Status setzt seine Mitwirkung an der politischen Selbstbestimmung voraus.

Die politischen Institutionen der demokratischen Verfassungsstaaten werden in Korrespondenz dazu als die endlich und endgültig gefundenen Formen des Zusammenlebens interpretiert, die diese „Menschenwürde" in der konkretisierten Form eines Bürgerstatus zu schützen und praktisch zu verwirklichen erlauben. „There is no universal principle that determines what those rights and duties shall be", sagt Thomas H. Marshall in seiner berühmten „Marshall Lecture" in Cambridge 1949, „but societies in which citizenship is a developing institution create an image of an ideal citizenship against which achievement can be measured and towards which aspiration can be directed" (1997, S. 300). Dieses *image*, diese Vision eines Idealbürgers muß notgedrungen auch eine Vorstellung davon entwickeln oder implizit und selbstverständlich voraussetzen, wie die Menschen dieser spezifischen Gesellschaft sich selbst verwirklicht sehen wollen. Ohne eine solche zumindest generelle Vorstellung, die sich in einer spezifischen politischen Kultur bildet und entwickelt, die ihrerseits in die allgemeinere historische Selbstdeutung der jeweiligen Gesellschaft insgesamt eingebettet bleibt, kann die rechtliche und institutionelle Konkretisierung der zunächst recht abstrakten Prinzipien nicht gelingen.

Ein Beispiel für diese Angewiesenheit der abstrakten Prinzipien auf eine jeweils spezifische kulturelle Deutung zeigt sich in der manchmal um ein Jahrhundert hinter der allgemeinen Postulierung politischer Gleichheit herhinkenden Anerkennung der vollen politischen Bürgerrechte von Frauen. Erst die Veränderung der gesellschaftlichen und kulturellen Deutung der Geschlechterrollen erlaubte es nach und nach, allgemein den Widerspruch zwischen dem allgemeinen Prinzip politisch gleicher Rechte und Freiheiten und seiner geschlechtsspezifisch selektiven Verwirklichung zu erkennen – was natürlich nicht ausschloß, daß bereits vor der allgemeinen gesellschaftlichen Anerkennung einzelnen Vordenkern und Vorkämpferinnen dieser Widerspruch offenkundig war. Eigentümlicherweise hat die Erweiterung des Kreises der *citoyens* durch die „Proletarier" der nichtbürgerlichen Klassen mehr Fragen nach dem möglichen verändernden Einfluß aufgeworfen, als die später und spät erfolgende Inklusion der Frauen in die Politik. Es bleibt bis heute in der Politikwissenschaft weithin ignorierter feministischer Spezialliteratur vorbehalten, darüber zu reflektieren, ob die „weiblichen Lebenszusammenhänge" und dadurch anders geprägte Erfahrungen sich mit mehr verändernder Wirkung auch auf die präskriptive Bürgerrolle auswirken sollten. Während nach wie vor Klasse, Schicht und neuerdings auch wieder Rasse oder Ethnie als generelle Kategorien des Politischen überall verwandt werden, gilt „gender" nach wie vor als umstrittene und nicht unparteiische Kategorie (Kreisky/Sauer 1997). Schließlich wurde die Vorstellung des *citoyen* zu Zeiten der Französischen Revolution nicht ohne Anlaß als „essentially, not only contingently, masculinist" bezeichnet (Landes 1988, S. 7) – eine Qualität, die sich nicht ohne weiteres allein schon durch die bloße Beteiligung von mehr Frauen auflöst. Iris Marion Young in ihrer kritischen Infragestellung des proklamierten oder unterstellten Universalismus der demokratischen Vorstellung von *citizenship* faßt die Forschungsergebnisse kritischer feministischer Literatur eindrucksvoll zusammen: „Founded by men, the modern state and its public realm of citizenship paraded as universal values and norms which were derived from specifically masculine experience: militarist norms of honor and homoerotic camaraderie; respectful competition and bargaining among independent agents; discourse framend in unemotional tones of dispassionate reason... Extolling a public realm of manly virtue and citizenship as independence, generality, and dispassionate reason entailed creating the private sphere of the familiy as the place to which emotion, sentiment, and bodily needs must be confined" (1997, S. 258).

Noch hat die inzwischen weitgehend erreichte volle rechtliche Inklusion der weiblichen Bevölkerung in den Bürgerstatus nicht erkennbar zu seiner institutionellen, inhaltlichen oder normativen Veränderung und zur allgemeinen Anerkennung der Probleme geführt, die sich aus einer kritischen Analyse der geschlechtsspezifischen Herrschaftsdimensionen ergeben. Vielleicht weil die „kritische Masse" in der realen Beteiligung dafür niemals erreicht wurde und die einzelnen Frauen in der Politik zu schutzlos dem Anpassungsdruck an herkömmliche Vorstellungen ausgesetzt sind; vielleicht auch, weil in der Literatur überzogene Erwartungen an die politisch sich auswirkende Spezifik „weiblicher Lebenszusammenhänge" existieren (Dietz 1985). Eine empirische Untersuchung erfahrener und erfolgreicher Politikerinnen im deutschen Kontext zeigt bei aller weiblich geprägten Rollenselbstwahrnehmung der Protagonistinnen am Ende – zur Überraschung der Autorin – doch keinen eigenen weiblichen „Politikstil" auf (Meyer 1997). Untersuchungen in anderen westlichen Demokratien dürften zum selben Ergebnis kommen.

Eine Frage, die sich angesichts dieser abstrakten Überlegungen stellen müßte, liegt auf der Hand. Um so überraschender erscheint es mir, daß sie in der regulären Politikwissenschaft aber auch in der praktischen Politik und vor allem im öffentlichen Erziehungswesen kaum noch Beachtung findet. Sind die Formen, Institutionen und Prinzipien der repräsentativen Demokratie, ist die Vorstellung des *citoyen*, wie sie sich vor allem im Laufe des 19. Jahrhunderts ausgebildet haben, weiterhin im Einklang mit den durchschnittlichen Sozialcharakteren der heute sozialisierten Menschen? Passen die vielfältigen Lebensentwürfe und Deutungsschemata und die daraus resultierenden Praktiken und Einstellungen, wie sie für die pluralistische, säkularisierte und sich in sich so dynamisch entwickelnde moderne Gesellschaft typisch sind, mit den Prinzipien, Normen und Institutionen der demokratischen politischen Gesellschaft weiterhin zusammen? Stimmt die normative Vision des Bürgers und der Bürgerin als konstitutives Element der repräsentativen Demokratie überhaupt noch mit dem überein, was wir empirisch über die wirklichen Menschen in diesen Gesellschaften wissen?

Die Fragen mögen manchem müßig erscheinen, da die repräsentative Demokratie doch allem Anschein nach im großen und ganzen zu funktionieren scheint: Die Demokratie findet in Meinungsumfragen überall ein überwiegendes Maß an Zustimmung. Die Menschen ziehen laut diesen im wesentlichen immer wieder übereinstimmenden Befragungsergebnissen mit großer Mehrheit keine andere Regierungsweise der repräsentativen Demokratie vor. Praktisch unterstützen fast überall große Mehrheiten durch ihre Beteiligung bei Wahlen nicht nur einzelne Kandidaten oder Parteien, sondern erkennen hernach auch die Amtsausübung der Gewählten als legitim an. Die Wahl revolutionärer Parteien bleibt, wo sie überhaupt auftritt, ebenso die Verhaltensweise kleiner Minderheiten wie die direkt gegen die Demokratie gerichtete Aktion. Wo politischer Protest sich in Wahlen ausdrückt, vor allem im rechten Spektrum, bleibt er ohne eindeutige „Systemalternative" orientiert an Einzelproblemen wie Arbeitslosigkeit, Kriminalität, Migration. Nur geringere Anteile der politischen Passivität bei Wahlen oder in anderen praktischen Vorgängen lassen sich als Widerstand oder Ablehnung der Demokratie insgesamt deuten. Alles in allem sind die in ihr lebenden Menschen mit der repräsentativen Demokratie also offenkundig zufrieden.

Könnte das nicht ein sehr trügerisches Bild sein, das auf diese Weise vom wahren Zustand der Demokratie heute gezeichnet wird, ein Bild, das sich normativ schon mit dem bloßem Funktionieren und der alternativlosen Duldung des Regimes und seiner Institutionen zufrieden gibt? Wäre es nicht für die Zukunft der Demokratie in der politischen Gesellschaft gefährlich – ohne daß ich hier bereits aktuelle Krisen an die Wand malen wollte –, wenn sie langfristige Erosionen ihrer ehemaligen soziokulturellen Fundamente angesichts der momentan noch stabilen Institutionen außer acht ließe, die eines Tages in einer wirklichen Krise auch ihrer Institutionen und freiheitsverbürgenden Normen enden könnten? Es könnte doch sein, daß das solchermaßen immer wieder bestätigte „Bild" vom stabilen Zustand der Demokratie damit zusammenhägt, daß die tendenziell ganz verschiedenen und sich vielleicht widersprechenden subjektiven Deutungen der Politik zu einem Teil längst nicht mehr mit dem offiziellen Bild übereinstimmen. Die modernen Menschen leben bis zu einem Maße in ganz verschiedenen, perspektivisch konstruierten oder verzerrten Wahrnehmungswelten. Das wird sicherlich auch für die Politik zutreffen. Diese subjektiv, deswegen keineswegs individuell und idiosynkratisch konstruierten Wahrnehmungen der Politik werden aus der reflektierten politischen Kommunikation der Gesellschaft überwiegend ausgeschlossen, spielen weder im politischen Prozeß als artikulierte Positionen kollektiver Akteure noch in der Untersuchungsperspektive der Sozialwissenschaften eine große Rolle, wo in diesem Bereich kaum mit offenen Fragen und „weichen" Instrumenten gearbeitet wird.

Ich will einen zu Mißverständnissen einladenden Vergleich wagen, um meine Fragen gewissermaßen didaktisch verständlich zu machen: Haben nicht die meisten Experten aufgrund einer „methodisch" ähnlichen Betrachtung wie der obigen den Gesellschaften sowjetischen Types bis weit in die achtziger Jahre hinein eine relativ große Stabilität zugetraut? Haben nicht andere Experten noch Ende der achtziger Jahre von der angeblich ganz „eigenen Art der Legitimation" und der daraus resultierenden Akzeptanz und Stabilität der Herrschaft in der ehemaligen DDR geredet (Fenner 1991)? Und haben nicht vor allem die meisten DDR-Bürger ebenso wie die Vertreter der dortigen Parteiherrschaft noch wenige Monate vor der implosionsartigen Auflösung aller Stabilität und Legitimität sich eine rapide Änderung der politischen und gesellschaftlichen Verhältnisse überhaupt nicht vorstellen können? Genau das ist es aber: Das eben noch Unvorstellbare geschieht in seltenen historischen Augenblicken mit einer Plötzlichkeit und so überraschend – daß selbst die sogenannten Experten für eine kurze Weile still werden, bevor sie damit beginnen, *ex post* zu erklären, warum alles so geschehen mußte, wie es nun einmal gekommen ist.

Man kann den Einwand erheben, daß solche überraschenden Entwicklungen nur in Gesellschaften geschehen konnten, in denen aufgrund des Fehlens einer pluralistischen öffentlichen Sphäre die subkutan bereits eingetretenen Veränderungen nicht sichtbar, beobachtbar und vor allem nicht diskutierbar wurden. Das mag in großem Umfange für die zum Vergleich herangezogenen Beispiele zutreffen. Aber auch in den westlichen Demokratien müssen wir uns den öffentlichen „Diskurs" über Politik als sehr selektiv vorstellen. Vor allem spricht vieles dafür, daß er zwar unter Bedingungen „politischer Freiheit", aber zumeist bei gleichzeitiger starker sozialer Kontrolle stattfindet. Was täglich an Stammtischen und Theken, vor allem, wenn im vertrauten Kreis der Alkohol die Kontrolle noch etwas mehr auflockert, ausgesprochen, oder im Einverständnis häufig nur angedeutet wird, wissen nur erfahrene Thekengänger, aber nicht die Sozialwissenschaften. Zum vielgerühmten pluralistischen „Diskurs" gehört sicherlich vieles nicht, was dort oder am Arbeitsplatz oder beim Sport, also typischerweise immer in kleinräumigen Situationen mit verminderter sozialer Kontrolle, ausgesprochen oder insinuiert wird. Hier werden Ressentiments und ethnische Stereotype hemmungslos ausgesprochen, Sozialneid gepredigt, gewaltsame oder zumindest „einfache" Lösungen sozialer Probleme nahegelegt. All das ist nicht „zitierfähig", gilt als so nicht gemeint und so nicht gesagt; wenn jemand darauf „von außen" angesprochen wird, funktioniert die soziale Kontrolle sofort wieder. Es gibt in der vielgerühmten „Zivilgesellschaft" jenseits des offiziellen politischen Diskurses eine ganze Ebene der Kommunikation, über die wir sehr wenig wissen. Was eigene Erfahrung besagt, ist wenig beruhigend, vor allem weil sie dafür spricht, daß diese Art der Kommunikation keineswegs auf die sogenannten prekären sozialen Milieus beschränkt ist. Gerade über demokratische Politik und Politiker, über Beamte und Steuern im besonderen, wird in manchen „besseren Kreisen" mit offener Verachtung gesprochen, wenn man sich unter sich glaubt. Die permanente Ignorierung und der sich vertiefende Graben zwischen dieser Art semi-öffentlicher Kommunikation in allen möglichen Milieus und der in den Medien der pluralistischen Zivilgesellschaft viel stärker normativ geprägten und sozial kontrollierten öffentlichen Willensbildung könnten Gründe dafür hergeben, warum man eines Tages mit Überraschung auf die „Plötzlichkeit" eintretender Veränderungen reagieren muß. In Wirklichkeit hat sich dann aber nur die soziale Kontrolle verschoben, und was vorher hinter vorgehaltener Hand schon ganz üblich war, kann nun öffentlich artikuliert werden. Man denke als Beispiel an die manchmal schon mehr als wohlwollend erscheinende Duldung, die eine rechtsradikale gewaltbereite Jugendszene keineswegs nur in ostdeutschen Bundesländern, sondern auch in manchen westdeutschen Großstadtvierteln als nur öffentlich bisher nicht artikulierte, aber vorhandene Ermutigung zu erleben scheint; das dürfte in Frankreich und anderen westlichen Gesellschaften prinzipiell nicht sehr anders sein.

Irritierend und herausfordernd für die Sozialwissenschaften bleibt doch, daß eben nicht alles, was plötzlich die dramatischen Abläufe bestimmt und beschleunigt, schon vorher da, nur eben nicht sichtbar und artikulierbar gewesen ist. Offenkundig gibt es neben dem sozialwissenschaftlich vielbeachteten langsamen sozialen Wandel auch überraschende, emergente, schockartige Veränderungen der sozialen Einstellungen, Präferenzen und Wahrnehmungen, die sich wie in einem Flächenbrand ausbreiten und eben noch anscheinend stabile Verhaltensmuster und folglich darauf aufgebaute Institutionen und Regelsysteme zum Einsturz bringen.

Wenn man also nach den möglichen langfristigen subkutanen Erosionen der subjektiven, der in menschlicher Praxis und menschlichen Einstellungen liegenden Gefährdungen der Demokratie fragt, dann nicht unbedingt in der Hoffnung, daß sozialwissenschaftliche Expertise den Zusammenhang zwischen solchen möglichen langfristigen Erosionen und einem plötzlichen Zusammenbruch der Unterstützung demokratischer Institutionen und Werte zu prognostizieren vermag. Allerdings ist die Demokratie nicht nur durch eine solche mögliche Implosion oder *dissolution* (Maier 1997), durch einen unvorbereitet sichtbar werdenden, aber allmählich unbemerkt gewachsenen Verlust des Vertrauens bedroht. Auch die allmähliche inkrementalistische Veränderung ihrer sozialen Voraussetzungen oder Institutionen, oder von beidem im Wechselspiel, könnte schließlich mit gleitendem Übergang zu einer Situation führen, die nicht mehr den bisherigen normativen Ansprüchen dieses Regimetypes entspricht. Würden es denn überhaupt alle Menschen bemerken, nicht mehr in einer Demokratie zu leben – wie man es von „klassischen" Bürgern und Bürgerinnen erwarten würde?

Welches der beiden skeptischen Szenarien wahrscheinlicher ist, kann zur Zeit wohl niemand beantworten. Einige werden gerade nach dem Zusammenbruch ihres augenfälligsten Systemkonkurrenten bestreiten, daß diese Beobachtungen und

Überlegungen überhaupt die grundlegende Frage nach der Zukunft der Demokratie in der politischen Gesellschaft rechtfertigen können. Man kann mit gutem Grund behaupten, daß nach dem Wegfall der Systemkonkurrenz, die jedenfalls dieses Jahrhundert für die Demokratie ausgezeichnet hat, ihre innere Rechtfertigung in Zukunft schwieriger werden wird. Politisch sind Regime in der Geschichte viel seltener an ihren direkten politischen Feinden gescheitert als an ihrer Unfähigkeit, sich rechtzeitig an langfristige vermeintlich politikexterne Veränderungen in ihrer Sozialstruktur, Ökonomie, Kultur oder auch an Veränderungen ihrer internationalen Umgebung anzupassen.

Obwohl es in der abstrakten Idee der demokratischen Selbstregierung von allem Anfang an historisch angelegt war, ist erst in den modernen politischen Gesellschaften das ganze Ausmaß der Kontingenz und Entscheidbarkeit in allen gemeinsamen Angelegenheiten erkennbar und zunehmend auch praktisch relevant geworden. Der politische Willensbildungsprozeß mag sich seitdem in der Form verfassungsmäßiger Bindungen oder kulturell konsensualer Nichtthematisierungen oder expliziter Delegationen durch Privatisierung oder Deregulierung selbst beschränken, aber das geschieht, wie mehrfach dargelegt, in dem unaufhebbaren reflexiven Bewußtsein, daß es auch anders sein, genauer, daß es auch anders entschieden werden könnte. Gegenüber manchen aktuellen Selbstbeschränkungen der Politik sind die Inklusionstendenzen historisch langfristig dominierend, und die Strategien der Transformation partieller Selbsbestimmungsziele in allgemein verbindlich gemachte Regeln werden heute von immer mehr strategischen Gruppen erfolgreich in den komplexen politischen Willensbildungsprozeß eingebracht. Dieser Politisierungsprozeß der politischen Gesellschaft enthält in sich keine prinzipiellen Schranken. Alle Selbstbegrenzungen, „Fesseln und Bremsen" (Offe 1989), hängen letztlich von Mehrheitsentscheidungen ab, manchmal, wie bei Verfassungsänderungen, von das Änderungsrisiko mindernden qualifizierten Mehrheiten. Mehrheiten bilden den Kern des demokratischen Legitimationsmechanismus, gegen ihre „willkürliche" Ausübung mögen Verfassungen vorübergehend Dämme errichten, die nicht selten auch dem Mißtrauen der politischen Eliten gegen die zu direkte und unberechenbare Auswirkung der Partizipation durch das „Volk" dienen, am Ende aber würde die Verteidigung der Demokratie gegen dauerhafte Mehrheiten der Bevölkerung in einen unauflösbaren normativen Selbstwiderspruch führen. Demokratie ist nur mit, nicht gegen die Mehrheit der Bevölkerung erreichbar und zu verwirklichen. Deshalb sind die subjektiven Voraussetzungen in ihr mindestens so konstitutiv wie ihre formalen Institutionen und behielten am Ende, wenn es zum praktischen Gegensatz käme, langfristig sogar die Oberhand.

Die allein schon gegenüber dem letzten Jahrhundert ungeheuer gestiegene Kontingenz und Inklusivität des politischen Prozesses hat, wie schon bemerkt, zu einem entsprechenden Wachstum der Verantwortung, besser des zu Verantwortenden, geführt, die die Menschen in dieser reflexiv gewordenen „Kontingenzgesellschaft" nicht mehr auf „Gott", „die Geschichte" oder welche transzendente Macht auch immer abschieben können (Marquardt 1981, 77). Aber können sie allein schon, weil sie das heute wissen müßten, die Verantwortung selbst übernehmen, selbst ertragen? Wer ist das Subjekt in diesem Satz, wer könnte es vernünftigerweise sein? Sicherlich nicht der einzelne Bürger, die einzelne Bürgerin; ebensowenig hypostasierte Kollektivsubjekte wie „Volk" oder „Staat".

Die „realistische Demokratietheorie" hat in der Nachfolge Joseph Schumpeters und in Verbindung mit der Pluralismustheorie empirisch gestützt ein Bild von der repräsentativen Demokratie entworfen, in dem die republikanische Gestalt des *citoyens* gar keinen Platz mehr hat. Jede Frage nach Verantwortung bleibt in diesem „Realismus" ohne Widerhall, er ist ethisch bestenfalls neutral, im Ergebnis aber eher fatalistisch. In ihm gleichen die meisten Mitlieder der Gesellschaft eher Konsumenten, die sich auf einem Markt politischer Angebote mehr oder weniger informieren, um dann in der Verfolgung ihrer momentanen und wenig rationalisierten Präferenzen zu wählen oder das politische Angebot einer Partei oder anderen Gruppe oder Initiative durch Mitgliedschaft oder Spenden oder gelegentliche Aktivität zu unterstützen. Folglich muß es dafür eine Minderheit politischer Unternehmer geben, die diese Angebote unterbreiten und in politische Aktivitäten umsetzen. Gegenüber vordemokratischen Herrschaftsmodellen ist vor allem die meritokratische Offenheit der Elitenbildung in der pluralistischen Gesellschaft für dieses Modell kennzeichnend und normativ wichtig. Was ist, wenn sich auch die konkurrierenden Eliten nicht mehr am rudimentären Bild der republikanischen bürgerlichen Selbstbestimmung ausrichten, sondern nur an ihren eigenen selektiven Interessen, ihrem Machtwillen und allenfalls zusätzlich noch an den Zwängen der Stimmenmaximierung orientiert sind, die sie in gewissem Maße an die Bürger als Wähler rückbinden, um in die Macht- und Entscheidungspositionen zu gelangen?

Ein Manko dieses „Realismus" war immer, daß er bei aller pauschalen Triftigkeit seiner vordergründigen Beschreibung heutiger Zustände kaum ein legitimitätsstiftendes Modell entwickeln konnte, das dem des republikanischen Menschenbildes an normativer Intensität gleich kam. Welche legitimen Motive sollten die politischen Unternehmer besitzen dürfen, um Präferenzen zu bündeln, Interessen zu aggregieren und gelegentlich die Regierungsmacht, gelegentlich die Oppositionsrolle zu übernehmen? Wie paßt die passive Konsumentenrolle der Mehrheitsbevölkerung mit den Gründungsmythen der demokratischen Selbstregierung, wie mit dem hochgehaltenen Menschenbild von Freiheit und Selbstbestimmung zusammen? Systemisch betrachtet liegt die Last der Legitimation in diesem Modell bei den periodisch durch die Wähler zu bewirkenden Mehrheitsverschiebungen und dem dadurch bestenfalls eintretenden Regierungswechsel. Die Verfestigung der Herrschaft in der Hand einer Teils der politischen Elite soll dadurch verhindert werden – die permanente Elitenherrschaft der wenigen und der eher passive Konsumentenstatus der vielen wird dafür von vornehrein in Kauf genommen (Bachrach 1967). Den Minderheiten der politischen Eliten wird in diesem Modell in erster Linie Machtwille unterstellt, der sich durch die Konkurrenz wechselseitig kontrollieren soll, den übrigen Mitgliedern der Gesellschaft ein in ihrem Konsumentenstatus ausgedrücktes Desinteresse an den öffentlichen Angelegenheiten, für das sie durch die ihnen zugestandenen Freiheiten in der Privatsphäre und durch ein vor allem durch den Wettbewerb um ihre Stimme geformtes Politikergebnis entschädigt werden.

Diese vor allem politikwissenschaftliche Beschreibung und Reflexion des Zustandes der repräsentativen Demokratie steht in einem unauflöslichen Spannungsverhältnis zu dem in Verfassungen und der politischen Kultur repräsentativer Demokratien permanent erneuerten republikanischen Appell, auf den sich aktive partizipationsorientierte Minderheiten seit jeher berufen und der mal mehr, mal weniger auch in breiten Kreisen der Bevölkerung Unterstützung findet. Offenkundig ist dieser republikanische Gehalt, wie auch die üblichen Sonntagsreden politischer Eliten zeigen, die sich im Alltag keineswegs für die allgemeine Partizipation erwärmen, in einem gewissen Maß für die Legitimation auch der demokratischen Elitenherrschaft unverzichtbar. Deren realistisches Modell ist als normatives Verfassungsversprechen für sich genommen unzureichend, der kontrollierte und durch Wahlen erreichte Elitenwechsel ein zu schwaches Motiv, um die in der Bevölkerung vorhandenen Mitwirkungs- und Selbstbestimmungsmotive politisch zu integrieren.

Das bedeutet aber, daß die heutigen Demokratien mehr oder weniger mit einer Doppelmoral leben, die für alle, die sie durchschauen, negative Konsequenzen haben muß. Vor allem für die politischen Eliten selbst muß man unterstellen, daß ihnen das Auseinanderfallen des vorwiegend republikanisch aufgeladenen politisch kulturellen Legitimationsprozesses einerseits und des viel mehr dem Modell demokratischer Elitenherrschaft entsprechenden Prozesses politischer Problembearbeitung andererseits nicht entgehen kann. Der Umschlag ihres Realismus in Zynismus erscheint vorprogrammiert, wenn es keine ausreichenden Gegenkräfte und institutionellen Bremsen gibt.

Die Frage bleibt, woher heute die notwendigen „republikanischen" Ressourcen in der Bevölkerung wie bei den politischen Eliten kommen sollten. Diese von den amerikanischen „Kommunitaristen" in den letzten zwei Jahrzehnten mit wachsender Ausstrahlung auch auf Europa richtig gestellte Frage findet dort zugleich häufig eine wenig überzeugende Antwort und endet in einer Predigt für die Erneuerung eher traditioneller Werte und Institutionen, allen voran der Familien. Nun wird den auch in manchen „kommunitaristischen" Ansätzen überzeugend ausfallenden Analysen der traditionszersetzenden und Institutionen erodierenden Modernisierungsprozesse mit moralischen Appellen und der Predigt alter Tugenden kaum erfolgreich beizukommen sein. Zweifellos ist die weniger traditionelle als vielmehr moderne Kleinfamilie des 19. und frühen 20. Jahrhunderts als sozialisierende Agentur heute einem vielfachen starken Veränderungsdruck und Wandlungsprozeß ausgesetzt, dessen Ursachen mit der Veränderung von Geschlechtsrollen, den Arbeitsbiographien von Müttern und Vätern auf veränderten Arbeitsmärkten, dem veränderten Verhältnis zwischen den Generationen und anderem mehr zusammenhängen. Eine Rückkehr zu den „traditionellen" Verhältnissen aufgrund politischer Appelle und familienpolitischer Unterstützung ist nicht wahrscheinlich.

Schon heute wachsen vor allem im großstädtischen Milieu häufig ebenso viele Kinder bei alleinerziehenden Müttern auf wie in scheinbar intakten oder vollständigen Kleinfamilien. In letzteren stimmen die sozialen Rollen, meistens der „Vaterschaft", häufig nicht mehr mit der biologischen überein. Nicht wenige Kinder „pendeln" während eines erheblichen Teils ihrer „familialen" Sozialisation zwischen den aktuellen Kleinfamilien ihrer biologischen Eltern hin und her und treffen dort auf Halbgeschwister aus früheren oder der aktuellen Ehe. Zwar hat sich die Zahl der potentiellen „Großeltern" für viele Kinder und Jugendliche im Zuge dieser Entwicklungen eher erhöht als vermindert, aber veränderte Verhaltensweisen und Normen führen heute dazu, daß diese funktional, etwa zur Betreuung, kaum noch zur Verfügung stehen, sondern eher auf Reisen gehen. Schon allein aufgrund dieser institutionellen und soziokulturellen Veränderungen wird für einen großen Teil der

Kinder und Jugendlichen die „Familie" dezentrierter und fragmentierter und gleicht sich damit selbstgewählten sozialen Beziehungs- und Freundschaftsnetzen immer mehr an. Die ehemals für lange Zeit zwangsläufig eingenommenen Familienrollen werden kontingent und für alle Beteiligten, häufig auch schon für die Kinder in sehr frühen Jahren, zu einer Frage der Wahl, reale Beziehungen zwischen Eltern und Kindern und Großeltern zu einer willensabhängigen und von Opportunitätsüberlegungen bei allen nicht immer freien Entscheidung.

Es ist auch nicht richtig, die traditionelle moderne Kleinfamilie mit ihren tendenziell vaterzentrierten autoritären und binnenorientierten Kommunikationsprozessen und ihrer ungleichen und ungerechten Geschlechtsrollenaufteilung einfach als demokratieadäquate Sozialisationsagentur *per se* einzustufen. Gerade die demokratie- und emanzipationsorientierte Kritik der „bürgerlichen Kleinfamilie" der Kritischen Theorie (Marcuse 1979), hatte ja allen Anlaß für ihre Kritik. Sie setzt sich bis heute, vielfältig differenziert und thematisch erweitert, in der Frauenbewegung und feministischen Literatur fort. Dabei ist aber auffällig, wie sehr der noch bei Marcuse und seinen Mitstreitern gesehene Zusammenhang mit dem Politischen heute in den Hintergrund tritt. Die Emanzipation ist von der Individualisierung nicht unberührt geblieben; sie ist dadurch in gewisser Hinsicht auch entpolitisiert worden.

Ob nun die Kinder und Jugendlichen aber noch in der kleinfamilialen Konstellation oder eher schon in den komplexeren semi-familialen Beziehungsnetzwerken aufwachsen, deren elterlich beeinflußbare Sozialisationswirkung wird heute gleichermaßen durch andere Faktoren relativiert. Früher einsetzend denn je und mit mehr Prägewirkung macht sich „die Gesellschaft", so wie sie nun mal ist, bei Kindern und Jugendlichen nachdrücklich bemerkbar. Kindheit und Jugend sind nur noch in Extremfällen gegen ihren Einfluß einigermaßen abzuschotten, der mindestens durch die audiovisuellen Massenmedien und über die Kontakte mit der Altersgruppe in Kindergärten und Schulen schnell und bis in den Intimbereich eindringt. Die pausenlose, vor allem bildhafte Konfrontation mit Verhaltensweisen und Normen einer massenmedial vermittelten Konsum- und Konkurrenzkultur, aber zugleich auch mit den Problemen moderner Gesellschaften in Form von Gewalt, Armut oder Hunger, nehmen keine Rücksicht auf Entwicklungsstadien des individuellen Moralbewußtseins. Für viele Jugendliche ist die Botschaft trotz aller gelegentlich eingestreuten Elemente moralischer und bürgerlicher Bildung vor allem im schulischen Bereich heute eindeutig und besteht in Imperativen wie: Setz dich durch! Sei erfolgreich, oder du bist nichts wert! Was ihnen vorgelebt und in den massenmedial vermittelten Bildern individuellen Glücks und gesellschaftlicher Entwicklung inszeniert wird, enthält über die heute früh eingeforderte lebensweltliche Emanzipation und Selbstbestimmung hinaus kaum Elemente, die auf die republikanische Bürgerrolle im klassischen Sinne zielen. Denn „Emanzipation" und „Selbstbestimmung" können im Kontext einer rein neoliberalistisch interpretierten politischen Kultur auch als Aufforderung zum „Trittbrettfahren" ohne jede Beimengung von Gemeinsinn und Solidarität verstanden werden.

Was sich auf diesem Hintergrund kultureller und gesellschaftlicher Entwicklungen hinsichtlich der Entwicklung der Bürgerrolle abzeichnet oder auch in großem Maße schon Wirklichkeit ist, wurde in früheren Abschnitten bereits angesprochen. Mit ihrem selektiven und auf spezielle Ziele zeitweilig orientierten politischen Engagement sind auch in „normalen" Zeiten in den politischen Gesellschaften heute einerseits mehr Menschen politisiert und politisch aktiv als jemals zuvor. Die politisch Aktiven sind keine Bürger und Bürgerinnen im republikanischen Sinne, ihr über spezielle Interessen, Motive und Anlässe zeitweiliger Aktivität hinausgehendes Engagement in der politischen Entwicklung der Demokratie und des Gemeinwesens, das sie erst zum *citoyen* machen würde, ist gering. In altmodischen römischen Begriffen gesagt, fehlt ihnen der Patriotismus. Die moderne politische Gesellschaft wirkt für sie nicht mehr als *patria*, sondern als abstrakte Struktur von ungleich verteilten Chancen für Mitnahmeeffekte und die Durchsetzung bestimmter Ziele. Der säkularisierten und von emotionalen und affektiven Elementen rationalistisch gereinigten Version des „Verfassungspatriotismus", wie sie neuerdings propagiert wird, entspricht auf der empirischen Ebene der realen politischen Kultur eher die in Umfragen ermittelte, bloß wegen ihrer Alternativlosigkeit einigermaßen positive, „Einstellung" zur Demokratie; nicht aber die praktische Bereitschaft, sich jenseits spezieller Interessenverfolgung für den Ausbau der Demokratie oder auch gegen ihre partielle Einschränkung zu engagieren. Dieses Engagement bleibt mal größeren, mal kleineren Minderheiten vorbehalten, die sich in Bürgerrechtsvereinen für die Verteidigung ehemals selbstverständlicher Freiheiten, etwa im Kampf gegen die sich vermehrenden Abhör- und Überwachungsrechte staatlicher Organe, oder auch für mehr direkte Demokratie engagieren. Es ist kein Zufall, daß diese Art politischen Engagements an Zahlen weit hinter jenen „neuen sozialen Bewegungen" zurücksteht, in denen zeitweise eine große Menge politisierter Gesellschaftsmitglieder ihre eigenen Interessen mit universalistischem Anspruch vertreten haben, sei es wegen der geforderten Priorität von ökologischen gegenüber kurzfristigen ökonomischen Zielsetzungen der Politik, sei es gegenüber den Gefahren der Nutzung atomarer Kernenergie oder sei es in der Frauenbewegung für mehr Gleichstellung. Die partielle Differenz dieser Art Engagement gegenüber den ersten Beispielen wird häufig nicht verstanden, ihr Aufweis von den Protagonisten gelegentlich als diffamierend interpretiert. Die Akteure der „neuen sozialen Bewegungen" tendieren zu einem hybriden moralischen Selbstbewußtsein. Das selektive und zeitweilige politische Engagement für ökologische Ziele steht durchaus und ungeachtet seines hier nicht bezweifelten „universalistischen" Charakters mit der liberal interpretierten Vertretung eigener selektiver Interessen im Einklang; an dem „Kollektivgut" einer besseren Umwelt hätten schließlich auch die Engagierten Anteil, und offenkundig liegt genau darin ihr wesentliches Ziel und die motivierende Antriebskraft ihres Engagements begründet. Bei dem politischen Einsatz für solche „Kollektivgüter" sind Universalismus und Egoismus mühelos in Einklang zu bringen. Diese Logik und Struktur ist bei der Verteidigung oder Einforderung bestimmter demokratischer Rechte zunächst dieselbe, denn auch hier wollen ja die Protagonisten von den verteidigten Freiheiten selbst „profitieren". Aber selbst hier würde ich schon einen Unterschied hinsichtlich der Zielstruktur und normativen Valenz des Engagements machen, denn einmal geht es um politische Inhalte beziehungsweise deren Priorisierung gegenüber anderen, denen innerhalb der demokratischen Willensbildung Geltung und Anerkennung verschafft werden soll. Das andere Mal aber geht es um die demokratischen Strukturen und Bedingungen der politischen Freiheit selbst, deren inhaltlicher Gebrauch nachgeordnet und weiterhin der pluralistischen Willensbildung und der kontingenten Praxis der verschiedenen Akteure zugeordnet bleibt. Völlig klar aber wird die Differenz schließlich, wenn sich kleine Gruppen beispielsweise für das Asylrecht hier oder die politische Freiheit anderer Menschen anderswo oder gegen den Hunger in der sogenannten Dritten Welt politisch engagieren. Ein solches Engagement kann nicht auf Eigennutzenorientierung des Handelns zurückgeführt werden und entsprechende Erklärungsstrategien der Rational Choice Theorie erscheinen als absurde Rückzugsfechte, mit denen die vermeintlich elegante Einfachheit eines in Wahrheit simplifizierenden monokausalen Verhaltensmodells verteidigt wird (Willems 1998).

Der heute dominierende und durch die Entwicklung der subjektiven wie objektiven Faktoren geförderte Typus der selektiven „unbürgerlichen" Politisierung vermindert in Verbindung mit der bereits dargestellten institutionellen Fragmentierung des Regierungsprozesses im horizontal, vertikal und funktional gegliederten politischen Mehrebenensystem die politische Integration und die Kapazität zur Lösung großer politischer Probleme. Trotz zunehmender Politisierung sinkt die politische Problemlösungskapazität. Die dargestellten subjektiven wie institutionellen Entwicklungen kumulieren und wirken in dieselbe Richtung.

Es ist nicht abzusehen, wie in den demokratischen politischen Gesellschaften unserer Tage noch einmal solche großen politischen Aufgaben erfolgreich gelöst werden können sollten, wie dies gegen Ende des 19. Jahrhunderts und lange Zeit im 20. strukturbildend etwa mit der Durchsetzung spezifischer Wohlfahrtsregime oder staatlicher Bildungssysteme gelungen ist. Der aktuelle Problemhaushalt der westlichen Demokratien im Übergang zum 21. Jahrhundert konfrontiert diese Gesellschaften zwar heute mit ähnlich weitreichenden Fragen, etwa hinsichtlich der nur politisch zu erreichenden Entkopplung des gesamtgesellschaftlichen wirtschaftlichen Reproduktionsprozesses von der individuellen materiellen Grundsicherung der Bevölkerung bei gleichzeitiger Umstellung überwiegend noch national ausgerichteter Wirtschafts- und Finanzinstitutionen auf transnationale Konkurrenz und Problembearbeitung. Auch andere große Zukunftsprobleme verlangten für ihre Bewältigung des radikalen Umbaus heutiger politischer Strukturen, so die Demokratisierung des in seiner Bedeutung schnell wachsenden Komplexes transnationaler Regierungen, die Veränderung und Relativierung nationaler Willensbildungsprozesse, Verfassungssysteme und Institutionen. Während die dabei entstehenden Probleme auf der Ebene der Europäischen Union immerhin unter Fachleuten kontrovers diskutiert und inzwischen zunehmend über den engsten Kreis der mit der europäischen Integration befaßten Eliten hinaus politisiert werden, bewegen sich andere transnationale policyspezifische Regierungen, wie die mächtige World Trade Organization oder die verschiedenen Institutionen des Internationalen Währungsfonds, noch völlig im demokratiefreien Raum.

Daß die Kritik daran vor allem politischen Minderheiten vorbehalten bleibt, ist auch ein Hinweis darauf, daß sich im Zusammenspiel der objektiven und subjektiven Voraussetzungen der gesellschaftlichen Entwicklungen am Ausgang des 20. Jahrhunderts die Bedingungen für die Demokratie nachhaltig zu verändern, ja zu verschlechtern beginnen. Die auf der Ebene theoretischer Auseinandersetzungen häufig auch in strikten Versionen vertretene liberale Gesellschaftstheorie wird durch diese Entwicklungen einerseits immer mehr zur triftigen Beschreibung der realen Verhältnisse in modernen kapitalistischen politischen Gesellschaften. Andererseits muß sich die mit ihr einhergehende theoretisch postulierte moralische Selbstgenügsamkeit angesichts des Wegfalls der Systemkonkurrenz und der gewaltigen Zukunftsprobleme historisch erstmalig einem wirklichen Test aussetzen. Können demokratische politische Regime als bloßes Residualprodukt der Interaktionen einer Gesellschaft von individuell rational operierenden Egoisten wirklich mittelfristig überleben?

Ich glaube, daß die Antwort darauf nur negativ ausfallen kann, und daß der einzige praktische Ausweg in der gewaltigen Anstrengung bestünde, die für die Demokratie notwendigen Bürger und Bürgerinnen in einem bisher noch nie dagewesenem Maße zu sozialisieren und auch bewußt zu erziehen. Natürlich gleicht dieses Unterfangen strukturell Münchhausens Versuch, sich selbst am eigenen Schopf aus dem Sumpf zu ziehen. Und natürlich besteht heute der angesichts eines Jahrhunderts des totalitären Mißbrauchs politischer Erziehung nicht einfach von der Hand zu weisende grundsätzliche Einwand gegen jede Art von politischer Erziehung. Trotzdem gibt es zu Sozialisation und auch bewußter politischer Erziehung zur Demokratie keine echte praktische Alternative.

4.5 Mediatisierung[46]

In der Weimarer und zum Teil noch in den ersten Jahren der Bonner Republik machte der Spruch von der Verleugnung der Rolle der politischen Parteien als der „Lebenslüge der Republik" die Runde, der auf Walther Rathenau zurückgeht. Damit sollte gesagt werden, daß Verfassungs- und Staatsrecht ebenso wie die normative Selbstbeschreibung des politischen Systems in Wissenschaft und Praxis die Parteien als den maßgeblichen Faktor in der politischen Wirklichkeit mehr als vernachlässigten, zum Teil perhorreszierten oder totschwiegen.

Etwas ganz ähnliches passiert heute mit den Medien, in erster Linie den audiovisuellen Massenmedien, also dem Fernsehen.[47] So wie sich die repräsentative Honoratiorenrepublik des 19. Jahrhunderts in den meisten politischen Systemen längst zur Parteiendemokratie gewandelt hatte, bevor es allmählich auch verfassungsrechtlich und ideologisch zum Nachvollzug dieses substantiellen Wandels kam, so hat sich im letzten Drittel dieses Jahrhunderts die repräsentative Demokratie zur Mediendemokratie weiterentwickelt, ohne daß die damit einhergehende gravierende Veränderung des Politischen bisher ausreichend erkannt und reflektiert worden ist.

---

46 Ich bin mir bewußt, daß es in der Geschichtswissenschaft einen entsprechenden *terminus technicus* für die Unterwerfung reichsunmittelbarer Stände unter andere Landeshoheiten gibt; allerdings hat sich in den neunziger Jahren dasselbe Wort in den Sozialwissenschaften mit einem ganz anderen Sinn eingebürgert, auf den im Folgenden bezug genommen wird.

47 Die Mediatisierung verändert nicht nur die Wahrnehmung und Kommunikation im Bereich der Politik, auf die ich mich aber hier beschränken möchte; interessant ist zum Beispiel auch ihre Wirkung auf und innerhalb der Wissenschaften, wo es durchaus einige der Folgen der Mediatisierung zu beobachten gibt, die ich anführe.

Diese Mediatisierung hat einen großen Anteil an der Politisierung und zumindest virtuellen Inklusion der Bevölkerung in die Politik, die bereits früher als Fundamentalpolitisierung beschrieben wurde. Zunächst über die Massenpresse, später, nach dem Ersten Weltkrieg, dann durch das Radio und heute dominiert durch das fast in allen Haushalten der westlichen und zunehmend auch der restlichen Welt vorhandene Fernsehen, ist die Politik auf eine Weise zu den Menschen und in ihren Alltag gekommen, die es zuvor so penetrant niemals gegeben hat. War das politische Spektakel früher ein seltenes Ausnahmeereignis, das zumeist noch verlangte, daß man sich zu besonderen Ereignissen wie Krönungs- oder Hochzeitszeremonien, aber auch öffentlichen Hinrichtungen, selbst auf den Weg machte, um die Schaulust zu befriedigen, so hat die Fundamentalpolitisierung und so haben vor allem die Massenmedien die Richtung inzwischen umgedreht: Jetzt erreicht die Politik die Menschen täglich zuhause und in ihrem Alltag. Das hat, im historischen Vergleich betrachtet, zunächst einmal einen ungeheuren Effekt auf den politischen Kenntnis- und Bewußtseinsstand der breiten Bevölkerung, der gemessen an den normativen Erwartungen bestimmter Demokratietheorien gering sein mag, der im historischen Vergleich aber einzigartig differenziert und breit ist. Er umschließt gewisse Kenntnisse des politischen Personals, der Themen und anstehenden Probleme. Darüber hinaus teilen die Menschen aufgrund dieser dauernden, auch unbewußt ablaufenden Vermittlung bis zu einem gewissen Maße die Kategorien und Wahrnehmungsformen des Politischen mit ihren Mitbürgern auf eine Weise, die unter dem Stichwort „politischer Raum" bereits früher beschrieben wurde. Dieser Bodensatz an im Laufe der Zeit, wie scheinbar unstrukturiert auch immer, gesammelten Eindrücken und Informationen bildet den Grund, auf dem eine individuelle politische Einstellung oder Präferenz bei den Bürgern und Bürgerinnen erst möglich wird. War und ist die auf überregional verbreiteten Druckerzeugnissen und Zeitschriften beruhende politische Öffentlichkeit immer schon und immer noch die Angelegenheit von relativ wenigen, so werden die abendlichen Hauptnachrichten des Fernsehens doch von einem Millionenpublikum gesehen und vermitteln zumindest das herausragende politische Personal in einer Weise, die eine gewisse Prominenz und Pseudovertrautheit entstehen läßt, wie sie auch in anderen Sparten des Mediengeschäfts üblich ist. Einerseits kann man in Untersuchungen feststellen, daß nur äußerst wenig Information aus dem in schneller Folge Dargebotenen, vor allem von den bloß verlesenen Nachrichten, beim Publikum haften bleibt. Genau diese informationsarmen „Fingerzeige" entfalten ihre Wirkung, wie James S. Fishkin, amerikanische Forschungsergebnisse zusammenfassend, schreibt: „Television viewers can pick up such cues about candidate positions without investing a lot of time and effort, as a by-product of other things they do. They can find important cues, for example, from watching the evening news" (1997, S. 84). Dabei darf man jedoch gerade nicht unterstellen, daß der Herausbildung dieser massenmedial induzierten Einschätzungen irgendeine Rationalität zukäme. Wie Fishkin aus einem besonders ridikülen Beispiel aus dem amerikanischen Präsidentschaftswahlkampf schlußfolgert: „The production of cues comes from such an inevitably incomplete, manipulated, and accidental process of media and campaign coverage that it is hard to credit the prospects for rational analysis of the outputs when the inputs have such limitations" (1997, S. 85). Will sagen: Wo die Erzeugung von Nachrichten und Bildern in den

Medien „inevitably incomplete, manipulated, and accidental" ist, da wird man der darauf sich beschränkenden Meinungsbildung der Medienkonsumenten, also der Bürger und Bürgerinnen, kaum Rationalität unterstellen können, wie dies die meisten normativen Demokratietheorien mehr oder weniger explizit tun.

Andererseits darf man nicht unterschätzen, wie sich durch die im Alltag fast schon ritualisierte und in Abläufe des Lebens integrierte regelmäßige Rezeption bestimmter Bilder und Inhalte in den Köpfen unbewußt politische Weltbilder formen.

Das hat in zeitlicher wie territorialer Hinsicht den politischen Raum heutiger Gesellschaften gegenüber historischen Vorläufern völlig verändert. Die zeitlichen Abstände zwischen den berichteten Ereignissen und Meldungen und Berichten schrumpfen auf den Stundentakt stündlicher Nachrichtensendungen zusammen. Räumlichen Entfernungen werden durch Bilder überbrückt. Betroffenheit, früher sprach man von Rührung, durch bestimmte Ereignisse, überspringt durch die Vermittlung von Medien Kontinente und bringt Fernes scheinbar ganz nah. Gleichzeitig relativiert die ständig neue Wahrnehmung von Ereignissen aus der ganzen Welt auch wieder die Betroffenheit durch das einzelne Ereignis. Betroffenheit, Interessiertheit und erst recht daraus folgendes Engagement stehen bei den Individuen nur in begrenztem, wenn auch unterschiedlichem Ausmaß zur Verfügung. Wenn es ihnen unaufhörlich abgefordert wird, beginnen sie sich zu schützen. So entsteht durch die Wahrnehmung einer unaufhörlichen Folge von Katastrophen, aber auch durch die sich scheinbar immer gleichenden Vorgänge des politischen Alltags paradoxerweise nicht dauernde Betroffenheit, sondern am Ende eher Gleichgültigkeit. Dem müssen wiederum die Medien aus ihrer eigenen Logik, nicht zuletzt also aus kommerziellem Interesse, entgegenwirken. Im harten Wettbewerb um die Aufmerksamkeit der Zuschauer und im noch härteren Wettbewerb um die Werbungsetats der kommerziellen Medien setzen sie deshalb eine Spirale des Spektakulären und Extremen, der Überbietung vorangegangener und von der Konkurrenz verbreiteter Bilder und Nachrichten in Gang, mit der sie offenkundig erfolgreich hoffen dürfen, momentan siegreich aus diesem Kampf hervorzugehen. Die Folgen für die politische Kultur und das politische Bewußtsein sind fatal. Politische Bildung und Sozialisation findet auch unter diesen Umständen weiter statt, aber die politische Gesellschaft macht sich auf diese Weise ein Bild von sich selbst, das nicht nur in gewisser Hinsicht sehr selektiv und verfremdet, sondern auch ungeeignet ist, demokratische Beteiligungsmotive zu stärken und sachgerechte Problemwahrnehmung zu erleichtern.

Viele politikwissenschaftliche und verfassungsrechtliche Kategorien, vor allem „Öffentlichkeit" und „politische Willensbildung", werden aber überwiegend noch in einer Weise verwandt, die den heutigen Realitäten und Machtverhältnissen der Mediendemokratie in der politische Gesellschaft nicht mehr entspricht. Das zeigt die in Deutschland verbreitete Metapher von der politischen Willensbildung des Volkes, die sich in seiner „öffentlichen Meinung" niederschlage, ebenso wie anspruchsvollere normative Modelle einer „diskursiven" oder „deliberativen" Zivilgesellschaft. Bereits in den zwanziger Jahren hat John Dewey, aufbauend auf der ernüchternden Destruktion des „Phantoms Öffentlichkeit" von Walter Lippman (1925), eine neuartige Theorie des Politischen aufgebaut, in der „Öffentlichkeit" in einem ganz spezifischen Sinne das eigentlich Politische konstituiert: Öffentlichkeit – im Gegensatz zur Privatheit – bezeichnet die Wahrnehmung der *indirekten* Handlungsfolgen auf und für andere in einer Gemeinschaft, die sich erst durch diese Wahrnehmung konstituiert. Damit dies geschehen kann, müssen diese Wahrnehmungen symbolisiert, kommuniziert und repräsentiert werden (1996, S. 20ff). Ohne Öffentlichkeit gibt es also weder Gemeinschaft noch Politik. Während diese Wahrnehmung in lokalen Gemeinschaften noch auf direkter Kommunikation und Erfahrung der Individuen aufbauen konnte, muß sie in den modernen Großgesellschaften künstlich erzeugt und durch Medien vermittelt werden. Damit beginnen allerdings die Probleme, vor allem für demokratische Gesellschaften, denn, wie John Dewey schreibt, „...Demokratie ist ein Name für ein Leben in freier und bereichernder Kommunikation" über die öffentlichen, also gemeinsamen Angelegenheiten (1996, S. 155). Um die Freiheit und um die Bereicherung durch medial vermittelte Kommunikation stand es aber schon zu Deweys Zeiten schlecht; im selben Atemzug, in dem er die Demokratie so emphatisch als freie Kommunikationsgemeinschaft deklamierte, beklagte er auch „die Trivialität und >sensationelle< Qualität von so vielem, was uns als Neuigkeit begegnet. Das Katastrophale, nämlich Kriminalität, Unglücke, Familienskandale, persönliche Kollisionen, und Konflikte sind die handgreiflichsten Formen" (1996, S. 152). Mit einem Wort: Die Öffentlichkeit kleiner Gemeinschaften, die für das Politik- wie Demokratieverständnis der westlichen Zivilisation einmal fundierend war, kann in Großgesellschaften nicht mehr zustande kommen. An die Stelle tritt eine nur vermittelte Gemeinschaftsidee, an deren Existenz zwar mit den Wissenschaften und Künsten auch andere Akteure teilhaben, für die aber heute die modernen Massenmedien in doppelter Hinsicht konstituierend sind. Erstens müssen alle anderen Kommunikationen und Symbole, damit sie über ihren Entstehungs- und Funktionskreis hinaus gesellschaftlich bedeutsam werden können, über die Medien vermittelt werden, die als einzige Kommunikationsinstanz alle Winkel der Gesellschaft erreichen und insofern der eigentliche Motor der Vergemeinschaftung sind. Zweitens aber stellen die Medien nicht nur die, angeblich neutralen und unparteilichen, Kommunikationskanäle für andere, sondern sind selbst gewichtige Kommunikatoren.

Tatsächlich ist, in den Worten von Thomas Meyer, längst eine vor allem durch diese Mediatisierung der Kommunikation und Vergemeinschaftung bewirkte „Transformation des Politischen" (1994) weit vorangeschritten, die sich im Einklang mit dem generellen Trend zur Entwicklung der politischen Gesellschaft befindet, die aber insbesondere traditionelle Vorstellungen über die Öffentlichkeit, das Regieren in der Demokratie und die Rolle der politischen Bürger verändert. Diese „Transformation" geht über die gewiß veränderte Darstellung und Rezeption der Politik in den Medien noch hinaus: Es ist die Politik selbst, die sich verändert. Vielleicht nicht „die Lebenswelt" insgesamt, wie er schreibt, sicher aber deren politischer Anteil und Gehalt sind „dabei, zu einer medialen Welt zu werden" (1994, S. 132). Das bedeutet, daß für viele politische Akteure und in der Folge für die meisten Bürger und Bürgerinnen die Differenz zwischen medial vermittelten Bildern und Informationen von Politik und der Politik selbst gar nicht mehr besteht: Politik *ist* für sie, was in den Medien als Politik geschieht, erscheint und vermittelt wird, deren mediale Inszenierung steht zum Teil für die Wirklichkeit der politischen Willensbildung. Was in dieser Inszenierung nicht vorkommt, existiert politisch kaum, und was vorkommt, existiert nur in dieser inszenierten Weise.

Das wirft natürlich die Frage auf, wie es um die freie und selbständige Willens- oder Meinungsbildung der Bürger und Bürgerinnen bestellt ist, aus der sich am Ende doch die politische Willensbildung der Gesellschaft ergeben soll. Meinungsbildung, die der bereits 1789 in der Erklärung der Menschen- und Bürgerechte als dem „vornehmsten Menschenrecht" bezeichneten Meinungsfreiheit ja immer schon vorausgehen muß, basiert auf Kommunikation, Wirklichkeitserfahrung und ihrer subjektiven Verarbeitung. Wo aber bereits die Erfahrungsebene des Politischen durchweg medial verformt ist, kann von einer einigermaßen authentisch gebildeten Meinung im Ergebnis kaum noch gesprochen werden. Sie könnte nur aus eigener politischer Beteiligung erwachsen, die aber für die Mehrheit kaum jemals regelmäßig möglich sein wird – bleibt die Abhängigkeit von den Massenmedien, hier allen voran heute: dem Fernsehen. Von dessen Qualität, Ausrichtung und von der Art der Nutzung wird am Ende die politische Wahrnehmung, das politische Weltbild der meisten Bürger und Bürgerinnen, aber eben auch der Politiker bestimmt sein. „Die Dominanz des Fernsehens in der öffentlichen Kommunikation hat eine Form der Ästhetisierung von Politik zum Alltagsphänomen gemacht, das als sinnfällige Inszenierung von Scheinpolitik ein direkter Anschlag auf die Urteilskraft der Bürger ist" (Meyer 1994, S. 137).

Trotz aller Verdienste um das Thema bleibt Thomas Meyer bei dem Aufweis der Probleme, die infolge der Mediatisierung der Politik für die Meinungs- oder Urteilsbildung der Bürger und Bürgerinnen gegeben sind, am Ende mit seiner Formulierung von „Ästhetisierung" und „Scheinpolitik" vor der eigentlichen Erkenntnis stehen, daß das, was sich in den Medien abspielt, nicht „Scheinpolitik", sondern heute auch Politik *ist* – und zwar gerade in den repräsentativen Wettbewerbsdemokratien des Westens eine ihrer wesentlichen Komponenten. Die Ästhetisierung, auch die neuartige Ästhetisierung nach der Eigenlogik der audiovisuellen Bildmedien, steht dem nicht entgegen. Politik, politisches Handeln und politische Institutionen, haben zunächst, wie alles sinnlich Wahrnehmbare und dem Geschmacksurteil Zugängliche, immer auch eine ästhetische Komponente. Die hat in der Demokratie seit der Antike stets eine besondere Rolle gespielt – und ist heute im Zeitalter des Fernsehens eher noch verstärkt worden: Wer gewählt werden will, wer durch die Rede zu überzeugen versucht, wer Vertrauen beansprucht, der wird um die Berücksichtigung seiner sinnlichen Wahrnehmung im Urteil der anderen gar nicht herumkommen. Wer allerdings theoretisch diesen eher phänomenologischen Aspekt des Politischen zur „ästhetischen Autonomie" und „Selbstreferenzialität" verabsolutiert, der landet schließlich bei einer in politischer Hinsicht nihilistischen und elitären „Ästhetik des Schreckens" (Bohrer 1983), aus deren Sicht der demokratische Alltag einer pluralistischen Demokratie – „wie sie nun einmal ist" -- nur noch Verachtung verdient. Im Lichte einer an Aristoteles und Kant anknüpfenden Theorie der politischen Urteilskraft (Vollrath 1987, S. 253ff) hingegen ist alles Politische aber auch viel grundsätzlicher dem ästhetischen Bereich strukturähnlich: Hier wie dort gibt es keine theoretische Wahrheit und keine praktische Richtigkeit, sondern nur erfahrungsgesättigte Klugheit; aber selbst die kann, vor allem unter den Bedingungen der pluralistischen „Kontingenzgesellschaft" (Marquardt 1981), heute Übereinstimmung und Konsens nicht länger und mit Autorität stiften. Weder in dem einen noch in dem anderen Sinne kann der Begriff der „Ästhetisierung" aber in unserem Zusammenhang gemeint sein. Er bekommt eine theoretische und analytisch sinnvolle Bedeutung zur Analyse der Mediatisierung nur dann, wenn mit ihm die in strategischer Absicht erfolgende Hervorhebung oder eindeutige Priorisierung dieser Dimension des Politischen gegenüber ihren anderen Dimensionen thematisiert werden soll. Genau das ist aber in den Medien und in der Politik, die in ihnen und vermittelt durch sie stattfindet, der Fall. Wo „inszeniert", wo also „in Szene gesetzt und aufgeführt" wird, da gibt es Dramaturgen, Regisseure, Schauspieler und schließlich das Publikum, dem als Rolle nur verbleibt, rezeptiv teilzunehmen und allenfalls Zustimmung oder Mißfallen zum Ausdruck zu bringen – oder abzuschalten. Andere Formen der auch politischen Nutzung der neuen interaktiven Medien sind zwar vorstellbar, bleiben aber bis heute utopische Phantasien.

Die große und offene Frage ist derzeit, wie sich das Verhältnis von Politik und den bestehenden Massenmedien in der politischen Gesellschaft tatsächlich begreifen läßt und in Zukunft noch weiter entwickelt. Als naiv erscheint angesichts der Präsenz und Wirkungsmächtigkeit der Medien eine Position, die diese immer noch lediglich als mehr oder weniger neutrale Instrumente der öffentlichen Kommunikation begreift, die gesellschaftlichen Akteuren zur Verfügung stehen, wobei die Kritik dann nur darüber ins Spiel kommt, daß dies in unterschiedlichem Maße der Fall ist. Das Problem besteht aber nicht nur darin, daß die Medien wie ein selektiver Filter von ansonsten neutralen Kommunikationsmitteln wirken, sondern daß man sie längst als kompliziertes Netz von Akteuren begreifen muß, die aus eigener Interessenlage und Handlungslogik heraus das „Selbst"bild, das die politische Gesellschaft schließlich von sich besitzt, tatkräftig konstruieren. Wenn sie es denn nicht völlig autonom und alleine tun, vielleicht für immer auch von externen Vorgaben und Ereignissen abhängig bleiben, so hat ihr Beitrag zur gesellschaftlichen Konstruktion der politischen Wirklichkeit doch eine wachsende Tendenz und Dominanz. Es ist zwar richtig, wie das Klaus von Beyme vorgeschlagen hat, den Einfluß oder die Macht der Medien nach Entscheidungs- und Politikbereichen zu differenzieren und nicht ihre Allmacht zu behaupten – was hier auch nicht getan wird –: Sicherlich findet auch weiterhin sehr viel Politik im Rahmen von Verwaltungshandeln oder in exklusiven Verhandlungsrunden statt. Aber auch von Beyme, der sich auf diese engere Sicht des Regierens allzu sehr konzentriert, sieht in einem historischen Vierstadienmodell zum Verhältnis von Politik und Medien heute einen Zustand erreicht, in dem die „Kommerzialisierung der politischen Kommunikation" dominant wird (1997, S. 240). Die Macht der Medien, und hierin zeigt sich eine gewisse Begrenzung von von Beymes Fragestellung, liegt aber nicht allein auf der Ebene des „Einflusses", über den sie verfügen können; die Medien sind zwar auch, wie andere gesellschaftliche Akteure und Interessengruppen, für den Regierungsprozeß, oder generell für das, was von Beyme im Unterschied zur „symbolischen Politik" „Entscheidungspolitik" nennt, externe Einflußfaktoren. Es dabei zu belassen, hieße, ihre Rolle bei der Konstitution des politischen Bewußtseins in der Gesellschaft auf einen eher unwichtigen Aspekt zu reduzieren. Ihre eigentliche Bedeutung kommt nämlich dadurch zustande, daß sie auch für andere Akteure schon die Wahrnehmungen und Kategorien und das rudimentäre Verständnis von Politik vorprägen, das der Wahrnehmung oder Artikulation spezifischer Interessen immer schon vorausgeht. Auch was in Expertenrunden und Verwaltungshandeln an Perzeptionen, Urteilen und Wissen über die Politik zugrunde gelegt wird, ist in hohem

Maße kategorial und inhaltlich medienvermittelt. Das Leben in einer Regierungsmetropole und deren funktionellem Umkreis wurde schon vor vielen Jahren literarisch mit dem in einem „Treibhaus" verglichen (Koeppen 1953); die Außenwelt ist nur durch die beschlagenen Milchglasscheiben sichtbar, eigene Erfahrungen außerhalb dieses künstlichen Klimas sind gerade Spitzenpolitikern kaum länger möglich. Sie kennen die „wirkliche Welt" nur aus der morgendlichen Pressemappe und aus den instrumentellen Kommunikationen mit anderen Treibhausbewohnern oder allenfalls gelegentlichen Besuchern. Die Massenmedien sind für sie und in gewissem Maße sogar für alle Gesellschaftsmitglieder zu, wenn nicht transzendentalen, so doch zu gesellschaftlich unvermeidlichen Voraussetzungen der Apperzeption, der über das Unmittelbare hinausgehenden Welterfahrung geronnen. Noch ihre Kritik muß in den von ihnen geprägten Kategorien und Wahrnehmungsformen verbleiben und hat kein anderes Bild von der Wirklichkeit jenseits des unmittelbaren Erfahrungsraumes der Individuen zur Verfügung. Deshalb gibt es Vorstellungen vom politischen Gemeinwesen, von anderen „Staaten" und von den meisten die politische Auseinandersetzung bewegenden Themen und Anlässen nur und ausschlielich als Medienkonstrukte. Niemand kann in individueller Erfahrung zum Beispiel eine konkretere Vorstellung von der „nationalen Gemeinschaft" oder der „ökologischen Krise" oder von der „gesellschaftlichen Katastrophe der Arbeitslosigkeit" gewinnen. Was er erfährt und sieht, bleibt solange parochial und idiosynkratisch, solange es nicht auf einer transsubjektiven Ebene allgemein vermittelt wird. Der einzelne sieht einen oder mehrere dreckige Teiche, ist selbst arbeitslos oder kennt andere, die es auch sind. Aber diese subjektiven Eindrücke ergeben für sich genommen noch keine gesellschaftliche Bedeutung. Die genannten gesellschaftlichen Topoi können sich nur in der Vermittlung individueller Erfahrung mit der heute gewissermaßen intelligiblen Ebene medialer Kommunikation bilden und mit allgemeiner Bedeutung aufgeladen werden, auf die auch der einzelne sich dann erst einen Reim machen kann.

Auch wenn die Politiker die Themen vorgeben und die Medien instrumentalisieren, was abhängig von gewissen situativen und institutionellen Bedingungen sowieso immer nur einigen wenigen von ihnen zeitweise gelingen kann, dann bleibt jedoch die Frage: Mit wessen Augen sehen Politiker die Gesellschaft, deren Probleme und Bürger, wenn sie diesen Einfluß ausüben. Daß die Politik morgens mit Zeitungslesen anfängt und abends vor dem Fernseher aufhört, ist ja mehr als ein elitenkritisches *bonmot*. Die Frage entsteht also erst sekundär auf diesem bereits vorgelagerten Fundament: Wer bestimmt wen? Oder in der Metaphorik des Theaters: Wer schreibt das Stück und definiert die Rollen für alle anderen? Nutzt und instrumentalisiert die Politik die Medien, im Sinne ihres Namens als Vermittler und Zwischenträger, für die direkte Kommunikation mit der Gesellschaft? Oder bestimmen längst die Medien selbst Inhalte, Form und Reichweite der politischen Kommunikation nach ihren eigenen Gesetzen und Interessen und verwenden dabei das politische Personal, ob ins Bild gesetzte Regierungsmitglieder oder protestierende Bürger, mehr oder weniger als Schauspieler und Komparsen in einem selbst entworfenen Drehbuch?[48]

---

48 Aus der Morgenzeitung von heute anläßlich einer am Wochenende „live" übertragenen Ermordung eines jungen Mannes im Kongo: „Geschehen Verbrechen und kommt die Kamera bloß hinzu, oder

Auch in seinem neuen Buch suggeriert Thomas Meyer wieder, daß es sich nur dann um „Politik" handele, wenn das politische Personal, vor allem die Parteien, sich trotz aller von ihm analysierten Tendenzen der Mediatisierung nicht von den Medien vereinnahmen lassen (1998) – so also könnten nicht auch die Medien selbst machtvolle Akteure im politischen Prozeß sein, mehr noch, Wirklichkeitsdefinition und Konstitutionsprozeß des Politischen in der politischen Gesellschaft, entgegen den normativen Annahmen gleich welcher Demokratietheorie auch immer, dominieren oder gar monopolisieren.

Man wird die Frage nach der Dominanz momentan empirisch und für jeweils einzelne Aspekte und Geschehnisse auch unterschiedlich beantworten müssen und dabei realistisch vielleicht von dem Bild auszugehen haben, daß hier Akteure mit zwei unterschiedlichen Ressourcenausstattungen, Zielen und Optionen miteinander um die Dominanz in der Öffentlichkeit ringen. Gleich wer den Kampf jeweils aktuell gewinnt, um „Politik", mindestens den Kampf um die Dominanz im Prozeß politischer Willensbildung, handelt es sich in beiden Fällen. Nicht nur die Politiker „machen" also Politik und kommen dabei in den Medien mal besser oder schlechter weg, oder mal mehr oder weniger vor, sondern die Medien selbst und das in ihnen tätige Personal sind inzwischen mächtige politische Akteure *sui generis* geworden, die sich mit der traditionellen Rolle des Maklers für Meldungen und Themen längst nicht mehr zufrieden geben.

Gegenwärtig entsteht so ein analytisch nicht mehr auflösbares Gemisch von Politik und medialer Öffentlichkeit, das in der politischen Gesellschaft selbst zu einem maßgeblichen Schauplatz der Politik, insbesondere der regierungsbezogenen Politik oder des Kampfes um die Regierung geworden ist. Andere Schauplätze und Arenen, wie das Parlament oder der politische Raum innerhalb der Parteien, haben demgegenüber an Stellenwert eingebüßt. Selbst der innerparteiliche Machtkampf findet heute „über die Bande" der Massenmedien statt. Die mediale Öffentlichkeit, die in keinem staatsrechtlichen oder politikwissenschaftlichen Lehrbuch in dieser Rolle erscheint, ist in ihrer komplexen Gesamtheit als Summe von Teilöffentlichkeiten und organisierten Akteuren inzwischen selbst eine politische Institution geworden. Natürlich ist „die Öffentlichkeit" und sind „die Medien" nicht einheitliche Akteure, und solange es nicht in bestimmten Teilöffentlichkeiten zu Monopolen kommt, ergibt sich dadurch in diesem Bereich ein die Heterogenität der politischen Gesellschaft wie überall reflektierender Pluralismus. Der Kampf um die Plazierung von Themen und Problemen auf der aktuellen Tagesordnung der politischen Gesellschaft tobt nicht nur in den Medien und wird dort von Politikern als Wettbewerb um öffentliche Aufmerksamkeit ausgetragen, sondern einzelne Medien, Journalisten oder *anchormen*[49] treten als machtvolle politische Akteure auf, die zwar untereinander um Einschaltquoten und Interpretationshegemonie konkurrieren, die es aber dabei mit den eigentlichen politischen Akteuren und Amtsträgern allemal aufnehmen können.

---

geschehen sie, weil die Aufnahme läuft?" (Frankfurter Allgemeine vom 31.8.1998) – eine Frage, die wir uns bei Parteitagen, Kundgebungen, Parlamentssitzungen etc. kaum noch stellen.
49 Korrekter: *anchorperson*.

Dieser Logik haben sich angesichts der Tatsache, daß für die meisten Bürger und Bürgerinnen politische Primärerfahrung die Ausnahme, Rezeption der Politik durch die Medien aber die Regel ist, alle organisierten politischen Akteure, alle sozialen Bewegungen und auch die Verbände zu unterwerfen, die sich längst nicht mehr auf das Lobbying hinter verschlossenen Türen verlassen können. Sie müssen nicht nur in die Medien kommen, um wahrgenommen zu werden, sondern sie müssen einzelne Medien oder prominente Medienakteure als Unterstützer und Promotoren gewinnen, um erfolgreich sein zu können. Obwohl es sicher auch Inhalte und Formen der Interessenvertretung gibt, die gerade das Licht der Öffentlichkeit zu scheuen haben, gilt in vielen politischen Bereichen doch gerade das Gegenteil: Die Unterstützung durch maßgebliche Medien und die dadurch zustande kommende öffentliche Meinung wirken als externe Verstärker von Anliegen, die es ansonsten im internen Gestrüpp des alltäglichen Kampfes um die Wahrnehmung entscheidungsberechtigter Bürokraten und Politiker schwer hätten. Selbst große Industrieverbände oder Bankenvereinigungen, die früher wie heute noch andere und direktere Wege zur Macht zur Verfügung haben und bevorzugen, geben heute Jahr für Jahr Millionenbeträge für Public Relations und Medienpräsenz aus, um für das interne Lobbying eine positiv gestimmte öffentliche Meinung oder zumindest Stimmung zu erzeugen.

Zweifellos geschieht heute vieles in der Politik überhaupt nur, weil es ein massenmediales „Ereignis" ergibt, und zweifellos folgt die Dramaturgie dieses Ereignisses von vorneherein den sogenannten mediengerechten Notwendigkeiten. Sprache, Stil und Äußeres, nicht selten eben auch Anlaß und Thema, also das ganze *framing,* werden vom Fernsehen vorgegeben oder auf dieses hin konzipiert. Den politischen Akteuren bleibt in diesen Zusammenhängen nichts anderes übrig, als sich den Spielregeln und Zwängen der medialen Vermittlung – oder soll man direkt von „Vermarktung" sprechen? – zu unterwerfen, denn politisches Vertrauen erwächst heute, zumindest auf der überregionalen Ebene, für politische Akteure nur noch aus massenmedial vermittelter Popularität. Auch das Gegenteil ist richtig: Personen, Themen oder Ereignisse, die nicht mediengerecht sind, sind schwer jenseits lokaler Zusammenhänge zu politisieren.

Wenn das alles so wenigstens ungefähr richtig ist, dann stellen sich unter der spezifischen Perspektive der Zukunft der Demokratie mindestens zwei zentrale Fragen: Erstens, wie verändert sich Politik, um mediengerecht zu werden, und zweitens, wie ist es um die Legitimität der Medien und um die Legitimität der nur von ihnen herausgehobener Individuen als politische Akteure bestellt?

Es ist schwierig, die sich solchermaßen abzeichnenden Veränderungen der Politik in ihrer Tiefe und ihren Dimensionen vollständig abzuschätzen; dazu bedürfte es anderer Untersuchungen. Hier können nur einige allgemeine Überlegungen angestellt werden, die sich zum Teil als Thesen über wahrscheinliche zukünftige Entwicklungen, zum Teil als nur empirisch zu überprüfende Hypothesen verstehen. Natürlich wäre bei solchen empirisch vergleichenden Untersuchungen davon auszugehen, daß es hinsichtlich der Mediatisierung der Politik in der westlichen Welt eine große Variabilität der Formen, Inhalte und des Entwicklungsgrades gibt, die vor allem mit der jeweils unterschiedlichen politischen Kultur der betroffenen Gesellschaften zu tun hat. Da jede Kultur insgesamt, besonders aber auch die politische Kultur, zwar nicht ausschließlich, aber wesentlich auch durch das Leitmedium geprägt ist, in dem sie kommuniziert und manifestiert wird, ist allerdings nicht auszuschließen, daß gerade eine solche vergleichende Untersuchung der Mediatisierung in verschiedenen Gesellschaften einen Trend zur Angleichung und Einebnung kultureller Differenzen aufzeigen könnte. Als Folge dieser Angleichung würde bedingt durch die Mediatisierung der Politik diese, ungeachtet verschiedener politisch kultureller Differenzen in den politischen Gesellschaften unserer Tage und der Zukunft, sich überall eher angleichen.

Die durch die Art der heutigen Mediatisierung bedingten Veränderungen der Politik, die man vermuten, beobachten oder abzuschätzen vermag, betreffen auch verschiedene Dimensionen des Politischen und eben nicht nur die zumeist im Vordergrund stehenden der Politikvermittlung und Kommunikation selbst. Zu den wichtigsten dürften neben den inhaltlich-stilistischen die institutionellen sowie diejenigen zählen, die sich auf die Machtverteilung in demokratischen Gesellschaften beziehen. Zwischen diesen drei Dimensionen besteht offenkundig eine intensive Wechselwirkung.

Solange man die Demokratie – was in diesem Buch nur in begrenztem Maße geschieht – vor allem als eine bestimmte konstitutionelle Form des Prozesses der Willensbildung, Machtverteilung und Legitimierung von Politik betrachtet, müßten die schleichenden institutionellen Veränderungen im Gefolge der Mediatisierung besondere Besorgnis auslösen. Der Begriff „Institution" wird in diesem Zusammenhang zunächst weniger soziologisch als vielmehr staatsrechtlich und juristisch aufgefaßt. Die „Öffentlichkeit" und die „Medien" erscheinen in dieser Art der Betrachtung eher nur am Rande als residuale Kategorien der verfassungsrechtlich garantierten, zumeist individuellen Rechte, vor allem des Rechts auf freie Meinungsäußerung, sowie des Rechts, seine wirtschaftlichen und sonstigen Interessen, sofern sie im Einklang mit der Rechtsordnung stehen, ungehindert zu verfolgen. Sowohl die individuelle wie die pluralistische politische Willensbildung vollzieht sich in dieser Perspektive außerhalb derjenigen demokratischen Institutionen, in denen verfassungsrechtlich beziehungsweise institutionell die Demokratie erst konstituiert wird, wobei die Wahlen gewissermaßen als Registratur und Übertragung der vorab gelaufenen Willensbildung in den institutionellen Rahmen der Demokratie fungieren. In einer solchen, hier nur grob skizzierten, Perspektive der Demokratie besteht die Rolle der Medien vor allem in der Ermöglichung der politischen Willensbildung und in der Kontrolle der legitim eingesetzten Regierungen und Verwaltungen. Letzteres gilt dabei wiederum nur indirekt, denn die Medien sollen nur berichten oder allenfalls durch investigativen Journalismus „aufdecken" – und durch die Möglichkeit von beidem gewissermaßen „generalpräventiv" wirken –, während die eigentliche „Macht" wiederum den solchermaßen informierten oder gegebenenfalls alarmierten Wählern zukommt. Gelegentlich ist man im Rahmen dieses Ansatzes soweit gegangen, von den Medien über die üblichen drei Gewalten der Legislative, Exekutive und Judikative hinaus als einer „vierten Gewalt" zu sprechen. Wenn das geschah, dann war es bisher eigentlich immer eher positiv und nicht kritisch gemeint: Die Medien sollten die anderen „Gewalten" in der beschriebenen Weise kontrollieren – daß es sich bei ihnen selbst um eine der Kontrolle oder Ausbalancierung und folglich auch der entsprechenden demokratischen Legitimierung bedürftige konstitutionelle „Gewalt" handeln könnte, war dabei nicht impliziert.

Genau das ist heute die Folge der Mediatisierung und das politische Problem. Angesichts der faktischen Macht und Bedeutung, die die Medien insgesamt, und unter ihnen einzelne mehr oder weniger, in der Politik gewonnen haben, stellt sich massiv das bisher vernachlässigte Problem ihrer demokratischen Legitimation. Solange man die Frage, wie bisher üblich, vor allem unter dem Gesichtspunkt der Meinungsfreiheit beziehungsweise generell der Freiheit zur rechtmäßigen freien Betätigung in einer pluralistischen Gesellschaft betrachtet, taucht dieses Problem überhaupt nicht auf. Allenfalls regt sich Unbehagen, wenn sich durch zu große Konzentration auf dem Medienmarkt oder innerhalb einer seiner Teilmärkte die Gefahr zur Monopolisierung abzeichnet. Man reagiert darauf üblicherweise kartellrechtlich, also mit Markteingriffen, die mindestens ein gewisses Maß an Konkurrenz und Vielfalt erhalten sollen. Wo es überhaupt geschieht, bleibt die Frage im Zwielicht, was das eigentliche Ziel und Motiv des Eingriffes ist: die Verhinderung der Wirtschaftsmacht, die sich aus monopolisierten Märkten wie auch anderswo ergibt, oder aber die demokratierelevante Verhinderung der Entstehung außerkonstitutioneller Meinungsbildungs- und Machtzentren. Während das, aus welchen Motiven heraus auch immer, also immerhin noch einigermaßen geschieht, fragt nach der Macht, die sich aus der Wahrnehmung gewisser Positionen in den Medien ergibt, kaum noch jemand. Und das ist kaum ein Zufall, denn die Frage führt in ein Dilemma, mit dem sich im Rahmen des Modells der liberal konstituierten Demokratie schlecht umgehen läßt. Das Dilemma besteht zwischen der ungeheuren Machtungleichheit in der Wahrnehmung der Meinungsfreiheit durch einige herausgehobene Medienakteure einerseits, seien es die Eigentümer indirekt oder seien es die für die Inhalte und Meldungen direkt Verantwortlichen, und der berechtigten Angst vor Zensur und Einschränkung der Meinungsfreiheit. Diese Macht besteht, wie ich versucht habe anzudeuten, ja nicht nur in dem Vorteil, die eigene Auffassung vor einem Millionenpublikum äußern zu können, sondern sie besteht vor allem in dem bewußten und kontrollierten Beitrag, den gewisse herausgehobene Medienakteure täglich bei der Konstruktion der politischen Wahrnehmung *für andere* leisten. Sie zwingen durch Auswahl und Art der Thematisierung anderen einen eingeschränkten Wahrnehmungshorizont auf, den diese nur mit unverhältnismäßigen und nur von einer Minderheit zu leistenden Eigenaktivitäten überschreiten, ja sich bewußt machen können. Für die, die das nicht leisten, *ist* die Politik so, wie sie gesendet wird.

Die „liberale" Lösung vertraut dem Wettbewerb, der auf dem Medienmarkt als Folge der vermuteten pluralistischen Vielfalt zu erwarten ist, und der individuellen Fähigkeit und Bereitschaft der Bürger und Bürgerinnen, von diesem „Markt" einen vernünftigen Gebrauch zu machen. Für sie gilt vor allem hier das Motto: *sapere aude*!

Gibt es diese „Vielfalt" wirklich, etwa für kleinere oder neuere Parteien, im Rahmen der üblichen Abendnachrichten des nationalen Fernsehens? Führt nicht die Verschiebung des ganzen Problems auf die „Konsumentensouveränität" zu ganz unrealistischen Annahmen über das Informationsverhalten der großen Mehrheit der Bürger und Bürgerinnen und damit zu einer Verdrängung des hier aufgeworfenen Problems? Für die meisten existiert ein pluralistischer Medienmarkt tatsächlich so wenig, wie eine pluralistische Angebotsstruktur auf vielen regionalen Zeitungsmärkten besteht. Das Zusammenwirken von Konsumententreue – oder -trägheit? –, unkontrollierbarer Meinungsmacht in bestimmten Medien und der Vermachtung von Teilmärkten führt am Ende dazu, daß einzelnen Medienakteuren die beschriebene unkontrollierte Machtposition in der politischen Willensbildung und Wirklichkeitskonstitution zuwächst, die aus der Perspektive normativer Demokratietheorien höchst problematisch ist. Bei ihnen transformieren sich die allgemein beschriebenen Möglichkeiten der Medien zur Beeinflussung des politischen Prozesses in persönliche Macht. Dies desto mehr, je weniger in der Öffentlichkeit wie in der sie reflektierenden Wissenschaft die wirklichkeitskonstituierende Rolle der Medien durchschaut wird. Wer in den demokratischen Institutionen über ähnliche politische Macht verfügen wollte, müßte in der Demokratie üblicherweise durch Wahlen oder durch sein Amt legitimiert sein. Die jedem einzelnen Bürger, jeder einzelnen Bürgerin zukommende Freiheit zur Meinungsäußerung, die den herausgehobenen Medienkteuren selbstverständlich in ihrer Bürgerrolle ebenso zukommt, reicht für die Legitimation einer solchen politischen Meinungsmacht wohl kaum hin. Wenn Louis Pauly fragte: „Who Elected the Bankers?" (1997), dann stellt sich mit dem gleichen Recht heute die Frage: Wer legitimiert – durch Wahlen? – die in ihrer Meinungsmacht herausragenden Journalisten und vor allem die unter dem Siegel der bloßen Nachrichtenübermittlung agierenden populären Fernsehprotagonisten? Wer gibt ihnen wie das Recht und die Macht, bestimmte Kandidaten „hoch" oder „runter" zu kommentieren, sie als Folge ihres eigenen, insofern legitimen, politischen oder sonstigen Urteils mehr oder weniger öffentlich zu „plazieren", wer kontrolliert ihre unterschwelligen oder absichtlichen Insinuationen, und so weiter. Wie schon gesagt, man zögert beim Schreiben dieser Fragen, weil sie als Ruf nach der Zensur nur allzu leicht mißverstanden werden könnten. Gerade wenn man eine Zensur nicht will und mit der Demokratie und der Freiheit der Bürger und Bürgerinnen für unvereinbar hält, müßte man dann nicht wenigstens realistisch zur Kenntnis nehmen, daß im Zuge der Mediatisierung der Politik hier Akteuren eine politische Rolle und Macht zugewachsen ist, die im Vergleich zu anderen politischen Ämtern und Machtpositionen ein Legitimationsdefizit aufweist, und von der man nur hoffen kann, daß sie von den einzelnen Individuen mit Verantwortung und im Sinne der Demokratie ausgeübt wird. Gerade die zuletzt ausgesprochene Hoffnung bedeutet aber demokratietheoretisch, daß man wieder einmal gezwungen ist, auf die demokratische Verpflichtung und Selbstbindung ansonsten kaum noch zu kontrollierender und in diesem Fall problematisch legitimierter Eliten zu vertrauen, also von der Theorie demokratischer Elitenherrschaft und nicht von der Bürgerdemokratie her zu denken.

Über die Folgen, die die Mediatisierung der Politik in inhaltlicher und stilistischer Hinsicht zeitigt, ist beiläufig und angefangen mit dem Zitat von John Dewey hier schon soviel gesagt, ist seit einem Zeitalter bereits soviel geschrieben und geklagt worden, daß ich dem nichts hinzuzufügen habe. Es gilt hier nur noch einmal den unvermeidlichen logischen Schluß zu ziehen, daß die in den Wissenschaften derzeit so beliebten und verbreiteten präskriptiven Modelle einer „diskursiven" und „deliberativen" Demokratie einem Ideal nacheifern, für das sich in der Realität nur lokale und minoritäre Ansätze bieten. Es ist richtig, daß es in den politischen Gesellschaften einen Trend zu mehr politischer Partizipation und Einmischung gibt; er ist mit der hier vertretenen theoretischen Deutung der Gegenwartsgesellschaften erklärbar und kompatibel. Dieses sich ausbreitende, aus der Sicht der Individuen gleichwohl nur gelegentliche und anlaßspezifische politische Engagement von immer mehr Individuen kümmert sich wenig um die idealistischen Entwürfe von „Theoretikern", sondern paßt sich zum Teil recht erfolgreich in die vorherrschenden Formen pluralistischer Interessenvertretung und politischen Wettbewerbs ein. Die „Öffentlichkeit" der politischen Gesellschaften, über die konkreten Interaktionen und Kommunikationen hinaus nur wahrnehmbar in ihrer medialen Repräsentation, wird dadurch noch heterogener und pluralistischer, die politische Kreation von übergreifenden Gemeinsamkeiten ebenso wie die Herstellung allgemein anerkannter Verbindlichkeiten aber noch schwieriger. Die Öffentlichkeit demokratischer Großgesellschaften wird eben nicht diskursiv und mit zwingen Argumenten gebildet, sondern durch eine vor allem am Kommerz interessierte massenmediale Einwegkommunikation, deren Hauptcharakteristikum mit „Trivialität" angesichts der heute wie schon seit langem beobachtbaren Tendenzen zu Gewalt, Sensation und Kitsch fast schon zu freundlich gewählt ist.

Vor der zwingenden Folge, daß auch das „Bild", das in der Gesellschaft von ihr selbst vorherrscht, durch diese Trivialitäten bestimmt ist, und daß auch die Politik dem sich nicht entziehen kann, gibt es nur einen Ausweg – der freilich, wie gesagt, ein wenig an den Lügenbaron Münchhausen erinnert. Angesichts des unvermeidlich immanent allein aus Handlungen und Deutungen konstruierten Charakters modernen Gesellschaften, und angesichts des heutigen reflexiven Wissens darum, kann der Ausweg nur in einer gewollten Selbstveränderung der Handlungssubjekte liegen, die den Konsequenzen dieser Trivialisierung selbst entgehen wollen. Daß diese Selbstveränderung am Ende beim einzelnen Individuum selbst gewollt sein muß, steht dem Versuch nicht entgegen, die Bedingungen zu beeinflussen, in denen dieses wahrscheinlicher sein würde als heute.

Der Weg dahin führt allein über bewußte Erziehung von Bürgern und Bürgerinnen, über deren politische Bildung, die den komplexen Bedingungen der politischen Gesellschaft in kognitiver, normativer und affektiver Hinsicht adäquat werden müßte.

4.6 Politische Bildung

Nicht nur große Teile der gesellschaftlichen Eliten, sondern auch der größere Teil der sonstigen Bevölkerung in den westlichen Demokratien scheint in Gestalt eines unpolitischen Lebens oder bloß selektiven politischen Interesses darauf zu vertrauen, daß die demokratischen Rahmenbedingungen dieses gelegentlichen Engagements sich von selbst reproduzieren. Während die politisch aktiven Eliten in dieser Haltung nur die Prämissen ihrer eigenen Elitenherrschaft rationalisieren und dabei gleichzeitig untergründig zur Erosion der bürgerzentrierten Demokratie beitragen, ist das Vertrauen der Bevölkerung voller erkennbarer Widersprüche. Den politischen Eliten der westlichen Demokratien steht sie überall, und in den letzten Jahren mit anscheinend anwachsendem Ausmaß, mit Kritik oder zumindest Mißtrauen gegenüber, insbesondere wenn es sich um die politischen Parteien handelt – aber zu einem stärkeren Eigenengagement für die Demokratie führt diese Skepsis die Mehrzahl der Bürger und Bürgerinnen nicht von selbst. Offenkundig wird das politische Engagement zwar in höherem Maße als früher direkt für bestimmte spezifische Ziele eingesetzt, und es kommt, ganz im Einklang mit den Annahmen über die Natur der politischen Gesellschaft, dabei zu einer Ausweitung des informellen oder unkonventionellen Bereichs der Politik (Barnes/Kaase 1979; Marsh 1990). Als Mittel zur Sicherung oder gar des Ausbaus und der Wandlung der Demokratie direkt gilt diese jeweils punktuelle politische Partizipation nicht ohne weiteres. Es gibt Initiativen und neue soziale Bewegungen für alles und jedes, aber „ein gemeinsames Projekt der Bewegungspartikel ist zumindest theoretisch nicht vorhersehbar" (Roth 1983, S. 324) und hat sich praktisch auch nirgends in den westlichen Demokratien eingestellt. Eine über spezifische *issues* hinausreichende „Demokratiebewegung", wie sie in bestimmten Phasen des Zusammenbruchs osteuropäischer Herrschaft, vor allem in Polen, Ungarn und spät und kurz auch in der Deutschen Demokratischen Republik entstand, bleibt im Westen rudimentär. Allenfalls kann man Roland Roths vorsichtigem Fazit, fünfzehn Jahre nach dem obigen Zitat aufgestellt, zustimmen: „Beobachtbar ist eine allmähliche Gewichtsverlagerung von der eliten-orientierten zur eliten-herausfordernden Politik in der Bevölkerung, wobei die von den neuen sozialen Bewegungen propagierte ›neue Politik‹ und ihre auf politische Partizipation und Selbstverwirklichung gestimmten, ›postmaterialistischen‹ Orientierungen im Zentrum stehen" (Roth 1994, S. 31). Aber es scheint so, als würde die Demokratie als solche zum zentralen Motiv politischer Partizipation nur dort, wo sie grundsätzlich verweigert wird; auch dann wird sie möglicherweise, wie in den osteuropäischen „Transformationsgesellschaften", eher um der individuellen Freiheiten und des in ihr vermuteten besseren Lebens willen gefordert, als aus dem Motiv heraus, in Zukunft mit den anderen Bürgern und Bürgerinnen die politische Selbstbestimmung permanent auszuüben. Die von einigen Protagonisten der sozialen Bewegungen vertretene Annahme, die Zunahme sozialer Bewegungen wirke automatisch demokratisierend, ist angesichts ihres breit gefächerten Themen- und Anlaßspektrums, das auch weit auf die „rechte" Seite ausgreift, ebenso wie aufgrund struktureller Probleme ihrer keineswegs immer manipulations- und hierarchiefreien Mobilisierung, naiv. Das Fehlen einer Demokratiebewegung, etwa im Sinne der bürgerlich-liberalen des Vormärz im 19. Jahrhundert, ist in den westeuropäischen politischen Gesellschaften besonders überraschend, wenn man bedenkt, daß mit dem Ausbau, Kompetenzgewinn und der Verfestigng des Regierungssystems der Europäischen Union teilweise ein deutlicher Rückfall hinter das in den beteiligten Nationalstaaten historisch bereits erreichte Demokratisierungsniveau verbunden ist. Während sich Mehrheiten um den zukünftigen Wert ihrer Ersparnisse in der kommenden europäischen Währung sorgen, bleibt die Kritik an diesem Demokratieverfall marginalen Gruppen vorbehalten und findet zum Beispiel im deutschen Parteiensystem kaum Widerhall.

Eine ambivalente Stellung nimmt dieses Urteil allerdings zu den in allen westlichen Demokratien vorfindlichen, mal mehr mal weniger starken Initiativen für mehr direkte Demokratie ein. Dahinter verbergen sich die unterschiedlichsten Formen der verfaßten politischen Willensbildung, deren Kern aber regelmäßig das inhaltliche Plebiszit, die Volksgesetzgebung und die Direktwahl von Amtsinhabern ausmachen. In Westeuropa steht, mit der historisch begründbaren Ausnahme der Schweiz, die direkte Demokratie überall in deutlicher Frontstellung gegen das von den Parteien monopolisierte, um nicht zu sagen, usurpierte repräsentative Modell der Demokratie. Zweifellos ist in dem Kampf der Initiativen gegen den „repräsentativen Absolutismus" der Parteien, etwa in Deutschland, auch ein gutes Stück Bewegung für mehr Demokratie enthalten. Sieht man sich allerdings die Praktizierung der direkten Demokratie, dort wo sie bereits existiert, näher an, so kann man sie durchaus in das obige Urteil einordnen – und das hat systematische Gründe. Silvano Möckli stellt nach einem gründlichen Vergleich der praktizierten direkten Demokratie in der Schweiz und in Kalifornien fest: „Die Existenz von direktdemokratischen Institutionen und deren Anwendung allein reichen freilich nicht aus; es bedarf darüber hinaus gemeinsamer politischer Grundwerte" (1994, S. 363). Diese würden zwar durch das Erlebnis der Teilnahme an direktdemokratischen Willensbildungs- und Entscheidungsprozessen auch bestärkt, seien aber andererseits bereits deren Voraussetzung. Das bedeutet, die Art und Weise, wie die direkte Demokratie ausgeübt und wahrgenommen wird, wird entscheidend durch die politische Kultur und das Niveau der politischen Bildung ihrer Bürger bestimmt. Angesichts der geschilderten gegenwärtigen Tendenz in den politischen Gesellschaften, das politische Engagement idiosynkratisch an punktuellen Zielen auszurichten und dabei partikularen Perspektiven allgemeine Geltung zu verschaffen, trüge mehr direkte Demokratie eher dazu bei, die Tendenz zur politisierten Fragmentierung, zur Verantwortungsdiffusion und zur Planlosigkeit der Politik zu verstärken. So bedeutsam direkte Demokratie unter dem Gesichtspunkt von Herrschaftskontrolle ist, so wenig ist sie für sich genommen bei gleichbleibenden strukturellen und kulturellen Bedingungen der Königsweg zur Bildung republikanischen Geistes und bürgerlicher Tugenden. Erst wo diese vorherrschen, wäre das Instrumentarium direkter Demokratie gegen seine rein instrumentelle Verwendung gefeit.

Ob mit mehr oder weniger direktdemokratischen Implikationen: Immer weniger kann die Demokratie von normativen und verhaltensmäßigen Dispositionen ihrer Bürger und Bürgerinnen zehren, die außerhalb ihrer selbst früher regelmäßiger entstanden. Sie bedarf der bewußten Entscheidung und zu Zeiten eines entsprechenden Engagements ihrer Bürger und Bürgerinnen, nicht nur im Sinne spezieller Interessenwahrung, sondern für ihre Sicherung und Weiterentwicklung in der Zukunft. Ihr Wert muß erfahren, erkannt und anerkannt, ihre normativen und geistigen Prinzipien müssen auch kognitiv durchschaut und in das individuelle Weltbild handlungsrelevant integriert sein. Das könnte heute nur in einer politisch gewollten und massiv geförderten lebenslangen Erziehung zur Demokratie und in einer damit verbundenen praktischen politischen Sozialisation gewährleistet werden. Deren Herausforderungen übertreffen die heutigen Investititonen in schulische oder universitäre politische Bildung in den meisten westlichen Demokratien, die mir, bei aller Differenzierung, insgesamt kläglich und fahrlässig niedrig erscheinen. Am Beginn des Jahrhunderts schrieb John Dewey auf dem Hintergrund seiner amerikanischen Erfahrungen noch optimistisch: „Daß sich die Demokratie der Erziehung in besonderem Maße hingibt, ist eine bekannte Tatsache. Die oberflächliche Erklärung dafür ist, daß eine auf allgemeinem Wahlrecht beruhende Regierung nicht erfolgreich sein kann, wenn diejenigen, die die Regierung wählen und ihr zu gehorchen haben, nicht erzogen sind" (1964, S. 120). Zwar ist es richtig, daß diese Gesellschaften heute mehr denn je für Erziehung ausgeben. Aber das hat mehr mit der während des Jahrhunderts erfolgten sozialen und materiellen Aufwertung des Lehrerberufs zu tun als damit, daß heute Erziehung und der resultierenden Bildung ein größerer Wert beigemessen würde als zu Beginn des Jahrhunderts. Vor allem aber ist die früher stillschweigende Unterstellung inzwischen zweifelhaft geworden, daß jegliche Art der formalen Bildung dem Gemeinwesen automatisch zugute käme. Das ist, zugespitzt, aber dann nicht der Fall, wenn sie sich einlinig auf die Ausbildung berufsrelevanter marktgängiger Fähigkeiten und Fertigkeiten ausrichtet, noch dazu absichtlich oder unabsichtlich in einem „Geiste" praktiziert wird, der den Schülern und Schülerinnen signalisiert, daß es in dieser Gesellschaft vor allem auf eine Art des Erfolges ankäme, nämlich sich individuell durchzusetzen und materiell zu akkumulieren. Auf diese Weise erzieht man eher lauter Trittbrettfahrer der Demokratie, als daß man für ihre Zukunft ausreichend Sorge trägt.

Demokratische politische Bildung der Bürgerschaft kann heute, angesichts der fortschreitenden Austrocknung anderer Quellen der gemeinschaftsförderlichen, also sittlichen Sozialisation, nur noch diese beiden Quellen haben: die im kindlichen, jugendlichen und später lebenslangen Sozialisationsprozeß erworbenen praktischen Erfahrungen und Einsichten kognitiver und normativer Art und die zielgerichtete institutionalisierte Erziehung zur Demokratie. Was die nichtintendierte Sozialisation unter den Bedingungen der heutigen politischen Gesellschaften bewirkt, ist mit ihrer Beschreibung im Grunde genommen schon gesagt worden; aus ihr können Individualismus und Selbstverwirklichung erwachsen, die sich hier und da unter Nutzung der institutionellen und rechtlichen Gegebenheiten der Demokratie in das begrenzte politische Engagement des bereits früher charakterisierten „considering choosers" (Willems 1998) umsetzen. Ein kontinuierliches Engagement für die Demokratie und ihre stets notwendige Erneuerung ergibt sich daraus noch nicht. Immerhin werden auch mit solch begrenztem Engagement praktische Erfahrungen als politischer Bürger und Bürgerin gesammelt, die sich freilich in der komplizierten und vielschichtigen Realität politischer Gesellschaften nicht von selbst zu einer angemessenen demokratierelevanten Qualifizierung auswachsen. Ein solches Engagement führt auch in sozialen Bewegungen und Bürgerinitiativen zu einer Art des politischen Spezialistentums, reproduziert damit nur Formen der Berufswelt oder der Konsumentenrolle am Markt und läßt die generalistische Dimension, die der demokratischen Bürgerrolle idealiter notwendigerweise innewohnen muß, nicht entstehen.

Zur individuellen politischen Bildung verbinden sich Sozialisation und Erziehung nur dann, wenn Mündigkeit und Selbstbestimmung nicht nur überragendes Ziel, sondern auch schon die qualitativ entscheidenden Kriterien beider Prozesse sind. Man kann in Unfreiheit nicht zur Freiheit erziehen.[50] Nicht im Widerspruch dazu steht, daß alle Erziehung Verbindlichkeit, ja wenn man so will, Autorität erfordert, die über ihre Ziele und ihre Glaubwürdigkeit gerechtfertigt sein müssen.

---

50 Wohl aber kann erfahrene Unfreiheit das Verlangen nach Freiheit entstehen lassen oder bestärken.

Mit solcher gesellschaftlich konsensuell fundierten Autorität muß Demokratie innerhalb wie außerhalb der institutionalisierten Erziehung als die normativ gewollte Lebensweise, als eine geteilte politische Kultur vermittelt und gelehrt werden, die gegen die prinzipiell bestehende Kontingenz der politischen Gesellschaft in einem immer wieder zu erneuernden gemeinsamen Willensakt gestellt wird. Damit das gelingen kann, darf die Orientierung auf Mündigkeit und Selbstbestimmung nicht ausschließlich individualistisch interpretiert und vermittelt werden. Zwar ist das freie mündige Individuum in Gestalt des Bürgers oder der Bürgerin der letzte und einzige unumstößliche normative Bezugspunkt jeder verteidigungswerten Demokratieauffassung, aber es besteht die Gefahr, daß eine politische Erziehung, die Mündigkeit und Selbstbestimmung nur individualistisch auslegt, eine spezifische Gestalt des Liberalismus mit der Demokratie verwechselt. Hier liegt der an sich richtige Grundgedanke der kommunitaristischen Liberalismuskritik – nur daß mit ihr häufig allzu leicht auch die Errungenschaften des Liberalismus und der individuellen Freiheit aufs Spiel gesetzt werden und zugunsten einer in der politischen Gesellschaft kaum möglichen Restabilisierungsstrategie formaler Institutionen nicht nur eine unrealistische, sondern letztlich auch autoritäre Zielrichtung verfolgt wird. Bürger oder Bürgerin kann man einerseits nur als mündiges Individuum, andererseits aber nicht isoliert von anderen und allein sein. Die Demokratie ist notwendigerweise eine Gemeinschaft und kein individuelles Lebensprojekt, sie kann nicht allein, sondern nur im Zusammenwirken mit anderen hervorgebracht und gepflegt werden. Insofern haben die Erziehungsziele Mündigkeit und Selbstbestimmung notwendigerweise auch eine gemeinschaftliche Dimension, die der aktiven Förderung und Anerkennung bedarf. Schule und Universität sowie nachgeordnete Institutionen lebenslanger politischer Bildung wären heute die Orte, in denen eine demokratische politische Gesellschaft um die Reproduktion einer entsprechenden bürgerlichen Sittlichkeit besorgt sein müßte.

Die Demokratie ist kein abstrakter Rahmen des Handelns und Erlebens, den die nachfolgenden Bürger und Bürgerinnen immer bereis schon vorfinden, sondern eine Lebensform und politische Existenzweise, für die sich bewußt jeder einzelne entscheiden muß. Für diese Entscheidung kann politische Erziehung am Ende nur werben. Dieser individuelle Wahlakt könnte in einer säkularisierten Welt auch Enthusiasmus und Lebenssinn begründen, wenn er mit entsprechenden Erfahrungen in der politischen Gesellschaft einherginge. Um letztere bleibt es allerdings prekär bestellt, wenn die gegenwärtigen Trends weiterhin sozialisationsbestimmend für die kommenden Generationen wirken.

„The education of children has a direct bearing on citizenship, and, when the state guarantees that all children shall be educated, it has the requirements and the nature of citizenship definitely in mind", unterstellte Thomas H. Marshall vor fünfzig Jahren mehr oder weniger für alle westlichen Wohlfahrtsstaaten (1997, S. 299). Würde er das heute auch noch behaupten können?

Zwar sind die Bildungsausgaben in allen westlichen Demokratien historisch einmalig hoch, und der Wert von gesellschaftlichen Investitionen in Bildungseinrichtungen ist unbestritten. Allerdings ist das vorwiegend deshalb so, weil Investitionen in „Humankapital" heute als zentrale Voraussetzung für einen erfolgreichen Wettbewerb auf dem Weltmarkt angesehen werden, weil die Verwissenschaftlichung der Produktion und die kommunikative und kognitive Komplexität des wachsenden Dienstleistungssektors heute vor allem in den ökonomisch führenden Gesellschaften nach immer qualifizierterer Arbeitskraft verlangen. Die historisch einmalig hohen Investitionen in Schulen und Universitäten, egal ob sie wie im deutschen Fall eher aus Steuermitteln indirekt, oder wie im amerikanischen Fall eher privat aufgebracht werden, zielen heute, anders als noch bis zum Zweiten Weltkrieg, kaum noch auf werteorientierte Bildung, sondern auf immer enger definierte berufliche und am Markt verwertbare Qualifikationen. Zwar diente Bildung für den größeren Teil der Gesellschaftsmitglieder seit der Industrialisierung immer auch der beruflichen Qualifizierung und nachfolgenden Sicherung von Einkommen und Stellung; gerade für Unterschichten war eine meritokratische Bildungsgesellschaft der Weg zu gesellschaftlichem Aufstieg *par excellence*. Der heute dominierende Qualifikationsbegriff ist dabei, recht einseitig und – jedenfalls in der dominanten öffentlichen Meinung – umstandslos für die ökonomischen Zwecke instrumentalisiert zu werden. Schule und Studium sollen auf „Zukunftsberufe" vorbereiten, „flexible", das heißt zur schnellen Anpassung an wechselnde Umstände nützliche „Querschnittskompetenzen" und „Schlüsselqualifikationen" vermitteln, deren Einsatz hinterher individuell wie gesamtwirtschaftlich zu lohnen verspricht.

Diese überall mehr oder weniger herrschende Ausrichtung des Bildungssystems wird, betrachtet man sich die Zustände an den Universitäten der westlichen Demokratien, durch eine große Zahl der Studierenden mit der individuellen Wahl des Studienfachs konterkariert: Die Fächer der ehemaligen philosophischen Fakultäten und die Sozialwissenschaften erfreuen sich – ungeachtet der individuell ungewissen Berufsaussichten ihrer Absolventen – eines regen Zuspruchs. Abgesehen davon, daß sich auch in diese ehemaligen Zitadellen humanistischer Bildung eine Tendenz der qualifikationsorientierten Verflachung und berufsorientierten Instrumentalisierung einschleicht, erfahren Lehrende wie Studierende längst vor dem versuchten Berufseintritt der Absolventen, was diese Art von Bildung heute gesellschaftlich noch für einen Wert zugemessen bekommt. Den einfachsten Indikator dafür bilden, neben der eher schwer zu bemessenden Reputation und Anerkennung, die differenziert zugewiesenen öffentlichen und privaten Gelder. Zwar ist es richtig, daß noch nie soviele Ressourcen für akademische Institutionen aufgewandt wurden wie heutzutage – aber das Geld wird innerhalb der Bildungsinstitutionen sehr unterschiedlich verteilt. Den Großteil bekommen die am Markt unmittelbar verwertbaren Fächer – und die Medizin. Die körperliche Gesundheit und die künstliche Verlängerung des Lebens läßt sich die moderne Gesellschaft inzwischen fast zwanzig Prozent ihres Bruttosozialproduktes kosten – weit mehr, als sie in ihren geistigen Zustand investiert. Das Resultat läßt sich in der Ausstattung geistes- und sozialwissenschaftlicher Bibliotheken, in den Relationen zwischen Lehrenden und Lernenden und in einigen Ländern gar an der Verwahrlosung der zur Bildung nicht länger geeigneten Massenabfertigung von Studierenden verkommenen Einrichtungen, vor allem aber im Niveau der politischen Kommunikation ablesen.

Was immer der ökonomische Erfolg einer so einseitig auf Verwertung hin instrumentalisierten Ausbildung langfristig sein mag – auch da habe ich meine Zweifel –, die politischen Wirkungen dieses Verfalls der Bildung und der Verlust ihrer Anerkennung bei den gesellschaftlichen Eliten sind angesichts der Angewiesenheit der demokratischen Lebensweise und Regierungsform auf gebildete Bürger und Bürgerinnen fatal. Über elementarste ideelle und institutionelle Voraussetzungen des demokratischen Regimes fehlen bis weit in die akademisch gebildeten Eliten hinein die allgemeinsten Grundkenntnisse. Man darf im Grunde genommen überhaupt nicht darüber nachdenken, welche Informationen und Kenntnisse in der Mehrheit der Fälle zum Beispiel der legitimatorisch so wichtigen Stimmabgabe bei Wahlen zugrunde liegen; ist es provokant, darauf hinzuweisen, daß der Informationsaufwand, den viele Mitbürger beim Kauf eines Autos oder einer Stereoanlage für selbstverständlich halten, den bei ihrer Wahlentscheidung bei weitem übertrifft? John Stuart Mill hatte Mitte des letzten Jahrhunderts gegen die geheime Wahl in der Demokratie eingewandt, sie verleite die Bürger dazu, ihre Wahlentscheidung heimlich nicht am öffentlichen Wohl, sondern am privaten Interesse auszurichten, also „unpolitisch" zu agieren; eigentlich sollte doch jeder Bürger und jede Bürgerin diese Entscheidung im Lichte der Öffentlichkeit rechtfertigen können und müssen (1971, S. 169). Würde eine solche Forderung heute viele nicht aus ganz anderen Gründen blamieren, nämlich wegen der damit verbundenen öffentlichen Bloßstellung ihrer Ignoranz und ihres Egoismus, die sie kaum noch zwischen privatem und öffentlichem Interesse unterscheiden lassen?

Die Bürgerschelte muß aber durch eine Schelte der politischen Eliten sogleich ergänzt werden, die ihre Wahlkampagnen nicht als Information und Bildung der Bürgerschaft aufziehen, sondern auf das Niveau von Zigaretten- und Waschmittelreklame verkommen lassen. Beide Seiten rechtfertigen ihr Verhalten bekanntlich wechselseitig mit dem der anderen – und ziehen so die politische Kommunikation in eine Abwärtsspirale der Trivialität hinein. Verantwortung dafür tragen sie ebenfalls beide gleichermaßen; in letzter Instanz haben die Bürger in einer Demokratie genau die Eliten, die sie gewählt und zugelassen haben, auch verdient.

Die politische und gesellschaftliche Relevanz der politischen Bildung demokratischer Bürger und Bürgerinnen wird heute allenfalls von einigen ihrer mehr und mehr an den Rand gedrängten pädagogischen Protagonisten anerkannt. In den Schulen und Universitäten dominieren andere Zielsetzungen und Inhalte; Sport, Musik und selbstverständlich Spezialkenntnisse in den Naturwissenschaften gelten häufig als wichtiger. Wo von einer „Krise" heute die Rede ist – und von ihr ist in Nordamerika ebenso wie in den meisten europäischen Gesellschaften die Rede –, da geht es häufig allerdings schon um die Voraussetzungen einer anspruchsvolleren Bildung wie Qualifikation gleichermaßen: trotz der historisch einmaligen gesellschaftlichen Investititonen in Schul- und Bildungseinrichtungen sinkt (!) in allen westlichen Ländern die Alphabetisierungsrate, nimmt also die Zahl von Gesellschaftsmitgliedern, zukünftigen „Bürgern" und „Bürgerinnen" zu, die nicht über einfache Grundfertigkeiten des Lesens, Schreibens und Rechnens verfügen. Wie sollen sie jemals ihre bürgerlichen Rechte, ihre Bürgerpflichten, wie schließlich die Demokratie begreifen und und durch sinnvolle Praxis ausfüllen können? Jenseits dieser in westlichen Gesellschaften heute immerhin auf bis zu fünfzehn Prozent der Erwachsenenbevölkerung geschätzten, praktisch von der Komplexität des modernen Lebens ausgeschlossenen Bevölkerungsgruppe existiert die große Zahl derjenigen, für die jede Art der selbstbestimmten intellektuellen Beschäftigung nicht in Frage kommt. Gelesen wird in den Gegenwartsgesellschaften, entgegen den Annahmen einer allgemeinen und unspezifischen Kulturkritik, mit der meine Beobachtungen einiges, meine Absichten aber wenig gemein haben, heutzutage mehr als jemals in der Geschichte. Allerdings kommt man unter qualitativen Gesichtspunkten nicht darum herum, die Art der massenweisen Lektüre und die Natur des Gelesenen hinsichtlich ihres Bildungsbeitrages kritisch zu bewerten. Schon die regelmäßige Lektüre des politischen Teils einer Tageszeitung bleibt kleinen Minderheiten vorbehalten; in Deutschland erreicht die Gesamtauflage aller überregional verkauften Tageszeitungen wenig mehr als zehn Prozent der Wählerschaft, in Nordamerika liegen die Zahlen noch darunter. Die Einschaltquoten des Fernsehens für politisch informative Sendungen, für bildungsorientierte Beiträge generell liegen stets im einstelligen Prozentbereich; ihr Anteil am Programm sinkt, während Sportübertragungen und Trivialunterhaltung in *talk- oder gameshows* beziehungsweise Fernsehfilmen mit permanent wiederkehrendem inhaltlichen Inventar ständig wächst. Welt- und Gesellschaftserfahrung wird in diesen quantitativ weit überwiegenden rein fiktiven Anteilen des Fernsehprogramms – zu denen man in gewissem Sinne auch die Sportübertragungen rechnen kann, denn was ist „fiktiver" als Spiel und sportlicher Wettkampf – nicht vermittelt.

Was das mit demokratischer Politik zu tun hat? Sehr viel: Unter den Bedingungen der demokratischen politischen Gesellschaft setzt jedes noch so rudimentäre realistische Verständnis heute die intellektuelle Fähigkeit und Bereitschaft voraus, sich mit ihr in einem bestimmten Anteil des Lebensalltages zu beschäftigen. Demokratie ist mehr als jede andere Regierungs- und Lebensform nicht nur auf ihr Verständnis, sondern auf die Intelligenz von Bürgern und Bürgerinnen angewiesen. Diese intellektuelle Fähigkeit und die entsprechende Motivation muß, wie in anderen Bereichen auch, bewußt hervorgerufen und vor allem bei Kindern und Jugendlichen gefördert werden. Das ist eine Aufgabe, die nicht allein von öffentlichen Einrichtungen geleistet werden kann – aber gerade in einer gesellschaftlichen Situation, in der alle Anzeichen dafür sprechen, daß sie in Familien und anderen sozialisationswirksamen Zusammenhängen weniger denn je befördert wird, muß die Politik, müssen die in ihr noch einsichtigen Eliten selbst die Initiative ergreifen und den offenkundigen gesellschaftlichen Mangel durch bewußte politische Bildung kompensieren.

Nicht nur die politische Bildung als Fach stagniert und wird entgegen der Notwendigkeiten zum Beispiel an deutschen Universitäten und Schulen seit den achtziger Jahren personell und curricular zurückgestuft, sondern auch die inhaltlichen und konzeptionellen Ausrichtungen anderer Fächer verlieren durch ihre vermeintliche Verwissenschaftlichung oder berufsbezogene Engführung den erzieherischen Wert, den sie vielleicht einmal in gewissem Maße beanspruchen konnten. Sicherlich war der Unterricht von Literatur, Geschichte und Philosophie zusammen mit dem mal staatlich organisierten, mal privat veranstalteten Religionsunterricht in langen Phasen des 19. und 20. Jahrhunderts häufig auch eine vielfältige und perspektivreiche Vermittlung humanistischer und demokratischer Prinzipien. Daß solche normativ ausgerichtete politische Erziehung, wie zweimal in der deutschen Geschichte dieses Jahrhunderts, in totalitären Regimen auch instrumentalisiert und mißbraucht wurde, ergibt kein tragfähiges Argument für den bewußten Verzicht auf sie. Denn immer dann, wenn eine solche politische Erziehung bewußt auf individuelle und politische

Mündigkeit ausgerichtet und in das pluralistische Spektrum moderner Kultur eingebettet bleibt, ist sie *per se* gegen den Vorwurf der einseitigen Indoktrination gefeit, der heute in „postmodernem" Geist unsinnigerweise auch gegen eine Erziehung zur Demokratie erhoben wird. Eine Erziehung zur Demokratie besitzt zwar eine eindeutige normative Ausrichtung, aber sie deshalb als „fundamentalistisch" oder „doktrinär" zu bezeichnen wäre reiner Formalismus, der vom freiheitlichen Gehalt ihres Potentials gerade absichtlich abstrahiert. Ohne eine solche politische und gesellschaftliche Anstrengung der Erziehung von Demokraten und ihrer lebenslangen Bildung verzichtet die Demokratie in der durch Kontingenz und Relativismus charakterisierten politischen Gesellschaft aber auf ihr einziges und deshalb unbedingt notwendiges Instrument zur Sicherung ihrer eigenen Zukunft.

Allein auf die heute so populäre liberale oder „postmoderne" These zu setzen, nach der die Demokratie sich in einer „freien pluralistischen Marktgesellschaft" rationaler Egoisten oder emanzipierter Selbstverwirklicher im Sinne von Anthony Giddens' „life-politics" residual von selbst ergäbe, ist demgegenüber sträflicher Leichtsinn. Und dies vor allem aus zwei Gründen: Erstens verlagert sich dadurch die Last der Legitimation einer demokratischen Lebensweise und institutionellen Ordnung auf die Gewährleistung materiellen Erfolgs und individueller Wohlfahrt. Warum sonst sollten rationale Egoisten ein politisches Regime unterstützen? Daß das in einer Phase des möglicherweise epochalen Wandels der westlichen Gesellschaften von den bisherigen Wachstumszugewinngemeinschaften zu stagnierenden und tendenziell wohlfahrtsverringernden Regimen ein riskantes Kalkül ist, müßte jedem einleuchten. Daneben und unabhängig davon findet ein rapider Wandel der westlichen Kultur statt, den einige Kommentatoren mit Begriffen wie „Trivialisierung" oder „Banalisierung" der Alltagskultur zu umschreiben versucht haben, die auch die Politik nicht aussparen und ihre demokratische Natur verändert. Vor allem das Fernsehen, aber auch eine in Millionenauflagen international in Serie produzierte *pop-literature* tragen maßgeblich zu Prozessen bei, die auch vor Schulen und Universitäten nicht haltmachen. Immer öfter sind immer größere Teile der Studierenden nicht in der Lage, frühere oder zeitgenössische Hauptwerke ihres eigenen Studienfaches selbst zu lesen, sondern bedürfen der didaktisch aufbereiteten „Sekundärliteratur" oder Zusammenfassungen, um die in der Wissenschaft, Ökonomie, Kultur oder auch Politik aktuell diskutierten Probleme überhaupt rezipieren zu können. Wenn aber selbst die universitär ausgebildete zukünftige Führungsschicht einer Gesellschaft die komplexeren wissenschaftlichen Analysen, philosophischen und ethischen Diskurse und kulturellen Texte der eigenen Epoche nicht mehr versteht, was hat dann das ganze theoretische und normative Gerede von „diskursiver Demokratie" für einen Sinn? Wer diese wenigen Bemerkungen als den üblichen, in Deutschland zumeist als „konservativ" und „rückwärtsgewandt" diffamierten „Kulturpessimismus" mißversteht, der sollte im Kontext dieses Buches sich zumindest daran erinnern, daß das in Deutschland sogenannte „Bildungsbürgertum" und die gebildeten Schichten in allen westlichen Demokratien zusammen mit der Bildungsbewegung der sozialistisch-sozialdemokratischen Arbeiterbewegung wichtige Fermente für die Durchsetzung und den Erhalt einer demokratischen politischen Kultur im späten 19. und in großen Teilen des 20. Jahrhunderts geliefert haben. Man vergleiche einmal die in der deutschen Arbeiterbewegung mit Auflagen von Hunderdtausenden vertriebenen Buchreihen und Schulungsbriefe am Ende des 19. Jahrhunderts, erstere häufig in noch heute begehrter bibliophiler Aufmachung, mit dem heutigen Lese-, Fernseh- und Videokonsum breiter Mehrheiten. Wo früher in Deutschland und anderswo die bedeutendsten aktuellen wissenschaftlichen Theorien ihrer Zeit gelesen und häufig in Arbeitskreisen diskutiert wurden, neben den anspruchsvollen Schriften von Marx und Engels ebenso die Werke von Darwin, Morgan, Haeckel oder Sombart, aber auch die große Weltliteratur der Epoche von Dostojewski über Ipsen bis Zola, da dominiert heute Stephen King und der übers Wochenende ausgeliehene *video trash*. Allenfalls Anleitungen zum „*do-it-yourself*" in Haus, Garten, Hobby oder beim Auto erreichen ähnlich hohe Auflagen.

Die moderne Demokratie war im Unterschied zur antiken seit dem 18. Jahrhundert einerseits auch eine Angelegenheit der Gebildeten, der *homines meliores,* und selbst eine Bildungsbewegung. Daß im Prinzip alle durch eigene geistige Anstrengung und Bildung dazu gehören könnten, war andererseits ihre auf Gleichheit gerichtete demokratische Verheißung. Sie war allerdings an die potentiellen Bürger und Bürgerinnen als Aufforderung gerichtet, sich entsprechend zu qualifizieren. Die Notwendigkeit einer solchen Anstrengung wird heute verkannt oder gar verleugnet, jedenfalls eine entsprechende Einsicht weder privat noch öffentlich ausreichend gefördert. In Politik wie politischer Bildung dominiert eine „Erlebnispädagogik" des „Abholens", die sich einen Appell für die Mühen des Mündigwerdens kaum noch zutraut. Welcher Pädagoge in der Erziehung, welcher demokratische Politiker im Wahlkampf würde es heute noch wagen, wie Immanuel Kant den Vorwurf „selbstverschuldeter Unmündigkeit" zu erheben (1965, S. 1)?

In einer Zeit, in der Bürger und Bürgerinnen potentiell mehr Einfluß auf die Politik haben als jemals zuvor, und in der dieser Einfluß offiziell auch normativ gewollt ist, sorgt man sich in langfristigen Kursen und Prüfungen mehr um ihre Qualifikation als zukünftige Verkehrsteilnehmer denn als verantwortliche Bürger.

Die geistigen Voraussetzungen der Demokratie sind anspruchsvoller als die anderer Regime, und es gehört zu ihrem innersten Wesen, daß es nicht ausreicht, wenn diese nur in kleinen Eliten und Minderheiten vorhanden sind. Bildung entsteht aber weder in der primären, noch in der öffentlich und politisch zu verantwortenden sekundären Sozialisation heute von selbst, sie muß geschätzt und individuell wie kollektiv angestrebt und gefördert werden. Vor allem muß sie geschätzt werden, weil sonst individuell wie politisch niemand bereit sein wird, in sie zu investieren. Wie aber soll das mit Breitenwirkung gelingen, wenn heute selbst große Teile der Lehrer in Schule und Universität sich nicht mehr auf diese Ziele ausrichten, wenn sie ihre eigene Berufstätigkeit nicht mehr als fortgesetzte Bildungsbiographie ansehen, sondern wenn selbst sie, aus welchen Gründen auch immer, die Vermittlung von anspruchsvoller Kultur und den damit verbundenen Werten zugunsten einer Erziehung zu spontaner Selbstverwirklichung und professioneller Schulung zurückstellen? Im Grunde beruht alles auf gesellschaftlicher und der daran sich ausbildenden individuellen Wertschätzung. Wo Bildung selbst bei den formal gut ausgebildeten Eliten keinen Respekt mehr hervorruft, sondern allenfalls ihr tatsächlicher oder vermeintlicher Markt- oder Gebrauchswert, da muß man sich über ihren Verfall nicht wundern.

Die heute dominierende „Erlebniskultur" mit ihren überwiegend individual rationalen kurzfristigen Motivationspotentialen greift in Verbindung mit den Logiken der Mediatisierung auf die Politik und deren Wahrnehmung über und fügt sich nahtlos in die strukturellen Gegebenheiten der politischen Gesellschaft ein. Ereignisorientierung, *action* und Verbildlichung dominieren die offizielle Politik wie die spontane Bürgerbeteiligung. Beteiligung an politischer Aktion muß „was bringen" – mindestens Spaß! Wer im Wahlkampf nicht ständig „gute Laune" und „Optimismus" verbreitet, hat schon verloren. Wahlkampfveranstaltungen gerieren sich als inszenierte Shows, zu denen man in große Hallen von weit her fährt, wie anderntags in die Musicals der Vergnügungsindustrie. Auf den Informationswert kommt es dabei nur zum geringsten an. Selbst „streikende" Studenten produzieren im Kampf um mediale Beachtung inzwischen geschickt gefällige Medienereignisse – und wundern sich hinterher, daß ihre Inhalte und Ziele keine Rolle mehr spielen – oder vergessen sie gar über den Spaß an der Aktion gleich selbst. Die Bürger und Bürgerinnen werden, wie in jeder der heute üblichen Spielshows im Fernsehen, ohne ihr Wissen zur Medien- und Beifallskulisse denaturiert: Allein ihre Zahl, die Dauer ihres Beifalls und die nur in der Masse zu erzeugende Atmosphäre von Zuversicht und Begeisterung auf dem Bildschirm zählen – der Wahlstimmen derer, die da teilnehmen, war die jeweilige Partei sich ja vorab gewiß.

Sprechen die Spitzenkandidaten auf öffentlichen Plätzen, so gehen auch andere um des Ereignisses willen hin, sehen den Kanzler, Präsidenten oder andere Prominente „aus der Nähe", um festzustellen, daß „live" alle genauso oder eben anders aussehen als im Fernsehen, das schon längst unbemerkt den Referenzpunkt für die Weltsicht bildet. „Wie im Fernsehen" heißt: So ist es! Im übrigen zählen die Stimmung, das Begleitprogramm und die Bier- und Würstchenbuden am Rande der Kundgebung mehr als die Inhalte der immergleichen Reden. Deren Inhalte, wenigstens *catchwords*, sind gleichwohl, wie die subkutanen Werbebotschaften von Profis, wohl erwogen und zielgruppenorientiert genau verteilt. Wiederholungen folgen der Logik der unbewußten Plazierung von Markennahmen der kommerziellen Werbung. Hinter den Kulissen suchen ganze Teams von Meinungsforschern und *spin doctors* nach Phrasen, die mehr potentielle Wähler ob ihrer Unverbindlichkeit ansprechen als bereits gewonnene wieder verschrecken. Gerade die herausgehobenen Politiker und Politikerinnen üben einen Teil ihres Berufs, nämlich öffentlich zu reden, inzwischen eher wie Schauspieler aus, die vorgefertigte Texte gekonnt vortragen; sie sind mit ihrem persönlichem Auftreten für den *personality factor* zuständig, also für Sympathie- und Vertrauensgewinn – nicht für die Inhalte. Letztere können bei Bedarf sowieso schneller ausgetauscht werden als das Personal, an das sich das Publikum einmal gewöhnt hat. Ein weltfremder Narr und gänzlich uninformiert, wer länger glaubt, die in gewissen Demokratietheorien so liebevoll gezeichnete Kommunikation, sei auf den wirklichen Marktplätzen der politischen Gesellschaften oder im Parlament nicht instrumentell, sondern wahrheitsorientiert.

Die Verfälschung und Verunmöglichung realer politischer Kommunikation geht mit ihrer herrschaftlichen Ästhetisierung und Inszenierung von oben einher. Dieses von Peter Reichel (1991) so eindrucksvoll am Beispiel des Nationalsozialismus vorgeführte Grundmuster totalitärer Politik schleicht sich heute immer mehr auch in die gängige Praxis des politischen Wettbewerbs in repräsentativen Demokratien ein. Statt den politischen Bürger zu bilden und ihn in seiner kritischen Urteilsfindung inhaltlich herauszufordern, wird er, um des kurzfristigen Wahlerfolges willen, manipuliert und übertölpelt. Fast alle professionellen Politiker und Politikerinnen wissen das alles ganz genau, erst recht die *professionals* hinter den Kulissen. Das können die *spin doctors* und hauptamtlichen *public relations managers* der Parteien und Kandiaten mit Aussicht auf Erfolg aber nur bei den Bürgern und Bürgerinnen erreichen, die sich selbstverschuldet zu einem gewissen Teil bereits selbst ihrer politischen Mündigkeit begeben haben, oder die gesellschaftsverschuldet nie eine Möglichkeit bekommen haben, sie überhaupt erst einmal auszubilden und zu erproben. Es ist eines der größten Probleme der Demokratie und ihrer Zukunft unter den Bedingungen moderner politischer Gesellschaften, daß sie mit der allgemeinen und politischen Bildung ihrer Bürger und Bürgerinnen einer funktionellen Voraussetzung bedarf, die ansonsten in anderen Bereichen der Gesellschaft im wahrsten und unmittelbarsten Sinne des Wortes keinen Wert mehr besitzt.

Wo Bildung in der doppelten Zangenbewegung von Spezialistentum und Trivialisierung zerrieben wird, muß man heute sehr skeptisch fragen, ob das, was an ihre Stelle tritt, noch den Namen „geistige Grundlagen" verdient und dieselben Funktionen für die Demokratie wie früher einmal, jedenfalls bei einer tragenden Schicht, erfüllen kann. Nicht zuletzt unter dem Einfluß der audiovisuellen Massenmedien verändert sich heute die Politik in der politischen Gesellschaft in einer Weise, die mit bürgerlicher Demokratie und ihren republikanischen Traditionen immer unvereinbarer wird.

Die eigentliche Gefahr für die Demokratie liegt darin, daß diese Entwicklungen aber mit der Logik der Entwicklung der politischen Gesellschaften, nach allem was man erkennen kann, kompatibel sind. Sie sind aus funktionalen Gründen auf demokratische Regime, selbst in der bisherigen bescheidenen Form der repräsentativen Polyarchie, nicht unbedingt angewiesen. Es geht auch anders: unfreiheitlicher, undemokratischer und mit noch mehr Ungleichheit sowieso.

Schluß

Die politische Gesellschaft – das habe ich, wie unvollständig und unvollkommen auch immer – zu zeigen versucht, ist bis auf weiteres unser Schicksal. Ihr können wir nicht entgehen. Gerade weil sie so kontingent ist, wie uns bewußt geworden ist, müssen wir in ihr permanent entscheiden, wie wir leben wollen. Die allgemeine, die gesellschaftliche Dimension dieser Entscheidung macht, auch wenn sie individuell getroffen wird, ihre politische Dimension aus. Wir müssen es aber nicht nur – und tun es zumeist unreflektiert und zugunsten der Fortsetzung von Routinen und Gewohnheiten –, wir können und dürfen es auch. Der Vorrang und die heutige Durchschlagskraft der Politik, die unter den modernen Bedingungen objektiv unvermeidlich sind, ermöglichen überhaupt erst die demokratische Lebensform einer partizipatorischen, einer bürgerzentrierten Republik. Sie garantieren sie weder in der Gegenwart noch für die Zukunft. Daß wir in einer politischen Gesellschaft leben, heißt nach Benjamin Barber[51], daß „Politik immer Vorrang vor der Wirtschaft" ermöglicht, „denn sie bleibt der souveräne Bereich, in dem die menschlichen Bedürfnisse ihre Rangordnung erhalten" (1994, S. 239). Diese Möglichkeit setzt bestimmte Entscheidungen in der individuellen Lebensführung ebenso wie auf gemeinschaftlicher Ebene voraus, die heute nicht mehr unbedingt zu erwarten sind.

Auch wenn dies in erster Linie kein demokratietheoretisches Buch im heute üblichen Sinne werden sollte, sondern eher ein gesellschafts- und der Natur der heutigen Gesellschaft entsprechend gleichzeitig politiktheoretisches, so konnte und mochte ich mit meinem Engagement für eine aktive und weitreichende Demokratie nicht hinter dem Berg halten. Das hat manche Illustration und die Auswahl der Probleme im vierten Kapitel beeinflußt. Dabei dürfte deutlich geworden sein, daß ich eher Benjamin Barbers normative Grundorientierung teile, als seine bei ihm unterschwellig und unzureichend bleibende Gesellschaftstheorie – und seinen praktischen Optimismus. Das Nachdenken über die langfristigen, sich bereits deutlich abzeichnenden und im Grunde auf der Hand liegenden unvermeidlichen Folgen der heutigen Politik demokratischer Regime und die strukturelle Unfähigkeit, ihnen

---

51 Bei ihm ist dies freilich eine unhistorische normative Setzung und keine Folge der modernen Entwicklung.

wirksam vorzubeugen, wird eher den kreativen Außenseitern der Sozialwissenschaften überlassen. „Es sind also aus vielen Gründen Zweifel angebracht, ob auf den gewohnten demokratischen Prozeß, der sich zumindest ein halbes Jahrundert lang achtbar bewährt hat, auch in den Problemlagen des nächsten Jahrhunderts genügend Verlaß sein wird" (Wehner 1992, S. 299). Einige dieser inhaltlichen Probleme habe ich, obwohl das mehr illustrierenden Charakter haben sollte und nicht den Status einer systematischen Ausarbeitung beanspruchen kann, im Laufe des Textes angesprochen. Obwohl die politisch veranlaßte sekundäre Umverteilung des gesellschaftlichen Reichtums langfristig immer mehr zunimmt, ist dabei ein Mehr an gesellschaftlicher Gerechtigkeit ebensowenig wie ein Mehr an sozialer Gleichheit herausgekommen; das gilt erst recht, wenn man die internationale Dimension in Betracht zieht. Die öffentliche Verschuldung, die überall in den westlichen Demokratien bei 50-60% eines jährlichen Bruttosozialprodukts und in Einzelfällen bereits weit darüber liegt, wächst langfristig und schränkt zukünftige Handlungsfähigkeit und Ressourcen zugunsten ihres kurzfristigen Gewinns unverantwortlich ein. Auf die damit einhergehenden verborgenen aktuellen Umverteilungswirkungen zugunsten der Kreditgeber habe ich hingewiesen. Die westlichen Demokratien finden offenkundig bisher keine überzeugenden Alternativen zu einer Arbeits-, Wirtschafts- und Einkommensordnung, die angesichts der technologischen Entwicklung und Produktivitätssteigerung strukturell zukünftig einer stets wachsenden Zahl von Gesellschaftsmitgliedern kein nach den bisherigen kulturellen Maßstäben ausreichendes und langfristig sicheres Erwerbseinkommen erlaubt; es ist illusionär anzunehmen, daß man mit einer Qualifizierungsoffensive jeden und jede an die intelligenten Anforderungen heutiger Vollerwerbsarbeitsplätze im produktiven Sektor wird heranführen können; es erscheint aber ebenso illusionär, das Problem durch eine weitere Ausdehnung des Einkommenstransfers dauerhaft lösen zu wollen. Die Aufzählung ließe sich fortsetzen.

Wenn die politische Gesellschaft auch die Chance für mehr Demokratie bietet, so stehen ihre mittelfristigen Aussichten auch in ihren bisherigen Heimatländern alles in allem eher schlecht. Daß sie auch in anderen Teilen der Welt nicht so gut stehen, wie einige nach dem Zusammenbruch der sowjetischen Herrschaft als „Transformation zur Demokratie" für ausgemacht hielten, habe ich lange vor den manifesten Krisen geschrieben, die heute offenbar sind. Es ist bitter, in solchen Fällen recht zu behalten und eher peinlich, rechthaberisch zu wirken. Aber angesichts der ungebrochen vorherrschenden primitiven Modernisierungsideologie, die die Durchsetzung von kapitalistischer Marktwirtschaft und Wahlen mit dem unvermeidlichen globalen Sieg der Demokratie gleichsetzt, und angesichts der im dritten Kapitel angesprochenen manifesten totalitären Alternative für große Teile der Menschheit, wäre es auch feige, den Mund zu halten.

Mehr Besorgnis verdient aus unserer Sicht der Umstand, daß man sich gerade in den westlichen Demokratien eher unverantwortlich lange auf den zweifellos verantwortlichen Meriten der Vergangenheit ausruht, als sich auf die Lösung von Zukunftsproblemen vorzubereiten. Das gilt vor allem in institutioneller Hinsicht, über die Burkhard Wehner zu Recht schreibt: „Die tiefere Ursache des Demokratieversagens kann man insofern auch darin sehen, daß die Demokratie sich selbst nicht ausreichend offengehalten hat für ihre eigene evolutionäre Entwicklung" (1992, S.

75). Ich habe das als die Enthistorisierung und „Heiligung" der historisch gefundenen und historisch weiter zu entwickelnden Institutionen der repräsentativen Demokratie bezeichnet. Als der *Club of Rome* vor Jahren der Weltöffentlichkeit die Endlichkeit der materiellen Ressourcen auf dem Planeten vor Augen führte und den unverantwortlichen Verbrauch anprangerte, da hat das in der politischen Kultur ebenso wie in der Änderung politischen Handelns immerhin gewisse, sicherlich noch unzureichende Folgen gehabt. Sind bis heute irgendwelche Reaktionen auf folgende Feststellungen erkennbar, die Anfang der neunziger Jahre aus eben demselben *Club of Rome* zu hören waren: „Aber im großen und ganzen sind die heute bestehenden Regierungsformen weitgehend überholt, die bisher eingeführten Neuerungen sind völlig unzureichend, und die Ideen für eine mögliche Verbesserung der Regierungsformen entsprechen bei weitem nicht den dringenden Bedürfnissen" (Dror 1995, S.25f)?

Die sozialwissenschaftliche Diskussion mag momentan und vordergründig ein anderes Bild erzeugen und tendiert dazu, sich von den wirklich entscheidenden Prozessen normativ und präskriptiv zu entfernen. Auch gab und gibt es eine partizipatorische Welle nach dem Zweiten Weltkrieg, die nicht ohne Folgen für bestimmte Politikbereiche und Gruppen blieb. Zugleich aber wird die repräsentative Elitenherrschaft auf nationaler und transnationaler Ebene immer professioneller und technokratischer, oder – was fast dasselbe ist – zynischer. Natürlich findet auch diese Haltung ihre rationalisierende Entsprechung in den Sozialwissenschaften. Die Kluft zwischen den selbst in der repräsentativen Demokratie legitimitätsspendenden Ideen wie Volkssouveränität, Gewaltenteilung, Gerechtigkeit oder Gemeinsinn und Bürgerorientierung oder Responsivität und den hinter kaum noch vorgehaltener Hand wirklich dominierenden Handlungsmotiven wird immer tiefer. In der Folge beginnen die Bürger die politischen Eliten zu verachten, ohne einen praktischen Ausweg zu sehen – und umgekehrt. Solange es demokratische Wahlen gibt, müssen das letztere freilich hinter einem manipulativen Populismus verbergen, der die Wähler glauben machen soll, sie könnten allein schon durch Wahlbeteiligung in der Politik mitbestimmen. Das können sie nicht. Einige Gründe dafür, insbesondere im politisch-kulturellen und institutionellen Bereich habe ich angesprochen; andere, wie die heute vieldiskutierten Folgen der strukturellen Entmächtigung nationaler und regionaler Demokratien durch zunehmende Verflechtung und Interdependenz sind eher unterbelichtet geblieben.

Die beschriebene Kontingenz politischer Gesellschaften schafft auf dem Untergrund jeweiliger historischer Gegebenheiten und Bedingungen unabhängig von ihrer aktuellen Wahrscheinlichkeit große praktische Wahlmöglichkeiten. Sie macht gerade deshalb theoretische Voraussagen, die ihre zukünftige politische Entwicklung aus noch so vielen Variablen ableiten möchte, unmöglich. Es sind am Ende kommunizierte Deutungen, Wahlakte und Handlungen in ihrer kreativen und unkalkulierbaren Interdependenz, die die „Gesellschaft" unaufhörlich hervorbringen und entwickeln. Die Theorie der politischen Gesellschaft ist keine kryptische Revolutionspropaganda. Die Wahrscheinlichkeit, daß die vielfältige menschliche Praxis synergetisch und von niemandem geplant unspektakuläre und langfristige Wandlungen zur Folge hat, die erst nach und nach begriffen und in Worte gefaßt werden, ist immer größer als die der bewußten Gesellschaftsreform.

Eine sich so vollziehende schleichende, langsame, schließlich aber kumulierende Unterminierung der normativen Standards und bürgerlichen Freiheiten westlicher Demokratien und die damit einhergehende Verschiebung auf dem Kontinuum zwischen Demokratie und gänzlich neuen Formen einer neuartig totalitären, jedenfalls unfreiheitlichen Gesellschaft, ist nach meinem Eindruck nicht weniger ausgeschlossen als die allenthalben unterstellte oder behauptete historische Permanenz der repräsentativen Demokratie.

Am Ende wird alles davon abhängen, wieviele Individuen politische Bürger und Bürgerinnen bleiben wollen, wieviele Demokraten die Demokratie hochschätzen und deshalb auch unter den sich verändernden Verhältnissen weiterentwickeln wollen.

Andere Bedingungen und andere Garantien gibt es nicht.

Nachwort

Daß Bücher ihr eigenes Schicksal schon haben, bevor sie erscheinen, ist bekannt. Es ist von dem ihrer Autoren nicht zu trennen. Die Fertigstellung dieses Buches hat sich über ein Jahrzehnt hingezogen – nicht zuletzt, weil mein privates und berufliches Leben in diesen Jahren sehr ausgefüllt war. Nach einem glücklich machenden privaten Neuanfang mit Helga, der ich hier für ihre Liebe und Geduld durch diese Widmung danken möchte, durfte ich nach 14 Marburger Jahren auch beruflich erst in Darmstadt und dann überraschend in meiner Heimatstadt Hamburg noch zweimal neu starten. Dazwischen liegt die mit dem Aufbau der Politikwissenschaft in Leipzig verbundene dortige Gastprofessur 1990-91. Solche Neuanfänge sind Herausforderungen und Chancen, die heute nicht jeder bekommt und für die man dankbar sein muß. Aber sie kosten auch Kraft und haben in meinem Fall die Fertigstellung dieses Buches lange verzögert. Sehr geholfen hat mir schließlich der Aufenthalt, den ich 1997-98 am Massey College und an der Universität Toronto genießen durfte; ich sage, ich habe den Aufenthalt in einem akademischen Milieu „genossen", in dem Freude an der intellektuellen Kommunikation und die Anerkennung wissenschaftlicher Leistung den „Geist" der Institution auf eine Weise bestimmen, die ich mir auch in Deutschland bei allen Beteiligten, vor allem bei den Studierenden und Lehrenden, wieder mehr wünschen würde.

Als ich die ersten Thesen zu diesem Buch vor mehr als zehn Jahren, ausgerechnet anläßlich eines Bewerbungsvortrages an der Universität Bielefeld, vortrug, stießen sie auf völliges Unverständnis – vor allem bei den einheimischen Soziologen. Die Bewerbung blieb erfolglos. Die nachfolgende Veröffentlichung dieser Thesen brachte mir neben dem Unverständnis auch noch den Vorwurf ein, ich hätte mich damit politisch in die Nähe italienischer Faschisten aus den zwanziger Jahren oder, *horribile dictu,* Carl Schmitts begeben. Heute klingt nach meinem Eindruck die mit der Theorie der politischen Gesellschaft verbundene Betonung politischer Eingriffs- und Gestaltungs*möglichkeiten* nicht mehr ganz so abwegig wie damals. Allerdings erleben wir in der wissenschaftlich sehr phantasievoll und freihändig geführten Debatte über die sogenannte Globalisierung mit anderen Inhalten erneut die Prominenz einer These des politischen Fatalismus.

Über die Jahre habe ich mit konträrer Stoßrichtung eine Reihe von Aufsätzen veröffentlicht, die, wenn sie auch naturgemäß speziellere Themen oder Fragen, die jetzt in dem Buch gar nicht auftauchen, behandelten, die Entwicklung meiner Grundgedanken über die politische Gesellschaft reflektieren. Schließlich hat man nur einen Kopf und begrenzte Phantasie.

Ich habe auf diese Texte beim Schreiben des Buchmanuskriptes nicht mehr zurückgegriffen und sie nicht zitiert, möchte sie aber hier als Materialien anführen, die gegebenenfalls der weitergehenden Lektüre lohnen könnten. Der Verlag, Edmund Budrich, hat ihr Erscheinen in einem Sammelband in der zweiten Jahreshälfte in Aussicht gestellt; dafür, ebenso wie für die Unterstützung bei der Veröffentlichung dieses Buches zu käuferfreundlichen Konditionen, bin ich ihm dankbar.

Anna Geis hat bei einer sorgfältigen Korrektur des Manuskripts mich vor einer Fülle von Fehlern und Floskeln bewahrt – was nun noch falsch blieb, geht allein auf meine Rechnung.

Die ersten Thesen und die Kritik daran wurden veröffentlicht als:

Die politische Gesellschaft als Gegenstand der Politikwissenschaft/Die politische Gesellschaft – was sonst ?, in: Ethik und Sozialwissenschaften, 2/1990, S. 223 – 228 und S. 255 – 261 (nebst Kritiken der Thesen von J. Agnoli, U. Bermbach, H. Bußhoff, U. Druwe, R. Ebbighausen, J. Gebhardt, G. Göhler, A. Görlitz, B.P. Löwe, W.J. Patzelt, H. Schröder, U. Steinvorth, M. Wetzel und B. Willms)[52]

Des weiteren sind mit Bezug auf die Theorie der politischen Gesellschaft danach erschienen oder im Druck:

Über demokratischen Dezisionismus, in: D. Emig u.a. (Hrsg.), Sprache und Politische Kultur in der Demokratie. Hans Gerd Schumann zum Gedenken, Frankfurt am Main u.a. 1992, S. 193-206

Die Parteien in der politischen Gesellschaft sowie eine Einleitung zur Diskussion über eine „allgemeine Parteientheorie", in: O.Niedermayer/R.Stöss (Hrsg.), Stand und Perspektiven der Parteienforschung in Deutschland, Opladen 1993, S. 276-292

Ist die Demokratie modern? Zur Rationalitätskrise der politischen Gesellschaft, in: Politische Vierteljahresschrift, 3/1993, S. 399-413

Die Allgegenwart des Politischen und die Randständigkeit der Politikwissenschaft, in: C. Leggewie (Hrsg.), Wozu Politikwissenschaft?, Darmstadt 1994, S. 285-296

The Pluralization of Political Societies: Can Democracy Persist?, in: A. Bibic/G. Graziano (Eds.), Civil Society, Political Society, Democracy, Ljubljana 1994, S. 17-41;

---

52 Natürlich würde ich mich sehr freuen, wenn die geschätzten Kollegen ihr Urteil von damals durch die Lektüre des Buches überprüfen würden.

in leicht veränderter deutscher Fassung: Die Pluralisierung politischer Gesellschaften: Kann die Demokratie bestehen?, in: T.Jäger/D.Hoffmann (Hrsg.), Demokratie in der Krise? Zukunft der Demokratie, Opladen 1995, S. 257-281

Ist unter den Bedingungen eines allgemeinen Relativismus Konsens über die geistigen Grundlagen und das Selbstverständnis der Demokratie herzustellen?, in: H.-P. Burmeister/J. Calließ (Hrsg.), Geistige Grundlagen und Gefährdungen der Demokratie, Rehburg-Loccum 1994 (Loccumer Protokolle 58/93), S. 105-119

Moralische Forderungen in der politischen Gesellschaft. Anmerkungen zu einem spezifischen Typus politischer Forderungen, in: Forschungsjournal Neue Soziale Bewegungen, 2/1995, S. 76-90

(mit Ulrich Willems) Kampagnenpolitik, in: Vorgänge, 4/1995, S. 40-54

Die politische Gesellschaft braucht politische Bildung, in: D. Weidinger (Hrsg.), Politische Bildung in der Bundesrepublik, Opladen 1996, S.112-117

Politisierung ohne Citoyens. Über die Kluft zwischen politischer Gesellschaft und gesellschaftlicher Individualisierung, in: A.Klein/R. Schmalz-Bruns (Hrsg.), Politische Beteiligung und Bürgerengagement in Deutschland, Bonn (Bundeszentrale für Politische Bildung, Bd. 347) 1997, S. 231-251

Der politische Raum als Maß des Politischen-Europa als Beispiel, in: T. König/E. Rieger/H. Schmitt (Hrsg.), Europäische Institutionenpolitik. (= Mannheimer Jahrbuch für Europäische Sozialforschung, Bd. 2) Frankfurt M./New York 1997, S. 45-65

Citizenship and Scarcity in Multicultural Societies, in: D. Haselbach (Ed.) Multiculturalism in a World of Leaking Boundaries, Münster 1998, S. 231-249 (= Studien zu Migration und Minderheiten, Bd. 7)

Output-Legitimation. „Der Zweck heiligt die Mittel" in der Demokratie nicht, in: M.Buckmiller/J.Perels (Hrsg.), Opposition als Triebkraft der Demokratie. Bilanz und Perspektiven der zweiten Republik. Jürgen Seifert zum 70. Geburtstag, Hannover 1998, S. 477-491

Demokratie – eine Kultur des Westens?, in: M.Th. Greven (Hrsg.) Demokratie – eine Kultur des Westens?, Opladen 1998, S. 19-35

Politischer Raum, Grenze und Mitgliedschaft. Problemdimensionen der Demokratisierung der Europäischen Union, in: Politische Vierteljahresschrift, SH 29, 1998, i.E.

Die Traditionalisierung der Demokratie in der Moderne, in: Politische Vierteljahresschrift, SH 30, 1999, i.E.

Hamburg im Oktober 1998

Literatur

(Es wird jeweils die tatsächlich benutzte und bei älteren Werken in der Regel heute leichter zugängliche Ausgabe angegeben.)

ABENDROTH, W. (1967), Antagonistische Gesellschaft und politische Demokratie, Neuwied und Berlin
ADORNO, Th. W. (1972), Individuum und Organisation, in: Ders., Gesammelte Schriften, Bd. 8, Frankfurt am Main, 440456
AGNOLI,J./BRÜCKNER, P. (1968), Die Transformation der Demokratie, Frankfurt am Main
ALBER, J. (1982), Vom Armenhaus zum Wohlfahrtsstaat, Frankfurt/New York
ALEMANN; U. von (1987), Organisierte Interessen in der Bundesrepublik, unter Mitarbeit von R.Fonteyn und H.J.Lange, Opladen
ALGAZI, G. (1996), Herrengewalt und Gewalt der Herren im späten Mittelalter, Frankfurt/New York
ALTVATER, E./MAHNKOPF,B. (1996), Grenzen der Globalisierung, Münster
ANDERS, G. (1980), Die Antiquiertheit des Menschen, 2 Bde., 5. erw. Aufl., München
ANDERSON, P. (1979), Die Entstehung des absolutistischen Staates, Frankfurt am Main
APPADURAI, A. (1996), Modernity at Large, Minneapolis
ARENDT, H. (1963), Über die Revolution, München
ARENDT, H. (1986), Elemente und Ursprünge totaler Herrschaft, München/Zürich
ARENDT, H. (1987), Macht und Gewalt, 6. Aufl., München/Zürich
ARENDT, H. (1993), Was ist Politik?, München/Zürich
ASBACH, O. (1997), Kritische Gesellschaftstheorie und historische Praxis, Frankfurt am Main
BACHRACH, P./BARATZ, M.S. (1977), Macht und Armut, Frankfurt am Main
BACHRACH, P. (1967), Die Theorie demokratischer Elitenherrschaft, Frankfurt am Main
BARBER, B. (1994), Starke Demokratie, Hamburg
BARBER, B. (1996), Foundationalism and Democracy, in: S. Benhabib (Hrsg.), 348-359
BARNES, S.H./KAASE, M. (1979), Political Action, Beverly Hills/London
BAUMAN; Z. (1988), Freedom, Minneapolis
BAUMAN, Z. (1992a), Dialektik der Ordnung, Hamburg
BAUMAN, Z. (1992b), Moderne und Ambivalenz, Hamburg
BECK, U. (1986), Risikogesellschaft, Frankfurt am Main
BECK, U. (1997), Was ist Globalisierung?, Frankfurt am Main

BECK, U./BECK-GERNSHEIM, E. (1990), Das ganz normale Chaos der Liebe, Frankfurt am Main
BECK, U./BECK-GERNSHEIM, E. (1994), Riskante Freiheiten, Frankfurt am Main
BECK-GERNSHEIM, E. (1980), Das halbierte Leben, Frankfurt am Main
BENHABIB, S. (Hrsg.) (1996), Democracy and Difference, Princeton
BERGER, P.L./LUCKMANN, T. (1970), Die gesellschaftliche Konstruktion der Wirklichkeit, Frankfurt am Main
BERLIN, I. (1997), Two Concepts of Liberty, in: R.E. Goodin/P. Pettit (Eds.), 391-417
BEYME, K. von (1991), Theorie der Politik im 20. Jahrhundert, Frankfurt am Main
BEYME, K. von (1997), Politische Kommunikation als Entscheidungskommunikation in der Demokratie, in: C. Schlüter-Knauer (Hrsg.), Die Demokratie überdenken, Berlin, 239-250
BLANKE, B. u.a. (1975), Kritik der Politischen Wissenschaft, 2 Bde., Frankfurt/New York
BLOCH, E. (1970), Marx, Aufrechter Gang, Konkrete Utopie, in: Gesamtausgabe, Bd. 11, Frankfurt am Main, 445-458
BÖHRET, C./WEWER, G. (Hrsg.), (1993), Regieren im 21. Jahrhundert – zwischen Globalisierung und Regionalisierung, Opladen
BOHRER, K.H. (1983), Die Ästhetik des Schreckens, Frankfurt/M., Berlin, Wien
BRACHER, K. D. (1987), Die totalitäre Erfahrung, München/Zürich
BRAYBROOKE, D./LINDBLOM, Ch.E. (1963), A Strategy of Decision, New York
BREDOW, W. von (1996), Tückische Geschichte, Stuttgart usw.
BREDOW, W. von (1997), Der normale Krieg, in: Neue Politische Literatur, 2, 330-351
BREDOW, W. von/NOETZEL, T. (1991-96), Lehren des Abgrunds, Luftbrücken, Zombies, Politische Theorie für das 19. Jahrhundert, 3 Bde., Münster
BREUER, S. (1991), Max Webers Herrschaftssoziologie, Frankfurt/New York
BRÜNNECK, A. von (1978), Politische Justiz gegen Kommunisten in der Bundesrepublik Deutschland 1949-1968, Frankfurt am Main
BRUNNER, O. (1965), Land und Herrschaft, 5. Aufl. Darmstadt
BUSCH, H.u.a. (1985), Die Polizei in der Bundesrepublik, Frankfurt/New York
CAMUS, A. (1976), Der Mythos von Sisyphos, in: Ders., Das Frühwerk, Düsseldorf, 391-519
CASTELLLS, M. (1996), The Rise of the Network Society, Cambridge (Mass.)
CHAPMAN, B. (1972), Der Polizeistaat, München
CIPOLLA, C. M. (Ed.) (1972), The Fontana Economic History of Europe, 6 Vols., Glasgow
CORTES, J.D. (1948), Drei Reden, Zürich
DAHL, R.A. (1989), Democracy and its Critics, New Haven and London
DEUTSCH, K.W. (1972), Nationenenbildung – Nationalstaat – Integration, Düsseldorf
DEWEY, J. (1964), Demokratie und Erziehung, 3. Aufl., Braunschweig
DEWEY, J. (1989), Die Erneuerung der Philosophie, Hamburg
DEWEY, J. (1996), Die Öffentlichkeit und ihre Probleme, Darmstadt
DIETZ, M (1985), Citizenship with a Feminist Face: The Problem with Maternal Thinking, in: Political Theory, 13, 19-37
DOWNS, A. (1968), Ökonomische Theorie der Demokratie, Tübingen
DROR, Y. (1995), Ist die Erde noch regierbar?, München
DYSON, K. H.F. (1980), The State Tradition in Western Europe: a Study of an Idea and an Institution, Oxford
EISFELD, R. u.a. (1996), Political Science and Regime Change in 20th Century Germany, New York
ELIAS, N. (1969), Die höfische Gesellschaft, Neuwied und Berlin
ELIAS, N. (1976), Über den Prozeß der Zivilisation, 2 Bde., Frankfurt am Main
ELLWEIN, T. (1987), Staatliche Steuerung in der parlamentarischen Demokratie, in: Ders., Politische Wissenschaft. Beiträge zur Analyse von Politik und Gesellschaft, Opladen, 198-212

ELLWEIN, T. (1994-97), Der Staat als Zufall und Notwendigkeit, Opladen, 2 Bde.
ELLWEIN, T./HESSE, J.J. (1997), Der überforderte Staat, Baden-Baden
ELSENHANS, H. (1974), Frankreichs Algerienkrieg 1954-1962, München
ERTMAN, T. (1997), Birth of the Leviathan, Cambridge
ESSER, H. (1993), Soziologie, Frankfurt/New York
FENNER, Ch. (1991), Das Ende des „realen Sozialismus" und die Aporien vergleichender Politikwissenschaft, in: U. Backes/E. Jesse (Hrsg.), Jahrbuch Extremismus und Demokratie, 3. Jg., Bonn, 33-51
FISHKIN, J.S. (1997), The Voice of the People, Binghamton
FOUCAULT, M. (1977), Überwachen und Strafen, Frankfurt am Main
FRIEDRICH, C.J. (Ed.) (1964), Totalitarianism, New York
FRIEDRICH, C.J. (1973), Pathologie der Politik, Frankfurt/New York
FURET, F. (1998), Das Ende der Illusion, Sonderausgabe, München/Zürich
GANTZEL, K.J./SCHWINGHAMMER, T. (1994), Die Kriege nach dem Zweiten Weltkrieg 1945 bis 1992, Münster
GEBHARDT; J./SCHMALZ-BRUNS, R. (Hrsg.) (1994), Demokratie, Verfassung und Nation, Baden-Baden
GELLNER, E. (1991), Nationalismus und Moderne, Berlin
GELLNER, E. (1993), Descartes & Co. Von der Vernunft und ihren Feinden, Hamburg
GERHARDT; V. (1995), Immanuel Kants Entwurf >Zum ewigen Frieden<, Darmstadt
GERSTENBERGER, H. (1990), Die subjektlose Gewalt, Münster
GIRSBERGER, H. (1973), Der utopische Sozialismus des 18. Jahrhunderts in Frankreich, 2. Aufl. Wiesbaden
GÖHLER, G. (Hrsg.) (1994), Die Eigenart der Institutionen, Baden-Baden
GOODIN, R.E./PETTIT, Ph. (Eds.) (1997), Contemporary Political Philosophy, Oxford and Cambridge (Mass.)
GRAMSCI, A. (1993), Gefängnishefte, Bd. 5, Hamburg
GREVEN, M. Th. (1974), Systemtheorie und Gesellschaftsanalyse, Darmstadt und Neuwied
GREVEN, M. Th. (1989), Der substanzhafte und metaphysische Ansatz des politischen Schriftstellers Carl Schmitt bis 1934, in: R. Eisfeld/I. Müller (Hrsg.), Gegen Barbarei, Frankfurt am Main, 131-152
GRIMM, D. (Hrsg.)(1996), Staatsaufgaben, Frankfurt am Main
HABERMAS, J. (1961), Über den Begriff der Politischen Beteiligung, in: J. Habermas u.a., Student und Politik, Neuwied und Berlin, 11-55
HABERMAS, J. (1962), Strukturwandel der Öffentlichkeit, Neuwied und Berlin
HABERMAS, J. (1992), Faktizität und Geltung, Frankfurt am Main
HABERMAS; J. (1996), Die Einbeziehung des Anderen, Frankfurt am Main
HAMILTON, A. u.a. (1993), Die Federalist Papers, übersetzt, eingeleitet und mit Anmerkungen versehen von Barbara Zehnpfennig, Darmstadt
HASELBACH, D. (1991), Autoritärer Liberalismus und Soziale Marktwirtschaft: Gesellschaft und Politik im Ordoliberalismus, Baden-Baden
HEER, H./NAUMANN, K. (Hrsg.) (1995), Vernichtungskrieg. Verbrechen der Wehrmacht 1941 bis 1944, Hamburg
HEGEL, G.F.W. (1966) Politische Schriften, Frankfurt am Main
HEIDEGGER, M. (1993), Sein und Zeit, 17. Aufl., Tübingen
HEINELT, H. (1998), Zivilgesellschaftliche Perspektiven einer demokratischen Transformation der Europäischen Union, in: Zeitschrift für Internationale Politik, 5. Jg., 1, 79-107
HELD, D. (1995), Democracy and the Global Order, Cambridge
HENNIS, W. (1970), Demokratisierung. Zur Problematik eines Begriffs, Opladen
HENNIS, W. (1987), Max Webers Fragestellung, Tübingen

HERZOG; R. (1971), Allgemeine Staatslehre, Frankfurt am Main
HILBERG, R. (1982), Die Vernichtung der europäischen Juden, Berlin
HIRSCH, J. (1995), Der nationale Wettbewerbsstaat, Berlin/Amsterdam
HOFFMANN, J. (1996), Politisches Handeln und gesellschaftliche Struktur – Grundzüge deutscher Gesellschaftsgeschichte, Münster
HOFMANN, W. (1969), Grundelemente der Wirtschaftsgesellschaft, Reinbek bei Hamburg
HONDRICH, K.O. (1973), Theorie der Herrschaft, Frankfurt am Main
HORKHEIMER, M. (1926), Phänomenologische Wertphilosophie und Kants praktische Philisophie: Ethik als Harmonisierung der Gegenwart oder Gestaltung der Zukunft, in: Gesammelte Schriften, Band 11, Frankfurt am Main 1987, 138-144
JACHTENFUCHS,M./KOHLER-KOCH,B. (Hrsg.) (1996), Europäische Integration, Opladen
JAMES, W. (1994), Der Pragmatismus, 2. Aufl., Hamburg
JANSEN, D./SCHUBERT, K. (1995), Netzwerke und Politikproduktion, Marburg
JARDIN, A. (1991), Alexis de Tocqueville, Darmstadt
JARAUSCH, K.H. (1994), The Rush to German Unity, New York/Oxford
JELLINEK, G. (1976), Allgemeine Staatslehre, Kronberg/Ts.
JENSON, J. (1997), Who Cares? Gender and Welfare Regimes, in: Social Politics, Summer, 182-187
JESSOP, B. (1996), Veränderte Staatlichkeit, in: D. Grimm, 1996, 43-73
JOAS, H. (1996), Die Modernität des Krieges. Die Modernisierungstheorie und das Problem der Gewalt, in: Leviathan, 1, 12-27
JONAS, H. (1984), Das Prinzip Verantwortung, Frankfurt am Main
KANT, I. (1965) Beantwortung der Frage: Was ist Aufklärung?, in: Immanuel Kant. Politische Schriften, hrsg. von O.H. von der Gablentz, Köln und Opladen, 1-8
KAUFMANN, F.-X. (1989), Religion und Modernität, Tübingen
KAUFMANN, F.-X. (1992), Der Ruf nach Verantwortung, Freiburg im Breisgau
KIRCHHEIMER, O. (1967), Deutschland oder der Verfall der Opposition, in: Ders., Politische Herrschaft, Frankfurt am Main, 58-91
KOEPPEN, W. (1953), Das Treibhaus, Stuttgart
KOHLER-KOCH, B. (1993), Die Welt regieren ohne Weltregierung, in: C.Böhret/G.Wewer, 109-141
KOHLER-KOCH, B./JACHTENFUCHS, M. (1996), Einleitung: Regieren im dynamischen Mehrebenensystem, in: M. Jachtenfuchs/B. Kohler-Koch, 15-44
KOSELLECK, R. (1979), Kritik und Krise, 3. Aufl., Frankfurt am Main
KREISKY, E./SAUER, B. (Hrsg.) (1997), Geschlechterverhältnisse im Kontext politischer Transformation, Opladen (= Politische Vierteljahrsschrift, SH 28)
KRIELE, M. (1994), Einführung in die Staatslehre, 5. Aufl., Opladen
KRIPPENDORFF, E. (1985), Staat und Krieg, Frankfurt am Main
KRUPP, H.-J. (1978), Das monetäre Transfersystem in der Bundesrepublik Deutschland, in: H.-J.Krupp/W.Glatzer (Hg.), Umverteilung im Sozialstaat, Frankfurt/New York, 21-70
LANDES, J.B. (1988), Women and the Public Sphere in the Age of the French Revolution, Ithaca
LATOUCHE, S. (1996), The Westernization of the World, Cambridge
LENK; K. (1989), Deutscher Konservatismus, Frankfurt/New York
LESSING, Th. (1983), Geschichte als Sinngebung des Sinnlosen, München
LETTAU; R. (Hg.) (1971), Täglicher Faschismus, München
LEVI, P. (1979), Ist das ein Mensch? Erinnerungen an Auschwitz, Frankfurt/Main
LIETZMANN, H.J. (1994), Staatswissenschaftliche Abendröte. Zur Renaissance der Staatsorientierung in Deutschland, in: Gebhardt/Schmalz-Bruns, S. 72-101
LINDBLOM, Ch. E. (1980), Jenseits von Markt und Staat, Stuttgart

LIPPMANN, W. (1925), The Phantom Public, New York
LÖWITH, K. (1953), Weltgeschichte und Heilsgeschehen, Stuttgart
LÜBBE; H. (1975), Säkularisierung, 2.Aufl. Freiburg/München
LUHMANN, N. (1975); Legitimation durch Verfahren, 2. Aufl. Darmstadt und Neuwied
LUHMANN, N. (1981), Politische Theorie im Wohlfahrtsstaat, München/Wien
LUHMANN, N. (1984), Soziale Systeme: Grundriß einer allgemeinen Theorie, Frankfurt am Main
LUHMANN, N. (1986), Ökologische Kommunikation: Kann die moderne Gesellschaft sich auf ökologische Gefährdungen einstellen?, Opladen
LUHMANN, N. (1987), Zwischen Gesellschaft und Organisation. Zur Situation der Universitäten, in: Ders., Soziologische Aufklärung 4, Opladen, 202-211
LUHMANN, N. (1991), Soziologie des Risikos, Berlin/New York
LUKACS, G. (1954), Der junge Hegel und die Probleme der kapitalistischen Gesellschaft, Berlin
MAIER, Ch.S. (1997), Dissolution. The Crisis of Communism and the End of East Germany, Princeton
MAIER, H. (1980), Die ältere deutsche Staats- und Verwaltungslehre, 2. Aufl. München
MARCUSE, H. (1967), Der eindimensionale Mensch, Neuwied und Berlin
MARCUSE, H. (1969), Triebstruktur und Gesellschaft, Neuwied und Berlin
MARCUSE, H. (1979), Studie über Autorität und Familie, in: Ders., Schriften 3, Frankfurt am Main, 85-185
MARIN, B./MAYNTZ, R. (Eds.)(1991), Policy Networks, Frankfurt/New York
MARQUARDT, O. (1981), Abschied vom Prinzipiellen, Stuttgart
MARQUARDT, O. (1982), Schwierigkeiten mit der Geschichtsphilosophie, Frankfurt am Main
MARSH, A. (1990), Political Action in Europe and the USA, London
MARSHALL, T. H. (1992), Bürgerrechte und soziale Klassen, Frankfurt/New York
MARSHALL, T. H. (1997), Citizenship and Social Class, in: R.E. Goodin/Ph. Pettit (Eds.), 291-319
MARX, K. (1970), Das Kapital, 3 Bde. (= Marx-Engels-Werke, Bde. 23-25), Berlin
MATTHES, J. (1967), Einführung in die Religionssoziologie, Bd. 1, Reinbek bei Hamburg
MAUS, I. (1992), Zur Aufklärung der Demokratietheorie, Frankfurt am Main
MAYNTZ, R. (1988), Funktionelle Teilsysteme in der Theorie sozialer Differenzierung, in: R. Mayntz u.a., 11-44
MAYNTZ, R. u.a. (1988), Differenzierung und Verselbständigung, Frankfurt/New York
MAYNTZ, R./SCHARPF, F. W. (Hrsg.) (1995), Gesellschaftliche Selbstregelung und politische Steuerung, Frankfurt/New York
MEIER, C.(1983), Die Entstehung des Politischen bei den Griechen, Frankfurt am Main
MEIER, C. (1988), Zu Carl Schmitts Begriffsbildung – Das Politische und der Nomos, in: H. Quaritsch (Hrsg.), Complexio Oppositorum, Berlin, 537-556
MEIER, C. (1993) Caesar, 3. Aufl. München
MEUTER, G. (1994), Der Katechon, Berlin
MEYER, B. (1997), Frauen in politischen Führungspositionen, Habilitationsschrift, Universität Hamburg
MEYER, Th. (1994), Die Transformation des Politischen, Frankfurt am Main
MEYER, Th. (1998), Politik als Theater, Berlin
MILIBAND, R. (1972), Der Staat in der kapitalistischen Gesellschaft, Frankfurt am Main
MILL, J. St. (1864), Grundsätze der politischen Oekonomie nebst einigen Anwendungen derselben auf die Gesellschaftswissenschaft, Hamburg
MILL, J. St. (1971), Betrachtungen über die repräsentative Demokratie, Paderborn
MINOGUE, K. (1995), Politics, Oxford/New York

MÖCKLI, S. (1994), Direkte Demokratie, Bern u.a.
MOMMSEN, W. (1974), Max Weber: Gesellschaft, Politik und Geschichte, Frankfurt am Main
MÜLLER, H. (1993), Die Chance der Kooperation, Darmstadt
MÜNKLER, H. (1987), Im Namen des Staates, Frankfurt am Main
NIDA-RÜMELIN, J. (1997), Philosophie und Politik, in: Ders./W. Thierse (Hrsg.), Philosophie und Politik, Essen, 15-23
NIETZSCHE F. (1980), Jenseits von Gut und Böse, in: K. Schlechta (Hrsg.), Werke in sechs Bänden, Bd. 4, (nach der 5. Aufl. 1966) München
NOLTE, E. (1968), Die Krise des liberalen Systems und die faschistischen Bewegungen, München
NUSCHELER, F. (1995), Lern- und Arbeitsbuch Entwicklungspolitik, Bonn
OFFE, C. (1989), Bindung, Fessel, Bremse. Die Unübersichtlichkeit von Selbstbegrenzungsformeln, in: A. Honneth u.a. (Hg.), Zwischenbetrachtungen. Im Prozeß der Aufklärung – Jürgen Habermas zum 60. Geburtstag, Frankfurt am Main, 739-774
OLSON, M. (1965), The Logic of Collective Action, Cambridge Mass.
PÄTZOLD, J. (1993), Stabilisierungspolitik, 5. Aufl. Bern u.a.
PAULY, Louis W. (1997), Who elected the Bankers?, Ithaka/London
PETZOLDT, M. (1994), Säkularisierung – eine noch brauchbare Interpretationskategorie, in: Berliner Theologische Zeitschrift, 11.Jg., 65-82
POGGI, G. (1978), The Development of the Modern State, London
POLANYI, K. (1978), The Great Transformation, Frankfurt am Main
POLLOCK, F. (1975), Staatskapitalismus, in: Ders., Stadien des Kapitalismus, München, 72-100
RAWLS, J. (1979), Eine Theorie der Gerechtigkeit, Frankfurt am Main
REICHEL, P. (1991), Der schöne Schein des Dritten Reiches, München
RICHTER, M. (1997), Europe and The Other in Eighteenth-Century Thought, in: Politisches Denken. Jahrbuch 1997, 25- 47
RIEDEL, M. (1992), Bürgerliche Gesellschaft (Art.), in: Geschichtliche Grundbegriffe, hrsg. von O. Brunner u.a., Bd. 2, 3. Aufl. Stuttgart, 719-800
RIESMAN, D. (1964), Die einsame Masse, Hamburg
RÖDEL, U. u.a. (1989), Die demokratische Frage, Frankfurt am Main
RÖHL, J.C.G. (1995), Kaiser, Hof und Staat, 4. Aufl. München
RORTY, R. (1988), Solidarität oder Objektivität?, Stuttgart
ROSEWITZ, B./SCHIMANK, U. (1988), Verselbständigung und Steuerbarkeit gesellschaftlicher Teilsysteme, in: R. Mayntz u.a., 295-329
ROTH, R. (1983), Gesellschaftstheoretische Konzepte zur Analyse neuer sozialer Bewegungen, in: Politische Vierteljahresschrift, 3, 311-328
ROTH, R. (1994), Demokratie von unten, Köln
RUDE, G. (1977), Die Volksmassen in der Geschichte, Frankfurt/New York
RUMMEL, R.J. (1996), Lethal Politics, New Brunswick
SAAGE, R. (1981), Herrschaft, Toleranz, Widerstand, Frankfurt am Main
SACHSE C./TENNSTEDT, F. (1983), Bettler, Gauner und Proleten, Reinbek bei Hamburg
SARTRE, J.P. (1964), Marxismus und Existentialismus, Reinbek bei Hamburg
SARTORI, G. (1992), Demokratietheorie, Darmstadt
SASSEN, S. (1996), Losing Control? Sovereignty in an Age of Globalization, New York
SCHARPF, F. W. (Ed.) (1993), Games in Hierarchies and Networks, Frankfurt/New York
SCHARPF, F. W. (1995), Föderalismus und Demokratie in der transnationalen Ökonomie, in: Politische Vierteljahresschrift, SH 26, 211-235
SCHARPF, F. W. (1996), Politische Optionen im vollendeten Binnenmarkt, in: M. Jachtenfuchs/B. Kohler-Koch, 109-140

SCHELSKY, H. (1975), Die Arbeit tun die anderen, Opladen
SCHLESINGER, W. (1968), Die Entstehung der Landesherrschaft, (Nachdruck) Darmstadt
SCHMALZ-BRUNS, R. (1997), Bürgergesellschaftliche Politik – ein Modell der Demokratisierung der Europäischen Union?, in: K.D. Wolf (Hrsg.), Projekt Europa im Übergang?, Baden-Baden, 63- 89
SCHMIDT, M. G. (1995), Demokratietheorien, Opladen
SCHMIDT, M.G. (1996), Staat und Markt in den demokratischen Industrieländern, in: Spektrum der Wissenschaft, November, 36-44
SCHMITT, C. (1979), Politische Theologie, 3. Aufl. Berlin
SCHÖNHERR-MANN, H.-M. (1996), Postmoderne Theorien des Politischen, München
SCHRÖDER, H.-C. (1986), Die Revolutionen Englands im 17. Jahrhundert, Frankfurt am Main
SCHUMPETER, J. A. (1950), Kapitalismus, Sozialismus und Demokratie, Bern
SEIFERT, J. (1997), Politik zwischen Destruktion und Gestaltung, Hannover
SENGHAAS, D. (1995), Über asiatische und andere Werte, in: Leviathan, 1, 5-12
SICHTERMANN, B. (1987), FrauenArbeit, Berlin
SIMON, H.A. (1959), Theories of Decision-Making, in: American Economic Review, 49, 253-283
SUPPLE, B. (1973), The State and the Industrial Revolution 1700-1914, in: C.M. Cipolla, Ed., The Industrial Revolution (The Fontana Economic History), Vol. 3, 301-357
SWAAN, A. de (1993), Der sorgende Staat, Frankfurt-New York
TALMON, J.L. (1961), Die Ursprünge der totalitären Demokratie, Köln-Opladen
TENNSTEDT, F. (1981), Sozialgeschichte der Sozialpolitik in Deutschland, Göttingen
TETZLAFF, R. (1996) (in Zusammenarbeit mit A. Nord), Weltbank und Währungsfonds – Gestalter der Bretton-Woods-Ära, Opladen
TOCQUEVILLE, A. de (1987), Über die Demokratie in Amerika, 2 Bde., aus dem Französischen neu übertragen von Hans Zbinden, Zürich
UNICE (Union des Confederations de l'Industrie et des Employers d'Europe) (1995) (Eds.), Releasing Europe's Potential Through Targeted Regulatory Reform, Bruxelles
VOLLRATH, E. (1987), Grundlegung einer philosophischen Theorie des Politischen, Würzburg
VOVELLE, M. (Hrsg.) (1996), Der Mensch der Aufklärung, Frankfurt/New York
WALZER, M. (1992), Sphären der Gerechtigkeit, Frankfurt/New York
WASBY, S.L. (1995), Race Relations Litigation in an Age of Complexity, Charlottesville/London
WEBER, M. (1958), Politik als Beruf, in: Gesammmelte Politische Schriften, 2. Aufl., Tübingen, 493-548
WEBER, M. (1968), Wissenschaft als Beruf, in: Gesammelte Aufsätze zur Wissenschaftslehre, 3. Aufl. Tübingen, 582-613
WEBER, M. (1972), Wirtschaft und Gesellschaft, 5. Aufl. Tübingen
WEHNER, B. (1992), Die Katastrophen der Demokratie, Darmstadt
WEINSTOCK, H. (1989), Die Tragödie des Humanismus, 5. Aufl., Wiesbaden
WELLER, C./ZÜRN, M. (1991), Das Ende des Militärs?, in: W.Karl/T.Nielebock (Hrsg.), Die Zukunft des Militärs in Industriegesellschaften, Baden-Baden, 93-107
WILLKE, H. (1992), Ironie des Staates, Frankfurt am Main
WILLEMS, U. (1998), Entwicklung, Interesse und Moral, Opladen
WOLLE, S. (1998), Die heile Welt der Diktatur, Berlin
ZABEL, H. (1984), Art. Säkularisation, Säkularisierung, in: Geschichtliche Grundbegriffe, hrsg. von O. Brunner u.a., Bd. 5, Stuttgart, 789-829